창조연대 논쟁

창조연대 논쟁
초판 1쇄 발행 2017년 3월 10일
초판 2쇄 발행 2017년 7월 17일

지은이 양승훈
펴낸이 이의현
펴낸곳 SFC출판부
등 록 제 114-90-97178
　　　　(137-803) 서울특별시 서초구 고무래로 10-8, 2층 SFC출판부
　　　　Tel (02)596-8493 Fax 0505-300-5437
홈페이지 www.sfcbooks.com **이메일** sfcbooks@sfcbooks.com

기획·편집 이의현
디자인편집 최건호
영업마케팅 조형준
인쇄처 성광인쇄

ISBN 979-11-87942-11-5 (03230)

값 21,000원

잘못 만들어진 책은 언제든지 교환해 드립니다.

창조론 대강좌 시리즈 6

창조연대 논쟁
: 젊은 지구론, 무엇이 문제인가?

양승훈 지음

CONTROVERSIES
on Creation Date
: A Critique on Young Earth Creationism

SFC

아버님이자 큰 스승이셨던
故 양명철 장로님(1915-1978)을
추모하며

With Loving Memory of
Elder Myung Chul YANG(1915-1978),
My Dad,
Best Mentor,
Creative Farmer,
Powerful Preacher,
Great Church Planter

차례

추천의 글 9

시리즈 서문 13

서문: 젊은지구론에서 오랜지구론으로 19

감사의 글 29

제1강 고대인들의 창조연대 33

제2강 방사능 이전의 창조연대 59

제3강 방사능과 창조연대 91

제4강 등시선과 창조연대 133

제5강 탄소-14(^{14}C)와 창조연대 159

제6강 RATE 프로젝트 비판 179

제7강 젊은지구론 비판 1 -지질학적, 지구과학적 증거 243

제8강 젊은지구론 비판 2 -천문학적, 해양학적 증거 295

제9강 지구의 창조연대 333

제10강 샬롬을 바라보며… 355

부록 방사성 탄소연대와 미국 복음주의의 분열 371

주 416

내용 색인 454

인명 색인 463

후원 감사 466

저자 소개 467

추천의 글

저는 대학생 시절에 저자의 과학사 강의를 수강하면서 숙제로 방사성탄소 연대측정을 과학사적 관점에서 조사하고 발표하는 기회가 있었습니다. 그것을 계기로 방사성 연대측정법은 그리스도인으로서 인생을 걸고 연구해 볼 만한 주제라고 생각하게 되었습니다. 그래서 박사과정에서는 방사성탄소 연대측정을 할 수 있는 핵물리학을 전공하여 환경방사능 측정으로 학위를 받았습니다.

박사학위를 받은 후 처음에는 방사선 방호 관련 일을 하다가 후에 서울대학교 기초과학지원연구원 가속기질량분석(Accelerator Mass Spectrometry, AMS) 연구실에서 3년 동안 AMS를 이용한 방사성탄소 연대측정 업무를 담당하면서 본격적으로 방사성 연대측정의 길로 들어섰습니다. 지금은 한국지질자원연구원 AMS 연구실에서 방사성탄소 연대측정 업무를 7년째 담당하고 있습니다.

현재 전문 학계와 대부분의 복음주의 학자들은 우주의 나이를 138억 년, 지구의 나이를 45억 년으로 보는, 소위 '오랜지구론'을 지지합니다. 하지만 기독교인들 중에서 근본주의적 문자주의를 표방하는 창조과학자들은 우주나 지구, 인류의 나이가 모두 6천 년 내외라는 젊은지구론을 지지합니다. 흥미롭게도 방사성 연대나 구약학을 전공한 학자들은 대부분 오랜지구론을 지지하는 데 비해, 일반 교인들이나 목회자 등 비전문가들은 '젊은지구론'을 지지하는 경우가 많습니다.

저자는 한국창조과학회의 창립 멤버로서, 그리고 그 후 여러 해 동안 창조과학 운동의 가장 중요한 지도자 중의 한 사람으로서 젊은지구론을 강하게 지지했었습니다. 그러다가 아예 창조론 쪽으로 전공을 전환했는데, 그 후 얼마 되지 않아 오랜지구론으로 입장을 바꾸었습니다. 젊은지구론의 입장으로 널리 알려졌던 분이 자신이 한 때 그토록 비판하던 입장에 선다는 것이 결코 쉬운 일은 아니었을 것입니다. 비록 그에 관한 자세한 내막은 잘 모르겠지만, 아마도 많은 고민을 했을 것입니다. 그리고 나서 십 수 년의 세월이 지나 이제 본인의 입장을 정리한 본서를 출간하기에 이르렀습니다. 이런 점에서 본서는 젊은지구론의 내용이나 배경을 누구보다 잘 아는 사람으로서 젊은지구론의 몇 가지 중요한 문제를 파헤친 책이라 할 수 있습니다.

저자는 오랜지구론을 생물진화론과 동일시하는 창조과학자들의 주장에 관해 여러 가지 과학사적 증거들로 반박하면서 그것이 잘못되었다고 지적합니다. 뿐만 아니라 오랜지구론은 본격적인 생물진화론이 출현하기 오래 전부터 제기된 것이라고 지적하면서, 지금도 오랜지구론은 지지하지만 생물진화론에는 찬성하지 않는 사람들이 많다고 말합니다.

한편 저자는 대표적인 절대연대측정법인 방사성 연대측정에 많은 지면을 할애합니다. 방사성 연대측정법이야말로 젊은지구론자들이 가장 강하게 비판하고 있는 연대측정법이기 때문입니다. 하지만 저자는 젊은지구론자들이 방사성 연대측정법의 문제라고 제시하는 것들을 일일이 반박합니다. 그 중에서도 특히 여러 해 전 미국 창조과학연구소(ICR)에서 젊은지구론을 지지하는 결과를 얻기 위해 100만 달러 이상의 연구비를 투입한 RATE 프로젝트의 결과들을 조목조목 반박합니다. 제가 보기에 본서에 포함된 젊은지구론에 대한 비판들 중에서도 RATE 프로젝트에 대한 비판이 가장 탁월하다고 생각합니다.

물론 저자는 성경해석학적 측면에서의 논의도 빠뜨리지 않습니다. 저자는 "예수님도 젊은지구론자였다."고 주장하는 극단적인 젊은지구론자들과 관련해서 성경은 어디에서도 지구의 나이에 대해 명시적으로 언급하지 않는다고 강조합니다. 따라서 지구의 연대를 6천 년이라고 주장하는 젊은지구론은 물론이거니와 45억 년이라고 주장하는 오랜지구론 역시 성경에 근거해서 주장할 경우, 그것은 성경을 자의적인 해석학의 안경을 끼고 읽은 결과일 뿐이라고 주장합니다. 지구나 우주의 연대, 즉 창조의 연대는 성경을 근거로 논쟁해야 할 대상이 아니라 전문과학자들의 연구 과제라는 것입니다.

본서는 지구의 창조연대 논쟁에서 무엇이 본질이고 무엇이 비본질인지를 깨닫게 해 주는 소중한 책입니다. 따라서 창조론 논쟁에 관한 과학적 관심은 물론, 신학적, 성경적, 교회사적 관심이 있는 모든 분들에게 큰 도움이 되리라 생각됩니다. 지난 30여 년 이상 국내에서 일어난 창조연대 논쟁은 양극화 되어서 양 진영 간의 진지한 대화와 토론의 기회가 별로 없었습니다. 서로 상대 진영을 비판하는 데만 집중했지, 상대방의 얘기를 진지하게 들어본 적이 없었다는 말입니다.

이런 점에서 본서는 비록 젊은지구론을 비판하고 있지만, 젊은지구론과 오랜지구론의 내용을 모두 자세히 소개하고 있습니다. 그러므로 어느 입장에 서서 본서를 읽든지 본서는 상대방의 주장을 이해하는 데 큰 도움이 될 것입니다. 특히 젊은지구론을 주장하는 창조과학자들은 한 때 젊은지구론에 인생을 걸었던 저자가 왜 그토록 많은 비난을 받아가면서 오랜지구론으로 선회하게 되었는지를 진지하게 살펴볼 수 있을 것입니다.

한 가지 아쉬운 점이 있다면, 본서의 주제가 물리학의 영역이어서 물리학을 전공하지 않은 독자들이 이해하기 어려운 개념들이 일부 포함되어 있다는 것입니다. 하지만 저자는 여러 해 동안 대학에서 물리학을 가르쳤고, 지금은 신학교에서 과학과 기독교, 창조론 등을 가르치고 있습니다. 그래서 어려운 물리학의 개념을 일반인들이 이해할 수 있도록 자세한 설명은 물론, 많은 그림과 도표를 사용해서 전개해 갑니다. 꼭 필요한 경우가 아니라면 수식을 사용하지 않기 위해 노력한 흔적도 곳곳에 보입니다. 그러므로 이공계 배경을 갖지 않은, 그래서 본서의 내용을 모두 이해하기 힘든 독자라 할지라도 저자의 논지나 전체적인 내용을 이해하는 데는 큰 어려움이 없을 것입니다.

아무쪼록 본서를 통해 지구연대에 대한 감정적 대립이 아닌, 좀 더 진지한 논의가 일어나기를 바랍니다. 나아가 본서의 출간을 계기로 이제는 국내에서도, 특히 그리스도인들 중에서도 훌륭한 연대측정 전문가들이 많이 생겨나기를 기대합니다. 젊은지구론자들과 오랜지구론자들은 물론 창조와 진화 논쟁에 관심이 있는 모든 분들의 일독을 권합니다.

박규준 박사
(한국지질자원연구원 가속기질량분석(AMS) 연구실 방사성탄소 연대측정 담당)

시리즈 서문

한국에서 본격적으로 창조론 운동이 시작되던 1981년 1월에 필자가 처음으로 접한 창조론은 창조과학이었습니다. 물론 그 이전에도 당시 건국대 물리학과 교수였던 쥬영흠 박사를 통해 조금 다른 창조론(현재의 용어로는 진행적 창조론 혹은 날-시대 이론)을 접하기는 했지만, 창조과학의 선명성과 전투성에 매료되어 창조과학이야말로 인생을 걸만한 일이라고 생각했습니다. 그래서 언젠가 창조론을 열심히 연구해서 좋은 책을 써보려는 꿈을 가졌습니다.

하지만 좋은 책을 쓴다는 것은 열정과 결심만으로 되는 것이 아니었습니다. 우선 창조론에 관해 필자가 아는 것이 별로 없었고, 또한 창조론과 직접 연관되지 않은 반도체물리학 연구에 전념해야 하는 현실 속에서 창조론 연구는 꿈으로 남아있을 뿐이었습니다. 하지만 뭔가 시작해야 한다는 생각에 틈나는 대로 한국창조과학회 활동에 적극 참여하면서 (공저이지만)『진화는 과학적 사실인가?』(1981)와 같은 번역 수준의 책들을 만들기도 했습니다. 그 후에도 꾸준히 자료들을 모으고, 비록 강의록 수준의 글이었지만 조금씩 글의 틀을 잡아가기 시작했습니다.

체계를 잡은 첫 강의록은 1988년 대구에서 열린 창조론 지도자 훈련과정 교재로 만든 것이었고, 이것이 기초가 되어 1990년 미국 메디슨한인장로교회에서 창조론 시리즈 강의를 위해 만든 『창조론 서설』이 나왔습니다. 후에 이 강의록을 기초로 신학교 강의를 위해 『창조론 대강좌』(CUP, 1995)를 책으로 처음 출간했고, 이 책을 확장한 것이 오랫동안 많은 분들의 사랑을 받았던 『창조론 대강좌』 개정증보판 (CUP, 1996)이었습니다.

10년이면 강산도 변한다고 하는데 어느덧 『창조론 대강좌』 개정증보판을 낸 지도 20여년이 되었습니다. 창조론 분야의 중간층 독자들을 대상으로 했던 이 책은 전문가들에게는 쉬웠던 반면, 일반인들에게는 다소 어려운 책이었습니다. 그런데도 많은 분들이 애독해 주셨고, 여러 대학에서는 교재로 사용하기도 했습니다. 하지만 시간이 지나면서 개정해야 할 내용들이 점차 누적되었고, 주변의 여러 사람들도 개정을 요청했습니다. 그러나 여러 가지 사정으로 인해 진작 개정판을 내지 못했습니다.

더군다나 『창조론 대강좌』 개정증보판이 출간된 이후 비록 서론 격이기는 하지만 국내 저자들에 의한 창조론 책도 간간히 눈에 띄며, 외국 저자들의 책들도 소위 '팔릴만한' 책들은 어느 정도 번역이 되었습니다. 하지만 여전히 창조론 분야에서는 대중적인 책들이 주종을 이루고 있으며, 그러다보니 좀 어려운 개념들이나 치밀한 논증을 소개하기에는 어려운 형편입니다. 그래서 이러한 요구를 충족시키기 위해 부득불 『창조론 대강좌』의 새로운 개정을 단권이 아닌 시리즈로 출판하게 되었습니다.

본 『창조론 대강좌 시리즈』는 다소 고급 독자들을 위한 책이라고 할 수 있습니다. 이전에 단권으로 출간된 『창조론 대강좌』에 비해 몇 권의 시리즈로 출간되는 본서에서는 중요한 창조론 이슈들을 좀 더 심층적으로 다루었습니다. 그 동안 창조론에 관한, 특히 창조연대에 관한 필자의 입장도 변했기 때문에 시리즈의 제목을 바꾸는 것이 적절할 것 같았지만, 이미 『창조론 대강좌』를 기초로 국내 저자들이 쓴 책들이 여러 권 출간되었기 때문에 연속성을 고려하여 '창조론 대강좌'를 시리즈의 이름으로 사용하게 되었습니다.

본 시리즈를 집필하면서 주 독자층들을 어떻게 잡을 것인가를 두고 많이 고심했습니다. 기존의 『창조론 대강좌』 개정증보판을 출간하던 때에 비해 국내에서 창조론 논의가 많이 진전된 것을 생각한다면, 좀 더 수준 있는 독자들을 대상으로 하는 책이어야 한다고 생각하면서도, 다른 한편으로는 여전히 처음 창조론을 접하는 분들을 위한 입문서 내지 대학 교양 교재 수준의 책들도 필요하다고 생각했기 때문입니다. 그래서 이번에는 일반인용과 전문가용으로 분리하여 출간하는 쪽으로 결론을 내렸습니다.

2006년에 예영에서 출간했던 『창조와 격변』은 일반인들의 창조론 교양과 대학의 교양강좌를 위해 사용할 수 있도록 집필하였습니다. 그에 비해 본 시리즈는 좀 어폐가 있기는 하지만, 일종의 전문가용, 즉 창조론을 제대로 공부하려는 독자들을 염두에 둔 책이라고 할 수 있습니다. 따라서 본 시리즈는 『창조와 격변』의 내용은 물론 그 책에 포함시키지 못했던 주제들과 내용들까지 포함하고 있습니다. 본 시리즈는 몇 권의 책으로 나누어지면서 분량은 많아졌지만, 대학이나 교회에서 창조론을 가르치는 분들이나 창조론의 대중 강의를 준비하는 분들에게 도움이 될 것이라 생각합니다.

분권한 것 외에도 본 시리즈가 『창조론 대강좌』 개정증보판과 다른 점을 든다면, 1권 『다중격변창조론』에서 지구역사와 관련하여 다중격변설을 포함시킨 점과 지구와 우주의 창조연대를 길게 잡은 점이라 할 수 있습니다. 구체적으로 본 시리즈에서는 노아의 홍수만으로 지구의 모든 역사를 설명하던 기존의 단일격변설을 확장하여 다중격변설을 제시하고 있습니다. 다중격변설은 노아의 홍수 이전, 특히 창조주간에 지구에 여러 차례 대격변들이 있었으며, 노아의 홍수는 그들 중 마지막으로 일어난 전 지구적인 격변이었다는 입장입니다. 인류의 시작(아담과 하와의 창조)은 6천 년 내지 20만 년 전이라는 유연한 입장을 취했으며, 지구와 우주의 창조연대는 현대 지구과학이나 우주론에서 제시하는 연대를 받아들일 수 있다는 입장으로 바꾸었습니다.[1] 요약하자면, 지질학적으로는 다중격변창조론을, 창세기 해석에서는 날-시대 이론을, 생물창조와 관련해서는 진행적 창조론을, 창조연대와 관련해서는 오랜지구론을 수용하게 된 것입니다. 창조과학 운동의 흑백논리적이고 전투적인 특성을 생각한다면, 당연히 이러한 전환이 쉽게 일어날 수 있었던 것은 아니었습니다. 필자의 이러한 전환을 둘러싼 논란에 관심이 있다면, 필자의 다른 책 『프라이드를 탄 돈키호테』(SFC, 2009)를 참고하기 바랍니다.

이 외에도 본 시리즈 2권 『생명의 기원과 외계생명체』에서는 생명의 기원 문제를 다루면서 화학진화가설을 비판했습니다. 그리고 생명의 기원 논의와 직접 관련된 논의는 아닐지 모르지만, 많은 사람들이 궁금해 하기 때문에 UFO에 관한 내용도 포함시켰습니다. 3권 『창조와 진화』에서는 이전과 같이 생물진화에서 대진화를 비판했습니다. 2

권과 3권의 내용은 창조연대에 대한 차이를 제외한다면, 기본적으로 창조과학자들의 기본 입장과 크게 다르지 않습니다. 하지만 본서와 5권 『대폭발과 우주의 창조』에서는 창조과학의 젊은지구론을 비판하고 오랜지구론을 소개하였으며, 현대 우주론의 표준모델인 대폭발 이론에 대해서는 하나님의 창조를 설명하는 하나의 작업가설로서 가치가 있다는 쪽으로 입장을 바꾸었습니다. 본서에서는 5권에서 제시했던 젊은지구론의 문제를 좀 더 다루었습니다. 순서가 바뀌긴 했지만 인류의 기원을 다룬 4권 『인간의 창조』(2018년 초 출간 예정) 역시 연대 문제를 제외한다면, 기존의 창조과학 입장이나 『창조론 대강좌』 개정증보판에서 제시했던 바와 크게 다르지 않습니다. 본 시리즈의 마지막인 7권 『성경과 과학 그리고 창조론』에서는 『창조론 대강좌』 개정증보판에 포함되지 않았던 창조에 대한 신학적이며 역사적인 논의를 포함시켰습니다. 이 외에도 창조론 운동의 회고와 전망, 노아의 방주 탐사, 지적 설계와 관련한 내용이 포함될 예정입니다.

아무쪼록 본 시리즈를 읽는 모든 독자들에게 풍성한 창조신앙과 더불어 세상을 바라보는, 궁창의 빛과 같이 빛나는 지혜가 생기고, 이를 통해 많은 사람들을 옳은 데로 돌아오게 하여 별과 같이 영원토록 비취는(단 12:3) 역사가 일어나기를 기대합니다. 지난 36년 동안 창조론을 공부하면서 누렸던 풍성한 축복을 하나님께 감사드리면서…

저자

서문: 젊은지구론에서 오랜지구론으로

　필자가 처음 창세기와 과학의 관계에 관심이 있게 된 것은 KAIST 물리학과 석사과정 1학년이던 1978년이었습니다. 그해 가을에 건국대 물리학과 쥬영흠 교수님이 KAIST 축제 초청강사로 오셔서 '창세기의 우주과학적 해석'이라는 제목의 강연을 하셨습니다. 창세기를 과학적인 연구결과들과 비교하면서 연구할 수 있다는 당시 쥬 박사님의 강연은 필자에게 일종의 충격이었습니다. 하지만 창세기 1장에 나오는 창조의 날(욤)을 시대로 보았던 전형적인 진행적 창조론자 혹은 날-시대 이론 지지자이셨던 쥬 박사님의 도전은, 젊은지구론자 헨리 모리스(Henry M. Morris)를 위시해 미국 창조과학자들이 인도한 1980년의 창조과학 강연을 기점으로 필자의 관심에서 완전히 멀어져 갔습니다. 그로부터 7년간 필자는 확신에 찬 젊은지구론자로서 열변을 토하면서 국내외를 돌아다녔습니다.

　물론 이에 대해 아무런 도전이 없었던 것은 아니었습니다. 경북대 교수로 재직하던 1980년대 중반에 필자는 울산대학교의 어느 선교 단체 초청으로 창조과학 강연을 간 적이 있었습니다. 필자는 예나

다름없이 젊은지구론에 대한 확신을 토하면서 강연을 마쳤습니다. 그런데 강연 후 연세가 드신 화학과 교수님 한 분이 조용히 다가와서 심각하게 "양 교수님은 정말 우주가 6천 년 되었다고 믿으십니까?"라고 질문하셨습니다. 물론 필자는 주저하지 않고 "네."라고 대답했습니다. 그랬더니 그분은 더 이상 얘기할 가치가 없다는 듯이 아무 말씀도 하지 않으시고 조용히 돌아서서 나가셨습니다. 오랜 시간이 지났지만, 필자는 아직도 그분의 기가 막힌다는 표정을 잊을 수가 없습니다. 1986년까지 필자는 젊은 우주에 대해 조금도 의심하지 않았습니다. 아니 우주나 지구의 연대를 다룬 제대로 된 문헌을 한 번도 심각하게 읽은 적이 없다고 말하는 것이 정확할 것입니다.

처음으로 젊은우주론에 대해 심각하게 생각해 본 것은 1986년이었습니다. 이때 필자는 1년간 시카고 대학교(University of Chicago)에서 객원학자로 연구할 기회가 있었는데, 이로 인해 시카고 인근에 있는 위튼 대학(Wheaton College)이나 트리니티 신학교(TEDS)의 학자들을 만날 기회가 있었습니다. 그런데 참으로 이상한 것은 복음주의 신학의 중심적인 학교라고 할 수 있는 이들 학교 학자들(과학자들과 신학자들 모두)이 하나같이 창조과학을 반과학적일 뿐 아니라 비성경적이라고 비판한다는 사실이었습니다. 당시 나는 성경의 영감성을 믿는다는 복음주의 그리스도인들이 성경을 있는 그대로 믿는 창조과학을 반대하는 것을 도저히 이해할 수 없었습니다. 이들이 정말 그리스도인이 맞는가라는 의구심까지 들기도 했습니다.

하지만 귀국 후 2003년까지는 젊은 우주에 대한 확신이 줄어가면서 고민하던 시기였습니다. 이 시기의 가장 중요한 사건은 바로 필자가 미국 위스콘신 대학교(University of Wisconsin at Madison)에서 과학사로 문학석사(MA)를, 위튼 대학에서 신학으로 문학석사(MA)를 받은 일이었습니다. 두 학교에서 창조론에 관한 과학적, 신학적, 교회사적 공부에 집중하면서 필자는 젊은지구론자들의 글뿐 아니라 오랜 지구론자들의 글도 제대로 읽기 시작했습니다. 그러면서 젊은지구론이 과학적인 면에서는 말할 것도 없고 성경해석에서도 심각한 문제가 있음을 점차 깨닫게 되었고, 주요 복음주의 학자들이 왜 그토록 강하게 창조과학을 반대하는 지도 조금씩 이해할 수 있게 되었습니다. 그 동안 젊은 우주의 증거라고 생각하면서 인용하던 증거들이 하나씩 반증되거나 부정확한 데이터에 근거함을 알게 되었으며, 잘못된 증거라고 비판하던 오랜 지구의 증거들이 필자가 생각하던 것보다 훨씬 더 많은 정량적인 연구에 기초하고 있음도 깨닫게 되었습니다!

물론 필자가 어떤 한두 가지 증거에 의해 갑자기 오랜지구론으로 선회한 것은 아니었습니다. 여전히 젊은 지구 문헌을 읽을 때는 그 쪽으로, 오랜 지구 문헌을 읽을 때는 다시 반대쪽으로 기울곤 했습니다. 이렇게 흔들리는 동안 1996년에는 비록 강의록 모음이었지만 많은 분들의 사랑을 받았던 『창조론 대강좌』를 출간하기도 했습니다. 이 책에서 필자는 젊은 지구 쪽으로 기울기는 했지만 오랜 지구의 증거도 동시에 제시하였습니다. 그러면서 그 때부터 2003년까지 필자는 정말 밤잠을 설치는 큰 혼돈 가운데 지냈고, 창조연대에 관한 절망과 불가지론의 늪에서 허우적거렸습니다.

그러는 동안 1997년 11월에 필자는 14년간 근무했던 경북대학교를 사임하고, 기독학술교육동역회(DEW, 지금은 기독교세계관학술동역회)의 파송을 받아 캐나다 밴쿠버로 기독교세계관대학원(VIEW)을 설립하기 위해 출국하게 되었습니다. 필자에게 VIEW를 설립하는 것이 일차적인 목표이기는 했지만, 학문적으로는 창조과학을 제대로 공부해보려는 '야심'을 갖고 출국했습니다. 밴쿠버에 온 후로는 창조론 연구가 전업이 되었기 때문에 한국에 있을 때보다 훨씬 더 많은 자료들을 공부할 수 있게 되었습니다. 이때부터는 문헌연구만이 아니라 야외 및 박물관 탐사를 할 수 있는 기회도 생겼습니다. 대학원 학생들을 가르치면서 배우는 바도 많았습니다.

이렇게 연구를 하면 할수록 부정할 수 없는 오랜 창조연대의 증거들이 쌓여갔습니다. 하지만 오랜 시간 필자의 머리를 채우고 있었던 젊은 지구에 대한 미련을 쉽게 던져버릴 수가 없었습니다. 그래서 필자는 늘어만 가는 오랜 지구와 우주의 증거들을 단번에 뒤집을 수 있는 결정적인 증거가 없을까 고민하면서 캐나다와 미국, 한국은 물론 영국, 독일, 프랑스, 브뤼셀, 네덜란드, 체코슬로바키아 등의 여러 유럽 국가들과 일본, 호주, 아르헨티나 등에 있는 자연사 박물관들을 부지런히 탐사하였습니다.

다행스럽게도 필자가 거주하면서 가장 많이 야외 탐사를 했던 캐나다와 미국 서부는 격변의 보고라고 할 수 있을 만큼 수많은 지질학적 증거들로 가득 찬 곳이었습니다. 그랜드 캐니언, 옐로우스톤, 요세미티, 워싱턴주의 컬럼비아 계곡, 세인트헬렌즈 화산, 오레곤주의 존 데이 화석 집산지, 애리조나주의 배링거 운석공, 나무화석국립공원, 캐나다 앨버타주의 록키산맥과 공룡주립공원, 텍사스주 글렌로즈의 공룡주립공원 등등. 그 중에서도 중요한 록키산맥과 공룡주립공원, 그랜드 캐니언이나 세인트헬렌즈 화산 등에는 수십 차례 다녀왔습니다. 하지만 어느 곳에서나 6천 년의 지구 역사를 가정해서는 설명할 수 없는 증거들로 가득했습니다.

오랜 시간 이 문제를 두고 씨름하면서 필자는 2003년에 다중격변모델을 만나면서 우주나 지구의 연대가 6천 년이라는 주장은 천동설이나 평면 지구설보다 못한 주장이라는 최종적인 결론에 이르게 되었습니다. 일단 결론을 내리자 세상이 정상적으로 보이기 시작했습니다. 명색이 물리학자라는 사람이 여러 해 동안 산더미처럼 쌓인 지질학, 천문학, 우주론 분야의 연구결과들을 모조리 부정하면서 젊은지구론에 눈이 멀었던 것에 부끄러움을 금할 수 없었습니다.

필자는 사람들이 필자를 두고 젊은지구론에서 오랜지구론으로 전향하였다고 말하는 것에 부담을 느낍니다. 자신의 신념이나 신앙을 바꿀 때는 전향이라는 말이 적절하겠지만, 지구 연대에 대한 견해를 바꿀 때는 전향이라는 말보다는 '계몽'이라는 말이 더 적절하다는 생각이 들기 때문입니다. 필자가 지구의 창조연대와 관련한 과학적 데이터나 성경해석에서 경직된 자세로부터 벗어나 열린 자세를 취하게 되었다는 표현이 더 정확합니다. 지구나 우주의 연대는 믿어야 할 대상이 아니라 연구하고 이해해야 할 대상이기 때문입니다.

이전에 관련 분야의 연구들을 몰랐거나 편견으로 눈이 가려졌을 때는 성경의 권위를 받아들이는 대부분의 신학자들과 과학자들이 젊은지구론을 지지하는 줄로 알았습니다. 하지만 창조론과 관련한 과학이나 신학을 전문적으로 공부하면서, 지구연대 논쟁은 전문 학자들에게는 더 이상 논의의 대상이 아닌 '우리들만의 리그'라는 사실을 알게 되었습니다. 필자는 지금이라도 지구연대와 관련한 전문 과학자나 신학자들의 연구결과가 젊은지구론 쪽으로 분명하게 기울어진다면, 이를 지지하지 않을 하등의 이유가 없다고 봅니다. 하지만 지난 여러 해 동안 지구와 우주의 연대를 공부하면서 필자는 적어도 물리과학(물리학, 화학, 지구과학, 천문학 등)을 전공했으면서 젊은 지구나 우주를 주장하는 사람이 있다면, 그는 제대로 공부를 하지 않았거나 스스로를 속이고 있는 것이라고 생각하게 되었습니다.

　본서에서는 지구가 불과 6천 년 전에 창조되었다는 젊은지구론의 증거들을 비판적인 입장에서 살펴봅니다. 젊은지구론의 증거로 제시되는 여러 증거들은 크게 방사성 연대측정법이 출현하기 전과 후로 나누어 생각해 볼 수 있습니다. 먼저 제1강에서는 고대인들과 여러 종교들에서 추정한 지구와 우주의 연대에 더하여 초대교회로부터 18세기에 이르기까지 교회 지도자들이 추정한 지구연대와 창조연대 논쟁을 소개하였습니다. 이어 제2강에서는 지사학의 기본 원리에 기초한 지구연대로부터 지구의 냉각속도에 기초한 연대측정 등 다양한 연대측정법을 살펴보았습니다. 우주의 창조연대에 대해서는 본 시리즈 5권 『대폭발과 우주의 창조』에서 다루었으므로 본서에서는 지구연대 논쟁에만 초점을 맞추어 젊은지구론과 오랜지구론의 핵심적인 주장을 소개·비교하였습니다.

　이어 제3강부터 제5강까지는 창조연대 논쟁의 핵심인 방사성 연대측정을 비교적 자세히 살펴보았습니다. 방사성 연대측정법은 절대 연대측정법으로 가장 널리 사용되기 때문에, 그래서 젊은지구론자들이 가장 격렬하게 비판하고 있는 부분입니다. 따라서 이에 관한 논의에 많은 지면을 할애하였습니다. 탄소 연대측정을 다룬 제5강은 생물의 연대를 중심으로 다루었습니다. 암석 연대측정에 사용되는 우라늄-납, 포타슘-아르곤 연대측정 등에 비해 한 세대 뒤에 시작되었지만, 탄소 연대측정은 지질학은 물론 고고학, 고생물학, 지리학 등 여러 분야에서 혁명을 일으켰습니다. 탄소 연대측정이 그런 신뢰를 받게

된 배경과 더불어 탄소의 연대에 관한 비판을 다루었습니다.

부록에는 오래 전 필자가 미국 위스콘신 대학 과학사학과 대학원에 제출한 석사학위 논문에 기초하여 「미국과학협회 학회지」(*Journal of American Scientific Affiliation*)에 게재한 논문을 다듬어서 실었습니다. 원래 영어로 쓴 논문인데, 이번에 한글로 번역하면서 약간 수정·보완하였습니다. 이 논문에서는 탄소연대의 원리와 역사, 그리고 1950년대 미국 복음주의 진영이 왜 탄소연대 문제로 인해 갈라지게 되었는지를 소개하였습니다. 비록 오래 전에 쓴 논문이기는 하지만, 오늘날 창조연대 논쟁을 이해하는 데 도움이 되리라 생각하여 첨부하였습니다.

연대 문제와 관련해서 주의해서 봐야할 곳은 제6강입니다. 여기서는 미국 창조과학연구소에서 진행한 젊은 지구연대 프로젝트인 RATE 프로젝트를 살펴봅니다. 어떤 의미에서 젊은지구론자들이 수행한 연구들 중 가장 많은 연구비(125만 달러)가 투입된[1] 이 프로젝트의 결과를 소개하고, 젊은지구론자들이 주장하는 내용이 왜 틀렸는지를 비판하였습니다. 제7~8강에서는 오랫동안 젊은지구론자들이 젊은 지구의 증거라고 주장하는 것들을 분야별로 나누어 비판하였고, 제9강에서는 오랜 지구의 증거들을 제시하였습니다. 마지막으로 제10강에서는 오랜지구론자들과 젊은지구론자들의 날카로운 대립에도 불구하고, 그리스도인들이 어떻게 서로 대화하며, 하나님의 섭리와 피조세계의 이해를 증진시켜나갈 수 있는 지를 제시하였습니다.

본서에서 지구연대를 다룬 후반부는 달림플(G. Brent Dalrymple, 1937~)의 글을 많이 인용했습니다. 이 글은 달림플이 미국지질조사국(U.S. Geological Survey, Menlo Park, CA)에 근무하던 1984년에 "지구는 얼마나 오래되었는가: '창조과학'에 대한 대답"(How Old is the Earth: A Response to 'Scientific' Creationism)이란 제목으로 발표한 논문입니다.[2] 비록 오래 전에 발표된 논문이고, 이 논문에서 인용하는 창조과학자들의 문헌들은 그보다 더 오래되었지만, 본서에서 길게 소개하는 이유는 지금도 방사성 연대를 둘러싼 창조과학자들의 비판의 핵심이 그때와 별반 다르지 않기 때문입니다. 달림플이 1984년에 발표한 긴 해설논문을 2006년에 개정해서 창조과학 비판 웹사이트인 〈The TalkOrigins Archive〉에 다시 게재한 것도 그 때문입니다.

창조연대와 관련하여 방사성 연대에 진지한 관심이 있는 독자라면, 꼭 지구연대와 관련한 달림플의 책 『지구의 연대』(The Age of the Earth)를 읽어보기를 권합니다.[3] 오래 전 책이지만 지금까지 방사성 연대와 방사성 연대를 비판하는 창조과학자들의 문제를 가장 잘 설명한 책이라 생각합니다. 이 책이 처음 출간되었을 때 안식교 계통의 창조과학 잡지인 「오리진스」(Origins)에 창조과학자 브라운(Robert H. Brown)이 쓴 창조과학자답지 않은 서평은 흥미롭습니다.[4]

> 달림플은 지구와 달과 운석들을 구성하고 있는 물질들이 45억 년 되었음을 잘 증명하고 있다. …… 『지구의 연대』(*The Age of the Earth*)를 통해 그가 제시한 바는 전체 태양계나 지구에 있는 물질들의 창조에 관해 지난 수천 년의 틀 안에서 방사성 연대를 설득력 있게 설명하는 것을 훨씬 어렵게 만들었다. 내 생각에는 그러한 입장을 주장하게 되면 싸움에서 진다고 본다.

그 동안 국내에는 창조연대 논쟁을 제대로 다룬 책이 없었습니다.

외국 저자들의 책들도 젊은 연대나 오랜 연대에 대한 일방적인 옹호 내지 비판을 담고 있는 책들이 대부분이지, 양쪽의 주장을 제대로 소개하는 책은 거의 없었습니다. 본서는 제목이 보여주는 것처럼, 젊은 지구론을 비판하는 책입니다. 하지만 젊은지구론자들이 주장하고 있는 바를 자세히 소개하고, 왜 그 주장들이 바르지 않는 지를 비판합니다. 부족하지만 본서가 연대논쟁에 대한 좀 더 진지한 관심을 가진 독자들에게 도움이 되기를 기대합니다. 아무쪼록 본서가 창조-진화 논쟁, 그 중에서도 논쟁의 척추라고 할 수 있는 창조연대에 관심이 많은 분들에게 건강한 창조론 논의의 지렛목이 되기를 바랍니다.

본서는 필자가 출간한 창조론 관련 서적들 중에서 집필에 가장 많은 시간을 사용한 책입니다. 그만큼 본서에 대한 부담이 많았다는 의미입니다. 긴 세월 동안 마음에 큰 짐으로 남아있던 창조연대 논쟁에 대한 부담을 내려놓으면서…

저자

감사의 글

어떤 책이라도 한 사람의 노력만으로 이루어질 수 없듯이, 본서 역시 완성하기까지 많은 분들의 도움이 있었습니다. 우선 지난 1998년 8월부터 3년 동안 본 시리즈를 준비할 수 있도록 재정 지원을 해주신 창조회(당시 회장 유성감리교회 유광조 목사, 총무 윤승호 목사) 여러 목사님들(책 끝에 있는 명단 참조)께 진심으로 감사드립니다. 또한 2004년 가을에 원고 정리를 위해 위스콘신주 매디슨에서 50여 일간 안식월을 보낼 수 있도록 물심양면으로 지원해주신 소망정형외과 이선일 박사님, 전 매디슨 한인장로교회 장진광 목사님, 전 매디슨 사랑의교회 황원선 목사님, 그리고 VIEW 원우회 여러분들께 감사드립니다.

비록 본서에서 많은 사진을 사용한 것은 아니지만 여러 해 전 세인트헬렌즈 화산 분화구 용암돔(lava dome) 촬영을 위해 본인의 항공기(Cessna 172 Skyhawk)를 조종해 준 조경래 권사님께 감사드립니다. 당시 세인트헬렌즈 화산은 부분적인 분화가 진행 중인 위험한 상황이었는데, 조 권사님의 탁월한 조종으로 불과 직경 1km 정도의 분화구 안으로 저공비행할 수 있었고, 덕분에 필자는 새로 형성되고 있는 용암돔을 생생하게 촬영할 수 있었습니다.

원고 교정과 더불어 귀중한 도움을 주신 여러분들께도 감사드립니다. 교정에 참여해준 VIEW 제자 유승훈 박사님, 김준석, 박기모, 윤영배 목사님, 황재훈 선교사님께 감사드립니다. 특히 유 박사님은 원고정리와 더불어 그림 선정을 도와주었고, 대학원에서 입자물리학을 전공한 황 선교사님은 본서의 물리학적 논의와 더불어 부록에 실린 논문 "방사성탄소 연대와 미국 복음주의의 분열"을 번역해주었습니다. VIEW의 〈SCS690 창조론 연구 세미나〉 과목과 〈SCS691 창조론 탐사〉 과목의 과제의 일부로 본서에 대한 서평을 제출해준 여러 수강 학생들에게 감사드립니다. 그들의 날카로운 서평은 본서를 다듬는 데 큰 도움이 되었습니다. 일리노이 대학교(UIUC)의 분주한 연구 가운데서도 최신 연구논문의 검색을 도와준 필자의 둘째 아들이자 물리학자인 양창모 박사에게 감사합니다. 또한 결혼 전부터 시작하여 지난 36년 간 필자의 창조론 공부를 격려해 준 사랑하는 아내 박진경 자매에게 감사와 존경의 마음을 전합니다.

본서를 추천해 준 탄소연대 전문가 박규준 박사께 감사드립니다. 박 박사는 필자가 경북대학교 물리교육과에 근무할 때 학부 학생으로 가르쳤고, 후에 석사학위 논문을 지도하기도 했습니다. 박 박사는 필자가 한국을 떠난 후 방사능 관련 연구로 박사학위를 마치고, 지금은 대덕 한국지질자원연구원 가속기질량분석(AMS) 연구실에서 방사성탄소 연대측정을 담당하고 있는 자랑스러운 제자입니다.

본서를 집필하면서 여러 사람들의 연구결과들을 참고했지만, 특히 달림플(G. Brent Dalrymple) 박사에게 감사합니다. 달림플은 그의 저서 『지구의 연대』(*The Age of the Earth*)와 이를 요약하여 〈토크 오리진스〉에 쓴 "How old is the Earth"라는 긴 논문을 통해 방사성 연대측정 전문가들이 사용하는 다양한 방법들을 잘 소개하였고, 나아가 젊은지구론자들의 주장을 날카롭게 비판하였습니다. 본서에서는 좀 오래된 논문이지만, 그의 논문을 많이 인용하였습니다.

〈토크 오리진스〉(TalkOrigins) 홈페이지 운영자와 참여자들에게도 감사드립니다. 〈토크 오리진스〉에 올려놓은 많은 정보들, 특히 젊은 지구론을 비판한 논문들은 본서를 집필하면서 도움이 되었습니다. 본 사이트에서는 창조과학자들이 전문 과학자들의 말이나 글을 문맥에 맞지 않게, 혹은 부정확하게, 때로는 의도적으로 조작하거나 생략해서 인용한 것들을 추적해서 밝혀놓았습니다. 창조론자의 한 사람으로서, 그리고 필자 역시 그런 잘못을 범한 적이 있는 사람으로서 부끄러움을 느낍니다.

본서에서는 그런 잘못을 반복하지 않기 위해 노력을 했지만, 여전히 부정확하거나 틀린 부분이 있으리라 생각합니다. 학자적인 매너와 성실함으로 비판해 주기를 기대합니다. 필자는 누가 어디서 발견하든 "모든 진리는 하나님의 진리이다."라는 것을 믿습니다. 이 말을 뒤집으면 누가 어디서 주장하든 모든 비진리는 하나님을 대적하는 것이라고 할 수 있습니다. 그러므로 필자는 비록 진화론자라고 해도 창조론자들의 학문성의 부족을 지적하는 것은 하나님과 사람들에게 커다란 봉사를 하고 있는 것이라고 믿습니다. 반면에 창조론자라고 해도 터무니없는 주장을 하면서 피조세계에 관한 바른 이해를 가로막는 것은 하나님을 대적하는 것이라고 봅니다.

끝으로 어려운 출판계 현실에도 불구하고 한정된 독자들을 위해 많은 사진과 그림이 들어가고, 분량도 많은 『창조론 대강좌』 시리즈를 출판해준 SFC출판부 이의현 대표와 편집부 직원들께 진심으로 감사드립니다.

저자

제1강

고대인들의 창조연대

"주의 목전에는 천 년이 지나간 어제 같으며 밤의 한 경점 같을 뿐임이니이다." - 시편 90편 4절

물리학자나 천문학자들 사이에서 다양한 논의가 진행되는 우주론 분야와는 달리 창조연대에 관한 논의는 해당 과학자들 사이에서는 더 이상 논쟁이 되고 있지 않다. 그럼에도 불구하고 창조론과 진화론의 논쟁을 고찰하려고 할 때 가장 중심적인 사안 중 하나는 창조연대에 관한 논쟁이라고 할 수 있다.

일반적으로 진화론자들은 생명의 발생이 무기물로부터 유기물, 단세포 생물, 하등동물 등을 거쳐 고등동물로 진화되었으며, 그것이 확률적 과정에 의한 우연의 산물이라고 보기 때문에 시간이 길면 길수록 더 타당성이 있다고 본다. 즉 작은 확률의 사건이라도 시간이 오래 지나면 일어날 가능성이 높아진다는 것이다.

반면 창조론자들은 모든 생물이 창조주의 설계에 의하여 처음부터 각 종류대로 창조되었다고 보기 때문에 시간의 길고 짧음에는 관계하지 않는다. 그러면서 과학적인 증거들도 반드시 오랜 시간의 증거만을 보여주는 것은 아니라고 주장한다. 그런데 그들 가운데서도 창조과학자들은 성경의 문자주의적 해석을 고집하면서 1만 년 이내의 젊은 지구 연대를 주장함은 물론 창조가 최근에 일어났다고 주장한다.

하지만 지구의 창조연대를 정확하게 아는 것은 원칙적으로 매우 어렵다. 왜냐하면 첫째, 지구가 순간적으로 창조된 것이 아니라 복합적인 과정을 거쳐 탄생했다면, 어떤 단계를 지구의 탄생으로 볼 수 있는가를 결정하는 것이 쉽지 않기 때문이다. 둘째, 지구의 탄생 사건으로 선택한 것이라도 직접적인 연대측정이 불가능한 것일 수 있기 때문이다. 지구의 탄생이라고 할 수 있는 사건을 입증하는 물리적인 증거는 이미 사라졌거나, 인간이 접근할 수 없거나, 영원히 발견할 수 없는 것일 수 있다. 예를 들어, 대폭발이론을 생각할 때, 우리는 우주가 대폭발을 통해 생겨나기 전에는 어떻게 존재하고 있었는지를 알 수 없다. 물론 앞으로도 알 수 있는 가능성이 별로 없으며, 심지어 대폭발 이전에 시간이 있었는지조차 알기도 어렵다.

1. 고대종교와 창조연대

그럼에도 불구하고 자기 자신과 자신을 둘러싸고 있는 세계가 언제 생겨났는가 하는 것은 인간의 본능 속에 내재된 질문이라고 할 수 있다. 그런 점에서 지구와 우주의 연대가 얼마나 되는 지를 처음 연구한 사람이 누군지는 아무도 알 수 없다. 현대적 의미에서 과학적인 근거와 논리를 동원하여 지구와 우주의 나이를 계산하고자 했던 시도는 비교적 근래의 일이지만, 세상이 언제 탄생했는 지에 대한 막연한 궁금증은 인간의 출현과 더불어 모든 사람들의 마음속에 있었다고 할 수 있기 때문이다. 그래서 지구의 연대측정에 일생을 바친 홈즈(Arthur Holmes, 1890~1965)는 "지구는 얼마나 오래되었는가? 이 대담한 질문과 관련된 문제들보다 사람을 더 잡아끄는 문제는 별로 없다."라고 했다.[1]

언제, 그리고 어떻게 세상은 창조되었을까? 이것은 인간의 본성 속에 내재된 질문이지만, 자연이 제공하는 작은 힌트로부터 해답을 끄집어내는 일은 결코 쉬운 일이 아니다. 누가 창조연대를 처음으로 정하려고 했는 지는 알 수 없지만, 기록으로 미루어 볼 때 이것은 적어도 지난 4천 년 이상 지속된 질문이었다. 그리고 그 기간의 대부분 동안 질문은 신학자나 성직자들의 손에 있었다. 물론 그들은 과학적인 연구보다는 신학적인 이론이나 종교의 경전으로부터 세상의 기원에 관한 답을 찾으려고 했다.

많은 사람들이 우주의 연대에 큰 관심이 있었지만, 지구의 나이를 어느 정도 과학적으로 정확하게 알게 된 것은 불과 지난 반세기 이내의 일이었다. 하지만 과학이 지구의 나이를 측정하기 오래 전의 고대로부터, 특히 고대의 종교에서는 창조연대를 추정하려는 시도가 그치지 않았다. 이렇게 신학적으로 계산된 지구의 나이는 수천 년에서 영원에 이르기까지 다양했다. 그러면 먼저 고대 그리스와 로마 사람들이 추론한 창조연대에 관해서 살펴보자.

2. 고대 그리스와 로마

대부분의 고대 그리스인들과 로마인들은 우주의 역사를 세 부분으로 나누었다. 즉 아델론기(*ádelon*), 신화기(*mythikón*), 역사기(*historikón*)이다.[2]

로마의 문법학자 센소리너스(Censorinus)에 따르면, 배로우(Varro)는 첫 번째 아델론기를 인간의 창조로부터 첫 번째 대격변(cataclysm)인 오지제스 홍수(The Flood of Ogyges)까지라고 정했다.[3] 오지제스 홍수는 배로우에 따르면 BC 2137년에, 센소리너스에 따르면 BC 2376년에, 카스토르 로데스(Castor of Rhodes)에 따르면 BC 2123년에 일어났다. 흥미롭게도 이들이 제시하는 오지제스 홍수의 연대는 아르마즈 대주교(Irish Archbishop of Armagh and Primate of All Ireland) 어셔(James Ussher, 1581~1656)가 계산한 노아홍수 연대인 BC 2348년과 비슷하며,[4] 다른 사람들도 대체로 이와 비슷한 연대를 제시했다.[5]

아델론기에 이어 두 번째 시대가 시작되는데, 이 시기는 많은 신화들이 남아 있기 때문에 신화기라고 부른다.[6] 배로우는 이 시기를 오지제스 홍수가 일어난 BC 2137년에서부터 첫 올림피아드(BC 776)까지라고 했다. 위에서 언급한 것처럼, 센소리너스와 카스토르는 오지제스 홍수의 연대를 다르게 제시한다. 때문에 신화기는 사람들마다 다소 다르다. 그런데 로마의 시인 오비드(Ovid, BC 43~AD 17/18)는 신화기의 끝은 올림피아드로 보았지만, 신화기의 시작은 오지제스 홍수로부터 400여년 후인 이나쿠스(Inachus)의 통치라고 보기 때문에,[7] 신화기를 다른 사람들보다 훨씬 짧게 보았다.[8] 흥미롭게도 세상의 기원에 관해 관심이 많았던 어거스틴은 신화기의 시작을 BC 2050년으로 보았다.[9]

세 번째 시기는 첫 올림피아드로부터 그 이후 시대인데, 이 시기에는 역사적인 사건들이 많이 포함되어 있으므로 역사기라고 부른다. 하지만 역사기의 시작에 관해서도 사람들마다 의견이 달랐다. 에라토스테네스(Eratosthenes)와 아폴로도러스(Apollodorus of Athens)는 올림피아드보다 훨씬 전인 트로이 전쟁(Trojan War)을 역사기의 시작이라고 보고, 그 연대를 BC 1184년으로 못 박았다.[10] 이처럼 고대 그리스와 로마 사람들은 역사를 구분하는 데 관심이 있었지만, 창조연대, 즉 아델론기의 시작이 언제인지를 구체적으로 제시한 사람은 별로 없었다.

로마 시대의 이집트 천문학자 톨레미(Claudius Ptolemy, c.90~c.168)는 역사기 이전에 이미 오랜 기간이 있었다고 보고 창조를 오래 전 과거에 일어난 사건으로 보았다.[11] 그리스 역사가이자 전기 작가인 플루타르크(Lucius Mestrius Plutarchus, c.46~120)는 이 세상은 25,868년마다 재창조되었다는 흥미있는 주장을 하기도 했다.[12] 이 외에도 고대 그리스나 로마 학자들 중에는 우주는 영원하며, 따라서 창조연대라는 것은 존재하지 않는다고 보는 사람들도 있었다. 몇몇 사람들은 창조를 카오스(Chaos)나 가이아(Gaia)의 시작으로 보고, 오지제스 홍수(BC 2376~2050)보다 몇 백 년 앞선 것이라고 추측했지만, 대부분의 그리스인들은 신화를 사용하여 실제 창조연대를 계산할 수 있다고 보지 않았다.[13] 실제로 고대 그리스 역사가이자 지리학자였던 헤카테우스(Hecataeus of Miletus, c. BC 550~c. BC 476)는 신화를 문자적으로 해석하여 창조연대를 결정하려는 시도 자체를 강하게 비판했다.

3. 고대 이집트

고대 그리스나 로마가 그러했듯이, 이집트에서도 천지창조의 시기에 대해서는 신화와 추측이 뒤섞여 있었고, 사람들마다 주장하는 바가 다양했다. 고대 이집트의 성용(聖用) 파피루스(hieratic papyrus)인 튜린열왕표(Turin King List)는 이집트인들이 편집한 문헌들 중에서는 가장 방대한 열왕들의 목록을 적은 파피루스이다.[14] 이 문헌에는 통치자들의 이름과 재위 기간이 상세하게 기록되어 있다. 라암세스 2세(Pharaoh Ramesses II, c. BC 1303~c. BC 1213) 시대의 것으로 추정되는[15] 이 파피루스는 라암세스 2세 이전의 이집트 연대기의 기초가 된다.

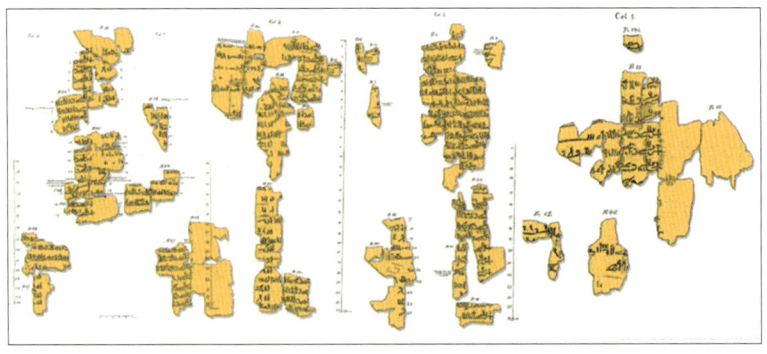

그림 1-1 이탈리아 튜린의 이집트 박물관에 소장되어 있는 튜린열왕표(Turin King List)[16]

튜린열왕표는 이집트의 첫 번째 파라오인 메네스(Menes, BC 3050) 이전에 있었던 36,620년 동안의 신화적인 여러 신들의 통치를 기록하고 있다. 그러므로 메네스 이전과 이후의 기간을 합친 것을 창조의 시기로 본다면, 천지는 BC 39,670년에 창조된 것이 된다. BC 3세기에 프톨레마이오스 시대에 살았던 이집트의 역사가이자 제사장이었던 메네토(Manetho)도 고대 이집트를 다스린 신들의 연표를 남겼는데, 그에 따르면 메네스 이전의 이집트를 다스린 첫 번째 신은 프타(Ptah)였다. 프타가 다스린 시기는 메네스 이전 36,525년 동안인데, 이를 메네스의 지배기간과 합치면 천지는 BC 39,575년에 창조되었다는 결과가 나온다. 이는 튜린열왕표와 비슷하다.

하지만 이집트의 창조연대는 사람마다 매우 다양하다. 유대역사가 유세비우스(Eusebius of Caesarea, 260/265~339/340)는 자신의 『연대기』(*Chronicle*)에서 세상은 BC 28,000년 전에 창조되었다고 했다.[17] 신셀러스(George Syncellus)는 신들이 통치하던 왕조의 전 시대를 포함하여 BC 17,680년이라고 했다.[18] 주후 3세기에 살았던 그리스 철학자 라에르티우스(Diogenes Laertius)는 이집트 신 프타가 알렉산더 대제(Alexander the Great, BC 356~BC 323) 이전에 48,863년을 살았다고 하면서, BC 49,219년에 천지가 창조되었다고 했다.[19] 주후 2세기에 살았던 이집트의 제사장 아폴로니우스(Apollonius of Egypt)는 안디옥 교부였던 데오빌로(Theophilus of Antioch)가 보고한 것처럼, 우주가 153,075년 되었다고 계산했다.[20]

이처럼 사람들마다 천지창조 시기가 다른 것은 이들이 창조연대를 계산하기 위해 사용한 자료들이 서로 달랐기 때문이다. 특히 신화적 문헌들은 애초부터 정확한 자료를 담고 있지 않기 때문에 다른 정확한 문헌이나 연구 방법이 없는 한 창조연대 계산은 불가능한 일이었다.

4. 고대 수메르와 바벨론

수메르인들의 창조연대 역시 수메르열왕표(Sumerian King List)에 의존하고 있다. 수메르열왕표는 수메르 지역의 왕들의 연대를 고대 수메르 언어로 적은 것으로 역시 신화적인 요소가 많았다. 고대 대부분의 지역이 그러했듯이, 이들도 왕권을 절대화하기 위해 최초의 왕권은 신들에 의해 부여되었다고 기록한다. 또한 어느 도시가 주도권을 가졌는가에 따라 왕권은 이 도시에서 저 도시로 옮겨질 수 있었다.[21]

왕명과 통치기간(년)	왕명과 통치기간(년)	왕명과 통치기간(년)	왕명과 통치기간(년)
[홍수 전 통치자들]	[제1 Kish 왕조]	Melem-Kish 900	Gilgamesh 126
Alulim 28,800	Jushur 1200	Barsal-nuna 1200	Utu-hengal 427
Alalngar 36,000	Kullassina-bel 960	Zamug 140	Ur-Zababa 400
En-men-lu-ana 43,200	Nangishlishma 670	Tizqar 305	Mamagal 360
En-men-gal-ana 28,800	En-tarah-ana 420	Ilku 900	Tuge 360
Dumuzid the Shepherd 36,000	Babum 300	Iltasadum 1200	Lugalngu 360
En-sipad-zid-ana 28,800	Puannum 840	Enmebaragesi 900	Hadanish 360
En-men-dur-ana 21,000	Kalibum 960	Aga of Kish 625	Enbi-Ishtar 290
Ubara-Tutu 18,600	Kalumum 840	[그외 왕들]	Susuda 201
[홍수로 멸절]	Zuqaqip 900	Mesh-ki-ang-gasher 324	Kalbum 195
	Atab 600	Enmerkar 420	Men-nuna 180
	Mashda 840	Lugalbanda 1200	Lugal-kinishe-dudu 120
	Arwium 720	Dumuzid(Dumuzi) 100	Nanni 120
	Etana 1500		Awan dynasty 356(3 kings)
	Balih 400		
	En-me-nuna 660		

표 1-1 오래 통치한 수메르열왕표[22]

수메르열왕표에는 홍수 이전 시대의 여러 신비적인 왕들의 이름이 있는데, 이들이 통치한 연대는 수 만 년에 이른다. 오늘날 이라크 텔아부샤라인(Tell Abu Shahrain)으로 알려진 에리두(Eridu)에서 첫 번째 수메르의 왕이 된 알룰림(Alulim)은 28,800년을 통치했다. 그리고 그 이후의 왕들, 특히 홍수 이전의 왕들 또한 모두 오랜 기간 통치했음을 볼 수 있다. 왕권이 하늘로부터 내려온 때로부터 홍수가 온 땅을 휩쓸어갈 때까지의 총 기간은 241,200년이다.[23]

그림 1-2 에리두 유적[24]

이라크에서 발굴연구는 슈루팍(Shuruppak, 오늘날의 이라크 Tell Fara)과 다른 여러 고대 수메르 도시에 국부적인 홍수가 있었음을 보여준다. 흥미롭게도 이들 지역의 홍수 퇴적층은 모두 하상 퇴적층이고 탄소 연대측정 결과 모두 BC 2900년으로 동일한 연대를 보여주었다.[25] 그리고 이 홍수로 인해 키쉬(Kish)가 있는 북쪽까지 사람들의 정착이 중단되었다. 홍수 직전 지층인 젬뎃 나스르기(Jemdet Nasr period, BC 3000~2900) 지층에서는 다색도기(polychrome pottery)가 발견되는데, 이는 슈루팍 홍수 지층 바로 아래쪽에 있었다. 홍수가 BC 2900년에 일어났고, 천지창조로부터 이 홍수 이전까지의 기간을 241,200년이라고 한다면, 천지창조는 BC 244,100년에 일어났다고 할 수 있다.

하지만 수메르열왕표를 근거로 노아의 홍수나 천지창조의 연대를 추정하다 보면 흥미로운 사실을 몇 가지 발견할 수 있다. 첫째, 과거에 수메르 지방에 노아의 홍수와 같은 거대한 홍수가 있었다는 것이다. 둘째, 어셔가 계산한 노아의 홍수 연대(BC 2348년)와 수메르 홍수 지층 연대(BC 2900년)가 크게 다르지 않다는 것이다. 셋째, 그 홍수 이전에는 사람들이 오래 살다가 홍수 이후에는 수명이 급감했다는 것이다. 넷째, 노아의 홍수와는 달리 수메르열왕표의 연대는 실제 나이라기보다 상징적으로 꾸민 것임이 분명해 보인다는 것이다. 즉 홍수 이전에 통치했던 8명의 왕들 중 엔멘두르아나(En-men-dur-ana)가 21,000년 통치한 것을 제외하고, 모든 왕들은 3,600년의 배수 만큼 통치했다는 것이다. 반면에 창세기에 기록된 노아홍수 이전 사람들의 수명에는 어떤 규칙성이 보이지 않는다. 그러므로 수메르열왕표를 근거로 천지창조 연대를 계산하는 것은 의미가 없다고 할 수 있다.

5. 그 외 고대인들의 창조연대

그 외 몇몇 고대의 창조연대를 살펴보자. 먼저 힌두교의 가장 오래된 경전인 리그베다(Rigveda)는 우주가 언제 창조되었는지 아무도 모른다고 주장한다.[26] 고대 힌두교 경전인 퓨라닉 텍스트(Puranic texts)

는 우주는 팽창과 수축을 반복하면서 개혁되는 순환적 우주(cyclic universe)라고 주장한다.[27] 퓨라닉 힌두교(Puranic Hinduism)의 어떤 해석에 따르면, 이 세상은 1,550억 년 전에 창조되었다고 한다.[28] 주후 5세기의 인도 사람들은 지구의 나이를 43억 년으로 계산하였다.[29]

순환적 시간관을 가졌던 힌두교의 또 다른 문헌에 따르면, 고대 힌두교에서는 우주가 완전히 파괴된 후 완전히 새롭게 다시 태어나는 시간을 432만 년으로 보았다. 힌두교인들은 힌두교 최고의 신인 브라마(Brama)의 일생 동안 그러한 주기가 10만 번 반복되었다고 보았기 때문에 우주의 나이는 4,320억 년이란 계산이 나온다.[30] BC 150년에 힌두교 제사장들이 기록한 것으로 보이는 힌두교 연대기(Hindu chronology)에서는 지구의 나이를 1,972,949,091년이라고 기록하고 있다.[31] 어떻게 이렇게 정확하게 지구의 나이를 계산했는지는 잘 모르겠지만, 흥미롭게도 이 연대는 그 후 1700년 동안 제시된 어떤 지구의 나이보다도 현대적인 지구의 나이에 가까운 나이였다!

하지만 힌두교와는 달리 대부분의 다른 종교들, 특히 단일신론을 가진 종교들은 전능한 창조주의 능력을 믿었기 때문에 지구의 연대를 이보다 훨씬 짧게 보았다. 예를 들어, 고대 페르시아의 철학자이자 조로아스터교를 창시한 조로아스터(Zoroaster) 혹은 자라투스트라(Zarathustra)는 BC 1700년경에 지구의 나이를 12,000년으로 추정하였고, 이 기간을 3,000년을 단위로 해서 네 시대로 구분했다.[32] 첫 3,000년은 영적인 창조, 두 번째 3,000년은 물리적인 창조인데, 이 때 세상에 악이 들어왔다고 본다. 6,000년이 되던 해에는 조로아스터의 수호신(Zoroaster's Fravashi)이 창조되었고, 이어서 마지막 시대가 시작되는 9,000년 바로 직전 해에는 선지자 조로아스터가 등장했다고 한다. 그래서 오늘날 조로아스터 신자들은 스스로 마지막 시대에 살고 있다고 믿으며, 모든 우주의 역사는 12,000년째 되는 해에 끝날 것이라고 보았다.[33]

그렇다면 중국 사람들은 언제 세상이 시작되었다고 보았을까? 고대 중국의 삼국시대 역사가 서정(徐整, Xu Zheng, 225~265)은 자신의 저서 『삼오역기』(三伍歷紀)에서 인간이 사는 세상은 전설적인 삼황오제(三皇伍帝)가 통치하기 36,000년 전에 창조신 반고(Pangu, 盤古)에 의해 창조되었다고 했다.[34, 35] 이 책에서 서정은 삼황오제 시대를 BC 3000~2700년으로 고정하였기 때문에[36] 세상은 BC 39,000년에 창조되었고 하였다.

마야인들은 20진법과 18진법을 사용한 마야 달력(Mesoamerican Long Count calendar 혹은 Mayan Long Count calendar)을 사용하여 세상의 창조연대를 추정하였다. 이를 역산(逆算) 그레고리력(proleptic Gregorian calendar)으로 보면 BC 3114년 8월 11일에,[37] 역산 율리우스력(proleptic Julian calendar)으로 보면 BC 3114년 9월 6일에 인간 세상의 창조가 이루어진 셈이다.[38] 하지만 마야인들은 아예 창조연대가 없거나 24조 년(24 trillion years) 전에 창조가 있었다고 보았다.[39]

결론적으로 태양이나 지구, 그리고 우주의 나이가 얼마나 되었는지에 대해서는 고대로부터 여러 가지 추측이 진행되고 있었다. 많은 고대인들, 특히 유일신관을 지니지 않았던 종교에서는 우주나 지구의 나이를 엄청나게 오래된 것으로, 혹은 무한하다고 믿었다. 하지만 어떤 것의 나이가 무한하다고 생각한다면, 그것들의 나이에 대한 의문은 의미가 없어진다.

하지만 무한하다는 것도 종류가 있을 수 있다. 아무런 변화 없이 무시무종한 무한이 있을 수도 있지만, 어떤 변화가 주기적으로 무한히 반복되는 무한도 있을 수 있다. 고대 그리스 철학자들 중에는 유한한 창조연대를 주장한 사람들도 있었지만, 많은 고대의 철학자들은 우주의 나이가 유한하다는 개념을 받아들이지 않았다. 대신 그들은 주기적으로 반복되는 시간을 선호했다. 즉 우주는 끝없는 사이클을 반복하면서 계속 재생된다고 보았던 것이다. 이런 시간관에서는 시작도, 끝도 없게 되고, 시간은 영원하고 마치 원처럼 닫혀 있게 된다. 우주의 역사를 무시무종한 것으로 보았던 사람들과 가장 선명한 대조를 이루었던 사람들이 바로 히브리인들이나 그리스도인들이었다.

6. 기독교와 창조연대

지구와 우주의 나이는 모든 종교인들 중에서 특히 선형적인 역사관을 견지하는 그리스도인들이 가장 열정적으로 알려고 했다. 이는 기독교의 진리성 자체가 기독교의 역사성과 밀접한 관련이 있었고, 기독교의 역사성은 우주와 지구의 정확한 연대와 불가분의 관계가 있다고 보았기 때문이다.

전통적으로 기독교나 이슬람의 학자들은 지구가 젊다고 보았다. 많은 사람들이 성경의 계보를 근거로 지구의 연대를 계산한 사람을 아일랜드 대주교 어셔(James Ussher, 1581~1656)라고 생각하지만, 실은 그보다 훨씬 전에 이미 여러 사람들이 성경을 근거로 지구의 연대를 제시하였다. 이들은 성경에 나타난 주요한 사건들, 예를 들면, 노아의 홍수나 아브라함의 출생 등과 같은 역사적 사건들을 중심으로 사건들 간의 경과한 시간을 더해서 전체 지구의 연대를 계산했다.

시리아의 성자이자 기독교 변증가였던 데오필러스(Theophilus of Antioch, ca.115~180)는 천지창조로부터 로마황제 베루스(Emperor Aurelius Verus)가 죽은 169년까지의 지구의 나이를 5,698년으로 정확하게 계산한 첫 번째 그리스도인이었다.[40] 성경의 계보를 근거로 지구의 나이를 처음 계산했던 그는 170년에 안디옥의 제6대 주교로 선출되었다. 어른이 되어서 개종한 데오필러스는 이교도인 친구가 자신의 기독교 신앙을 비웃는 것에 관한 대답으로 169년에 『아우톨리쿠스에게』(*To Autolycus*)라는 글을 썼다. 이 글에서 데오필러스는 역사에 관한 비기독교적인 견해를 비판하면서 성경을 자세히 조사해 본 후에 이 세상은 5,698년 전인 BC 5529년에 창조되었다고 계산했다.[41]

추정자	추정시기	창조연대(년)	추정근거
Julius Africanus	1~2세기	BC 5501	Septuagint
Clement of Alexandria	c.150~c.215년	BC 5592	Septuagint
Jose ben Halafta	160년	BC 3751	Seder Olam Rabbah
Anonymous	804년	BC 4339	Seder Olam Zutta
Theophilus of Antioch	169년	BC 5529	Septuagint
Hippolytus of Rome	170~235년	BC 5500	Septuagint
Hillel II[43]	4세기	BC 3761	Hebrew Calendar
Eusebius of Caesarea	c.260~c.340년	BC 5228	Septuagint
St. Basil the Great	4세기	6,006년 전	성경연대
Saint Jerome	c.347~420년	BC 5199	Septuagint
Panodorus of Alexandria	412년 경	BC 5493	Septuagint[44]
St. Augustine	5세기	6,333년 전	성경연대
St. Gregory of Tours	538~594년	BC 5500	Septuagint
St. Isidore of Seville	c.560~636년	BC 5336	Septuagint
Maximus the Confessor	c.580~662년	BC 5493	Septuagint
St. Bede	703년	BC 3952.3.18.	Masoretic Text

Byzantine Calendar	691~1728년	BC 5509.9.1.	Byzantine Calendar[45]
George Syncellus	d.810년	BC 5492	Septuagint
Rabbeinu Gershom	c.960~c.1040년	BC 3754	Masoretic Text
Marianus Scotus	1082년	BC 4192	Chronicon
Moses Maimonides	1132~1204년	BC 4058	Masoretic Text
Alfonso X of Castile	1221~1284년	BC 6984	성경연대[46]
Early Ethiopian Church	15세기 중엽	BC 5493	Book of Aksum
Pico della Mirandola	1490년 경	BC 3981	Masoretic Text
Martin Luther	1483~1546년	BC 3961	Masoretic Text
Philipp Melanchthon	1497~1560년	BC 3964	Masoretic Text
Theodore Bibliander	1509~1564년	BC 3980	Masoretic Text
Matthieu Brouard	d.1576년	BC 3927	Masoretic Text
Gerardus Mercator	1512~1594년	BC 3928	Masoretic Text
Benito Arias Montano	1527~1598년	BC 3948	Masoretic Text
Benedict Pereira	1536~1610년	BC 4021	Masoretic Text
Joseph Justus Scaliger	1540~1609년	BC 3949	Masoretic Text
David Gans	1541~1613년	BC 3761	Masoretic Text
Christen Sørensen Longomontanus	1562~1647년	BC 3966	Masoretic Text
Cornelius Cornelii a Lapide	1567~1637년	BC 3951	Masoretic Text
Henri Spondanus	1568~1643년	BC 4051	Masoretic Text
Johannes Kepler	1571~1630년	BC 3977.4.27.	Mysterium
Andreas Helwig	1572~1643년	BC 3836	Masoretic Text
Yom-Tov Lipmann Heller	1578~1654년	BC 3616	Masoretic Text[47]
Christoph Helvig	1581~1617년	BC 3947	Masoretic Text
Denis Pétau	1583~1652년	BC 3984	Masoretic Text
Louis Cappel	1585~1658년	BC 4005	Masoretic Text
John Lightfoot	1644년	BC 3960	Masoretic Text
James Ussher	1650년	BC 4004[48]	Masoretic Text
Isaac Newton	1642~1727년	BC 4000	Masoretic Text
Antoine Augustin Calmet	1672~1757년	BC 4002	Masoretic Text
Christian Charles Josias	1792~1860년	BC 20,000	성경연대
Harold Camping	1794년	BC 11,013	Adam When?

표 1-2 성경에 기초한 지구의 연대 추정[49]

제1강 고대인들의 창조연대

이어 350년경에 바실(St. Basil)은 6,006년으로, 그로부터 150여 년 후에 어거스틴(St. Augustine)은 6,333년이라고 했다. 물론 이런 연대는 대부분 성경에 나와 있는 계보들로부터 계산한 것이었다. 아마 기독교에서 오랫동안 수용했던 젊은 연대로서는 1650년에 아일랜드 앵글리칸 교회의 대주교(Archbishop of Armagh in Ireland)이자 아일랜드의 대주교(Primate of Ireland)였던 어셔가 제안한 연대일 것이다.[50] 아일랜드 더블린에서 출생한 그는 일평생 구약학자로 지낸 학자답게 꼼꼼하게 구약의 계보들을 분석했다.[51] 그리고 천지창조가 BC 4004년 10월 23일 전날 밤에 일어났다고 계산했다.[52]

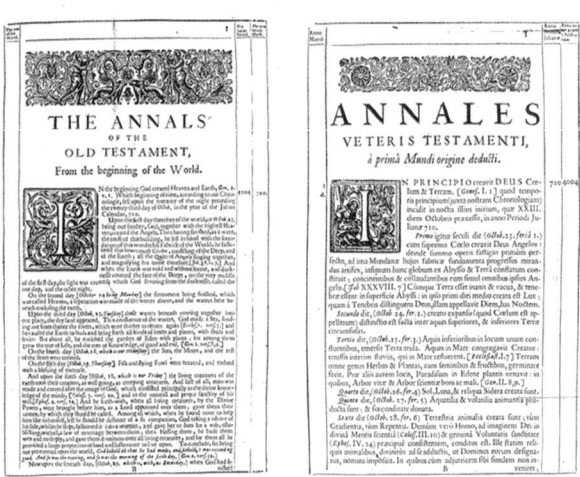

그림 1-3 어셔가 쓴 『세계의 연표』 1면. 영어판 Annals of the World 와 라틴어판 Annales Veteris Testamenti[53]

그러면 왜 이렇게 한 성경을 두고 연대를 계산하는 데도 사람들마다 연대가 서로 다를까? 이것은 연대를 계산하는 데 사용한 성경이 달랐기 때문이다. 흔히 성경을 근거로 창조연대를 계산한 사람들은 주로 칠십인역(Greek Septuagint), 사마리아 오경(Samaritan Pentateuch), 히브리어 성경(Hebrew text), 라틴어 불가타 성경(Vulgata) 등을 사용했는데, 이들이 포함하고 있는 인물이나 사건, 계보 등이 성경에 따라 조금씩 달랐다. 1738년에 출간된 드비뇰레(Alphonse de Vignolles)의 『거룩한 역사 연대기』(*Chronologie de l'histoire sainte*)에 따르면, 그 때까지 사람들이 다양한 성경 역본을 근거로 200개 이상의 창조연대를 제시했는데, 그 연대가 BC 3483년부터 BC 6984년에 이르기까지 널리 퍼져있었다.[54]

성경역본	추정시기
Septuagint	BC 5500년경
Samaritan Torah	BC 4300년경
Masoretic Text	BC 4000년경

표 1-3 성경 역본에 따른 창조연대[55]

하지만 이들 사이에 존재하는 몇 백 년, 혹은 1, 2천 년 정도의 차이는 크게 문제가 되지 않았다. 여기에는 연대 차이가 크지 않았다는 점도 생각할 수 있지만, 무엇보다도 이들이 자신의 해석을 절대시하지 않는 성경해석의 기본적 원리에 충실했기 때문이다.

7. 초기상태 불확실성 명제

제1강을 마치기 전에 성경의 계보를 근거로 한 지구와 우주의 창조연대 논쟁은 원천적으로 한계가 있음을 살펴보고자 한다. 다른 대부분의 과학 영역에서는 재현 가능한 현상을 다루지만, 성경에 근거한 창조연대 논쟁은 재현이 불가능한 사건을 다룬다. 물론 재현이 불가능한 주제라고 해서 전혀 연구할 수 없다는 말은 아니다. 간접적인 증거나 모의실험을 통해 어느 정도 연구할 수 있기 때문이다. 하지만 그렇다 하더라도 재현 가능한 주제에 비해 오차가 크고 분명한 결론을 내리기가 어렵다는 것은 부인할 수 없다. 또한 지구와 우주의 창조연대는 인간의 수명에 비해 오래 전에(138억 년 전이든, 6천 년 전이든) 일어난 사건에 관련되어 있기 때문에 더더욱 정확한 결론을 내리기가 힘들다.

지구와 우주의 창조연대를 연구할 때는 창조의 재현성의 문제와 더불어 좀 더 원천적인 한계가 있다. 그것은 바로 우리가 창조 당시의 초기조건을 정확하게 알기 어렵다는 것이다. 아래에서는 오래 전에 필자가 제시한 '초기상태 불확실성 명제'(Initial State Uncertainty Thesis, ISUT)를 소개하고자 한다.[56]

초기상태 불확실성 명제(ISUT)의 기본 가정

초기상태 불확실성 명제(ISUT)에서는 다음 몇 가지를 가정한다. 첫째, 기원에 관한 논의에서 인간이 과학이나 성경으로부터 태초의 초기상태를 정확하게 유추하는 것은 불가능하다는 것이다. 기원에 관한 대부분의 증거들은 역사의 기록은 물론 인간이 존재하기 이전에 일어난 것이므로 백 년 미만의 짧은 인생을 사는 시간 내적 존재인 인간으로서는 흑백논리적으로 판단하기가 어렵다. 인간의 수명한계를 넘는 지식을 얻는 자료로서 역사 기록이 있지만, 이것은 직접 경험과는 엄청난 차이가 있다.

둘째, 오랜 창조연대와 젊은 창조연대는 나름대로의 증거가 있으며 이들은 서로 다른 초기조건을 가정하고 있다는 것이다. 그러므로 초기상태의 가정에 따라 두 이론이 합치하는 지점을 찾을 수 있다고도 할 수 있다. 성경의 기록과 자연계의 창조가 한 하나님에 의해 이루어졌다면, 이들 사이의 불일치는 근본적으로 존재하지 않을 것이다.

셋째, 데이터(data)와 해석(interpretation)은 분리되어야 한다는 것이다. 오늘날 대부분의 지질학 관련 연구가 진화론적 패러다임 내에서 이루어진다고 해서 이들이 발견한 데이터 자체가 진화를 보여준다고 생각하는 것은 잘못이다. 예를 들어, 아담의 나이를 30세라고 하는 과학적 데이터와 나이가 30이므로 아담이 실제로 30년 전에 만들어졌다는 해석은 분리되어야 한다. 아담이 30년 전에 만들어졌다는 해석은 30년 전에 0세로 만들어졌다는 의미로서, 이것은 10년 전에 20세로, 혹은 5년 전에 25세로 만들어졌다는 등 여러 해석들 중의 하나에 불과한 것이다.

넷째, 외삽(外揷, extrapolation)과 내삽(內揷, interpolation)은 과학적 연구의 중요한 방법이라고 할 수 있다는 것이다.[57] 만일 과거에 일어났거나 미래에 일어날 사건을 연구하는데 외삽과 내삽을 가능한 과학적 방법으로 인정한다면, 일정한 범위 내에서 동일과정설도 타당하다고 할 수 있다.

초기상태 불확실성 명제(ISUT)

이러한 몇 가지 가정을 전제로 ISUT를 살펴보자. ISUT는 하나님께서 천지만물을 창조할 당시의 초기상태가 어떠했는지 모르기 때문에 성경해석과 과학자료 혹은 과학자료들 간의 불일치를 창조 당시 상태의 불확실함에 돌리자는 것이다. 진화론자들이나 창조론자들 간에 일어나는 논쟁의 많은 부분은 어느 누구도 만물이 처음 나타난 당시의 우주와 지구의 상황을 정확하게 알지 못하기 때문에 야기되는 것이라고 할 수 있다. 그러므로 오랜 창조연대와 젊은 창조연대 사이에 불일치하는 부분을 초기상태의 불확실성에 기인한 것으로 본다면, 적어도 성경해석상의 논쟁은 다소 줄일 수도 있지 않을까 생각한다.

초기상태 불확실성 명제(ISUT)를 설명하기 위해 한 가지 예를 들어보자. 하나님께서 바로 어제 아담을 30세의 청년으로 만들었다고 가정해 보자. 만일 하나님께서 아담의 나이를 직접 말해주지 않았다고 한다면, 아담이 언제 창조되었는가를 알기 위하여 과학자들은 아담의 신체적인 특성들을 다양한 방법으로 연구하여 아담의 나이를 30세 내외로 결정할 것이다. 이에 비해 아담이 바로 어제 창조되었음을 기록한 믿을만한 문헌을 가진 사람은 과학자들의 결론에도 불구하고 아담이 바로 어제 창조되었다고 확신할 것이다.

이와 비슷한 논리가 생명이나 종의 기원, 인류의 기원, 우주와 지구의 연대나 기원 등에 대한 진화론과 창조론의 논쟁에도 똑같이 적용될 수 있다. 만일 하나님께서 1만 년 전에 우라늄-238(^{238}U)을 납-206, 207(^{206}Pb, ^{207}Pb)과 비슷한 비율로 창조하셨다면, 과학자들은 오늘날의 우라늄 붕괴속도로부터 지구의 연대를 46억 년이라고 계산할 것이고, 신학자들은 지구의 연대를 1만 년이라고 주장할 것이다.

현재의 적색편이와 3K 우주배경복사의 존재를 근거로 138억 년 전의 대폭발을 주장하고 있는 천문학자들도 마찬가지이다. 이들은 현재의 상태로부터 과거를 외삽하여 태초의 시기와 상태를 유추하고 있을 뿐이다. 만일 하나님께서 최근에 138억 년 나이의 우주를 창조하셨다면, 실제 우주의 나이와 과학자들의 측정연대는 다를 수밖에 없을 것이다. 대폭발이론에서 우주의 나이를 138억 년이라고 말하는 것은 우주가 138억 년 전에 0살로 시작되었다는 가정을 암암리에 내포하는 말이다. 하지만 우리는 우주가 100억 년 전에 38억 살로 만들어졌는지 1억 년 전에 137억 살로 만들어졌는지 모른다.

위의 예들에서 누구의 결론이 맞다고 해야 할 것인가? 분명히 우리는 누구의 결론도 틀리지 않았다고 해야 할 것이다. 과학에서는 현재의 현상과 변화과정으로부터 외삽이라는 과학적 방법과 나름대로의 초기조건을 가정하여 (예를 들면, 태초에는 우라늄만 있었다는 등) 지구나 우주가 46억 년, 혹은 138억 년이라는 결론에 도달했고, 후자는 기록된 문헌의 신빙성을 근거로 나름대로의 결론을 내렸을 뿐이다. 하지만 우리는 대부분의 경우 겉보기 연대 C를 창조연대 X라고 생각한다. 이것은 은연중에 창조의 나이 Y가 0이라고 가정하는 것이다. 만일 Y가 0이 아니라면, 실제 창조연대 X는 겉보기 나이 C와 달라진다.

초기상태 불확실성 명제(ISUT)는 근본적으로 $X + Y = C$와 같이 두 개의 변수를 가진 하나의 방정식을 다루는 것이다. 오늘날 우리가 절대연대측정법으로 측정한 우주와 생명체들의 겉보기 연대(apparent age)를 C(상수)라 하고 이들이 창조된 실제 연대(창조연대)를 X, 이들이 창조되었을 때의 나이(창조나이)를 Y라고 하자. 그러면 창조나이 Y가 어떤 값을 갖게 되면, 거기에 대응하는 창조연대 X는 일의적으로(uniquely) 결정될 수가 있다. 반대로 창조연대 X를 알게 되면, 거기에 대응하는 창조나이 Y의 값을 결정할 수 있다.

초기상태 불확실성 명제(ISUT)의 유용성과 한계

초기상태 불확실성 명제(ISUT)는 성년창조설을 포함하면서도 성년창조설로는 설명할 수 없는 과학적 사실들을 설명할 수 있다. 한 예로 성년창조설에서는 절대 연대측정 결과를 해석하는데 문제가 생길 수 있다. 예를 들면, 방사성동위원소법으로 화석(실제로는 화석이 포함된 지층)의 절대연대가 5,000만 년이라는 결과를 얻었다고 할 때, 태초에 하나님께서 5,000만 년 나이의 성년 화석을 창조하셨다고 해석할 수 있을 것인가 하는 점이다. 살아있는 생물들은 '보시기에 좋은' 성숙한 상태로 창조되었다고 해도 화석을 성숙한 상태로 만들었다고 보기는 어렵기 때문이다. 여기에 대한 유일한 반박은 연대측정의 방법이 부정확하다고 주장하는 수밖에 없는데, 화석연대에 대한 최근 연대측정법은 젊은지구론자들이 생각하는 것보다 훨씬 더 정밀하다.

다른 예로는 지구로부터 280만 광년 떨어진 마젤란 성운이나 그 외 지구로부터 1만 광년 이상 떨어진 별들로부터 오는 별빛을 성년창조론에서는 어떻게 해석할 것인가? 물론 다소 어색하지만 태초에 하나님께서 별들뿐만 아니라 지구로 오고 있는 별빛까지 창조했다고 할 수 있을 것이다. 그러나 1987년 마젤란 성운으로부터 초신성의 폭발로 방출된 고에너지 우주선이 지구 곳곳에 있는 전파망원경에 포착된 것은 어떻게 설명할 것인가? 성년창조론의 주장대로 지구나 우주가 1만 년 내외로 젊다면 태초에 하나님께서 지구로부터 1만 광년, 마젤란 성운으로부터 279만 광년 (지구로부터 마젤란 성운까지의 거리를 정확하게 280만 광년이라고 한다면) 되는 지점까지 오고 있는 별빛을 창조했다는 어색한 가정을 하던지, 아니면 천문학자들이 마젤란 성운까지 측정한 거리가 터무니없다고 주장해야 한다. 11세기와 16세기에도 다른 별자리들에서 초신성이 폭발했다는 역사 기록이 있는데, 이들 역시 하나님께서 지구를 향하여 서로 다른 거리까지 온 별빛을 창조했다는 어색한 가정을 해야 한다.

ISUT는 원리적으로 과학적 데이터를 성경적 사실과 모순되지 않게 해석할 수 있는 길을 제시한다. 특히 이것은 연대문제와 관련해 의견의 불일치를 해소할 수 있을 뿐 아니라 축자영감설을 믿는 근본주의자들로부터 자유주의자들에게 이르기까지 성경해석의 폭을 넓혀줄 수 있다. 창조연대와 관련해 제시된 다른 이론들은 결국 어느 한 입장을 거부 또는 부정하는 것을 전제하는데 비해, 초기상태 불확실성 명제(ISUT)에서는 그럴 필요가 없다. 하지만 초기상태 불확실성 명제(ISUT)는 연대에 관한 본질적인 문제를 해결하지는 못한다. 또한 기원론에 관한 모든 불일치를 초기상태의 불확실함에 돌리는 것은 코에 걸면 코걸이, 귀에 걸면 귀걸이식의 논법이라는 비판의 소지가 있으며, 불가지론적인 견해라는 비판을 받을 수도 있다.

8. 결론

지금까지 우리는 고대 세계에서 지구나 우주의 연대를 어떻게 보았는지를 살펴보았다. 고대 세계에서 우주의 연대는 과학과는 거리가 멀었다. 때로는 통치자의 권위를 과장하기 위해 통치기간을 터무니없이 길게 잡기도 했고, 때로는 종교적 혹은 신화적인 이유로 창조연대를 늘려 잡기도 했다. 이러한 고대 세계의 관행을 고려할 경우, 구약성경에 나타난 족장들의 향년을 더해서 지구나 우주의 창조연대를 추정하는 시도는 바르지 않다고 할 수 있다.

마지막에 소개한 초기상태 불확실성 명제(ISUT)는 창조연대 논쟁이 본질적으로 불가지론일 수밖에 없음을 설명한다. 즉 재현이 불가능한 창조연대측정의 근본적인 딜레마를 소개한 것이다. 창조 이후의 경과 시간(창조연대)을 안다고 해도 창조 당시의 나이(창조나이)를 알 수 없는 한, 오늘날 우리들이 측정할 수 있는 연대는 실제 연대라기보다는 겉보기 연대라고 할 수 있다. 그러나 실제 연대와 겉보기 연대를 구분할 수 있는 방법이 없기 때문에, 오늘날 우리가 보고 있는 겉보기 연대가 창조의 실제 연대라고밖에 할 수 없다.

한편 신화시대가 저물고 근대로 들어오면서, 비록 겉보기 연대라고 할지라도, 창조연대에 관한 논의는 새로운 국면으로 접어들게 되었다. 즉 지구나 우주의 연대에 관해 과학적인 연구가 시작된 것이다. 비록 20세기 중엽에 이르기까지 지구나 우주의 연대는 측정 방법에 따라 천차만별이었지만, 과학자들은 나름대로 정확한 연대를 측정하기 위해 노력했다. 다음 강에서는 근대과학이 탄생한 이후, 그러나 방사성동위원소 연대측정법이 발명되기 전까지 창조연대를 측정하려고 노력했던 과학자들의 시도를 소개할 것이다.

토의와 질문

1. 다른 종교의 경전이나 민족들의 전설로부터 창조연대를 계산하려는 시도가 지닌 근본적인 한계는 무엇인가?

2. 18세기까지 성경의 계보를 기준으로 지구의 연대를 계산했던 사람들은 대부분 추정치가 달랐지만, 심각한 대립을 하지는 않았다. 그 이유는 무엇인가?

3. 성경을 근거로 지구의 나이를 계산했던 수많은 사람들 중에서 유난히 어셔의 연대가 특별히 주목을 받은 이유는 무엇일까?

4. 저자는 초기상태 불확실성 명제(ISUT)가 불가지론의 함정에 빠지지 않을 것이라고 주장하지만, 과연 그럴까? 저자가 제시하는 초기상태 불확실성 명제(ISUT)의 유용성과 한계, 그리고 인식론적 함의에 관해 논의해 보자.

제2강

방사능 이전의 창조연대

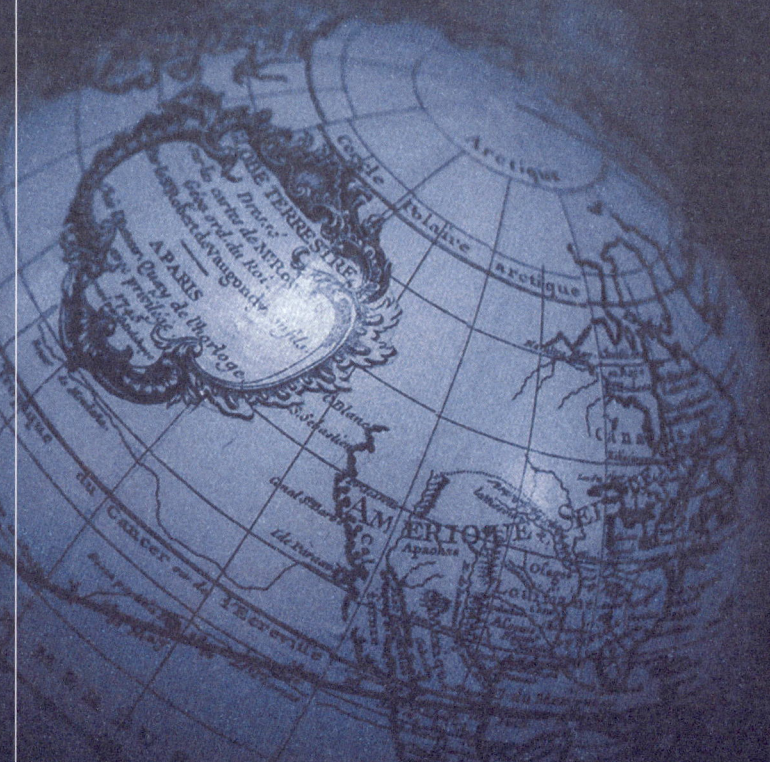

"우리는 어떤 시작의 흔적이나 어떤 종말의 가능성도 발견하지 못한다." - 허튼(James Hutton)[1]

오랫동안 지구와 우주의 연대를 측정하려는 시도는 적어도 자연과학적인 측면에서는 큰 진전이 없었다. 하지만 18세기에 들어와 지구의 나이를 측정하는 자연과학적 방법들이 등장하면서 지구의 나이에 관한 논의는 전혀 다른 양상을 띠게 되었다. 19세기 후반기에 이르러서는 지구의 나이를 측정하는 것이 과학계에서 가장 뜨거운 이슈로 등장하였다. 이 논쟁에 처음 참여한 사람들은 물리학자들이었다. 그러므로 본 강에서는 이 논쟁에 처음 참여한 대표적인 몇몇 물리학자들의 얘기를 중심으로 지구의 나이에 관한 과학적인 측면을 살펴보고자 한다.

성경을 근거로 지구의 나이를 계산하려는 시도는 어셔의 창조연대 계산 이후에도 서구사회에서 상당 기간 지속되었다. 하지만 18세기 후반을 지나면서 자연의 여러 가지 증거들을 기초로 지구의 나이를 과학적으로 추정하려는 시도들이 이루어지면서 창조연대 논쟁은 새로운 국면에 접어들게 되었다.

지구의 연대 논쟁에 뛰어든 물리학자들은 지구나 바다, 태양 등의 초기상태를 가정하고, 그것이 현재의 상태까지 이르는 데 걸리는 시간을 계산하여 연대를 계산하였다. 이들은 지구나 태양의 냉각 속도나 바다에 염분 등이 축적되는 속도로부터 지구의 연대를 추정하려고 하였다. 하지만 제1강 마지막 부분에서 소개한 것처럼, 이들이 가정한 초기상태(창조나이)나 그때로부터 지금까지 지구나 바다, 태양의 변화 과정(창조연대)을 정확하게 알 수 없었기 때문에 사람들마다 결과가 많이 달랐다. 이들이 제시한 연대는 대체로 몇 백만 년에서 몇 억 년까지 널리 퍼져 있었다.

지구의 연대를 과학적으로 측정하려고 시도했던 두 번째 부류의 사람들은 생물학자들과 지질학자들이었다. 이들은 지구상에 살아있는 생물들이나 지표면의 암석들을 자세히 조사한 후, 이들이 형성되어 현재의 모습으로 변해온 과정을 추정하고 이로부터 지구의 연대를 계산하였다. 특히 지질학자들은 퇴적암의 두께와 그 안에 들어있는 화석들을 근거로 수십 억 년의 지구의 연대를 제시했다. 하지만 이들이 제시하는 연대는 대체로 상대적인 연대였다. 어느 지층이 다른 지층보다 오래되었다고 할 수 있었지만 절대연대는 알 수 없었다.

1. 지층의 퇴적

그럼에도 불구하고 지층과 화석에 대한 상대적인 연대측정은 현대 지질학의 근간을 이루게 되었다. 지질학자들은 동일과정의 가설 위에서 어떤 지층이 다른 지층보다 오래되었다는 것에 관해서는 어느 정도 확신을 가질 수 있었다. 지층누중의 법칙(地層累重 法則, Law of Superposition)에서 말하는 것과 같이, 특별히 뒤바뀐 흔적이 없는 한 아래 지층은 위의 지층보다 오래되었다고 가정한다.

사실 19세기까지만 해도 지질학자들이 지층의 연대를 추정할 수 있는 유일한 방법은 지층이 퇴적되는 속도였다. 퇴적된 지층이 쌓이고, 압축작용이 일어나는 속도를 기초로 하여 지층의 연대를 측정하는 것이었다. 지층의 퇴적속도로부터 지구연대를 추정하는 것에 대한 최초의 대표적인 논문으로는 19세기의 미국 고생물학자 왈콧(Charles D. Walcott)의 해설논문을 들 수 있다. 그의 논문에 따르면, 이렇게 해서 추정한 지구의 연대는 대체로 300만 년에서 최고 60억 년까지 넓은 범위에 있었다.[2] 하지만 이렇게 넓은 범위에 걸쳐 있는 연대는 비록 절대연대라고 해도 별 의미가 없었다. 사람들은 좀 더 정확한 지구의 연대를 알고 싶었고, 그 첫 번째 시도가 바로 지구의 냉각속도를 이용한 연대측정이었다.

2. 뉴턴과 뷔퐁의 지구 냉각속도 계산

화산이나 온천 등을 통해 지구 내부가 매우 뜨겁다는 사실은 오래 전부터 알려진 사실이었지만, 지구의 냉각속도로부터 지구의 연령을

추정자	추정시기	지구의 추정연대(100만년)	추정근거
E. Dubois	?	>1,000	석회암퇴적
T.M. Reade	1879년	600	석회암퇴적
A. Holmes	1913년	320	석회암퇴적
J. Phillips	1860년	38~96	지층퇴적
A. Geikie	1868년	100	지층퇴적
T.H. Huxley	1869년	100	지층퇴적
S. Haughton	1871년	1,526	지층퇴적
T.M. Reade	1876년	53~526	지층퇴적
S. Haughton	1878년	>200	지층퇴적
A. Winchell	1883년	3	지층퇴적
J. Croll	1889년	72	지층퇴적
M.A. deLapparent	1890년	67~90	지층퇴적
H.H. Hutchinson	1892년	600	지층퇴적
A. Geikie	1892년	73~680	지층퇴적
W.J. McGee	1892년	15,000	지층퇴적
A.R. Wallace	1892년	28	지층퇴적
C.D. Walcott	1893년	35~80[55]	지층퇴적
T.M. Reade	1893년	95	지층퇴적
T.M. Reade	1893년	100~600	지층퇴적
W.J. McGee	1893년	10~5,000,000[6,000]	지층퇴적
W.J. McGee	1893년	1,584	지층퇴적
W. Upham	1893년	<100	지층퇴적
W.J. Sollas	1895년	17	지층퇴적
J.J. Sederholm	1897년	35~40	지층퇴적
J.G. Goodchild	1897년	1,408	지층퇴적
A. Geikie	1899년	100	지층퇴적
W.J. Sollas	1900년	26.5	지층퇴적
J. Joly	1908년	80	지층퇴적
W.J. Sollas	1909년	80	지층퇴적
A. Holmes	1911년	>325	지층퇴적
A. Holmes	1913년	250~350	지층퇴적
J. Barrell	1917년	1,250~1,700	지층퇴적

표 2-1 지층의 침식 및 퇴적 속도에 기초한 지구의 연대 추정[3]

계산하려는 최초의 시도는 유명한 뉴턴(Isaac Newton, 1642~1727)에 의해 이루어졌다. 그는 최초의 지구를 백열상태로 보고 현재와 같은 상태로 식는 데 걸리는 시간을 이론적으로 계산하여 5만 년이라는 결론에 이르렀다. 그러나 그는 이 시간이 성경의 계보에 기초하여 계산한 6,000년보다 훨씬 길었기 때문에 뭔가 계산에 잘못된 것이 있었을 것이라고 생각했다.[4]

 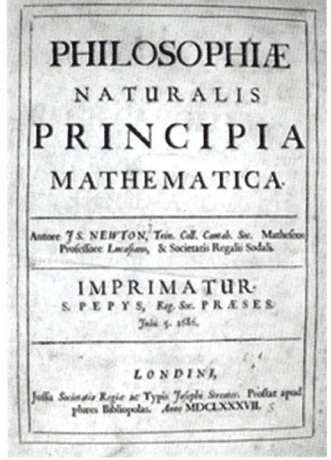

그림 2-1 뉴턴과 1687년에 출간된 뉴턴의 『자연철학의 수학적 원리』 초판[5]

뉴턴 다음으로는 프랑스의 뉴턴주의자 뷔퐁(Georges-Louis Leclerc, Comte de Buffon, 1707~1788)이 지구의 냉각속도로부터 지구의 나이를 계산했다. 뷔퐁은 지구는 혜성이 태양 근처를 지나면서 태양의 일부가 떨어져 만들어졌기 때문에 최초의 지구는 태양과 같이 백열상태였으며, 시간이 경과함에 따라 점점 식어져 현재와 같이 되었다고 생각했다.[6] 그는 실제로 다양한 물질로 만들어진 다양한 크기의 구를 백열상태로 만들어 냉각속도를 측정하였다. 백열상태의 구가 손으로 만질 수 있을 정도로 식는 시간을 측정한 후 구의 크기를 지구와 같은 크기로 외삽한 결과 74,832년을 얻었으며, 지구가 현재 상태로부터 얼어붙는 데까지 걸리는 시간은 93,291년이 걸린다는 결과를 얻었다![7]

그림 2-2 프랑스의 자연학자이자 수학자였던 뷔퐁[8]

3. 켈빈의 지구 냉각속도 계산

뷔퐁 다음으로 지구의 냉각속도를 근거로 지구의 나이를 계산한 사람은 영국의 수리물리학자이자 공학자인 켈빈 경(Lord Kelvin, 원래 이름은 William Thomson, 1824~1907)이었다. 1862년에 그는 지구가 백열상태의 초기 용융상태로부터 현재와 같은 상태로 냉각되었다고 보고 냉각기간을 계산하였다. 그 결과 그는 지구의 나이가 적어도 2,000만 년은 되었으며, 아무리 많아도 4억 년은 넘지 않을 것이라고 추정했다.[9]

후에 켈빈은 자신이 제시한 지구의 최소 나이보다 조금 더 많은 2,400만 년을 제시했다. 그래서 젊은지구론자 반즈는 켈빈이 주장한 나이라고 하면서 지구의 나이를 2,400만 년이라고 인용했고, 그리고 그 나이를 모리스(H.M. Morris)와 파커(Gary Parker)도 인용하였다.[10] 하지만 이 나이는 실제로 킹(C. King)이 처음 발표한 것인데,[11] 후에 켈빈이 킹의 연대를 받아들여서 지구의 나이의 하한으로 삼은 것이었다.[12]

열 전달 메커니즘과 켈빈의 계산

켈빈은 지구는 뜨거운 마그마 상태로부터 식어서 현재에 이르렀다는, 현대 지질학의 연구 결과와도 부합하는 가정을 했다. 켈빈은 뜨거운 지구가 열을 외부로 발산하여 냉각되는 데는 세 가지 메커니즘이 작용한다고 보았다.

그림 2-3 켈빈. 그는 물리학자답게 냉각속도를 이용하여 지구의 연대를 측정하였다.[13]

첫째는 복사(輻射, radiation)였다. 이는 태양광이 지구에 비치는 것처럼 전자기파를 통한 열 이동이었다. 둘째는 대류(對流, convection)였다. 이것은 우리가 물을 끓이게 되면 바닥에 있는 뜨거운 물이 위로 올라오고, 차가운 물이 밑으로 내려가는 것을 볼 수 있는데 이를 반복하면서 전체가 뜨거워지는 현상이다. 셋째는 전도(傳導, conduction)였다. 이는 분자들의 열운동을 통해 열에너지가 전달되는 현상이다. 켈빈은 이 세 가지 열전달(heat transport) 메커니즘 중에서 지구의 냉각에 가장 크게 기여하는 것은 바로 열전도라고 보았다.

켈빈은 초기 지구의 온도를 3,900℃로 잡았는데, 이는 실험실에서 암석이 용융되는 온도임이 증명되었기 때문이다. 또한 온도기울기(temperature gradient)는 1m당 0.04℃로 잡았다. 즉 지구 중심으로 1m 내려갈 때마다 0.04℃ 온도가 증가한다고 보았다. 이러한 온도구배는 지표면에서 1.5~3km 깊이의 광산이나 깊은 우물에서 깊이에 따라 온도가 변하는 것을 측정하여 결정했다. 그러므로 지구 중심부에서의 온도기울기는 순전히 추측에 의존할 수밖에 없었다. 마지막으로 켈빈은 암석의 열전도도를 측정해야 했다. 그래서 그는 지표면의 암석들을 실험실로 가져와서 열전도도를 측정했지만, 지표면의 암석은 밀도가 2~3g/cm³ 정도로서 밀도가 10g/cm³ 정도인 지구 중심 물질과는 많이 달랐다. 그러므로 그의 측정에서 암석의 부정확한 열전도도는 또 다른 오차의 원인이 되었다.

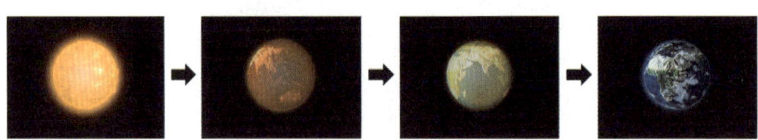

그림 2-4 켈빈은 지구가 백열상태로부터 냉각되었다고 가정했다.

켈빈은 이러한 데이터를 기초로 지구의 나이를 계산했는데, 그 결과는 9,800만 년이었다. 하지만 그는 자신의 계산에서 여러 가지 불확실한 요소가 있다고 보고 현재와 같이 식어서 단단해지기까지 실제 지구의 나이는 2,000만 년에서 4억 년 사이에 있을 것이라고 주장했다.[14] 그러나 켈빈은 1899년 이 연대가 너무 오래된 것으로 생각하여 지구의 연대를 2,000만 년에서 4,000만 년 사이라고 축소해 발표하였다.[15] 켈빈은 지구의 냉각속도로부터 지구의 연대는 길어야 1억 년을 넘지 않을 것이라고 했다. 이처럼 켈빈은 지구연대의 측정값에서 갈팡질팡 했지만, 그가 제시한 연대들은 모두 종래의 성경의 계보에 기초한 지구연대보다 훨씬 길었다.

켈빈이 간과한 것

하지만 현대적 관점에서 볼 때 켈빈의 계산결과에서 가장 치명적인 결함은 바로 방사성 원소들이 붕괴하면서 발생하는 열 때문에 지구가 생각보다 훨씬 더 천천히 식고 있다는 사실을 간과했다는 것이다. 사실 켈빈이 지구의 나이를 계산할 때는 아직 현대적인 원자모델도 확실하게 알려지지 않았고 방사능도 알려지지 않았을 때였기 때문에, 그가 아무리 당대 최고의 물리학자였다고 해도 지구의 연대에서 큰 오차가 있을 수 밖에 없었음은 충분히 이해할 수 있다.[16] 하지만 그는 지구연대에 대한 자신의 예측에 대해 자신만만해 했다.

> 그러므로 전체적으로 볼 때 가장 그럴 듯한 사실은 태양은 1억 년 (이상) 동안 지구를 비추지 않았을 것이며, 거의 확실한 것은 …… 5억 년 이상은 비추지 않았을 것이다. (이것은 몇몇 지질학자들이

추측한 것과 같다.) 미래에 대해서 우리가 말할 수 있는 바는 지금 우리들에게 알려지지 않은 에너지원들이 하나님의 피조세계라는 거대한 곳간에 예비되어 있지 않다면, 지구에 사는 거주민들(inhabitants)은 생명에 필수적인 빛과 열을 수백 만 년 이상 향유할 수 없을 것이다.[17]

켈빈은 물리학자였지만 당시 영국 사회에서 워낙 유명한 사람이었기 때문에 그가 제시한 지구의 나이는 물리학 영역에만 머물지 않았다. 그 후 켈빈과 챔벌린(T.C. Chamberlin)을 포함해 다른 유명한 지질학자들은 35년을 넘게 지구의 나이를 두고 논쟁했는데, 이는 지질학자들이 관측되는 지상의 여러 지질학적 과정에 기초하여 추정한 지구연대에 비해 켈빈이 추정한 연대가 너무 젊기 때문이었다.[18] 하지만 이 논쟁은 그렇게 오래 지속되지 않았다. 뉴질랜드 태생의 영국 물리학자 러더포드(Ernest Rutherford, 1871~1937)와 소디(Frederick Soddy, 1877~1956)가 처음으로 방사능을 띤 원소의 붕괴로 인해 발생된 열의 양을 측정하자 금방 해결되었다.[19] 러더포드와 소디는 자신들이 발견한 것의 의미를 이렇게 말했다.

> 우주물리학에서는 그것(방사능 붕괴로 인한 에너지)을 고려해야 한다. 예를 들어, 태양에너지의 유지는 구성원소의 내부적 에너지가 이용가능하다는 것이 고려된다면, 즉 아원자 변화의 과정이 지속되고 있다면 어떤 근본적인 어려움도 제기되지 않는다.[20]

그림 2-5 러더포드(좌)와 소디(우)

이어 지구와 운석에 포함된 방사성 우라늄(U), 토륨(Th), 포타슘(K)의 양을 측정해 본 결과, 지구 내부로부터 바깥으로 나오는 모든 열은, 중력에너지나 용융된 마그마가 결정화되면서 방출하는 잠열(潛熱, latent heat)이 일부분을 차지할지라도, 주로 방사성 원소의 붕괴로 인한 것임이 밝혀졌다.

잘못된 선입견의 결과

흥미롭게도 젊은지구론자인 반즈(Thomas Barnes)는 방사능이 발견된 지 오랜 시간이 지난 1970년대에 발표한 문헌에서 방사능에 관해 잘 몰랐을 때 발표된 켈빈의 계산 결과를 옹호하였다. 그는 비록 하딘-시몬스 대학교(Hardin-Simmons University)로부터 명예박사 학위(Sc.D.)를 받았지만, 학부와 석사과정에서는 정식으로 물리학을 전공했고, 후에 텍사스 주립대학교 엘파소 분교(University of Texas at El Paso)에서 물리학 교수를 하면서 미국 창조과학협회(Creation

Research Society)의 회장까지 지냈던 사람이다. 그런 그가 켈빈의 지구연대를 받아들이면서 이렇게 말했다.[21]

> 몇몇 과학자들은 지구에서 방사능이 이 한계(지구 연대의 상한선)를 상향 조정할 것이라고 주장하지만, 그것(방사능)이 켈빈의 수치를 얼마나 변화시킬 것인지에 관한 분명한 분석을 제시하지는 않았다. 켈빈은 방사능에 관해 잘 알고 있었는데, 이는 그가 이(방사능)에 대해 여러 논문들을 썼다는 사실로부터 증명된다. 그에게는 그것(방사능)이 전혀 문제를 해결하는 것처럼 보이지 않았다. 그는 실제로 측정한 열속 기울기(thermal flux gradient)와 지각 암석들의 열전도도에 관한 지식을 가지고 연구하고 있었으며, 아직도 그가 지구의 나이는 2,400만 년을 넘지 않는다는 것을 보여주었다고 확신했다.[22]

하지만 반즈의 주장은 첫 문장부터 틀렸다. 이미 그 당시에 지구의 열적 상태와 역사에 관한 수많은 문헌들이 발표되었고, 대부분의 기초 지질학 교과서들도 그 문제를 다루고 있었다. 그러므로 켈빈이 제시한 연대가 방사능으로 인해 확장될 것이라고 분석한 과학자들이 없었다는 반즈의 말은 바르지 않다. 그리고 반즈는 켈빈이 지구의 냉각속도로부터 지구연대를 계산했을 때, 이미 방사능에 관해 잘 알고 있었던 것처럼 주장한 것도 전혀 앞뒤가 맞지 않는 말이다. 켈빈은 1899년에 지구의 냉각속도로부터 지구의 연대를 계산하는 마지막 논문을 발표했는데, 이는 프랑스 물리학자 베끄렐(Henri Becquerel)이 방사능이라는 현상을 발견한 지(1896년) 3년 뒤의 논문이지만, 러더포드와 소디가 방사능 붕괴로부터 발생하는 에너지를 발견한 것에 비해서는 4년 전의 일이었다.

켈빈이 방사능에 관한 여러 편의 논문을 발표한 것은 사실이지만, 이 논문들은 지구연대의 계산과는 무관한 것들이었다. 반즈는 켈빈이 방사능 붕괴로 인한 열을 고려했고, 그리고 그 열이 중요하지 않은 것으로 결론지은 듯이 말하지만, 켈빈은 개인적으로 지구의 연대에 관한 자신의 가설이 원자 내에서 방출되는 엄청난 에너지의 발견으로 인해 틀렸음을 시인했다.[23] 비록 켈빈이 공개적으로 자신의 주장을 철회하지는 않았지만, 지구의 냉각속도로부터 지구의 연대를 계산한 것이 바르지 않음을 깨달은 것은 분명하다. 켈빈은 자신이 논쟁에서 졌음을 인지하고, 그 분야에 관한 자신의 연구를 포기했던 것으로 보인다. 그리고 그는 1907년에 죽을 때까지 자신의 에너지를 다른 물리학 문제를 연구하는 데 쏟았다.

사실 20세기 이전까지만 해도 과학자들이나 철학자들에게 지구의 연대를 측정 혹은 추정하는 일은 흥미진진한 주제였다.[24] 그리고 아마도 그 주제에 있어서 켈빈보다 더 논쟁을 일으켰던 사람은 없었을 것이다. 그 논쟁은 그 후 거의 50여 년 간 지속되었으며, 그에 관한 단행본도 출간되었다.[25] 켈빈의 계산은 과학사적 측면에서는 흥미로운 일이지만, 이미 20세기 대부분의 기간 동안 그의 주장이 틀렸다는 것은 잘 확인되었다.

그런데도 젊은지구론자들은 뒷북을 치고 있다. 특히 창조과학자 슬러셔(Harold S. Slusher)와 갬웰(T.P. Gamwell)은 이미 수많은 연구 문헌들이 쏟아져 나온 후에도, 방사성 원소의 붕괴로 인한 열이 지구 냉각에 기여하는 바를 고려하여 방사능을 열원으로 고려하더라도 지구의 연대 계산은 젊게 나온다는 기가 막힌 주장을 굽히지 않았다. 이는 이데올로기화 된 잘못된 선입견이 얼마나 터무니없는 주장을 하게 만드는 지를 보여주는 좋은 예라고 할 수 있다.[26]

지구의 초기 온도가 거주가능한 행성이 될 수 있는 정도의 온도였다면, 냉각 시간은 짧았던 것으로 (수천 년 정도로) 보인다. 초기에 지구가 용융되어 있는 정도의 높은 온도였다고 해도 냉각 시간은 진화론자들이 추정하는 것보다 훨씬 더 짧다.[27]

달림플은 반즈(Thomas Barnes)를 비롯한 창조과학자들이 이 중요하고도 복잡한 문제를 다루는 것을 보면 '변명할 수 없을 정도로 순진했다'(inexcusably naive)고 말한다. 말할 필요도 없이 여기서 '순진했다'(naive)는 말은 무지했다는 말의 다른 표현이다. 그리고 그는 "그들이 지구 내부의 중요한 열원을 무시했으며, 방사성 원소의 깊이에 따른 분포를 부적절하게 선택했으며, 맨틀의 대류에 의해 열이 소실되는 것을 완전히 무시했다."고 했다.[28]

현대적 관점

켈빈이 살았던 100여 년 전에 비해 오늘날 우리들은 지구에 관해 훨씬 더 많은 것들을 알고 있다. 그 중에는 지구를 따뜻하게 유지하는 열원이 무엇인지, 그리고 어떤 메커니즘에 의해 얼마나 빨리 지구가 냉각되는 지에 관한 지식이 있다. 그러면 먼저 지구의 열원부터 생각해 보자.

첫째, 생각할 수 있는 열은 태초의 열(primordial heat)이다. 사실

지구에는 여러 가지 중요한 열원들이 있는데, 그 중 하나가 지구의 형성 후에 남은 태초의 열이다. 방사능이나 중력에너지, 니켈-철 지구핵의 분리 등은 지구 형성 후 1~2억 년까지도 지구가 거의 용융상태로 유지될 수 있을 정도의 열을 발생시켰으리라 추정된다.[29] 더욱이 지구가 형성된 초기에는 지구가 운석들이 많이 분포된 공전궤도를 통과하면서 수많은 대형 운석들이나 행성들과 충돌하였다. 사진작가 유재호는 태초의 지구에 수많은 소행성이 충돌하는 것을 두고 "마치 조각가가 자신의 작품을 완성하기 위해서 필요한 부분은 남기고 불필요한 부분은 망치와 정으로 쪼개어 버리듯이, 하나님이 지구의 생태를 보시기에 좋은 상태로 다듬어 가시기 위해서는 이런 과정이 필요한 것"이라는 멋진 비유를 제시했다.[30] 하여튼 수많은 소행성들의 충돌로 인해 지표면으로부터 100km 정도 깊이까지 마그마 바다가 형성되었을 것으로 생각된다. 이렇게 형성된 태초의 열의 많은 부분은 지금까지도 일부 지구에 남아있다.

둘째, 방사성 붕괴에 의한 열이다. 이는 지구 암석에 포함된 우라늄, 토륨, 포타슘 등 방사성 원소가 붕괴하면서 발생하는 열이다. 비록 우리가 지구 내부의 정확한 방사성 원소의 분포를 알 수는 없지만 지구 내부로부터 흘러나오는 열의 대부분이(심지어 거의 모두가) 방사능 붕괴에 의한 것이라는 모델을 가정하는 것은 합리적이라고 할 수 있다. 예를 들어, 필요한 모든 열은 지표면으로부터 22km 깊이까지의 화강암 지각에 포함된 우라늄, 토륨, 포타슘이 붕괴하면서 발생시킬 수 있다.[31]

물론 이것은 매우 복잡한 문제를 지나치게 단순화시킨 것이라고 할 수 있겠지만, 방사능이 오늘날 지구 내부에서 열을 발생시키는 가장 중요한 메커니즘인 것은 분명하다. 방사성 원소는 시간이 지남에 따라 지수함수적으로 감소하면서 붕괴하기 때문에 방사능 붕괴는 과거에는 지금보다 훨씬 더 많은 열을 발생시켰을 것이다. 예를 들면, 45억 년 전에는 우라늄, 토륨, 포타슘의 붕괴로 인한 열의 발생이 현재보다 여섯 배는 많았을 것이다.[32]

셋째, 중력 에너지에 의한 열이다. 태초의 열과 방사능 붕괴에 의한 열에 이어 냉각으로 인해 지구가 수축되면서, 그리고 지구의 핵이 자라면서 방출되는 중력 에너지도 지구의 열에 중요한 기여를 했을 것이다. 하지만 중력 에너지에 의해 발생하는 열은 다른 열원에 비해 정량화시키는 것이 쉽지 않다.

다음으로 지구에서 열이 발생하는 것과 동일하게 중요한 것은 바로 지구가 열을 잃는 메커니즘이다. 앞에서 켈빈이 지적한 것과 같이 열이 전달되는 데는 전도, 대류, 복사가 있지만, 이 중 지구가 냉각되는 데 주요한 역할을 하는 것은 전도와 대류라고 할 수 있다.

우선 전도는 원자나 분자 수준에서 운동에너지가 전달되는 것이다. 하지만 암석의 열전도도는 낮기 때문에 지구의 역사에서 전도는 열을 잃는 효과적인 방법이 아니었을 것이다. 예를 들면, 지구 내부에서 전도가 유일한 열전달 메커니즘이라고 한다면, 45억 년 전에 지하 수백 km 깊이에서 생성된 열은 이제야 지표면에 도달했을 것이다.[33]

아마 지구에서 열을 잃는 가장 중요한 메커니즘은 대류 현상이라고 할 수 있을 것이다. 대류는 열 에너지를 전달하는 데 매우 효과적인 방법이다. 열을 공급하는 속도가 빨라질수록 대류도 빨리 일어난다. 맨틀에 있는 암석들도 비슷한 특성을 보인다. 더 많은 열이 공급될수록 맨틀은 점성이 점점 낮아지고 더 빠른 속도로 대류할 것이며,

따라서 더 많은 열이 지표면으로 전달될 것이다.

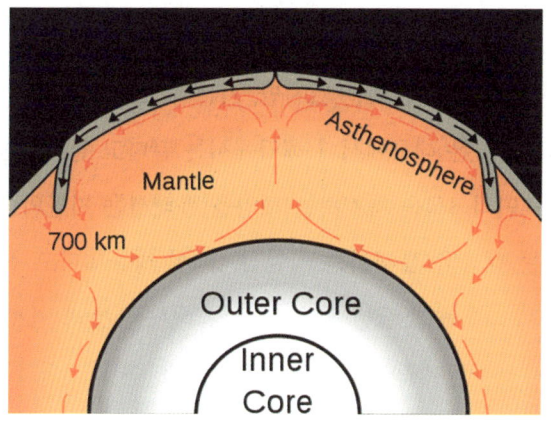

그림 2-6 맨틀의 대류[34]

오늘날 지구과학이나 지질학에서는 지구의 맨틀이 대류한다는 사실을 의심의 여지없이 받아들이고 있다. 맨틀의 대류와 관련하여 해저의 심해 수심측량(bathymetry) 결과는 해저가 확장되며, 나아가 대륙이 이동한다는 결정적인 증거를 제시하고 있기 때문이다. 이론적인 계산으로도 맨틀의 대류는 가능하고 충분한 개연성이 있는 현상이다. 언뜻 보기에는 단단한 암석이 유체처럼 흐른다는 것이 불가능해 보이지만, 이론적으로나 실험실 실험을 통해서나 맨틀의 대류는 가능하고 실제로 일어난다. 물론 맨틀이 대류하는 것은 단순한 액체나 기체가 대류하는 것과는 속도나 메커니즘이 다르다. 현재 맨틀이 대류하는 속도는 연간 수 mm 정도이다.

지구에서 열의 발생과 전도, 대류를 통한 열손실의 대략적인 규모는 이미 알려져 있다. 대략적인 총 지열 열속(geothermal heat flux)은 38×10^{12} 와트(W)인데, 이 중 63%인 24×10^{12} W는 맨틀을 통해, 24%

인 9×10^{12}W는 대륙 암권(lithosphere)을 통해, 13%인 5×10^{12}W는 외핵/맨틀 경계면 근처로부터 올라오는 뜨거운 물질의 기둥을 통해 소실된다.[35]

비록 지역에 따른 차이는 있지만, 기본적으로 지구 표면에서 단위면적당 열방출양은 대륙에서나 해양에서는 같다고 알려져 있다. 그러므로 지구표면의 3/4을 차지하는 해양을 통해서는 지열의 3/4이, 1/4을 차지하는 대륙을 통해서는 지열의 1/4이 방출된다고 볼 수 있다. 실제로 해양을 통해 소실된 열은 맨틀의 대류를 통해 지표면으로 올라온 열이다. 전체 지구의 총 열소실의 약 30%는 마그마의 분출과 폭발로 인해 새로운 지각이 만들어지고 있는 해령(mid-oceanic rise)을 통해 일어난다.[36]

앞에서 언급한 것처럼, 비록 전도가 해양 지각을 통해 열을 전달하는 데 일정한 역할을 하지만, 맨틀 깊은 곳에서 열을 운반하는 지배적인 메커니즘은 대류이다. 반면에 대륙으로부터의 열손실은 주로 전도에 의해 일어난다. 대륙을 통해 소실되는 열의 약 2/3는 대륙 자체 내에 있는 방사성 원소의 붕괴에 의해 생성되는 것이다.[37] 나머지 1/3의 열은 맨틀의 대류에 의해 맨틀로부터 대륙 암권의 기저까지 운반되고, 거기서부터는 전도에 의해 지표까지 열이 이동한다. 지열은 전도와 대류 두 메커니즘에 의해 운반되지만, 전 지구를 통틀어보면 지구로부터 소실되는 열의 대부분은 해양을 통해서 소실되며, 이 때 맨틀의 대류 현상이 주요한 역할을 한다.

지구표면으로 흘러나오는 열의 대부분은 방사성 원소의 붕괴에 의한 것이라고 추정되지만, 일부는 태초부터 존재했던 열이다.[38] 지구의 물리적인 요인과 열적 역사 등 여러 가지 요인을 고려할 때, 지구는 대체로 1억 년에 5~6℃ 정도 식는 것으로 보인다. 그리고 지구로부터 소실되는 열의 30~40%는 태초부터 있던 열이었을 것으로 생각된다.

젊은지구론자들의 문제

지금까지 살펴본 것과 같이, 지구의 냉각속도로부터 지구의 나이를 계산하려는 뉴턴이나 뷔퐁의 시도 이래 수 세기가 지나면서 우리는 지구에 관해 엄청난 지식을 갖게 되었다. 하지만 젊은지구론자들은 물리, 화학, 지사학 등을 통해 알려진 대부분의 과학적 사실들을 무시한 채 잘못된 가정 위에서 자의적으로 지구의 연대를 계산해왔다. 그렇다면 젊은지구론을 주장하는 슬러셔(Harold Slusher)와 갬웰(T.P. Gamwell)과 같은 젊은지구론자들의 문제는 무엇인가?[39] 달림플은 젊은지구론자들의 오류를 다음과 같이 몇 가지로 요약한다.

첫째, 슬러셔와 갬웰은 지구가 열을 소실하는 유일한 메커니즘이 오직 전도뿐이라고 잘못 가정했다. 이들은 대류 현상, 특히 열 소실의 가장 중요한 메커니즘인 맨틀의 대류에 의한 열 손실을 완전히 무시했다. 이러한 가정은 지구의 맨틀이 대류한다는 분명한 증거가 밝혀지기 전이라면 이해가 되지만, 젊은지구론자들의 책과 논문은 대부분 1970년대 이후에 출간된 것들이다. 따라서 이는 젊은지구론자들이 오래 전에 발표한 전문 학자들의 연구결과들을 전혀 읽지 않았거나, 아니면 의도적으로 무시했음을 보여준다.

둘째, 슬러셔와 갬웰은 지구 표면에 대류과 해양이 있고, 이들은 각각 서로 다른 구성성분과 물리적 특성을 갖고 있으며, 서로 다른 방법으로 지구 판의 이동에 관여한다는 사실을 몰랐던 것으로 보인다.[40]

그들은 지구의 연대를 계산하면서 대륙과 해양에서 열 발생과 열 손실 과정이 전혀 다르다는 것을 고려하지 않았다.

셋째, 슬러셔와 갬웰은 방사성 원소들이 지표면에서부터 깊이에 따라 어떻게 분포되어 있는지에 대해 잘못된 생각을 갖고 있었다. 그들은 방사성 원소들이 지표면에서부터 10km까지만 집중되어 있다고 비현실적으로 가정했다. 그래서 지각의 냉각만을 생각했기 때문에 지구의 냉각속도에 근거한 지구의 연대를 단지 몇 천 년이라고 주장한 것이었다. 만일 30~2,900km에 걸쳐 분포된 맨틀까지 고려했다면, 전혀 다른 결과가 나왔을 것이다. 방사능 붕괴를 통해 지구에 열을 공급하는 우라늄, 토륨, 포타슘 등은 지각에 풍부하게 포함되어 있는 것은 사실이지만, 맨틀에도 밀도는 낮지만 이러한 원소들이 포함되어 있다. 맨틀에서는 이들 원소들의 밀도가 낮을지라도 맨틀의 질량 자체가 워낙 크기 때문에(전체 지구 부피의 84%) 열 발생도 엄청났을 것이 분명하다.

그림 2-7 지구의 단면.[41] 맨틀(상부맨틀+맨틀)은 지구 전체 부피의 84%를 차지한다.

결론적으로 지구의 냉각속도나 지구의 열 생산과 열 소실만으로는 지구의 연대를 정확하게 측정할 수 없다. 결국 지구의 절대연대는 다른 요인들에 의해 거의 영향을 받지 않는 방사성 연대가 가장 정확하다고 할 수 있다. 제3강에서 다루게 될 방사성 연대에 대해 젊은지구론자들은 강하게 반대하지만, 지금까지 인류가 개발한 어떤 연대측정법보다 방사성 연대측정법은 재현성도 가장 높고 다른 연대측정 결과들과도 잘 일치한다.

4. 켈빈의 태양 냉각속도 계산

현대 지구과학이나 천문학에서 제시하는 오랜 연대를 부정하는 젊은지구론자들이 흔히 인용하는 증거의 하나는 역시 켈빈의 연구이다. 그만큼 켈빈은 물리학을 중심으로 자연과학 전반에 걸쳐 많은 영향을 미친 중요한 인물이었다. 하지만 그는 매우 뛰어난 천재 과학자였던 것은 틀림없으나, 그가 살았던 시기(1824~1907)는 방사능 붕괴와 이로 인한 에너지 방출에 대해 거의 아는 것이 없었던 때였음을 기억해야 한다. 그러므로 그가 핵반응이 주요 에너지원인 태양의 냉각속도를 기초로 태양의 나이를 계산한 것은 전혀 신뢰할 수 없는 것이 당연하다. 다만 당시에 알려진 여러 에너지원에 대한 지식을 기초로 태양의 나이를 계산하려고 시도했다는 것은 그 사실만으로도 충분히 놀라운 일이다.

흥미롭게도 켈빈은 앞에서 언급한 지구의 냉각과 동일한 가정을 태양에도 적용하여 태양의 나이를 계산하였다. 계산 결과 그는 태양은 아마 1억 년을 넘지는 않았을 터이고, 5억 년보다는 확실히 젊었을 것이라고 보았다.[42] 그는 태양의 중력에너지가 얼마나 오랫동안 지속될 지를 추정하여 연대를 결정하였다. 오늘날 우리들은 태양이 중력붕괴가 아니라 핵융합에 의해 빛나고 있음을 잘 알고 있지만, 켈빈이 살던 시기에는 핵반응이란 자체가 알려져 있지 않았다.

켈빈은 일생 동안 지구의 나이는 물론 태양의 나이에 관해서도 이렇게 확신하며 살았다. 그래서 그는 35년 후에도 태양계의 나이, 즉 태양의 나이가 1억 년을 넘지 않았을 것이라는 자신의 확신을 재확인하기 위해 별도의 계산을 했다. 그는 태양이 어떻게 그 많은 에너지를 그렇게 오랫동안 일정하게 방출할 수 있는가에 관해 세 가지 메커니즘을 제시했다.

첫째, 그는 태양이 문자 그대로 수축되고 있고, 이 때 태양의 중심부로 떨어지는 물질이 에너지를 방출할 것이라고 생각했다. 이를 흔히 중력붕괴(gravitational collapse) 혹은 중력수축(gravitational contraction)이라고 부른다. 중력붕괴란 중력으로 인해 성간물질(interstellar matter)이 천체의 질량중심으로 모여드는 현상으로서 우주에서 별이 생성되는 기본적인 메커니즘으로 알려져 있다. 성간물질이 점진적인 중력붕괴를 하게 되면(중력으로 모여들게 되면) 점차 온도가 올라가게 되고, 결국은 중심에서 열핵(핵융합) 반응(thermonuclear fusion reaction)이 일어나는 온도에 이르게 된다고 본다. 이 때 외부로 방출되는 열의 온도와 내부로 모여드는 중력붕괴가 평형을 이루는 곳에서 별은 지속적으로 빛나게 된다.

켈빈은 태양이 처음 빛을 발하기 시작했을 때는 지금보다 매우 컸고, 그 이후 계속 줄어들면서 중력에너지가 빛에너지의 형태로 방출되어 지구를 비추며 따뜻하게 하고 있을 것이라고 생각했다. 간단한

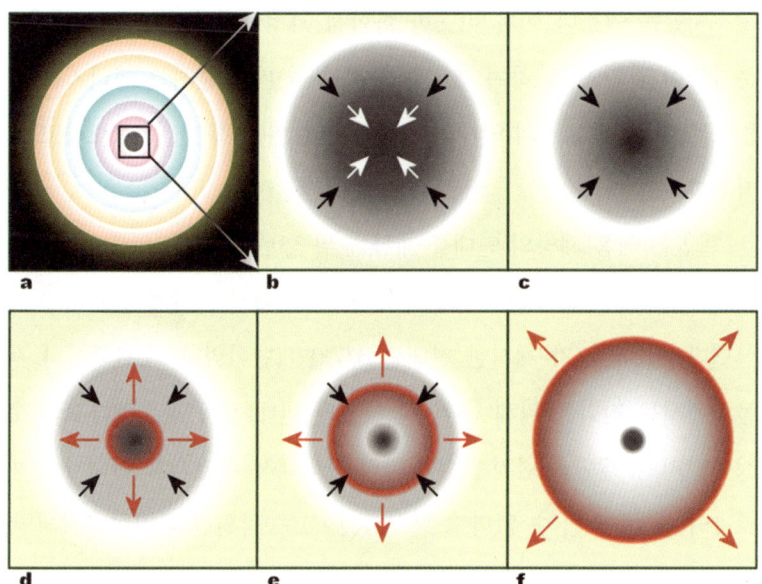

그림 2-8 거대한 별이 중력붕괴하면 엄청난 에너지를 방출하는 초신성(Type II)이 되는 것으로 알려져 있다.[43]

계산을 통해 태양은 워낙 크기 때문에 수천 년의 인류 역사에서는 중력수축으로 태양의 크기가 줄었다는 것을 확인할 수는 없다고 생각했다. 그러면 태양이 점점 수축되어 없어지기까지는 얼마나 걸릴까? 그는 수천 만 년의 세월이 소요될 것이라고 보았는데, 이는 지구의 냉각속도로부터 계산한 지구의 나이와도 크게 다르지 않았다.

둘째, 그는 태양도 단순히 지구와 같이 뜨거운 상태에서 태어나 식어가고 있는 중이라고 생각했다. 그리고 현재 태양 표면의 온도를 측정하고, 태양이 처음부터 그 온도를 계속 유지했다면 태양이 얼마나 오랫동안 빛을 발할 수 있는지 연대를 계산할 수 있다. 이렇게 해서 그가 계산한 연대는 앞에서와 같이 수천 만 년이었다.

셋째, 당시에 켈빈이 생각할 수 있는 유일한 에너지원은 지상에서 볼 수 있는 연소나 이와 비슷한 화학적 과정이었다. 두 개의 원자나 분자들이 결합(연소)하여 새로운 분자가 될 때 방출하는 에너지를 기준으로 할 때도 태양의 연대는 앞에서와 같이 수천 만 년 정도라고 생각했다.

켈빈은 처음 태양의 연대를 계산한 뒤 35년이 지난 1897년에 위에서 언급한 세 가지 에너지원을 염두에 두고 다시 태양계의 연대를 계산했다. 이 때 그가 제시한 연대는 3,000만 년이었다. 지질학이나 생물학에서는 진화를 위해 10억 년 단위의 연대가 꼭 필요하다고 아우성이었지만, 켈빈은 한평생 물리학적 관점에서 태양계의 연대가 절대로 1억 년 이상 될 수 없다고 확신했다. 그는 탁월한 물리학자였지만, 20세기 중반에 와서야 알게 된 별(태양)을 빛나게 하는 핵융합의 개념을 알지 못했다.

이 외에도 여러 사람들에 의해 지구와 태양의 냉각속도에 기초하여 지구와 태양의 연대를 측정하려는 시도가 이루어졌다. 하지만 사람들마다 다른 가정에 근거하여 계산했기 때문에 결과 역시 서로 달랐다. 그러면 이러한 시도들의 의의는 무엇일까? 그것은 이러한 시도를 통해 성경의 계보에 기초한 1만 년 미만의 종래의 창조연대로부터 과감하게 탈피하려고 했다는 점이다.

방사능이나 핵에너지에 대한 개념이 없었던 시절에 이루어진 켈빈의 태양 연구를 근거로 현대 천문학에서 제시하는 태양의 나이를 틀렸다고 주장하는 것은 바르지 않다. 게다가 일부 젊은지구론자들은 한 때 켈빈이 태양의 에너지원의 하나가 중력붕괴였다고 주장했다는 것을 근거로 지금도 태양이 중력붕괴로 타고 있다는 기가 막힌 주장을 하기도 하였다. 그러면서 태양이 눈으로 관측할 수 있는 속도로 크

추정자	추정시기	지구와 태양의 추정연대 (100만년)	추정근거
Comte de Buffon	1774년	0.075	지구냉각
Kelvin 경	1862년	20~400[98]	지구냉각
S. Haughton	1865년	>1,280	지구냉각
Kelvin 경	1871년	<100	지구냉각
P.G. Tait	1869년	10~15	지구냉각
C. King	1893년	24	지구냉각
Kelvin 경	1897년	20~40	지구냉각
G.F. Becker	1908년	60	지구냉각
G.F. Becker	1910년	55~70	지구냉각
? Suzuki	1912년	20~60	지구냉각
A. Holmes	1917년	>1,314	지구냉각
H.L.F. von Helmholtz	1856년	22	태양냉각
Kelvin 경	1862년	10~500	태양냉각
P.G. Tait	1876년	<20	태양냉각
S. Newcomber	1892년	18	태양냉각
A, Ritter	1899년	4.4~5.8	태양냉각

표 2-2 지구와 태양의 냉각속도에 기초한 연대 추정[44]

기가 줄어들고 있다고까지 주장했다. 말할 필요도 없이 이는 젊은지구론의 6천 년 연대에 맞추기 위한 것으로 엉터리가 아닐 수 없다.

우리는 갈릴레오가 400년 전에는 유럽 최고의 과학자였지만, 그가 알았던 과학적 지식은 오늘날 중학교 2학년 학생들의 수준에도 미치지 못했다는 것을 기억해야 한다. 마찬가지로 켈빈은 19세기 후반의 유럽에서 최고의 과학자였던 것은 분명하지만, 현대적 관점에서 자연에 관한 그의 지식 대부분은 과학사적 가치만 있을 뿐이다. 오늘날 과학적 지식의 증가속도는 현기증이 날 정도로 빠르다. 과학적 지식은 큰 틀로 볼 때 누적적이며, 그 지식의 전달속도는 말 그대로 거의 광

속에 가깝다.

  말할 필요도 없이 오늘날 우리가 확실하다고 생각하는 과학적 지식들도 100년 후에는 상당 부분 부정확하다고 밝혀지거나 정교하게 다듬어질 것이다. 따라서 이러한 시대에 사는 우리들은 이데올로기화 된 젊은지구론을 성경이 증거하는 창조연대라고 착각하면서 반과학적 정서를 확산시키는 우를 범해서는 안 된다.

  2011년 9월 27일에 미국 기독교 리서치 기관인 바나그룹(Barna Group)은 2007~2011년에 18~29세의 젊은 층을 대상으로 '젊은 그리스도인들이 교회를 떠나는 여섯 가지 이유'를 조사하여 발표한 적이 있다.[45] 그런데 놀랍게도 그 세 번째 이유가 바로 기독교가 과학에 적대적이기 때문이라는 것이었다. 필자는 젊은이들이 그렇게 생각하게 된 배경에는 젊은지구론이 상당 부분 영향을 미쳤을 것이라고 생각한다. 물론 현재 기독교 내에 과학에 적대적인 그룹이 젊은지구론자들만 있는 것은 아니지만, 그들만큼 성경의 문자적 해석에 집착하면서 대중들에게 반과학적 정서를 활발하게 확산시키는 그룹은 없기 때문이다.

5. 다양한 연대측정

  지구와 태양의 나이를 측정하려고 시도한 사람들은 이들의 냉각 속도에만 의존하지 않았다. 16~17세기에 근대과학이 출현하면서 지구의 나이를 측정하기 위한 다양한 방법들이 개발되기 시작했다. 그 가운데서 독일의 수학자이자 천문학자인 케플러(Johannes Kepler, 1571~1630)는 지구의 연대를 '과학적으로' 추정했던 최초의 과학자라고 할 수 있다. 1620년 경에 그는 지구가 태양으로부터 가장 멀리 떨어지는 원지점(遠地點, apogee)이 변한다는 사실에 기초하여 지구의 나이가 5,993년이라고 추정하였다. 물론 현대 과학의 입장에서 보면, 케플러가 지구의 연대를 계산한 데이터나 모델은 틀린 것이었다.[46]

그림 2-9 독일 천문학자 케플러(좌)와 카이로에서 프랑스 총영사를 지낸 드마이예(우)[47]

18세기 프랑스의 외교관이자 자연사학자였던 드마이예(Benoît de Maillet, 1656~1738)는 내륙지방에서 바다조개들의 화석이 많이 발견되는 것을 보고, 지구는 한 때 물로 덮여 있었다고 가정하였다. 그는 해변가에 있었던 자기 집 주변에서 해수면의 변화를 매년 꼼꼼히 기록한 후 해수면이 점차 내려가고 있다는 결론을 내렸다. 그는 알프스와 같은 높은 산에서도 조개화석들이 발견된다는 사실에 주목하고, 해수면이 알프스 꼭대기로부터 현재의 수면으로 하강하는 데 걸리는 시간을 계산하여 지구가 적어도 20억 년 정도는 되었다는 결론에 이르렀다.[48]

드마이예는 지구가 오래되었다는 자신의 결론이 곧바로 가톨릭 교회와 갈등을 초래할 것임을 잘 알고 있었다. 그래서 그는 생전에 자신의 생각을 발표하지는 않았다. 자신의 원고에서도 자신의 이름을 사용하지 않고, 대신 텔리아메드(Telliamed)라는 가상적인 인도 철학자와의 대화인 것처럼 가장했다. 하지만 텔리아메드라는 철자를 거꾸로 하게 되면, 곧바로 드마이예라는 이름이 되기 때문에 원저자가 누구인지를 추적하는 것은 간단한 일이었다. 당시 드마이예는 화석이 무엇인지에 관해서도 현대적인 이해를 하고 있었다.

물론 해수면이 하강한다는 그의 데이터는 믿을 수 없는 자료였고, 따라서 그의 연대도 믿을 바가 못 되지만, 중요한 것은 그 동안 지구의 나이가 수천 년 정도라고 생각한 데서 수십억 년으로 확장되었다는 사실이다. 물론 이것은 현대 생물 진화론이 출현하기 훨씬 전의 일이었기 때문에, 오랜 연대가 진화론을 지지하기 위해 등장했다는 창조과학자들의 주장은 올바르지 않다.[49]

조수현상으로부터 지구의 나이를 추정하려는 시도도 오랫동안 지속되었다. 달이 지구 주위를 공전하고 지구는 자전하면서 매일 두 차례씩 밀물과 썰물이 생긴다. 그리고 조수로 인해 바닷물이 지구 표면과 마찰하기 때문에 지구의 자전속도는 점차 느려지고 달은 지구에서 멀어지고 있다. 과거로 거슬러 올라가면 달은 지구에 더욱 가까이 있었고 지구의 자전속도는 빨랐을 것이다.

하지만 지구의 자전속도는 흔히 젊은 연대를 주장하는 사람들이 계산하듯이 일정한 비율로 느려지지 않는다. 수십억 년 전으로 거슬러 올라가서 달과 지구가 너무 가까워 중력이 강하게 작용하면 지구의 자전속도는 달의 공전속도와 동조하게(synchronized) 되는데, 이

추정자	추정시기	지구의 추정연대(100만년)	추정근거
G. Darwin	1879년	>54	조수마찰
G. Darwin	1898년	>56	조수마찰
Kelvin 경	1871년	<1,000	조수효과
P.G. Tail	1876년	<1,0	조수효과
Kelvin 경	1897년	<1,000	조수효과

표 2-3 조수 운동에서 지구의 연대 추정[50]

렇게 될 때 지구의 하루와 달의 공전 주기는 47일이 된다. 이런 복잡한 메커니즘 때문에 지구의 자전속도가 느려지는 것이나 달이 지구에서 멀어져가는 현재의 자료를 근거로 단순하게 지구와 달의 연대를 계산하는 것은 전혀 의미가 없다.[51]

젊은지구론자들은 오랫동안 지구의 자전속도와 달의 공전주기, 혹은 지구와 달의 거리 등이 젊은지구론을 지지한다고 주장해왔다. 지구와 달은 사람들에게 가장 친숙한 천체이기 때문에, 이들이 젊은지구론을 지지한다는 창조과학자들의 주장은 앞뒤 전말을 잘 이해하지 못하는 사람들에게 솔깃한 얘기였다. 하지만 앞에서 살펴본 것처럼, 이러한 주장에도 심각한 문제가 있다. 사도 바울이 말한 것처럼, 젊은지구론자들이 "하나님께 열심이 있으나 올바른 지식을 따른 것이 아니"라고 할 수 있다. 또는 잠언 기자의 말처럼 "지식 없는 소원은 선하지 못"할 수 있다.

6. 결론

지금까지 방사성 연대측정법이 탄생하기 전까지 제기되었던 주요한 몇몇 연대측정법을 살펴보았다. 하지만 이들 연대들은 방법마다,

그리고 측정한 사람마다 결과가 천차만별이었다. 이는 이런 방법들이 미지의 가정들을 근거로 했기 때문이다. 예를 들면, 태초에 지각이 정말로 현재의 지구 내부의 마그마와 같이 뜨거웠는가? 그런 지구가 식는 속도는 또한 어떻게 알 수 있는가? 등등이다. 결국 이런 방법들은 증명할 수 없는 가정에 근거한다고 할 수 있다.

물론 상대적인 연대도 나름대로 유용한 면이 없는 것은 아니다. 지층을 이용한 상대연대측정은 절대연대의 신뢰도를 측정하는 가장 중요한 증거가 된다. 즉 절대연대측정을 통해 지층 B가 5,000만 년 되었고, 지층 A가 2,000만 년 되었다는 결과가 나왔는데, 지층 B가 A보다 위에 있다고 한다면, 그리고 지층 A와 B의 순서가 뒤바뀐 분명한 증거가 없다면, 절대연대측정이 잘못되었거나, 데이터 분석이 잘못되었거나, 연대측정방법이 잘못 적용되었다고 볼 수 있다. 이와 비슷하게 만일 어떤 지층의 절대연대가 1억 년 되었는데, 그 지층에 관입되어 형성된 화성암 암맥의 연대가 3억 7,000만 년으로 측정되었다면, 뭔가 절대연대측정법에 문제가 있다고 본다. 관입의 법칙에 의해 관입을 받은 암석은 관입된 암석보다 오래되었다고 보기 때문이다.

부정확한 절대연대나 상대연대도 현대 지질학이 등장하는 데 중요한 기여를 했지만, 지질학자들은 부정확한 절대연대측정이나 지층의 상대적 연대만으로는 만족할 수가 없었다. 물리학자들의 절대연대는 지구의 초기상태나 냉각속도의 불확실성 때문에 정확도가 떨어졌고, 반면에 지질학에서 제시하는 지층과 화석을 기준으로 한 연대는 상대적인 연대라는 아쉬움이 있었다. 지질학자들은 좀 더 확실한 지구의 절대연대, 즉 지층과 암석이 형성된 정확한 연대를 알기를 원했다.

앞에서 제시한 이런 정도의 연대측정법으로는 지사학의 본격적인 등장을 기대할 수 없었다. 이때 신뢰할 수 있는 절대연대측정법이 등장하였으니, 곧 방사성 동위원소를 이용한 연대측정이었다. 그 동안 지질학에서 사용되던 상대적인 연대측정은 절대적 연대측정의 기초가 되었지만, 19세기 말에 발견된 방사능과 20세기에 들어서서 방사능을 이용한 지구와 암석의 연대측정법의 등장은 지질학 뿐 아니라 암석의 절대연대를 알아야 하는 여러 과학의 분야에 새로운 이정표가 되었다.

토의와 질문

1. 본 강에서 언급한(우주, 지구, 바다, 인류 등의) 여러 연대측정법들 중 방사성 연대측정법을 제외한 다른 하나를 선정하여 연구해 보라.

2. 본 강에서 소개한 다양한 연대측정법들의 공통점이 무엇인지 생각해 보고, 방사성 연대측정법이 이들과 가장 크게 다른 점이 무엇인지 말해 보자.

3. 과학의 발달이 다양한 연대측정법의 등장과 어떤 관계가 있는지 말해 보라.

제3강

방사능과 창조연대

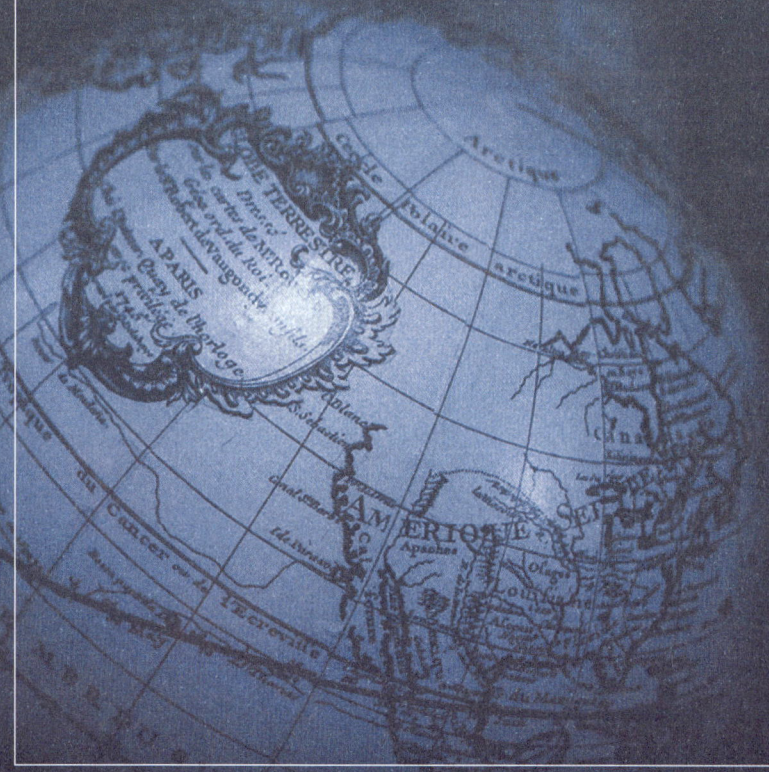

"지구는 얼마나 오래되었는가? 이 대담한 질문과 관련된 문제들보다 더 사람을 잡아끄는 문제는 별로 없다." - 홈즈(Author Holmes)

방사성 연대측정법(radioactive dating method)은 방사능의 발견에서 시작되었다고 할 수 있다. 프랑스 물리학자인 앙리 베끄렐(Henri Becquerel)은 1896년에 우라늄을 포함한 물질이 눈에는 보이지 않지만, (그 전 해에 발견된) X-선과 비슷한 전자기파를 방출하고 있음을 처음으로 발견했다. 이어 1898년에는 퀴리 부부(Marie and Pierre Curie)가 이 전자기파를 방사능(radioactivity)이라고 명명하고, 토륨의 방사능과 우라늄-토륨 붕괴의 중간 생성물들을 발견하였다.

현대 지질학에서 암석이나 지층의 절대연대측정법 중에서 가장 널리 사용되는 것은 방사성 동위원소를 이용한 방사성 연대측정법이다. 방사성 물질이란 방사선을 낼 수 있는 능력을 가진 물질을 말하는데, 원자 또는 원자핵의 에너지 준위가 불안정한 상태에서 방사선을 방출하는 핵종을 방사성 핵종 또는 방사성 동위원소라 부른다. 자연에 존재하는 92종의 원자들 가운데 주로 핵의 크기가 큰 원자들 중에 방사능을 띤 원자들이 많다. 원자번호가 큰 우라늄, 라듐 등 40여종의 원소는 원자핵이 붕괴하면서 방사선을 방출한다.

1. 방사성 붕괴와 방사성 연대

　방사성 붕괴(放射性崩壞, radioactive decay)란 불안정한 원자핵이 자발적으로 헬륨 원자핵이나 전자, 감마선 등을 방출하면서 에너지를 잃는 과정으로, 알파 붕괴, 베타 붕괴, 감마 붕괴가 있다. 알파 붕괴에서는 양성자와 중성자 각각 두 개로 이루어진 알파 입자(헬륨 원자핵)가 방출되며, 베타 붕괴에서는 전자가, 감마 붕괴에서는 감마선이 방출되면서 원자의 에너지를 낮춘다.

　이러한 붕괴를 거치면서 에너지의 손실이 일어날 뿐 아니라, 한 종류의 원자를 다른 종류의 원자로 변환시킨다. 여기서 원래의 원자를 모원자, 변환 후의 원자를 자원자라고 부른다. 예를 들면, 탄소-14 원자(모원자)는 방사선을 방출한 뒤, 질소-14 원자(자원자)로 변환된다.

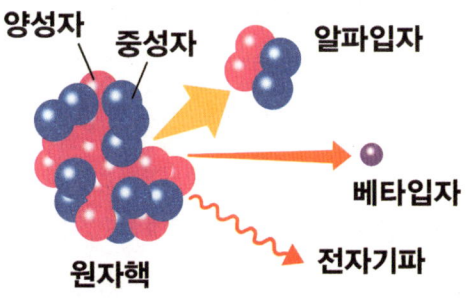

그림 3-1 세 종류의 방사능 붕괴

　방사성 연대측정법이란 암석 중에 포함되어 있는 방사능 물질이 일정한 속도로 붕괴한다는 사실을 이용하여 그 암석의 생성 연대를 측정하는 방법이다. 이 방법에 의해 지구상에서 발견된 가장 오래된 암석은 그린란드에서 채취한 화강편마암(花崗片麻巖, granite gneiss)이며, 이것의 연대는 약 38억 년에 이른다. 그러나 방연석(方鉛石, galena), 운석, 월석 등을 이용한 여러 가지 연구를 종합한 결과 현재까지 알려진 지구의 연령은 이보다 더 오래된 약 46억 년으로 추정되고 있다. 과연 이러한 연대는 믿을 만한가?

오늘날 지질학이나 그 외 학문의 분야에서 암석이나 화석의 절대연대를 측정하기 위해 표준적인 방법으로 사용되는 것이 방사성 연대측정법이지만, 젊은지구론자들은 이를 받아들이지 않는다. 그들은 방사성 연대측정에 대한 비판적인 시각이 여전히 존재하며, 간혹 터무니없는 측정결과가 나온 적도 있다면서 다음과 같은 예들을 든다.

(1) ^{40}K-^{40}Ar과 ^{238}U-^{206}P 방법으로 약 200년 이내에 분출된 하와이의 용암을 조사해 보니 수십억 년 전의 것으로 나왔다.[2,3]

(2) ^{238}U-^{206}P 방법으로 콜로라도의 캐리부 광산(Caribou Mine) 침전물의 연대를 측정해 보니 연대들 사이에 7억 년의 오차가 있었다.[4]

(3) ^{40}K-^{40}Ar 방법으로 캄브리아기 암석을 측정해 보니 다른 방법으로 얻은 값과 2억 년의 차이가 생겼다.[5]

(4) 아폴로가 채취해 온 월석을 ^{238}U-^{206}P 및 ^{232}Th-^{206}Pb 방법으로 분석해 보니 달의 연대가 200만 년에서 280억 년까지 다양했다.[6]

이러한 주장은 과연 방사성 연대측정법을 신뢰할 수 있는가 하는 질문으로 이어진다. 본 강에서는 방사성 연대측정법의 간략한 역사와 더불어 방사성 연대의 원리 및 창조과학자들과 같은 젊은지구론자들이 주장하는 방사성 연대측정법의 문제점들을 하나씩 살펴볼 것이다.

2. 방사성 연대측정법의 발견[7]

1902년에 현대적인 원자구조를 발견했던 러더포드(Ernest Rutherford)와 소디(Frederick Soddy)가 방사능이 지수함수적으로 붕괴한다는 사실을 증명함으로써 방사성 연대측정을 위한 원리를 발견하였다. 실제로 1905년에 러더포드는 하버드 대학교에서 한 강연을 통해 우라늄/헬륨이나 우라늄/납 비율이 이론적으로 암석의 연대를 계산하는 데 사용될 수 있다고 제안하였다.

1907년에는 미국의 방사화학자 볼트우드(Bertram B. Boltwood, 1870~1927)가 실험을 통해 납이 우라늄 붕괴의 최종 생성물임을 발견하고, 이어 납의 양이 우라늄을 포함하고 있는 광물의 상대적인 연대와 중요한 관련이 있음을 발견하였다. 그리고 간단한 우라늄/납 연대측정을 시도하였다.[8] 이어 1911년에는 스코틀랜드의 지질학자 홈즈(Arthur Holmes, 1890~1965)가 볼트우드의 측정에 기초하여 처음으로 우라늄/납 연대를 측정하였으며, 볼트우드보다 개선된 우라늄 붕괴율을 발표하였다. 그가 발표한 붕괴율은 석탄기 시료의 3.4억 년으로부터 선캄브리아기 시료의 16.4억 년이었다.[9]

하지만 홈즈는 동위원소와는 무관하게 단순한 원소 비율로부

그림 3-2 방사성 연대측정의 선구자들. 좌로부터 볼트우드, 홈즈, 톰슨, 배럴, 애스톤(Wiki)

터 연대를 계산했기 때문에 동위원소 연대(isotope age)라기보다는 화학적 연대(chemical age)라고 부르는 것이 적절했다. 동위원소의 존재는 전자의 발견으로 유명한 영국 물리학자 톰슨(Joseph John Thompson, 1856~1940)이 네온의 동위원소를 발견함으로써 확인되었다. 톰슨은 1913년에 네온 원자에 질량수가 20인 것과 22인 것 두 종류가 있음을 발견하였다.[10] 하지만 동위원소의 발견이 지질학적 연대측정에 중요하다는 것이 확인된 것은 그로부터 30여 년 후의 일이었다.

아직 동위원소 연대기가 도래하기 전인 화학적 연대기에도 지질학적인 연대표를 작성하려는 시도는 꾸준히 이루어졌다. 1917년에 예일 대학교의 지질학 교수인 배럴(Joseph Barrell, 1869~1919)은 홈즈가 1911년에 발표한 화학적 연대에 기초해 현생대(Phanerozoic) 지질연대표를 발표하였다. 배럴의 연대표는 다소 거칠기는 하지만, 오늘날의 지질연대표와 놀라울 정도로 흡사했다. 그는 신생대/중생대 경계를 5,500~6,500만 년으로 잡았고(현재는 6,500만 년), 캄브리아기/선캄브리아기 경계를 3.6~5.4억 년으로 잡았다(현재는 5.7억 년).[11]

본격적인 동위원소의 발견은 영국의 화학자이자 물리학자인 애스톤(Francis William Aston, 1877~1945)이 질량분석기(mass spectrometer)를 발명하면서 이루어졌다. 그는 1920년에 질량분석기를 발명하여 질량수 21인 제3의 네온 동위원소를 발견했다.[12] 그 후에도 그는 질량분석기의 디자인과 정밀도를 꾸준히 개선하여 자연에 존재하는 287개의 동위원소들 중 무려 212개를 발견했다.

이 시기를 지나면서 사람들은 화학적 연대를 통해 지구의 절대연대를 알 수 없을까 하는 생각을 본격적으로 하게 되었다. 하지만 암석

익 연대를 측정하는 것과 달리 지구의 절대연대는 훨씬 더 복잡했다. 지구의 정확한 연대를 측정했다고 해도 그 연대가 정말 정확한 연대인지를 검증할 방법이 없었다. 또한 지구의 나이를 알기 위해서는 지구가 생겨날 때 함께 생겨난 암석들을 찾아야 하는데, 그것 역시 쉬운 일이 아니었다.

3. 방사성 연대의 출현

연대에 관한 논의 가운데서도 방사성 동위원소의 생성과 붕괴 속도를 이용하여 연대를 산출하는 방사성 연대측정법이야말로 연대 논쟁의 출발점이요 핵심이라고 할 수 있다. 흥미롭게도 방사성 원소의 붕괴를 이용하여 지구의 절대연대를 측정한 사람은 물리학자가 아니라 미국의 천문학자인 러셀(Henry Norris Russell, 1877~1957)이었다.[13] 그는 우라늄이 납으로 붕괴되는 과정을 통해 지각의 연대가 40억 년에 이른다고 추산하였다.[14] 이렇게 첫 방사성 연대측정이 이루어진 이래로 이 방법에 관한 연구가 많이 이루어져서 지금은 그 때와는 비교할 수도 없을 정도로 정밀한 측정이 이루어지고 있다.

방사성 연대측정의 원리는 단순하다. 방사능을 띤 모원소(parent element)와 모원소가 붕괴하여 만들어진 방사능을 띠지 않는 자원소(daughter element)의 비율을 측정하고, 알려진 반감기를 이용하여 연대를 측정하는 것이다. 모원소와 자원소를 더한 것이 최초의 시료 속에 있었던 모원소의 숫자라고 가정하면, 반감기만 알면 100% 모원소만 존재하던 때로부터 지금까지의 경과 시간을 간단하게 계산할 수 있는 것이다. 방사성 연대측정법은 원리가 단순하기 때문에 몇 가지

기본적인 가정의 타당성만 확인되면 크게 오류가 생길 가능성이 적다.

처음 방사성 연대측정법이 발견된 이후 지난 100여 년 동안 과학자들은 이 연대측정이 기초하고 있는 몇 가지 가정들의 타당성을 면밀히 검토하였다. 그리고 지금은 방사성 연대측정법을 지구의 절대연대를 측정하는 대표적인 방법으로 받아들이고 있다.

하지만 이에 대해 젊은지구론자들은 여전히 이 방법은 신뢰할 수 없다고 하면서 의문을 제기한다. 사실 이들은 성경이 젊은지구론을 제시한다고 확신하기 때문에 앞으로 과학자들이 어떤 연구결과를 내어놓더라도 계속해서 의문을 제기할 것이다. 이들이 제기하는 의문은 크게 다음과 같이 세 가지로 요약할 수 있다.[15]

(1) 방사성 원소의 반감기는 일정한가? 만일 시간이 경과함에 따라, 주어진 환경이나 자극에 의해 붕괴속도, 즉 반감기가 변한다면, 현재의 붕괴속도에 근거한 방사성 연대측정은 정확하다고 할 수 없을 것이다.

(2) 용융상태의 마그마가 굳기 시작했을 때 모원소만 있었는가? 처음 붕괴가 시작될 때는 모원소만 있었고 자원소는 없었다고 가정해야 한다. 다시 말해 시료 속에 들어있는 자원소는 모두 모원소가 붕괴해서 생긴 것이며, 방사성 붕괴와 무관하게 처음부터 존재한 것이 아님을 가정해야 한다.

(3) 외부로부터 모원소나 자원소의 유출이나 유입은 없었는가? 한 번 자원소가 만들어지면 아무리 오랜 시간이 지나더라도 이 자원소가 시료로부터 탈출하거나 외부로부터 첨가되지 않는다고 가정해야 한다.

이것은 마치 대야에 남아있는 얼음 덩어리와 물을 보고, 맨 처음 얼음 덩어리를 누가 언제 그 곳에 두었는가를 계산하는 것과 같다. 만일 어떤 사람이 얼음 덩어리를 대야에 넣고 처음부터 지켜보았다면, 언제부터 얼음이 그 곳에 있게 되었는지를 정확하게 알 수 있을 것이다. 그러나 중간에 들어와서 보는 사람이 그가 보았을 때의 녹는 속도로부터 얼음을 처음 그곳에 둔 시점을 계산하려면, 다음의 세 가지 가정이 타당해야 하는 것이다. 첫째, 외부 조건(온도)이 변하지 않았고, 따라서 얼음의 녹는 속도도 일정하다는 것, 둘째, 처음에 대야에는 얼음만 있고 물은 없었다는 것, 셋째, 중간에 물이 증발하거나 외부로부터 물이나 얼음이 유입되지 않았다는 것이다. 이러한 가정들이 맞다고 할 때, 비로소 얼음이 그곳에 있게 된 연대를 정확히 알 수 있을 것이다. 하지만 이 중에 어느 하나라도 믿을 수 없다면, 얼음을 그곳에 처음으로 갖다놓은 시간을 알 수가 없을 것이다. 그러면 젊은지구론자들이 방사성 연대를 비판하는 논점을 하나씩 살펴보자.

4. 방사성 원소의 붕괴속도

우선 창조과학자들과 같이 젊은지구론을 주장하는 사람들이 방사성 연대가 부정확하다고 주장할 때 가장 먼저 내세우는 것은 방사성 원소의 붕괴속도, 즉 반감기가 일정하지 않다는 것이다. 그런데 정말 그럴까? 만일 방사성 원소들이 붕괴하는 반감기가 외부적인 자극들, 즉 높은 온도나 압력, 강한 전장이나 자장, 습도나 여타 다양한 환경에 의해 상당히 변한다면, 방사성 연대는 신뢰도에 심각한 문제가 생긴다. 이를 이해하기 위해서는 방사능 붕괴와 관련된 핵물리학의 기본지식과 수식을 살펴보는 것이 필요하다.

핵자의 결합에너지

방사능 붕괴는 핵 내에서 핵자(核子, nucleon)들, 즉 핵을 구성하고 있는 양성자와 중간자, 중성자 등에서 일어나는 현상이다. 그러므로 방사능이 원자와 원자 사이의 반응으로 인한 것이 아니라 핵 내부에서 핵자들의 반응으로 인한 것임을 유의해야 한다. 즉 방사능 붕괴 속도는 핵자들을 결합시키고 있는 결합에너지와 관계가 깊다.

방사능을 띤 모원자의 숫자를 N, 모원자가 붕괴하여 생긴 자원자의 숫자를 N′ 라고 한다면,

$$N' = N \exp(-0.693t/T)$$

가 된다. 여기서 t는 경과한 시간, T는 반감기(half-life)를 나타낸다. 이 식에서 볼 수 있는 바와 같이, 반감기는 지수 부분에 들어가기 때문에 조금만 변해도 계산 결과에 큰 영향을 미칠 수 있다. 그러면 과연 방사성 동위원소의 반감기는 환경에 따라 변하는가?

이에 대답하기 위해서는 핵을 구성하는 중성자, 양성자, 중간자 등과 같은 핵자들을 묶어주는 핵력, 즉 결합에너지가 얼마나 되는 지를 알아보는 것이 중요하다. 그림 3-3에서 보여주는 것처럼, 핵자들의 결합에너지는 MeV(100만 eV) 단위로 측정되며, 일반적으로 7~9MeV 내외이다.[16]

이를 좀 더 잘 이해하기 위해 먼저 방사능의 붕괴 과정을 살펴보자. 방사능 붕괴에는 알파, 베타, 감마의 세 가지 붕괴가 있다. 이 중

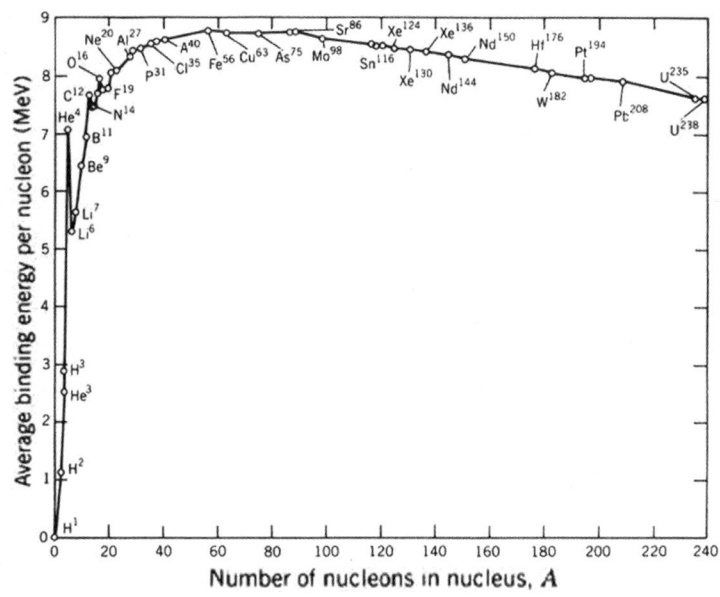

그림 3-3 질량수(원자번호)에 다른 핵자들의 결합에너지

알파 붕괴(α-decay)는 두 개의 양성자와 두 개의 중성자로 이루어진 헬륨 원자핵이 모원자의 핵으로부터 방출되는 것이다. 베타 붕괴(β-decay)는 핵 내에서 중성자가 양성자로 바뀌면서 전자가 모원자의 핵에서 방출되는 것이며, 감마 붕괴(γ-decay)는 큰 에너지를(핵자들의 큰 결합에너지에 비해서는 거의 무시할 수 있는 크기지만) 갖는 감마선을 방출함으로써 원자핵의 과잉 에너지를 줄이는 것이다.

이러한 방사능 붕괴는 방사성 동위원소의 핵 내부에서 자발적으로 일어나는 과정으로서 외부의 물리적, 화학적 조건이나 자극에 의해 아무런 영향을 받지 않는다. 그 이유는 앞에서 언급한 것처럼, 핵자들 사이에 존재하는 핵력, 즉 핵자들의 결합에너지는 일반적인 화학반응이나 물리적 조건과 관련된 에너지와는 비교할 수 없을 정도로 크기 때문이다. 이를 달리 표현하면 핵결합을 유지하는 '접착제'(핵력 혹은 핵에너지)는 핵 외부에 존재하는 다른 반응이나 환경과 관련된 에너지보다 훨씬 더 크다.

핵의 결합에너지가 지표면에서 일어나는 다른 에너지들과 비교하여 얼마나 큰 지를 예를 들어 생각해 보자. 방사성 동위원소들이 지각의 구성 과정에서 받을 수 있는 원자 당 열이나 압력, 자장 등의 에너지는 대부분 10eV 미만으로 잘 알려져 있다. 예를 들면, 분자 1개의 에너지 E와 절대온도 T의 관계는 볼츠만 법칙(Boltzmann principle)

$$E=3kT/2$$

으로 표시된다. 여기서 k는 볼츠만 상수로서 8.62×10^{-5} eV/K의 값을 갖는다. 지표면이나 지각에서 생각할 수 있는 최고의 온도로서 10,000℃(10,273K)를 가정한다고 해도 이 에너지는

$$[3 \times (8.62 \times 10^{-5} eV/K) \times 10,273K]/2$$
$$= 1.335eV$$

로서 10eV를 넘지 않는다. 이런 정도의 에너지는 원자나 분자들 간의 반응에는 영향을 미치지만, 100만 eV 단위의 결합에너지를 갖는 핵자들의 반응에는 별 영향을 미치지 못한다. 그러므로 현재 지구 표면이나 지각 내에서 일어나는 현상에는 방사성 동위원소의 반감기에 큰 영향을 미칠 만한 요인은 거의 없다고 할 수 있다. 다시 말해 원자핵의 결합에너지는 엄청나기 때문에 원자핵 반응은 우리가 일반적으로

생각할 수 있는 외부의 에너지나 자극으로부터 거의 절연되어 있다고, 즉 거의 영향을 받지 않는다고 할 수 있다.

핵의 결합에너지가 원자나 분자 단위에서의 에너지들에 비해 어마어마하게 크기 때문에 재래식 무기에 비해 핵무기의 위력이 그렇게 큰 것이다. 또한 그렇기 때문에 원자핵 내부에서 어떤 변화가 일어나게 하려면 과학자들이 강력한 입자가속기나 원자로를 사용하여 철벽같은 원자핵 내부로 뚫고 들어갈 수 있는 큰 에너지의 입자(초고속의 입자)를 원자핵에 충돌시키는 것이다.

반감기가 10억 배 빨랐다고?

원자핵의 결합에너지는 어마어마하게 크기 때문에 원자핵의 붕괴속도가 외부의 자극에 의해 거의 변하지 않는다는 것은 분명한 사실이다. 그러자 일부 창조과학자들은 지표면의 암석 속에 들어있는 오랜 반감기를 가진 원소들이 많이 붕괴되어 있는 현상을 설명하기 위해, 또한 방사성 동위원소의 반감기가 일정하지 않음을 주장하기 위해 창조주간에는 방사성 동위원소의 붕괴속도가 현재보다 10억 배 정도 빨랐다고 주장한다. 예를 들면, 우드모랩(John Woodmorappe)은 수십억 배의 가속적 방사능 붕괴가 전자(e^-) 붕괴에서 발생할 수 있다고 주장한다. 베타 붕괴에서 하나의 중성자(n)가 붕괴하면, 양성자(p), 전자(e^-), 전자-반중성미자(v_e)가 나온다. 이 때 전자가 원자 바깥으로 튀어나오려면 핵에 있는 양성자가 전자기력으로 당기기 때문에 잘 나오지 못하게 된다.

하지만 원자가 높은 온도에서 궤도 전자를 모두 잃어버린 플라즈마 상태가 되면 핵에서 베타 붕괴로 튀어나온 전자가 바깥으로 튀어나오지 않고, 비어있는 핵 주변의 전자궤도(vacant electron orbital)에 포획될 수 있다는 것이다. 이것을 소위 속박상태 베타 붕괴(bound state beta decay)라고 부른다. 우드모랩은 베타 붕괴에서 튀어나온 전자가 전자궤도에 포획되는 속박상태 베타 붕괴가 일어나면, 전자가 바깥으로 튀어나오는 베타 붕괴보다 수십억 배 빨리 베타 붕괴가 일어날 수 있다고 주장한다.[17]

그러면 과연 그런 붕괴가 실제로 일어날 수 있는가? 우드모랩은 그 예로 정상적인 지구조건 하에서는 안정적이던 희토류 금속 디스프로슘(dysprosium, ^{163}Dy) 핵종이 완전히 이온화된 플라즈마 상태에서는 다른 희토류 금속인 홀뮴(holmium, ^{163}Ho)으로 붕괴하는 데(^{163}Dy → ^{163}Ho) 47일의 반감기를 갖는다고 한다.[18] 또한 레늄(Rhenium)-187이 오스뮴(Osmium)-187(^{187}Re → ^{187}Os)로 붕괴할 때 속박상태 베타 붕괴가 발생한다는 것이 실험적으로 증명되었다고 주장한다. ^{187}Re → ^{187}Os 붕괴는 원래의 반감기가 420억 년인데, 속박상태 베타 붕괴에서는 불과 33년의 반감기를 나타냈다는 것이다. 이는 종래의 반감기에 비해 무려 12억 배 이상의 붕괴속도가 증가된 것이다.[19]

속박상태 베타 붕괴의 문제

과연 속박상태 베타 붕괴로 지구에서 10억 배 이상 빠른 방사능 붕괴가 일어났을까? 이런 일은 다음의 몇 가지 이유로 일어나지 않았으며, 일어날 수도 없었다.

첫째, 방사성 원소의 붕괴는 베타 붕괴로만 일어나는 것이 아니다. 알파 붕괴와 감마 붕괴도 고려해야 한다. 알파 붕괴 때 방출되는 헬륨 원자핵은 전자처럼 원자궤도에 포획될 수 있는 존재가 아니다. 말할 필요도 없이 감마 붕괴로 방출되는 감마선 역시(감마선은 입자가 아니라 전자기파에 불과하므로) 전자궤도에 붙잡힐 수가 없다. 그렇다면 베타 붕괴가 10억 배 이상 빠르게 일어난다는 것이 전체 방사성 원소의 붕괴에 무슨 의미가 있을까? 이론적으로 연구할 가치는 있지만, 지구의 과거 역사를 해석하는 데는 별 소용이 없다.

둘째, 우드모랩이 그리고 있는 창조 시나리오는 단순한 소설에 불과하다. 우드모랩은 태초의 상태에 관해 다음과 같이 말한다.

> 이제, 창조 주간의 처음에 있었음직한 상황을 그려보자. 하나님께서 우주의 구성 물체 전부를 형성할 원자를 만드실 때에, 완전히 이온화된 상태로(즉 원자핵만을) 창조하셨다. 이 플라스마(plasma)는 첫날의 수 시간 동안 존재했다. 그리고 그 시간 동안 모든 원자들은 전자가 없는 핵 상황 하에서 베타 붕괴(속박상태 베타 붕괴)가 자유롭게 발생했다.[20]

우드모랩이 태초의 상태였다고 가정한 것은 창조 주간의 처음에 있었음직한 상황이 아니다. 하나님께서 우주를 만드실 때 플라즈마 상태로 만들었다는 근거가 무엇인가? 이보다는 차라리 초기 우주론에서 말하는 대폭발 이론을 받아들이는 것이 나을 것이다. 하지만 대폭발 이론에서도 우주의 초기에 플라즈마 상태로 존재하던 시기가 있었다고 가정하지만, 그 때는 흔히 지구 연대측정에 사용되는 방사성 원소들은 존재하지도 않았다!

셋째, 태초에 우드모랩이 가정한 것 같은 레늄-187(^{187}Re) 플라즈마 상태가 존재했더라도 현재와 같은 양의 오스뮴-187(^{187}Os)은 존재할 수 없다. 이점에 대해서는 우드모랩도 인정한다.

> 그런데 이 과정만으로는 수십 억 년에 해당하는 잉여 ^{187}Os를 생성하기에는 불충분할 수 있다. 그러나 험프리스(Humphreys)가 제안했던 것처럼, 현재 존재하는 핵력(nuclear force)이 동시에 약해진다면, Re-Os 시계는(즉 붕괴율은) 또 다시 수백 내지 수천 배 가속될 수 있을 것이다.[21]

그래서 험프리스는 핵력이 약해져서 핵에서 일어난 베타 붕괴로 인한 전자가 핵에서 탈출하기가 훨씬 쉬웠을 것이라고 가정했다. 언론의 자유가 보장된 민주주의 국가에서 공공의 이익을 해치지 않는다면 무슨 말인들 못할까! 하지만 험프리스가 6,000년 우주연대에 맞추기 위해 핵력이 약해졌을 것이라는 근거 없는 가정을 하는 것은 바른 과학자의 태도가 아니다. 우드모랩의 속박상태 베타 붕괴라는 주장이나 험프리스의 핵력 약화라는 주장은 정상적인 물리학자의 입장에서는 황당무계한 주장이라고 할 수밖에 없다. 이런 근거 없는 주장을 성경이나 기독교의 주장인 듯이 제시한다면, 불신자들은 교회를 반지성주의의 기관으로, 지적 게토로 인식할 위험이 크다.

넷째, 태초에 지구에서 현재보다 10억 배 이상 빠른 속도로 핵반응이 일어났다면, 지구에는 적어도 그 후 수백 만 년 동안 어떤 생물도 살 수 없다. 태초에 지금보다 10억 배 이상의 핵반응이 일어났다는 말은 태초의 지구가 하나의 거대한 핵폭탄이었음을 의미한다. 그렇다면 엄청난 방사능은 말할 것도 없고 어마어마한 열로 인해 어떤 생명체도 살 수 없었을 것이다.

지금도 지표면에는 자연방사선이라는 것이 있다. 자연방사선에는 지각방사선과 우주방사선(흔히 우주선이라고도 부르는)이 있다. 지각방사선이란 지각에 존재해온 천연 방사성 핵종이나 지구에 도달한 우주방사선이 대기나 지표 물질과 반응하여 생성시킨 방사성 핵종이 내는 방사선이다. 이에 비해 우주방사선은 태양과 같은 항성의 핵융합반응으로 방출되는 방사선이 지구에 도달한 것을 말한다. 하지만 지표면에서의 우주방사선은 0.01밀리시버트(mSv) 정도로서 지각방사선에 비해 매우 작기 때문에 무시할 수 있다.[22]

자연방사선은 세계 각 지역에 따라 다르게 나타나지만, 평균 약 2.4밀리시버트 정도로 알려져 있다. 만일 현재보다 태초의 지구에서 10억 배의 방사성 원소의 붕괴가 일어났고, 이로 인해 지구에 현재보다 10억 배의 자연방사선이 존재했다고 한다면(다른 말로 자연방사선에 피폭되었다고 한다면), 이는 240만 시버트의 방사선에 해당한다. 하지만 사람은 10~50시버트 정도의 방사선에 노출되면, 2주 이내에 100% 사망하는 것으로 알려져 있다. 하물며 240만 시버트의 방사선에 노출된다면, 어떤 동식물도 지구상에서 살아남을 수 없다.

우드모랩의 문제

그러면 젊은지구론자 우드모랩은 어떻게 이런 터무니없는 주장을 하게 되었을까? 필자가 보기에 그가 이런 주장을 하게 된 가장 큰 원인은 그가 방사선 피폭이나 방사성 연대와 관련해서 한 번도 제대로 된 훈련이나 교육을 받은 적이 없었기 때문인 것으로 보인다. 우드모랩은 대학교 1학년 때 CCC를 통해 예수님을 믿게 되었는데, 그가 어느 대학교에서 공부했는지는 불분명하다. 그를 소개하는 문헌들을 보면, 그는 'a midwestern US state university'에서 공부했다고 하며, 학부에서는 생물학을, 석사과정에서는 지질학을 공부했고, 한평생 과학교육 분야에 종사했다고 한다.

우드모랩은 대학교를 다니는 동안 윗콤(John Whitcomb)과 모리스(Henry Morris)가 1961년에 출간한 『창세기 대홍수』(*The Genesis Flood*)라는 책을 읽고 창조과학자로 전향하였다. 그는 대학생 때부터 창조과학에 심취했기 때문에 한평생 주류 지질학보다는 창조과학의 홍수지질학에 머물렀다. 그는 평생 『홍수지질학 연구』(*Studies in Flood geology*), 『노아의 방주: 가능성 연구』(*Noah's Ark: A Feasibility Study*), 『현대 연대측정법 신화』(*The Mythology of Modern Dating Methods*) 등 세 권의 책을 썼으나, 이 책들은 창조과학자들 외에는 학술적인 참고자료로 아무도 인용하지 않는다. 다양한 분야에 걸쳐 여러 논문들도 발표했으나, 그 논문들도 대부분 창조과학 저널인 「창조연구협회지」(*Creation Research Society Quarterly*), 「창조지」(*Journal of Creation*)에만 실렸다. 방사성 연대를 비판하는 논문을 발표했으나, 방사성 연대측정 분야의 심사위원들이 정식으로 심사하는 학술지(peer-reviewed journal)에 논문을 발표한 경우는 한 번도 없었다.

결론적으로 그 동안 과학자들은 방사성 붕괴속도를 변화시키기 위해 많은 실험을 했다. 하지만 인위적으로 붕괴속도를 심각하게 변화시킨 경우는 단 한 번도 없었다. 예를 들면, 방사성 원소를 2,000℃나 -186℃에 두어도 붕괴속도는 변하지 않았으며, 진공 중에 두거나 수천 기압의 압력 하에 두어도 붕괴속도는 변하지 않았다. 다른 중력장 속에 두거나 강한 자기장 속에 두어도 붕괴속도는 변하지 않았다.

비록 이론적으로 알파 붕괴와 베타 붕괴의 속도를 변화시킬 수는 있지만, 실제로 그 변화량이 매우 적어서 연대측정 결과에 아무런 영향을 끼치지 못한다.[23]

어떤 환경적 조건 하에서는 베타 붕괴를 하는 ^{14}C, ^{60}Co, ^{137}Ce의 붕괴 특성이 현재의 이론에서 예측하는 이상적인 임의 분포에서 약간 벗어나는 특성을 보여주기도 한다. 하지만 이 경우에도 붕괴상수는 변하지 않는다. 결국 속박상태 베타 붕괴로 지구에서 10억 배 이상의 방사성 붕괴가 일어났다는 주장은 방사능 붕괴와 연대측정에 대한 우드모랩의 무지로 인한 해프닝이었다고 할 수 있다.

영속평형

방사성 연대측정의 정밀도(좀 더 구체적으로 방사성 원소의 반감기)를 정확하게 측정하는 방법 중 하나는 방사성 원소가 여러 단계를 거쳐 붕괴될 때 나타나는 영속평형(永續平衡, secular equilibrium) 현상을 활용하는 것이다. 이해하는 데 약간의 핵물리학적 지식이 필요한데, 영속평형이란 방사성 원소의 붕괴과정에서 생성되는 어떤 방사성 동위원소의 양이 생성율과 붕괴율이 같게 되어 일정하게 유지되는 현상을 말한다. 영속평형은 방사능을 띤 모원소의 반감기가 역시 방사능을 띤 자원소의 반감기보다 훨씬 길어서 측정시간 동안 감소하는 모원소의 양이 거의 무시할 수 있을 때(일정하다고 가정할 수 있을 때) 일어날 수 있다.[24]

그런 상황에서는 모원소의 반감기가 자원소보다 훨씬 길기 때문에 모원소의 붕괴율과 자원소의 생성율은 거의 일정하다. 자원소가 생성되기 시작하면 동시에 붕괴도 시작된다. 처음에는 자원소가 생성되는 속도가 붕괴되는 속도보다 빠를 것이다. 하지만 자원소의 양이 증가하면서 점점 붕괴하는 자원소의 양도 증가할 것이다. 자원소의 양은 자원소의 생성속도와 붕괴속도가 일정하게 평형(영속평형)을 이룰 때까지 증가하다가 평형을 이루게 되면 일정한 양이 유지된다. 자원소의 초기 밀도를 제로로 가정한다면, 자원소의 반감기의 여러 배의 시간이 경과한 후에 평형을 이루게 된다. 즉 영속평형에 도달하게 되면, 자원소의 양은 모원소의 양과 모원소와 자원소의 반감기에 의해 결정된다.[25]

반감기를 정확하게 측정하기 위해 방사능을 띤 모원소가 절반으로 감소할 때까지 기다릴 필요가 없다. 앞에서 언급한 것처럼, 모원소의 반감기가 자원소의 반감기보다 훨씬 길어서 측정시간 동안 감소하는 모원소의 양을 무시할 수 있는 영속평형 상태에서 모원소와 자원소의 반감기는 매우 정확하게 측정될 수 있다. 그리고 영속평형으로 반감기를 측정할 수 있는 원소들의 반감기는 거의 변하지 않는다는 것이 잘 알려져 있다. 결국 방사성 원소의 붕괴속도가 일정하지 않고 따라서 방사성 원소의 반감기가 변한다는 젊은지구론의 주장은 실험결과에 근거한 주장이라고 할 수 없다.

5. 전자포획과 내부전환

방사능 붕괴에는 앞에서 언급한 알파 붕괴, 베타 붕괴, 감마 붕괴에 더하여 두 가지 붕괴 방법이 더 있다. 그것은 전자포획(電子捕獲, electron capture, 혹은 K-포획)과 내부전환(內部轉換, internal conversion)이다. 젊은지구론자들은 기존에 알려진 세 가지 붕괴로서는 방사성 연대를 의심하기가 어렵게 되자 전자포획과 내부전환이라고 하는 붕괴 과정을 주장한다.

비록 매우 작은 양이지만 물리적, 화학적 조건에 의해 반감기가 영향을 받을 수 있는 형태의 핵반응은 전자포획이다. 여기에서는 궤도전자가 핵에 의해 포획되어 핵에 있는 양성자 하나를 중성자로 바꾼다. 즉 원자의 전자껍질 속에 있는 전자 하나가 원자핵에 포획되어 원자핵이 같은 무게의 원소로 전환하는 현상을 말한다.

전자포획을 통한 붕괴에서는 핵 외부에 있는 전자가 개입되므로 붕괴율은 핵 인근의 전자밀도의 변화에 영향을 받을 수 있다. 하지만 그 양은 미미하다. 예를 들어, 다른 베릴륨 화합물들 속에 든 방사성 동위원소 베릴륨-7(^{7}Be)의 붕괴상수는 0.18% 정도로 매우 적게 변한다.[26] 또한 지질연대측정에 사용되는 방사성 동위원소들 중에 전자포획 붕괴를 하는 원소는 포타슘-40(^{40}K)이다. 하지만 여러 물질들 속에 들어있는 포타슘-40(^{40}K)에서 전자포획으로 인한 붕괴는 다양한 물리적, 화학적 조건 하에서 확인되지 않았다.[27]

또 다른 방사성 원소의 붕괴형태로는 내부전환이 있다. 그림 3-4에서처럼 내부전환이란 원자나 분자 내에서 여기된(높은 에너지) 상태에 있는 원자핵이 원자 내의 전자들 중 하나와 전자기적으로 상호작용함으로써 낮은 에너지 상태로 전환하는, 혹은 붕괴하는 것을 말한다. 그러나 내부전환을 통해 원자의 에너지 상태가 낮아지기는 하지만, 원소가 다른 원소로 전환되는 일이 일어나지 않기 때문에 방사성 연대측정법과는 별 관련이 없다.[28]

창조과학자 슬러셔는 "외부영향으로 인해 붕괴율이 변하는 탁월한 실험적 증거가 있다."라고 했지만,[29] 그가 인용한 증거들은 붕

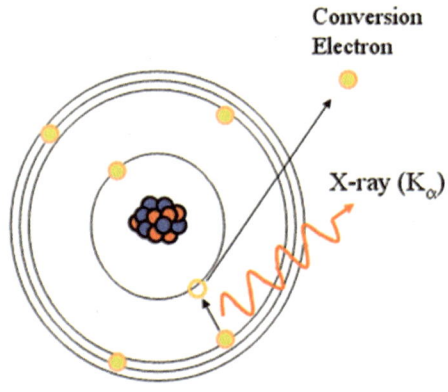

그림 3-4 내부전환 붕괴. 높은 에너지 상태의 전자는 X선을 방출하면서 낮은 에너지 상태로 떨어진다.

괴율이 극히 작은 전자포획이나 내부전환에 의한 경우이다. 예를 들면 슬러셔는 1973년에 출간한 『방사성 연대측정 비판』(*Critique of Radiometric Dating*) 초판에서 방사성 동위원소인 철-57(^{57}Fe)의 붕괴율이 전기장에 의해 3% 정도 변한다고 주장했다.[30] 하지만 이는 내부전환에 의한 것이며, 철-57(^{57}Fe)은 에너지 상태만 달라졌을 뿐 원소 변환이 일어나지 않았다. 설사 붕괴상수가 3% 정도 변했다고 해도 45억 년의 연대가 6천 년으로 바뀌지는 않는다!

인디애나주에 소재한 근본주의 학교 그레이스 대학(Grace College in Winona Lake)의 창조과학자 드영(Donald B. DeYoung) 역시 환경적인 요인으로 붕괴율이 변한다고 알려진 20여종의 동위원소들을 열거하면서 방사성 연대를 신뢰할 수 없다고 주장했다. 하지만 방사성 원소의 붕괴율이 가장 크게 변하는 유일한 경우는 내부전환에 의해 붕괴하는 경우인데, 내부전환은 방사성 연대측정법과는 별 관련성이 없다.[31]

그림 3-5 드영[32]

6. 자유중성자와 중성미자

젊은지구론을 주장하는 창조과학자들이 방사성 연대를 부정하려는 노력은 여기서 멈추지 않았다. 모리스(H.M. Morris, 1918~2006)의 경우에는 자유중성자(自由中性子, free neutron)가 방사능 붕괴의 속도를 변화시킬 것이라고 했다.[33] 자유중성자란 원자핵에 속박되어 있지 않는 중성자를 가리키는 말로서, 우주선 속에 있는 중성자나 원자로 안에서 생성되는 중성자가 그와 같은 예이다. 중성자는 원자핵 내부에 결합되어 있을 때는 안정상태를 유지하지만, 자유중성자는 불안정하며 11분 정도의 반감기(정확하게는 611.0±1.0초)를 가지고, 양성자, 전자와 반중성미자를 방출하면서 베타 붕괴를 한다.

과연 자유중성자가 방사능 붕괴의 속도를 변화시킬까? 우선 중성자 반응은 붕괴율을 변화시키지 못하고, 대신 한 핵종(核種, nuclide)을 다른 핵종으로 변화시킬 뿐이다. 게다가 자연에는 방사성 연대측정법에 사용되는 동위원소에 영향을 미칠 정도로 충분한 자유중성자가 존재하지 않는다. 만일 충분한 자유중성자가 존재했다면, 측정할 정도의 핵변환이 일어나야 하는데, 그런 핵변환은 관측된 적이 없다.[34]

또한 자유중성자는 소량일 때는 별 문제가 없으나, 대량으로 방출될 때는 생물체에게 극히 해롭다. 핵무기의 일종인 중성자탄(中性子彈, neutron bomb)은 자유중성자가 대량으로 방출되도록 설계된 폭탄이다. 강화 방사능 폭탄(enhanced radiation bomb, ER 폭탄)이라고도 불리는 중성자탄은 핵반응에 의해 생성된 자유중성자가 폭탄 내부에서 흡수되는 것이 아니라 외부로 폭발적으로 방출되게 만든 작은 열핵무기이다. 중성자탄은 재래식 원자탄보다 폭발력, 폭풍, 낙진은 약하나 방사선의 방출이 강하여, 시설물에는 피해를 주지 않으면서 많은 인명을 살상하도록 설계된 폭탄이다. 또한 고에너지 중성자의 고밀도 폭발은 탄두의 전자 부품을 고장낼 수 있다. 그래서 반-미사일 전략 무기에 사용되기도 하며, 자유중성자가 탱크나 장갑차의 외피를 투과할 수 있기 때문에 기갑 부대에 대한 전술 무기로 사용될 수도 있다.

모리스는 중성미자(中性微子, neutrino)가 붕괴속도에 영향을 미칠 것이라고도 했다.[35] 그러면서 그는 과학 칼럼니스트이자 잡지 편집인이었던 쥬네만(Frederic Bonner Jueneman, 1929~2014)이 「산업연구」(*Industrial Research*)라는 잡지에 정기적으로 게재한 칼럼을 인용했다.[36] 하지만 쥬네만의 칼럼에는 '과학적 추측'(scientific speculation)이라는 부제가 붙어 있었다. 말 그대로 그의 칼럼은 순수한 과학적인 추측이었던 것이다.[37] 게다가 쥬네만은 과학을 제대로 공부한 사람이 아니었다. 그는 대학에서 음악을 전공했으며, 화학을 부전공한 과학 편집인이었다. 그의 이력서를 보면 방사성 연대와 관련된 연구는 한 번도 한 적이 없다.[38] 다른 사람에게 해를 끼치지 않는 한 추측은 아무나 할 수 있는 것이다. 쥬네만은 그런 자유를 만끽한 것인데, 그 유명한 모리스가 그런 사람의 추측을 인용한 것이었다.

그림 3-6 쥬네만[39]

쥬네만은 추측하기를 초신성이 폭발할 때 방출되는 엄청난 양의 중성미자가 모든 방사능 시계를 영점으로 '재설정할'(re-set) 수도 있을 것이라고 하였다. 그러면서 그는 방사성 동위원소가 자발적 붕괴에 의해서라기보다 초신성에서 방출된 중성미자와의 상호작용에 의해 붕괴할 수도 있다는, 순수하게 추측에 근거한 가설을 제안했다. 하지만 쥬네만은 방사성 동위원소의 붕괴속도가 변할 것이라거나 어떻게 방사능 시계가 '재설정될' 것인지에 관해서는 아무런 언급도 하지 않았다. 물론 그의 추측을 뒷받침할만한 증거도 없었다. 이같이 학부에서 음악을 전공하고 화학을 부전공한 한 칼럼니스트의 글에 근거해서 창조과학의 아버지라고 불리는 모리스가 방사성 연대를 신뢰할 수 없다고 주장한 것이었다!

창조과학자 슬러셔와 립카(T.W. Rybka) 역시 중성미자가 붕괴속도를 변화시킬 수 있다고 주장하였다.[40] 그러면서 이들은 '중성미자 바다'(neutrino sea)에 의해 방사능 붕괴의 방아쇠가 당겨질 수 있으며, 중성미자의 변화가 붕괴속도에 영향을 미칠 수도 있다는 더들리(H.C. Dudley)의 가정을 제시하였다.[41] 하지만 중성미자에 의해 붕괴속도가 변하고 이로 인해 방사성 연대가 틀렸다고 주장하는 것에는 아무런 증거가 없으며, 많은 사람들이 반대하고 있다.[42]

중성미자에 근거한 이들의 주장은 물리학의 기초 상식에 근거해서 볼 때도 전혀 설득력이 없다. 창조과학자들이 방사능 붕괴에 영향을 미쳤을지도 모른다고 유추한 중성미자는 베타 붕괴 때 방출되는 입자로서 탐지하기가 매우 어렵다. 1931년에 오스트리아의 이론물리학자인 파울리(Wolfgang Ernst Pauli, 1900~1958)가 처음으로 중성미자의 존재를 제안했을 때도 그것의 존재를 탐지했기 때문이 아니라 베타 붕괴 과정에서 사라진 에너지의 존재를 설명하기 위해 이론적으로 가정한 것이었다. 중성미자는 전하도 없고, 질량도 없거나 거의 없으며, 물질과 상호작용도 거의 하지 않기 때문에 지금도 중성미자의 존재를 탐지하는 것은 물리학에서 가장 어려운 실험 중 하나로 평가되고 있다. 이 말은 중성미자가 방사성 동위원소의 붕괴상수나 핵변환을 일으키는 데 영향을 미칠 가능성이 극히 낮다는 것을 의미한다.

7. 방사능 후광

젊은지구론자 슬러셔는 방사성 원소의 반감기(붕괴상수)가 변화하는 또 다른 증거로 방사능 후광(radioactive halo)을 제시한다. 방사성 광물의 결정에서 관찰되는 원형의 변색 무늬인 방사능 후광 혹은 다색후광(多色後光, pleochroic halos)이 붕괴상수가 오랜 시간 동안 일정하지 않았음을 보여준다는 것이다.[43] 처음으로 방사능 후광을 젊은 지구의 증거로 제시했던 안식교인 젠트리(Robert V. Gentry)조차 방사능 후광에 대한 자신의 데이터는 측정에서의 불확실성 등으로 인해 결정적이 아니라고 했지만,[44] 창조과학자들은 이를 방사성 연대를 부정하는 증거로 널리 활용하고 있다.

방사능 후광이란 어떤 광물질 속에 포함되어 있는 방사성 원소 주위 결정에 생긴 변색된 동심원의 무늬를 말한다. 이 무늬는 방사성 동위원소가 붕괴하면서 방출된 입자들이 광물질 결정을 손상시켜서 생기는 것인데, 이 동심원의 반경은 입자들의 에너지에 비례한다. 슬러셔는 이 방사능 후광에 대하여 이렇게 말한다.

> 진화론적 지질학자들은 오랫동안 방사능 후광의 반경이 변하는 증거를 무시했는데, 이는 붕괴속도가 일정하지 않으며, 따라서 우라늄과 같은 몇몇 방사성원소들이 시계로 사용될 수 있음을 부정하는 것이다.[45]

젊은지구론자 립카 역시 방사능 후광 연구의 실험적 증거를 보면 붕괴속도가 시간에 따라 변했음을 알 수 있다고 주장한다.

시간이 경과함에 따라 반감기가 증가하는 것처럼 보이는 두 가지 경우는 다음과 같다. 글라드스톤(Samuel Gladstone)은 프로탁티니움(Protactinium)-231의 반감기가 3.2×10^4년이라고 했는데, 카플란(Irving Kaplan)은 반감기가 3.43×10^4년이라고 했다. 라듐-223의 반감기에 대해서도 글라드스톤은 11.2일이라고 했는데, 카플란은 11.68일이라고 했다.[46]

이 점에 대해 방사성 연대 전문가인 달림플은 립카의 분석이 틀렸으며, 립카는 모든 데이터를 고려한 것이 아니라고 주장한다.[47] 1918년 이래로 라듐-223(^{223}Ra)과 프로탁티니움-231(^{231}Pa)의 반감기를 측정한 결과가 표 3-1에 요약되어 있다. 이 표를 보면 시간에 따라 반감기의 변화가 전혀 없다는 것을 알 수 있다. 반감기의 값이 조금씩 다른 것은 측정방법과 장비, 측정기술이 발달했기 때문이다. 방사능 후광은 RATE 프로젝트를 다룬 제6강에서 좀 더 자세히 살펴보기로 하자.

핵종	보고연대(년)	반감기(일)	핵종	보고연대(년)	반감기(년)
^{223}RA	1918	11.2	^{231}PA	1930	3.2
	1953	11.1		1932	3.2
	1954	11.685		1949	3.43
	1959	11.22		1968	3.234
	1959	11.41		1969	3.276
	1965	11.4346		1977	3.276

표 3-1 ^{223}Ra과 ^{231}Pa의 반감기[48]

8. 안정된 붕괴상수

요약하자면, 창조과학자들이 젊은지구론을 지지하기 위해 방사성 동위원소의 붕괴상수가 변한다고 주장하면서 방사성 연대측정법의 신뢰도를 공격한 것은 전혀 근거가 없는 행동이었다. 연대측정에 사용된 방사성원소들 중에 반감기가 많이 변하는 동위원소가 없으며, 있다고 해도 무시할 정도로 작다. 이러한 실험적 증거는 핵물리학의 이론적 예측과도 잘 일치한다. 방사성 동위원소의 반감기는 아무리 많이 변한다 해도 수 %이상 변하지 않는다.

방사성 연대측정에 많이 사용하는 원소들의 반감기는 표 3-2와 같다. 실제로 이 표에서 소개한 원소들의 반감기의 가변성은 매우 적다. 이 표에서 레늄(Rhenium, 5%), 루테튬(Lutetium, 3%), 베릴륨(Beryllium, 3%) 등을 제외하고는 반감기가 2% 이내의 정확도로 잘 알려져 있다. 그리고 이러한 반감기는 수십 만 년에 걸쳐 변화하지 않은 것으로 알려진다.[49] 그러므로 방사성원소들의 반감기의 가변성이 방사성 연대측정에 영향을 미칠 수는 없으며, 설령 약간 영향을 미칠 수 있다 하더라도 몇 천 년이 몇 억 년으로 둔갑하는 일은 결코 일어날 수 없다.

모원소	자원소	반감기(년)
Samarium-147	Neodymium-143	1,060억
Rubidium-87	Strontium-87	488억
Rhenium-187	Osmium-187	430억
Lutetium-176	Hafnium-176	350억
Thorium-232	Lead-208	140억
Uranium-238	Lead-206	44.7억
Potassium-40	Argon-40	12.5억
Uranium-235	Lead-207	7.04억
Beryllium-10	Boron-10	152만
Chlorine-36	Argon-36	30만
Uranium-234	Thorium-230	24.8만
Thorium-230	Radium-226	7.54만
Carbon-14	Carbon-14	0.573만

표 3-2 자연 방사성 동위원소들의 반감기[50]

초기 창조과학자들 중에는 방사성 연대의 부정확성을 주장하기 위해 중요한 몇몇 방사성 동위원소의 반감기가 정확하게 알려져 있지 않다고 주장했다. 특히 연대측정에 많이 사용되는 포타슘-40(^{40}K)의 붕괴속도가 잘 알려져 있지 않다고 주장했다.[51] 심지어 이들은 붕괴상수를 지구연대 학자들이 오랜 연대에 끼워 맞추기 위해 임의적으로 선정했다(juggled)고 주장하기까지 했다. 예를 들면, 모리스는 이렇게 말했다. "(포타슘 대신) 아르곤(Ar)이 되는 붕괴원소의 양을 결정하는 소위 '갈래비'(branching ratio)[52]는 부정확한 정도가 50%에 이른다. 붕괴율 역시 확정되지 않았기 때문에 이 상수들의 값은 가능하면 포타슘 연대가 우라늄 연대와 가까워지도록 선정된다."[53] 비슷하게 슬러셔 역시 "^{40}K-^{40}Ar 시스템에서 붕괴상수를 결정하는 데는 어려움이 있는 것으로 보인다. 지구연대학자들은 ^{40}K의 정확한 반감기를 사용하는 대신 자기들 마음대로 조작할 수 있는(manipulate), 반경험적(半經驗的)이고 조정가능한 상수로서 갈래비를 사용한다."[54]고 말했다.

그러면 핵물리학자들이 오래된 연대를 만들기 위해 '갈래비'를 임의로 정한다는 모리스와 슬러셔의 주장은 사실일까? 그들의 주장은 K-Ar 방법이 처음 제시되었던 1940년대나 1950년대 초까지는 부분적으로 사실이었을 수 있다. 하지만 모리스와 슬러셔가 글을 쓸 때는 전혀 사실이 아니었다. 1950년대 중후반부터는 이미 ^{40}K의 붕괴상수와 갈래비는 직접적인 실험을 통해 수 %내에서 정확하게 알려져 있었다.[55] 뿐만 아니라 1980년대 중반 이후에는 방사성 연대측정에 사용되는 모든 동위원소들의 반감기가 1%내에서 정확하게 알려져 있었다. 그러므로 모리스와 슬러셔는 그들이 글을 쓰던 시기의 연구결과들을 참고하지 않고 훨씬 오래된 문헌으로부터 별 쓸모도 없는 정보를 가져다가 마치 당시의 최신 정보인 것처럼 주장한 것이다!

결과적으로 미국의 화학자이자 모르몬교회 신자였던 쿡(Melvin Alonzo Cook, 1911~2000)이나 모리스, 슬러셔, 드영, 립카 등 젊은지구론자들의 주장에도 불구하고, 방사성 동위원소의 붕괴율이나 함량(abundance constant)은 주요한 방사성 연대측정 결과를 틀리게 만드는 요소가 될 수 없다. 방사성 동위원소들의 붕괴속도가 외적인 자극에 의해 심각하게 변화된 경우는 지금까지 한 번도 보고된 적이 없다. 이미 1972년에 에머리(G.T. Emery)는 붕괴율 변화의 실험적, 이론적 한계를 종합적으로 연구했다. 에머리가 보고한 가장 큰 붕괴율의 변화는 1% 내외였다![56]

9. 초기조건과 오염가능성

방사성 연대에 대한 두 번째, 세 번째 비판은 모원소와 자원소의 초기조건이 불확실하다는 점과 중간에 자원소나 모원소가 오염되었을 가능성이다. 방사성 연대를 받아들이기 위해서는 최초에 모원소만 있고 자원소는 없었으며, 현존하는 자원소는 모두 모원소가 붕괴해서 생겼다는 가정이 합당해야 한다. 여기에 대해 젊은지구론자들은 모원소만 있었던 최초의 순간을 직접 확인할 수 없는 한 방사성 연대는 신뢰할 수 없다고 말한다. 하지만 방사성 연대측정 전문가들은 이러한 젊은지구론자들의 비판에 대해 방사성 원소들의 초기조건 가정은 여러 가지 측면에서 상당히 믿을 만하다고 본다. 그러면 방사성 시료의 오염 여부나 초기조건을 알 수 있는 방법은 무엇일까?

이를 위해 먼저 포타슘-아르곤 연대측정(K-Ar dating)을 생각해 보자. K-Ar 연대측정법은 초기조건에 대한 정보를 제공할 수 있다. U-Pb, Rb-Sr 등 대부분의 방사성 연대측정은 고체 모원소와 고체 자원소를 대상으로 이루어지지만, K-Ar 연대측정은 고체 모원소(K)와 기체 자원소(Ar)를 사용하여 이루어진다. 즉 ^{40}K은 베타 붕괴를 통해 ^{40}Ar이 되는데, 여기서 아르곤은 불활성기체이기 때문에 다른 원자들과 화학반응을 일으키지 않는다.

자원소인 아르곤이 불활성 기체라는 사실은 매우 중요한 의미를 갖는다. 즉 연대측정의 시료가 되는 화성암은 마그마가 식어서 만들어진 것인데, 마그마가 뜨거운 액체로 있는 동안에는 그 속에 기체가 포함되어 있기가 어렵다. 게다가 아르곤은 불활성 기체이기 때문에 다른 암석들이나 광물질, 기체들과 거의 반응하지 않으며, 따라서 암석이나 마그마로부터 쉽게 빠져나올 수 있다. 이 점에 대해서 달림플(G. Brent Dalrymple)은 이렇게 말한다.

> K-Ar 연대측정방법은 초기 암석에 자원소가 전혀 존재하지 않을 때에만 사용될 수 있는 측정방법이다. Ar-40은 불활성 기체이기 때문에 열을 받았을 때 다른 원소와 화학적으로 반응을 일으키지 않고 암석으로부터 쉽게 빠져나간다. 그래서 암석이 녹아있었을 때, K-40의 붕괴에 의해 형성된 Ar-40도 액체로부터 모두 빠져나가게 된다."[57]

물론 이 주장에도 문제가 전혀 없는 것은 아니다. 용융상태로 존재하던 시기의 아르곤 기체는 모두 빠져나갔고, 마그마가 응고된 이후 암석 속에서 ^{40}K가 붕괴하여 생성된 아르곤 기체만 남아 있기 때문에 현재의 암석 속에 남아 있는 아르곤으로부터는 지표면이 암석으로 굳어진 이후의 연대만을 측정할 수 있다는 것이다. 그런데 오늘날 지구과학에서는 지구의 모든 암석이 원래는 고체 상태로 존재하다가 서로 충돌하면서 마그마 바다를 이루었다고 본다. 그렇다면 지구에 부딪치기 전 고체 상태로 존재하던 시기의 기간은 전혀 알 수가 없게 된다. K-Ar 연대는 마그마 상태에 있다가 굳어진 암석의 연대만을 나타낼 수 밖에 없다. 즉 K-Ar 연대는 마그마의 연대를 포함하지 않는, 암석 연대의 최소치라는 한계가 있다.

실제의 예를 들어 K-Ar 방법에 이견을 제기하는 젊은지구론자들도 있다. 가령 때로 과도한 ^{40}Ar이 용암 안의 광물 속에 포함되어 있는 것이 보고되기도 하고,[58] 13,000년 이내의 최근 용암의 감람석(橄欖石, olivine)의 K-Ar 연대측정 결과가 1억 1천 만 년 이상의 결과를 나타내었다는 보고도 있다.[59] 또한 실험실에서 인위적으로 만들어진 화산용암과 그 구성광물의 아르곤의 용해도 실험에서 0.34ppm의 ^{40}Ar이 감람석에 함유된 것으로 나타나는 등의 결과도 보고되었다.[60] 이 외에도 용암 속에 과도한 아르곤이 포함되어 있다는 주장이 제기되고 있기도 하다.[61]

그러나 이런 경우는 매우 드물며, 또한 대부분 왜 그런지에 관한 이유도 잘 알려져 있다. 그러므로 몇몇 예외적인 경우를 제외하면, 기체 자원소인 아르곤이 용융 상태의 마그마 속에 포함되어 있지 않았다는 가정은 신뢰할만하다.[62] 따라서 대부분의 경우 암석 속에서 방사성 포타슘과 함께 발견되는 기체 아르곤은 모두 마그마가 화강암으로 굳어진 후 포타슘이 붕괴해서 생긴 것이라고 할 수 있다.

실제로 방사성 포타슘은 한 가지가 아닌 두 가지 원소로 붕괴된다.

즉 포타슘의 88.8%는 ^{40}Ca으로, 나머지 11.2%는 ^{40}Ar으로 붕괴된다. 그러므로 포타슘-칼슘(K-Ca) 연대측정법으로 암석의 연대를 측정하는 것도 가능하지만, 칼슘(Ca)의 경우 초기조건을 정확하게 알기가 어렵기 때문에 대부분의 경우 K-Ar 방법으로 연대를 측정한다. 하지만 동일한 암석에 대해 K-Ca와 K-Ar의 연대측정을 하게 되면 두 가지 연대를 얻을 수 있는데, 두 가지 연대는 거의 일치한다. 하여튼 ^{40}K과 ^{40}Ar의 상대적인 양만 정확하게 측정하면, 반감기(T)는 정확하게 알려져 있으므로 암석의 연대(t)는

$$t = T \frac{\ln\left(1 + \frac{Ar^{40}}{0.112 K^{40}}\right)}{\ln 2}$$

에 의해 계산된다.[63]

물론 여기서 아르곤 기체가 암석을 통해 새어나갔을 가능성도 생각해 볼 수 있다. 그렇기 때문에 방사성 연대측정을 할 때, 사람들은 일반적으로 같은 암석의 여러 곳에서 시료를 채취하여 연대를 측정하고 그 결과를 서로 비교한다. 그리고 방사능 붕괴로 생긴 아르곤은 암석 내부의 매우 작은 밀폐된 공간에 갇혀 있으며, 이들은 방사성 연대측정 장치 내에서 가열에 의해 터져 나오는(pop) 것이므로 대부분의 경우 샐 염려가 없다. 만일 암석에 작은 구멍이라도 있어서 샌다면, 오랜 세월 동안 아르곤이 암석 내에 남아있을 수가 없다. 또한 아르곤이 샌다면, 남아있는 아르곤이 적으므로 원래 연대보다 더 젊게 나오면 나왔지 오래된 연대는 나오지 않는다.

그럼에도 불구하고 창조과학자들은 지구연대 학자들이 정직하게

결론을 내리지 않는 것처럼 비판한다. 그렇게 비판하는 대표적인 인물로는 창조과학자인 슬러셔(Harold Slusher)가 있다. 그는 K-Ar 연대측정법을 비판하면서 이렇게 말한다.

> 지구에는 K-40의 방사능 붕괴에 의해 생성된 것보다 훨씬 더 많은 Ar-40이 존재한다. 이는 지구가 실제로 45억 년이나 되었다고 해도 사실이다. 지구대기에는 Ar-40이 전체 아르곤의 99.6%를 차지한다. 이는 가상적인 45억 년에 걸쳐 방사능 붕괴로 생성되었을 양보다 100배 정도 많은 것이다. 이 아르곤이 외계로부터 유입된 것이 아님은 분명하다. 그러므로 많은 Ar-40은 태초부터 존재한 것으로 보인다. 지구연대 학자들은 초기 Ar-40의 존재 때문에 생기는 오차는 작다고 가정하는데, 그렇기 때문에 그들의 결과는 극히 의심스럽다.[64]

하지만 슬러셔의 말에는 심각한 오류가 포함되어 있다. 먼저 대기에는 지난 45억 년 동안 ^{40}K이 붕괴해서 생긴 ^{40}Ar보다 많은 아르곤이 있는 것이 아니다. 현재 대기 중에 있는 총 ^{40}K의 양은 지구가 85ppm의 ^{40}K만 갖고 있었다고 해도 45억 년 동안 생성될 수 있는 양이다. 그런데 현재 지각에는 19,000ppm이 포함되어 있고, 맨틀에는 100~400ppm의 K가 포함되어 있는 것으로 알려져 있다.

현재 지구 대기에는 ^{40}Ar이 6.6×10^{19}g이 있으며, 지각과 맨틀에 포함된 ^{40}Ar은 합해서 $4\sim19 \times 10^{19}$g으로 추산된다.[65] 이러한 ^{40}Ar의 양은 지구가 170ppm의 ^{40}K을 포함하고 있고, 그것이 붕괴해서 생긴 ^{40}Ar의 절반이 대기 중으로 유출되었다고 볼 때의 양이다. 하지만 지각이 형성될 때 화성암과 변성암 속에 갇혀 있던 ^{40}Ar은 거의 대부분 유출되는 것으로 알려져 있다. 그러므로 대기 중에 존재하는 ^{40}Ar의 양은 ^{40}K의 양을 보수적으로 잡더라도 얼마든지 설명할 수 있는 정도의 양이다.

10. 중성자 반응과 납 동위원소 비율

붕괴속도나 초기조건, 혹은 시료의 오염과 직접 관련된 것은 아니지만 창조과학자 슬러셔는 우라늄-납(U-Pb) 연대측정에서 납이 우라늄의 붕괴가 아닌, 중성자 반응에 기인할 수 있다는 독특한 주장을 하기도 하였다.

> U-Th-Pb 계열에서 중성자 반응을 고려하여 교정하면 수십 억 년의 '연대'가 불과 수천 년의 연대로 줄어들 수 있는데, 이는 대부분의 납이 방사능 붕괴에 의한 것이라기보다 중성자 반응에 기인한 것일 수 있기 때문이다.[66]

모리스 역시 비슷한 주장을 했는데, 이들의 터무니없는 주장은 부정확한 가정과 존재하지도 않는 데이터를 근거로 모르몬교회의 신자 쿡(M.A. Cook)이 개발한 논리에 근거하고 있었다.[67]

달림플에 따르면, 쿡의 주장은 1930년대 후반과 1950년대 초반에 당시 자이르(Zaire)의 셩클로붸(Shinkolobwe) 광산,[68] 카탕가(Katanga) 광산, 그리고 캐나다의 마틴 레이크(Martin Lake) 광산에서 채취한 우라늄 광맥 시료에 있던 우라늄과 납 동위원소들에 관한 측정에 근거하고 있다. 달림플은 이 세 가지 시료 중 카탕가 시료를 가지고 슬러셔의 주장을 반박한다.

원소 (광맥에서 무게 퍼센트)	납 동위원소들 (전체 납에서의 퍼센트)	측정된 연대
U = 74.9 Pb = 6.7 Th= ---	^{204}Pb = --- ^{206}Pb = 94.25 ^{207}Pb = 5.70 ^{208}Pb = 0.042	$^{206}Pb/^{238}U$ 연대 = 6.16억 년 $^{206}Pb/^{207}Pb$ 연대 = 6.10억 년

표 3-3 쉰클로붸, 카탕가 우라늄 광맥 시료에 대한 우라늄, 토륨, 납 분석표[69]

1930년대 후반에 니어(A.O. Nier)는 아프리카, 유럽, 인도, 북미에 있는 14곳에서 채취한 21개의 시료에 관한 Pb 동위원소를 분석한 결과를 발표했다. 그리고 이 결과로부터 시료들의 단순 U-Pb 연대를 계산했다.[70] 이 결과를 파울(H. Faul)이 자기 책에서 인용했고,[71] 그것을 쿡이 다시 표 3-3에서처럼 인용하였다.[72]

쿡은 토륨과 납-204(^{204}Pb)가 없고 납-208(^{208}Pb)이 존재하는 것에 유의하여 ^{208}Pb이 토륨-232(^{232}Th)의 붕괴로 생성된 것이 아니라고 유추했다. 대신 그는 시료 속의 ^{208}Pb은 ^{207}Pb로부터 중성자 반응을 통해 생성되었고, ^{207}Pb은 ^{206}Pb로부터 비슷한 중성자 반응을 통해 존재하게 되었다고 생각했다. 즉 ^{206}Pb은 ^{207}Pb이 되고, ^{207}Pb은 다시 ^{208}Pb이 된다고 보았는데, 이때 쿡은 ^{206}Pb과 ^{207}Pb이 중성자를 포획하는 충돌단면적(衝突斷面積, collision cross section)은 같다고 가정하였다.[73]

이러한 가정을 기초로 ^{206}Pb과 ^{207}Pb의 비율($^{206}Pb/^{207}Pb$)을 계산해보니 오늘날 (^{238}U로부터 ^{206}Pb이 생성되는 비율)/(^{235}U로부터 ^{207}Pb이

생성되는 비율)과 근접한 21.5의 결과가 나왔다. 이를 근거로 슬러셔, 쿡, 모리스는 카탕가 광맥이 매우 젊다고 결론내렸다. 이러한 주장에 대해 달림플은 이들의 주장이 세 가지 점에서 틀렸다고 주장한다.

첫째, ^{204}Pb는 카탕가 시료에 존재하지 않은 것이 아니라 측정할 수 없었을 뿐이다. 이에 대해 니어는 이렇게 말한다.

> 실제로 조사한 21개 시료 중에서 20개에서는 일반적인 납(common lead)의 양이 너무 적어서 구성성분에서 이것의 변화를 고려할 필요가 없었다. ^{204}Pb의 양이 매우 적은 여러 시료에서는 그것의 양을 측정하는 것이 특별한 가치가 없기 때문에 측정하지 않았다.[74]

아마 쿡이나 슬러셔, 모리스는 니어의 전체 보고서를 읽지 않은 것으로 보인다. 그랬기 때문에 니어의 문헌을 인용하여 파울이 만든 도표에서 '---'로 표시한 것을 제로라고 잘못 해석한 것으로 보인다. 파울의 문헌에서 '---'은 측정하지 않았다는 의미이지 제로라는 의미가 아니었다.[75]

둘째, 쿡은 ^{206}Pb과 ^{207}Pb에 관해 중성자 포획 단면적이 같다고 가

측정 방법	$^{206}Pb/^{207}Pb$ 비율	연대(억년)
정확한 붕괴율과 동위원소 비율을 사용하여 계산한 연대	16.53	6.22
충돌단면적이 같다고 가정하고 쿡이 계산한 연대	21.1	0.70
쿡의 계산에서 정확한 충돌단면적을 고려하여 계산한 연대	16.38	6.44

표 3-4 카탕가 우라늄 광맥 연대측정

정했지만,[76] 실은 전혀 다르다. ^{206}Pb의 충돌단면적은 0.03반(barn)이지만, ^{207}Pb의 충돌단면적은 무려 0.72반에 이른다. 그러므로 이러한 차이를 고려한다면, 쿡의 결과는 전혀 달라진다. 표 3-4는 카탕가 우라늄 광맥을 세 가지 방법으로 계산한 결과이다.[77]

흥미로운 것은 알려진 정확한 붕괴율과 동위원소 비율을 사용하여 계산한 연대는 쿡의 계산에서 정확한 충돌단면적으로 고려하여 계산한 연대와 크게 다르지 않았다는 사실이다. 흥미롭게도 쿡은 부정확한 충돌단면적을 사용하여 7,000만 년의 연대를 얻었는데, 이것조차 연대가 '실제로 제로'(practically zero)라고 주장했던 슬러셔의 결과와는 달랐다.[78]

셋째, 자연에는, 심지어 우라늄 광맥에서조차 동위원소의 붕괴를 일으킬 수 있는 자유중성자가 매주 적다는 사실이다. 이에 대해서는 쿡도 인정했다. "(자연에 존재하는) 중성자의 밀도는 눈에 띌 정도의 중성자 효과를 설명하는 데 필요한 양보다 백만분의 일정도 밖에 안 된다는 증거에도 불구하고, 이 연구결과(this scheme)의 실제 상황을 증명하는 많은 문헌들의 예가 있다."[79] 물론 여기서 그가 말하는 많은 문헌들의 예라고 하는 것은 카탕가와 마틴 레이크 우라늄 광산에서 얻은 시료들을 연구한 것이다.

결론적으로, 핵물리학의 배경을 갖지 않은 사람들은 이해하기 어려운 주장이기는 하지만, 젊은지구론자 쿡의 계산은 존재하지도 않는 데이터에 근거하고 있거나 결정적으로 잘못된 가정 위에서 이루어진 것이라고 할 수 있다. 그런데 이런 데이터를 창조과학자 모리스와 슬러셔는 열정적으로 인용하였다!

11. 결론

지금까지 우리는 젊은지구론자들이 비판하는 방사성 연대측정법을 살펴보았다. 과연 방사성 연대측정법은 전혀 믿을 수 없는가?

지금까지 살펴본 것처럼, 방사성 연대측정법을 비롯한 다양한 연대측정법들에 의하면, 대체로 고생대는 5억 7,000만 년 전에, 중생대는 2억 4,000만 년 전에, 신생대는 6,500만 년 전에 시작되었다. 하지만 고생대 이후 대부분의 지층이 1년 미만의 대홍수 때 한꺼번에 형성되었다는 대홍수 모델을 지지하는 젊은지구론자들은 이런 연대를 받아들이지 않는다. 뿐만 아니라 오랜 지구를 보여주는 연대가 산출된 중요한 근거가 바로 방사성 연대측정이기 때문에 방사성 연대측정법의 결과도 받아들이지 않는다.

하지만 지금까지의 논의로부터 방사성 연대측정에서 방사성 원소의 붕괴속도, 즉 반감기는 전체적인 연대측정 결과에 큰 영향을 미칠 정도로 변하지 않음을 볼 수 있다. 또한 방사성 연대측정에서 모원소와 자원소의 초기조건에 관해서는 K-Ar 연대측정법이나 방사성탄소 연대측정법을 통해 확인할 수 있다. 하지만 이 방법으로 측정 시료의 오염 가능성을 모두 확인할 수는 없다. 이를 확인하기 위해서는 다른 방법이 동원되어야 한다. 시료의 오염 가능성이나 초기조건으로 인한 문제를 완전히 해결하기 위해서는 등시선 연대측정법(等時線年代測定法, isochron dating method)이 필요하다. 등시선 연대측정법은 방사성 연대측정에서 매우 중요하기 때문에 이어지는 4강에서 좀 더 자세하게 살펴보기로 하겠다.

결론적으로 그 동안의 여러 연구결과를 살펴보면, 방사성 연대측정은 암석 연대를 측정하는 신뢰할 수 있는 방법이라고 할 수 있다. 창조과학자들과 같은 젊은지구론자들이 제시하는 예외적인 결과들이 있지만, 중요한 데이터인 경우에는 그런 결과가 나오는 원인이 대부분 규명되어 있다. 또한 몇몇 예외적인 데이터들을 제외한 대부분의 데이터들은 다양한 방법으로 측정한 연대들과 오차의 한계 내에서 일치한다. 그러므로 지구가 6천 년 전에 창조되었다는 창조과학자들의 주장은 성경이 젊은지구론을 지지한다는 잘못된 성경해석에서 출발한 비성경적이고 반과학적인 주장이라고 할 수 있다.

토의와 질문

1. 수많은 지구 연대측정법들 중에서 방사성 연대측정법이 가장 신뢰할만한 연대측정법으로서의 지위를 확보한 이유는 무엇이라고 생각하는가? 방법의 신뢰성이나 재현성 때문일까? 진화론을 위해 필요한 오랜 연대를 제공하기 때문일까?

2. 젊은 지구연대를 지지하는 사람들은 오랜 지구연대 지지자들이 진화론을 지지하기 위해 오랜 지구연대를 지지한다고 비판하고, 오랜 지구연대 지지자들은 젊은 지구연대 지지자들이 지구연대를 성경의 문자적 해석에 끼어 맞추기 위해 젊은 지구연대를 지지한다고 비판한다. 그러면서 양측 모두 자기들은 과학적 증거에 기초하고 있다고 주장하는 것을 어떻게 평가할 수 있을까?

3. 젊은 지구연대를 지지하는 사람들과 오랜 지구연대를 지지하는 사람들의 신앙적인 배경과 학문적인 배경을 조사해 보자. 어떤 점이 같고 어떤 점이 다른가? 이들의 배경으로부터 과학이 가치중립적이라는 주장을 반박할 수 있을까?

4. 젊은 지구연대를 지지하는 사람들은 학술적인 잡지를 통해 자신들의 연구결과를 거의 발표하지 않고(혹은 못하고) 있다. 왜 그렇다고 생각하는가? 학문적인 핍박인가, 아니면 학문성의 부족인가?

제4강

등시선과 창조연대

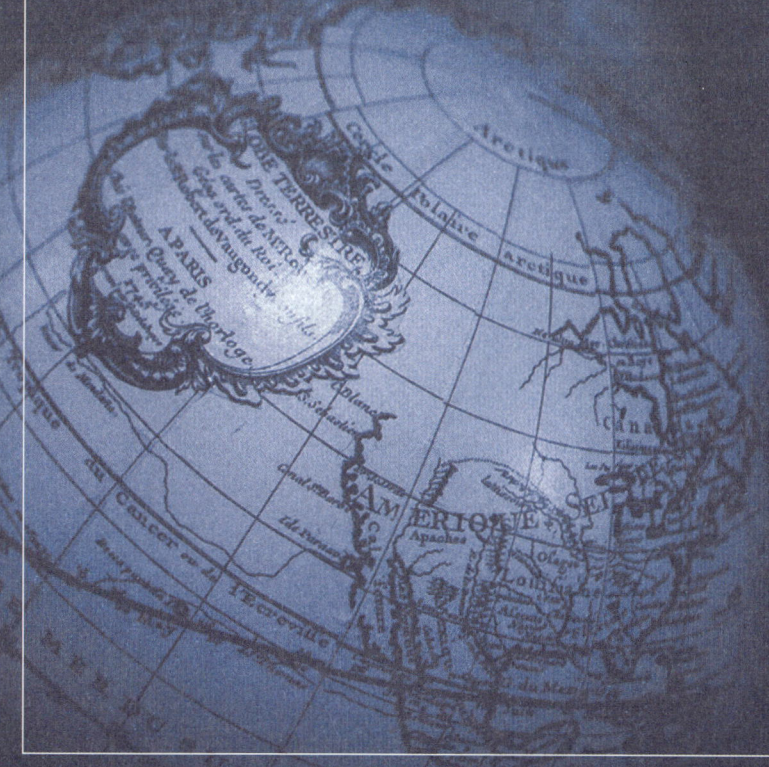

방사능을 띤 모원소와 모원소가 붕괴해서 생성된 자원소의 비율로부터 연대를 측정하는 방사성 연대측정에서는 초기조건과 시료의 오염 여부가 측정연대에 직접적으로 영향을 미친다. 제3강에서 살펴본 K-Ar(포타슘-아르곤) 연대측정법에서는 Ar이 불활성기체이기 때문에 초기조건을 제로로 둘 수 있다고 해도 다른 방사성원소들의 경우는 초기조건 문제를 어떻게 해결할 수 있을까?

1. 등시선 연대측정법의 원리

이를 위한 한 가지 방법이 등시선 연대측정법(等時線年代測定法, isochron dating method)이다. '등시선'(isochron)이란 말은 같음(equal)을 의미하는 그리스어 isos(ἴσως)라는 말과 시간(time)을 의미하는 그리스어 chronos(χρόνος)라는 말의 합성어로서 한 직선 위에 존재하면서 같은 연대를 나타내는 데이터 점들의 집합, 또는 그런 데이터 점들을 연결한 직선을 의미한다. 그런 직선을 포함한 그래프를 등시선 그래프(isochron plot)라고 한다.

등시선 연대측정법은 1946년에 독일의 핵물리학자 후터만스(Friedrich Georg "Fritz" Houtermans, 1903~1966)가 처음으로 제안하였다. 그는 암석 속에 있는 서로 다른 동위원소들의 성장에 관한 데이터는 그들이 마그마 상태에서 동시에 결정화되었다면 직선 위에 있어야(co-linear) 한다고 강조하였다. 이것은 오늘날 등시선 연대측정의 기본 원리에 해당하며, 후터만스는 이 직선을 등시선(isochron 혹은 isochrone)이라고 명명했다. 후터만스는 1953년에 대부분 철과 니켈로 이루어진 철질운석(鐵質隕石)과 지표면 퇴적층에 포함된 납 동위원소를 사용한 등시선 연대측정으로 지구의 연대를 45±3억 년이라는 현대적인 지구연대를 계산했다.[1]

등시선 연대측정법은 원리적으로 초기조건과 오염의 문제를 제거하는, 아니 초기조건이나 오염과 무관한 연대측정법이다. 일반적으로 방사성 연대측정에서는 자원소(daughter element, D)와 모원소(parent element, P)의 비율, 그리고 모원소의 붕괴속도를 근거로 연대측정이 이루어지지만, 등시선 연대측정법에서는 이 세 가지에 더하여 자원소와 같은 원소이면서 방사능 붕괴에 의해 생기지 않은 다른 한 동위원소(non-radiogenic isotope, Di)의 양을 더 측정해야 한다. 이런 경우 연대측정을 하려는 암석이 서로 다른 광물질들을 많이 포함하고 있으면 있을수록 측정이 더욱 정확하고 용이해진다. 일반적으로 등시선 연대측정법에 사용되는 동위원소는 다음과 같다:

P	D	Di	반감기 (10억 년)
Rb-87	Sr-87	Sr-86	48.8
K-40	Ar-40	Ar-36	1.25
Sm-147	Nd-143	Nd-144	106
Lu-176	Hf-176	Hf-177	35.9
Re-187	Os-187	Os-186	43
Th-232	Pb-208	Pb-204	14
U-238	Pb-206	Pb-204	4.47

표 4-1 등시선 연대측정에 사용되는 동위원소들[2]

그러면 등시선 연대측정은 어떻게 이루어지는가? 그림 4-1을 통해 등시선 연대측정법의 원리를 살펴보자.

그림 4-1과 같이 연대를 측정하고자 하는 암석 속에 들어있는 광물질들을 각각 M1, M2, M3, M4라고 하고, 그 광물질 중에 들어 있으면서 방사능을 띤 모원소를 P, 자원소를 D, 방사능 붕괴로 생기지 않고 원래부터 암석 속에 존재하던 자원소의 동위원소를 Di라고 하자. 그리고 마그마가 굳기 시작한 시점을 T0라고 하고, 굳은 후 경과하는 시간을 T1, T2, T3라고 하면, 시간의 경과에 따른 P, D, Di의 변화는 그림처럼 표시할 수 있다. D가 생성되는 속도는 모원소가 가장 적은 M1 → M2 → M3 → M4 순으로 빨라진다. 원리만을 설명하기 위해 광

물질의 종류에 따라 P의 붕괴속도는 불변이라고 가정한다.

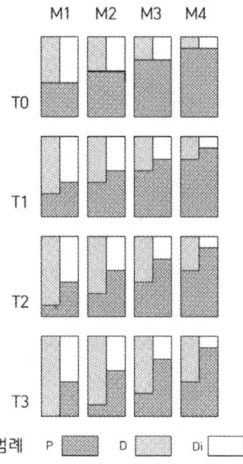

그림 4-1 도표로 나타낸 등시선 연대측정법의 원리

그림 4-1에서처럼 마그마가 굳을 때 D와 Di가 광물질들과 결합하는 양은 광물질들마다 다르지만, 한 광물질 내에서 D와 Di가 결합할 가능성은(동위원소이기 때문에) 같다고 할 수 있다. 그러므로 용융상태의 마그마가 굳기 시작하는 각 T0 지점에서는(그림 4-2에서 Original composition of the samples로 표시한 수평 직선) 광물질과 결합하는 D와 Di의 양은 서로 다르지만, 이들의 비율 D/Di의 값은 같으며, 따라서 등시선 연대측정 그래프(x-축은 P/Di, y-축은 D/Di)에서 이들은 x-축과 평행한 그래프를 그린다. 그 후 시간이 T1 → T2 → T3(그림 4-2에서 Current composition of the samples로 표시한 직선)로 경과하면서 P가 점점 D로 붕괴하면 P는 줄고, D는 늘며, Di는 불변이다. 즉 그림 4-2와 같이 등시선 연대측정 그래프는 점점 경사가 커진다.

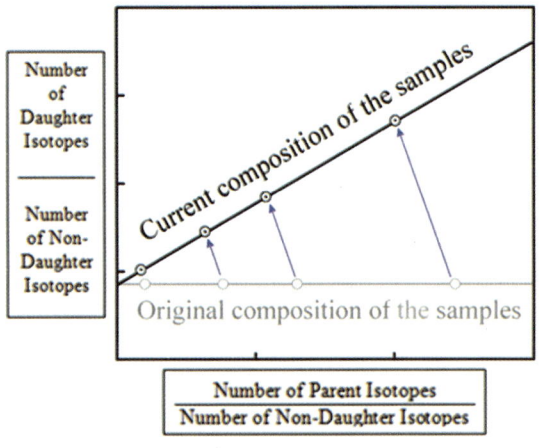

그림 4-2 그래프로 나타낸 등시선 연대측정법

그러면 이 그래프로부터 암석의 연대는 어떻게 구하는가? 마그마가 굳은 후 어떤 한 시점의 암석만을 보는 우리는 그래프의 기울기로부터 마그마가 굳은 후 경과한 암석의 연대를 측정할 수 있으며, 그래프를 내삽하여 얻는 y-절편값으로부터 마그마가 굳을 당시의 P, D, Di의 비율(초기조건)을 알 수 있다. 이 같은 등시선 연대측정법에서 중요한 점은 암석의 절대연대가 P와 D의 초기조건과 무관하게 그래프의 기울기로부터 구해진다는 사실이다.

2. 등시선 연대측정의 실제

다음에는 실제로 등시선 연대측정의 예를 생각해 보자. 우선 위에서와 같이 모원소를 P, 자원소를 D, 비방사능 기원의 (자원소의) 동위원소를 Di라고 하고, x-축은 P/Di를, y-축은 D/Di로 두고 그래프를 그린다.

먼저 암석이 형성되기 전 용융 상태의 마그마를 생각해 보자. 암석이 용융상태에 있는 동안에는 모든 원자들이 자유롭게 움직이고 P, D, Di가 균일하게 용융체 전체에 퍼져 있으므로 P/Di와 D/Di의 값이 만나는 점이 하나뿐이다. 즉 '등시점'만 존재할 뿐 '등시선'(isochron line)을 그릴 수가 없다. 그러나 일단 용융체가 응고되어 암석이 되면 원자들이 자유롭게 움직일 수 없게 되고 암석 속에 들어있는 광물질들마다 서로 다른 비율로 P, D, Di와 결합하게 된다. 이 때 D와 Di는 동위원소이므로 화학적 특성이 거의 같아서 특정한 광물질들과 결합하는 데 있어서 차이가 없다.[3] 그러므로 각 광물질마다 D/Di 값이 동일하며, 다만 P/Di 값만 달라지므로 그래프에서 x-축과 평행한 직선(등시선)이 만들어진다.

다음에는 응고된 후 어느 정도 시간이 경과했을 때, 즉 사람들이 응고된 시료의 연대를 측정할 때를 생각해 보자. 일단 응고된 후 시간이 경과하면 Di는 불변이지만 P는 계속 붕괴하여 D로 변해갈 것이므로 P는 점점 줄고 D는 점점 증가하여 등시선은 양의 기울기를 갖게 된다. 이때도 외부에서 P나 D, Di의 유입이나 유출이 없다면 등시선은 직선을 유지하며 시간이 경과할수록 등시선의 기울기는 점점 더 커진다. 이 때 암석의 연대는 초기조건과는 무관하게 등시선의 기울기로부터 결정된다. 이것은 방사성 연대측정이 정확하려면 반드시 초기조건을 알아야만 한다는 비판자들의 주장이 합당하지 않음을 의미한다. 만일 오랜 세월이 지나면서, 혹은 연대를 측정하기 위해 시료를 처리하는 과정에서 모원소나 자원소의 유입이나 유출이 있었다면, 다시 말해 D, P, Di의 값이 변했다면 등시선은 직선에서 벗어나므로 쉽게 감지될 수 있다. 따라서 오염된 시료를 배제할 수 있기 때문에 방사성 연대를 측정하는 시료의 오염 가능성은 크지 않다고 할 수 있다. 오염되었더라도 쉽게 발견할 수 있다.

등시선 연대측정에서 가장 중요한 사실은 외부로부터 원소의 유출이나 유입이 없었다면, 언제 측정하더라도 그래프의 y-축 절편값이 일정하다는 점이다. 즉 등시선을 내삽하여 y-축과 만나는 절편값은 응고 직후, 즉 등시선이 x-축에 평행할 때나 오랜 시간이 지나서 등시선이 상당한 기울기를 가지고 y-축에 가까워졌을 때나 동일하게 유지된다. 이 y-절편값은 불변량이며 초기조건, 즉 용융 당시의 D/Di 값을 나타낸다. 여기서 Di는 불변이므로 D/Di 값을 정확하게 안다면 D의 값도 정확하게 알 수 있게 되고, 따라서 정확한 연대측정이 가능하다. 결국 등시선 연대측정법은 연대측정의 방법이면서 동시에 암석의 초기조건에 대한 정보와 시간의 경과에 따른 시료의 오염 여부를 확인할 수 있는 믿을만한 방법이라고 할 수 있다.[4]

등시선 연대측정의 대표적인 예는 루비듐-87(^{87}Rb)이 스트론튬-87(^{87}Sr)으로 붕괴하는 것에 기초한 루비듐-스트론튬(Rb-Sr) 등시선 연대측정이다. 이를 통해 비방사능 기원의 동위원소 ^{86}Sr과 방사능 기원의 동위원소 ^{87}Sr의 비율을 알 수 있으며, 이 비율로부터 ^{87}Sr이 초기에 얼마나 존재했는지를 알 수 있다. 등시선 연대측정법은 화성암 덩어리의 결정화 시기를 결정하는 데 매우 유용하다.[5]

그림 4-3은 Rb-Sr 등시선 연대측정 결과를 보여주는 예이다. 이 그림에서 볼 수 있는 바와 같이 ^{87}Sr/^{86}Sr의 초기 비율은 ^{87}Sr/^{86}Sr의 비율로부터 정확하게 알 수 있으며, 따라서 초기조건 문제나 시료의 오염 문제는 더 이상 방사성 연대측정 결과의 신뢰성에 대해 심각한 문제를 제기하지 않는다.

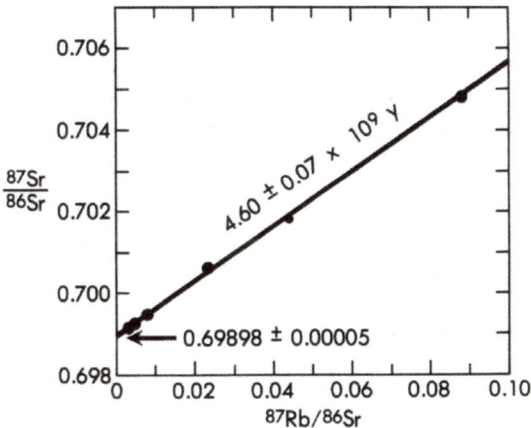

그림 4-3 쥬비나스(Juvinas) 운석에 대한 Rb-Sr 등시선 연대측정 그래프. 한 시료 내에 있는 6개의 광물질을 가지고 측정한 등시선 연대측정 결과. 매우 좋은 직선을 보여주며 이는 방사성 연대측정에서 초기조건을 정확하게 알 수 있을 뿐만 아니라 시료의 오염 여부를 확인할 수 있음을 의미한다.[6]

3. 창조과학자들의 비판

하지만 창조과학자들은 전통적인 방사성 연대측정에 더하여 등시선 연대측정에 대해서도 비판한다.[7] 젊은지구론을 지지하지 않기 때문이다. 창조과학자 슬러셔는 『방사성 연대측정 비판』(*Critique of Radiometric Dating*)에서 이렇게 말한다.

> 실제로 암석에 있는 Sr의 초기량이 얼마였는지를 결정하는 적절한 방법은 존재하지 않는다. 숫자나 방정식을 많이 조작해서 (much juggling) 우라늄-토륨-납(U-Th-Pb) '시계'와 일치하는 결과가 나오게 한다. 이러한 방사능 시계를 사용하는 모든 방법에

서는 지구연대와 지질학적 사건들의 연대가 진화론자의 신념에 맞는 연대가 산출되도록 되어 있다. 다양한 연대측정법들이 '분석'(analysis) 후에 비슷한 연대를 보이는 이유는 그 방법들이 그렇게 되도록 만들어졌기 때문이다. Sr^{87}/Sr^{86} 초기 비율의 경우에 이 값들은 적절하게 조절되어 원하는 어떤 연대라도 얻을 수 있다.[8]

흥미롭게도 슬러셔는 지구연대 학자들이 오랜 연대를 얻기 위해 데이터를 조작한다고 비판한다. 위 인용문에서 필자가 '많이 조작해서'라고 번역한 'much juggling'이란 말은 그 분야의 학자들에게 엄청나게 모욕적인 말이다. 하지만 달림플에 따르면, 슬러셔가 제시하고 있는 비판은 사실이 아니다. 도리어 그는 슬러셔나 다른 창조과학자들이 방사성 연대측정법을 몰라서 완전히 틀린 주장을 한다고 비판한다.

Rb-Sr 연대측정의 가장 간단한 형태는 단일 시료에서 ^{87}Rb과 ^{87}Sr을 측정해서 연대를 측정하는 것이다. 하지만 이런 직접적인 연대측정은 초기 ^{87}Sr 양이 너무 적어서 초기 Sr 양을 교정하지 않아도 되는 시료에서만 가능하다. 모원소 ^{87}Rb과 자원소 ^{87}Sr의 비율을 직접 측정해서 연대를 측정할 수 있는 그런 시료는 극히 드물다. 그러므로 대부분의 시료에서 Rb-Sr 연대측정은 직접 연대를 측정하기보다는 등시선 연대측정법(isochron dating)을 사용한다.

Rb-Sr 등시선 연대측정법의 장점은 첫째, 연대측정을 위해 구태여 처음부터 초기 Sr 동위원소의 양을 알 필요가 없다는 점이다. 등시선이 그려지면 등시선이 y축과 만나는 점이 초기조건이 되는 것이다. 슬러셔의 주장과는 반대로 Rb-Sr 등시선 연대 방정식을 풀기 위해서는 현재의 $^{87}Sr/^{86}Sr$ 비율만 알면 되고, 초기 $^{87}Sr/^{86}Sr$ 비율을 알 필요가 없다.

등시선 연대측정법의 두 번째 이점은 그 자체의 신뢰도를 확인할 수 있는 방법이 그 방법 내에 포함되어 있다는 점이다. 쥬비나스 운석(meteorite Juvinas)에 대한 등시선 연대측정 그림에서 보여주는 것처럼, 초기 $^{87}Sr/^{86}Sr$ 비율이 0.69896이라는 것은 가정된 것이 아니라 등시선 연대측정 결과를 분석한 결과이다.[9] x축을 $^{87}Rb/^{86}Sr$로, y축을 $^{87}Sr/^{86}Sr$로 하여 데이터를 표시하면 직선이 나오는데, 이는 쥬비나스 운석에서 다른 원소의 유입이나 유출이 없었음을 보여준다. 다른 물질의 유입이나 유출이 있었다면 데이터 점들은 직선에서 상하, 좌우로 흩어지게 된다. 쥬비나스 운석의 연대가 46.0±0.7억 년이라고 하는 것은 슬러셔가 주장하는 것처럼, '만들어진'(made) 것이 아니라 등시선 연대측정 그래프의 기울기로부터 구해진 것이다!

균일한 초기 $^{87}Sr/^{86}Sr$ 비율

그럼에도 불구하고 창조과학자들은 등시선 연대측정법의 근본원리를 비판하면서 암석 연대측정에 많이 사용되는 Rb-Sr 등시선 연대측정법은 신뢰할 수 없다고 주장한다. 이에 대해 달림플은 창조과학자들이 제시하는 비판을 살펴보면 이들이 지구화학의 기본을 잘 이해하고 있지 못하며, 특히 등시선 연대측정에 대해서는 거의 이해하고 있지 못함을 볼 수 있다고 지적한다.[10]

Rb-Sr 등시선 연대측정법에서는 그림 4-4에서와 같이 x축에는 $^{87}Rb/^{86}Sr$의 비율을, y축에는 $^{87}Sr/^{86}Sr$의 비율을 표시한다. 이 때 슬러셔는 전문가들이 모든 시료들에서 초기 $^{87}Sr/^{86}Sr$ 비율이 균일하다고 가정하는 것을 비판한다.

모든 시료들이 동일한 초기 $^{87}Sr/^{86}Sr$ 비율을 가졌다고 가정하는 것에 대해서는 적절하게 지적해야 한다. 첫째, 만일 암석 속에 ^{87}Sr이 균일하게 분포되어 있다고 가정한다면, 또한 암석 속에 ^{87}Rb도 균일하게 분포하고 있다고 가정할 수 있다. 그러나 물론 지구연대 학자들은 이것을 가정하지 않는데, 이는 전통적인 이론에 의해 $^{87}Sr/^{86}Sr$ 대 $^{87}Rb/^{86}Sr$ 그래프에서 한 곳에 데이터 점들이 모여야 (cluster를 이루어야) 하기 때문이다.[11]

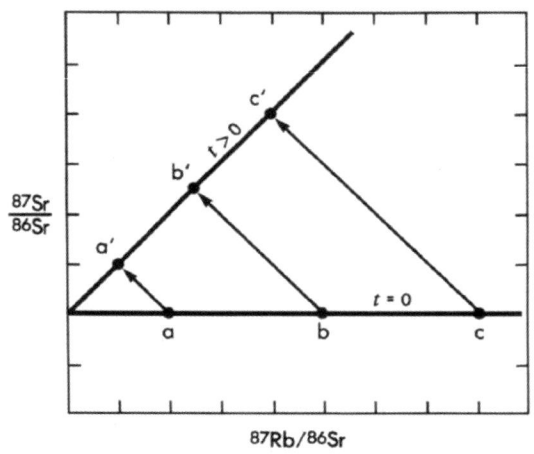

그림 4-4 Rb-Sr 등시선 연대측정에서는 모든 광물질 내에서 $^{87}Sr/^{86}Sr$ 비율만이 동일해야 한다.[12]

슬러셔는 전문가들이 등시선 연대측정에서 초기조건을 y축 상의 한 점에 모으기 위해 의도적으로 ^{87}Rb의 균일한 분포를 왜곡한다고 주장한다. 하지만 슬러셔의 주장에는 두 가지 심각한 오류가 있다. 첫째, Rb-Sr 등시선 연대측정을 위해 ^{87}Sr이 시료 내에 균일하게 분포되어야 할 필요가 없다는 점이다. 등시선 연대측정법에서는 그림 4-4에서와 같이 용융상태의 마그마로부터 암석이 형성될 때 그 암석 속의 여러 광물질들에서 Sr 동위원소의 비율인 ^{87}Sr/^{86}Sr 비율이 모두 동일한 값을 갖는 것만을 요구한다. 즉 그림 4-4에서 a, b, c가 일정한 y-축 값을 갖는 것만을 요구한다.

마그마에 포함되어 있는 여러 광물질들은 마그마가 용융상태로부터 냉각되어 굳을 때 서로 다른 양의 Sr과 결합한다. 하지만 ^{87}Sr과 ^{86}Sr은 질량수 1만 차이가 날 뿐 다른 모든 화학적 특성이 거의 같은 동위원소이기 때문에 모든 광물질 내에서 Sr의 총량은 달라질 수 있지만, ^{87}Sr/^{86}Sr의 비율이 동일하다고 가정하는 것은 문제가 없다.

슬러셔는 마그마가 응고되어 암석이 되는 과정에서 "만일 암석 속에 ^{87}Sr이 균일하게 분포되어 있다고 가정한다면, 또한 암석 속에 ^{87}Rb도 균일하게 분포하고 있다고 가정할 수 있다."고 말했다. 하지만 이는 등시선 연대측정법을 잘못 알고 있음을 나타낸다. 등시선 연대측정법에서 ^{87}Rb이 붕괴해서 ^{87}Sr이 되지만, 시료 내에 ^{87}Sr나 ^{87}Rb/^{86}Sr 비율이 동일할 것이라고 가정하는 것은 의미가 없다.

Rb와 Sr은 화학적 특성이 전혀 다르며, 따라서 광물질 내에서 그들의 특성도 전혀 다르다. 둘 다 미량원소(trace element)이고, 따라서 자기 자신들만으로는 거의 광물을 형성하지 않는다. Rb는 알칼리 금속이며, -1의 원자가를 갖고 화학적으로는 포타슘(K)과 흡사하기 때문에 포타슘이 많은 광물질에서 포타슘을 대체하기도 한다. 하지만 Sr은 알칼리토류(alkaline-earth) 원소로서 +2의 원자가를 가지며 칼슘 광물질에서 칼슘을 대체한다. Rb와 Sr은 화학적 특성이 너무 달라서 결정구조 속으로 Rb를 쉽게 수용하는 광물질에서는 Sr을 배제하려는 경향이 있고, Sr을 쉽게 수용하는 광물질에서는 Rb를 배제하려는 경향이 있는 등 상호 배타적이다. 즉 Rb과 Sr은 전혀 다른 원소이기 때문에 다른 광물질 속으로 결합될 때 광물질의 성분과 구조에 따라 전혀 다른 비율로 결합된다.

결국 등시선 연대그래프에서 $^{87}Rb/^{86}Sr$ 비율은 마그마에서 응고될 때 광물질마다 전혀 다른 비율로 결합되지만, $^{87}Sr/^{86}Sr$ 비율은 광물질들마다 동일하기 때문에 균일한 초기 $^{87}Sr/^{86}Sr$ 비율을 가정하는 것은 아무런 문제가 없다. 즉 Rb-Sr 등시선 연대측정법은 정확하게 작동된다고 볼 수 있다.

등시선 연대측정 원리에 대한 비판

또한 슬러셔는 모르몬교회 신자이자 유타 대학교의 야금학(metallurgy) 교수였던 쿡(Melvin Cook)의 주장을 인용하면서 등시선 연대측정 원리 자체가 잘못이라고 주장한다.

> 쿡 박사는 비슷한 곡선이 시간의 함수가 아닌 것으로 알려진 $^{54}Fe/^{86}Sr$ 대 $^{58}Fe/^{86}Sr$의 그래프에서도 얻어지기 때문에 등시선(isochron)을 얻는 것은 자연적인 동위원소 변화 효과로 더 잘 설명되는데, 이들 동위원소들이 방사능을 띠지 않기 때문에 이 비율들은 방사능과 아무런 관련이 없다. 자연적인 동위원소 변화를 결정할 수 있는 방법이 없기 때문에 자연적인 동위원소 변화를 교정할 방법도 없다. 이 사실은 ^{87}Rb-^{87}Sr 시리즈를 시계로 사용할 수 없게 만든다.[13]

과연 등시선 연대측정 원리 자체가 틀린 것일까? 이에 대해 달림플은 슬러셔가 잘못된 유비를 사용했기 때문에 잘못된 결론에 이르게 되었다고 지적한다. 달림플에 따르면, ^{54}Fe와 ^{58}Fe은 자연에 존재하는 철의 동위원소로서 각각 전체 철의 5.8%, 0.3%를 차지한다. 그가 제시한 $^{54}Fe/^{86}Sr$ 비율 대 $^{58}Fe/^{86}Sr$ 비율의 그래프가 보여주는 것은 첫째, Fe/Sr 비율이 일정하지 않다는 것과 둘째, ^{54}Fe 함량이 ^{58}Fe 함량과 비례해서 증가한다는 것인데, 이는 둘 다 예측할 수 있는 결과이다. 그 그래프의 기울기는 다만 $^{54}Fe/^{58}Fe$ 비율의 자연적인 함량일 뿐이다.[14]

동일한 종류의 그래프가 방사능을 띠지 않는 다른 모든 동위원소 쌍에 대해서도 얻어질 수 있다. 예를 들면, $^{87}Rb/^{86}Sr$ 비율 대 $^{85}Rb/^{86}Sr$ 비율 등이다. 그런데 슬러셔의 주장과는 반대로 이 그래프들은 자연에서 이들 원소의 변화만을 보여줄 뿐 동위원소 분별(isotopic fractionation)을 보여주는 것이 아니다. 이들은 Rb-Sr 등시선 연대측정법과는 아무런 관련이 없다. Rb-Sr 등시선 연대측정법에서 y축에 표시된 $^{87}Sr/^{86}Sr$ 비율은 x축에 표시된 ^{87}Rb의 시간의 경과에 따른 방사능 붕괴에 의해서만 변할 수 있다. Rb-Sr 등시선 연대측정법 다이어그램을 쿡의 Fe/Sr 다이어그램과 비교해보면, 슬러셔의 주장은 그가 이 방법을 제대로 이해하지 못했음을 보여줄 뿐이다.[15]

4. 일치연대법

등시선 연대측정법에 더하여 시간의 경과에 따른 시료의 오염 여부를 확인할 수 있는 또 다른 방법은 1956년 웨터릴(George W. Wetherill)이 도입한 일치연대법(concordia age method)이다.[16] 방사성 연대측정법의 배경이 없이는 이해하기가 쉽지 않은 이 방법에 따르면, 우라늄-납(U-Pb) 연대측정에서 방사성 기원의 납-206(^{206}Pb)과 납-207(^{207}Pb)을 이들의 모핵종인 우라늄-238(^{238}U)과 우라늄-235(^{235}U)의 비율을 취하여 세로(x)축에 ^{206}Pb/^{238}U을, 가로(y)축에 ^{207}Pb/^{235}U를 그리면, 이차적으로 우라늄이 출입한 시료에서도 원래의 연대를 측정할 수 있다.

만일 납과 우라늄의 이차적 출입이 없는 경우라면, ^{238}U-^{206}Pb 연대와 ^{235}U-^{207}Pb 연대는 일치하여 원점을 통과하는 일치 그래프(concordia graph)를 얻을 수 있을 것이다. 하지만 변성작용을 받아서 이차적 출입이 있었다면, 두 연대는 불일치하여 불일치 그래프(discordia graph)를 얻을 것이다. 불일치 그래프의 경우에는 두 그래프가 만나는 교차점에서 오래된 연대가 시료의 생성연대가 된다.[17]

U-Pb 연대측정법이 다른 연대측정법들에 비해 우수한 이유가 바로 여기에 있다. U-Pb 연대측정법에서는 매 연대측정 때마다 두 개의 연대측정(^{238}U-^{206}Pb과 ^{235}U-^{207}Pb)이 동시에 이루어져 서로 비교할 수 있기 때문이다!

^{206}Pb/^{238}U 비율을 세로축에, ^{207}Pb/^{235}U 비율을 가로축에 그렸을 때 실험치가 일치연대 곡선과 일치하면, 이는 아무런 물질의 출입이 없었음을 증명하는 것이다. 하지만 그림 4-5와 같이 일치하지 않으면 방사성 원소의 붕괴 과정에서 자원소의 누출이 있었다는 의미이고, 실험치는 일치연대 곡선 아래에 위치할 것이다. 물론 자원소의 유입이 있었다면, 실험치는 일치연대 곡선 위에 위치할 것이다. 두 자원소는 서로 다른 반감기를 갖기 때문에 초기에 누출이 있었다면, 한 시스템이 다른 시스템보다 더 큰 영향을 받을 것이다. 이는 측정된 방사성

연대가 정확한 지를 증명할 수 있는 내부적인 장치가 있음을 말해 준다. 그러므로 초기에 모원소와 자원소의 비율을 정확하게 알 수 없기 때문에 방사성 연대가 부정확하다는 주장은 잘못된 것이다.

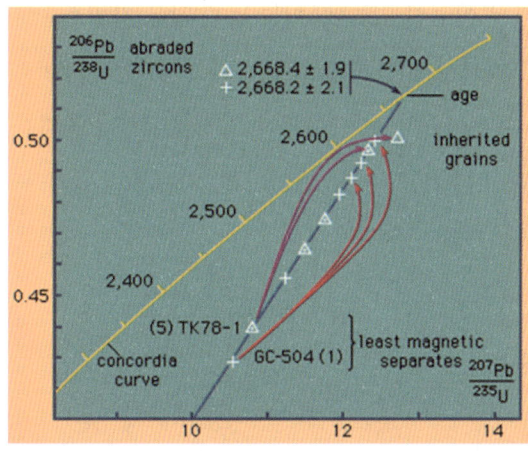

그림 4-5 26.6억 년 된 두 화강암의 지르콘에서 측정한 U-Pb 불일치연대 그림.[18]

역사적으로 볼 때 변성 작용을 받지 않은 암석에서 추출한 지르콘(zircon) 알갱이에서의 U-Pb 시스템은 대부분 외부 물질의 출입이 있었고 불일치연대를 보여주었으나, 일치연대 그래프 위에서 선형적으로 배열되었다. 그래서 서로 다르게 물질의 유출입이 있었던 일련의 시료들에 대해 측정하면, 그림 4-5에서와 같이 유출입이 전혀 없었던 상태까지 외삽이 가능하다. 근래 연구에 의하면 암석 속에 존재하는 모든 지르콘 등의 결정들 중에 극히 일부만이 지금까지 물질의 출입이 없고 그나마 그 결정들의 안쪽 부분만이 그렇다는 것이 발견되었다. 그리고 머리카락 굵기의 직경을 가진 알갱이들 중에서도 현미경으로 금이 없고 최상질의 결정일수록 금이 간 결정들보다 더 일치연

제4강 등시선과 창조연대

대를 보여주었다. 물론 그런 결정들도 공기 연마(air-abrasion)와 같은 기계적인 방법으로 외피를 제거하고 내부만을 측정하면 일치연대 곡선에 더 가까워진다는 것이 알려졌다.[19]

U-Pb 연대측정법에서와 같이 한꺼번에 두 종류의 방사성 모원소를 사용하게 되면 또 다른 이점이 있는데, 이는 납과 같은 자원소들이 다른 속도로 형성되고, 따라서 시간이 경과함에 따라 이들의 상대적 비율이 크게 달라지기 때문이다. ^{235}U가 붕괴한 ^{207}Pb과 ^{238}U이 붕괴한 ^{206}Pb의 비율은 200만 년마다 0.1% 정도 변하는데, 이는 오늘날의 측정기기로 충분히 측정할 수 있는 수치이다.

5. 프로와 아마추어

지금까지 우리는 등시선 연대측정법의 원리와 실제, 이 연대측정법에 대한 젊은지구론자들의 비판을 살펴보았다. 흥미로운 것은 등시선 연대측정법을 비판하는 젊은지구론자들 중에는 실제로 이 방법으로 연대를 측정하거나 연구하는 사람들이 거의 없다는 점이다. 그러다 보니 등시선 연대측정에서 뭐가 문제인지를 정확하게 알지 못해서 제기한 비판들이 많았다. 때로는 해당 분야 전문가들 사이에서는 전혀 문제가 안 되는 것들을 마치 문제가 있는 것처럼 주장하기도 한다. 그 대표적인 예가 창조과학자 우드모랩(John Woodmorappe)이다.

아래에서는 방사성 연대측정의 세계적인 권위자인 달림플[20]이 〈TalkOrigins〉 웹사이트를 통해 방사성 연대측정법에 가장 방대한 비판을 제기한 창조과학자 우드모랩의 주장을 조목조목 반박한 글을 중심으로 살펴보겠다.[21] 우드모랩은 여러 과학 문헌으로부터 300여 가지 이상의 데이터를 예로 들면서 방사성 연대측정 자체의 타당성에 의문을 제기하였다.[22] 그가 제기한 문제의 데이터들을 요약하면 표 4-2로 나타낼 수 있다.[23]

예상 연대 (100만 년)	실제 연대 (100만 년)	지층과 지역
52	39	Winona Sand/Gulf Coast
60	38	장소 미상/Gulf Coast
140	163 / 186	Coast Range Batholith/Alaska
185	186~1230	Diabase Dikes/Liberia
-	34,000	Pahrump Group diabase/California

표 4-2 우드모랩이 제시한 틀린 연대의 예들[24]

걸프해안(Gulf Coast) 지층에서 얻은 처음 두 개의 데이터는 에번든(J.F. Evernden) 등이 K-Ar 방법으로 측정한 결과를 제시한 것이다.[25] 그런데 이들이 사용한 시료는 해양 퇴적물에서 형성되어서 포타슘을 포함하고 있는 점토 광물인 해록석(海綠石, glauconite)을 측정한 것이었다. 에번든 등은 해록석과 같은 점토 광물들은 퇴적층이 땅속 깊이 묻혔을 때 조금이라도 가열되면 아르곤이 쉽게 빠져나오기 때문에 연대를 측정할 때 극히 조심해야 함을 발견하였다. 그럼에도 불구하고 그들이 측정한 연대는 대부분 예상 연대와 잘 일치하였다. 전체 연대측정 중에서 89개의 데이터는 정확하였고, 우드모랩이 언급한 하나의 데이터만 오차가 컸다. 하지만 우드모랩은 에번든 등의 연구에서 보고한 89개의 K-Ar 연대들이 거의 대부분 예상된 나이와 잘 일치한다는 것은 언급하지 않았다.[26]

표 4-2에서 세 번째 데이터는 랜피어(M.A. Lanphere) 등이 알래스

카 해안산맥에서 채취한 저반(底盤, batholith) 시료를 측정한 것인데, 이는 우드모랩이 잘못 인용한 것이었다. 저반은 지하 심부(深部)에서 형성된 대규모 화성암괴를 말하는데, 표 4-2에 있는 데이터는 알래스카가 아니라 캐나다에 있는 다른 두 곳의 암석을 측정한 것이었다.[27] 우드모랩이 인용한 1.4억 년이라는 예상 연대는 그가 인용한 문헌에는 나오지 않는 숫자이다. 알래스카 해안산맥의 저반암 시료는 연대 측정이 잘못된 것이 없다.[28]

네 번째 라이베리아 시료는 달림플(G.B. Dalrymple) 등이 제시한 데이터들이다.[29] 달림플 등은 서부 라이베리아에 있는 선캄브리아기 기반암(Precambrian crystalline basement rocks)과 중생대 퇴적암을 연구했다. 선캄브리아기 기반암을 가로지르는 환상암맥(環狀岩脈, dike)은 1.86~12.13억 년에 이르는데, 우드모랩은 1.86~12.30억 년으로 잘못 인용했다. 중생대 퇴적암에 관입된 환상암맥은 K-Ar 방법으로 1.73~1.92억 년의 연대를 보여준다. 그런데 $^{40}Ar/^{39}Ar$ 방법으로 선캄브리아기를 가로지르는 환상암맥을 측정해 보니 ^{40}Ar을 과도하게 많이 함유하고 있어서 환상암맥의 계산된 나이가 실제 광물이 마그마로부터 결정화된 시기를 나타내지 않음을 보여주었다. 하지만 중생대 퇴적암에 관입된 환상암맥은 $^{40}Ar/^{39}Ar$ 방법으로 신뢰할만한 나이를 보여주었다. 사실 이 연구는 처음부터 그런 이상 현상을 분명히 알고, 또한 그런 이상 현상을 일으킨 원인을 발견했기 때문에, 그런 것을 고려해서 환상암맥의 결정화 연대를 확실하게 결정하도록 설계된 것이었다. 그런데도 우드모랩은 이런 점은 전혀 언급하지 않고 단지 오차가 발생한 한 개의 결과만을 인용하면서 전체 방사성 연대가 엉터리인 것처럼 발표했던 것이다.[30]

표 4-2의 마지막 데이터는 캘리포니아주 파나민트 계곡(Panamint Valley)의 파럼프 층군(Pahrump Group)에서 채취한 휘록암(diabase)을 Rb-Sr 등시선 연대법으로 측정한 결과이다. 놀랍게도 우드모랩이 포(G. Faure)와 포웰(J.L. Powell)의 책으로부터 인용한 결과는 휘록암의 연대가 무려 340억 년에 이른다는 것이었다.[31] 앞뒤 문맥을 고려하지 않고 우드모랩이 인용한 이 결과만을 두고 본다면, 등시선 연대측정법이 터무니없는 것처럼 보인다. 우주연대가 138억 년인데 암석연대가 340억 년이라니…

그림 4-6에서 보는 것처럼, 데이터들은 하나의 직선 위에 정렬되지 않고 따라서 등시선을 형성하지 못한다. 이 데이터는 원래 와설버그(G.J. Wasserburg) 등의 논문에서 인용한 것인데, 그들은 데이터 점을 표시하기는 했지만 340억 년의 등시선을 그리지는 않았다.[32] '등시선'인 듯이 그은 것은 포와 포웰이었는데, 그들은 등시선 연대측정법에서의 데이터가 이처럼 직선으로부터 멀어질 수 있음을 보여주는 표본의 참고자료로 삼고자 340억 년의 등시선을 그렸을 뿐이다.

이처럼 데이터 점들이 흩어져 있다는 것은 이 시료에 물질이 드나들었음을 보여주며, 따라서 이런 데이터로부터는 정확한 연대를 측정할 수 없음을 보여주는 것이다. 그림 4-6에서 볼 수 있는 바와 같이 시료로부터 자원소 D가 추가되거나 소실되면 데이터 점이 등시선을 기준으로 상하로 움직이게 되고, 모원소 P가 추가되거나 소실되면 데이터 점이 좌우로 움직이게 된다. 그러므로 그림 4-6에서 데이터 점들이 상하좌우로 흩어져 있다는 것은 최초의 결정화 이후 시료 결정에 원소의 추가와 소실이 있었고, 따라서 이로부터는 직선의 등시선을 그릴 수가 없고, 또한 정확한 연대를 결정할 수 없음을 의미한다.

이와 연결된 지층에 대한 방사성 연대측정 결과 파럼프 기반암은 12억 년 되었음이 밝혀졌다.[33]

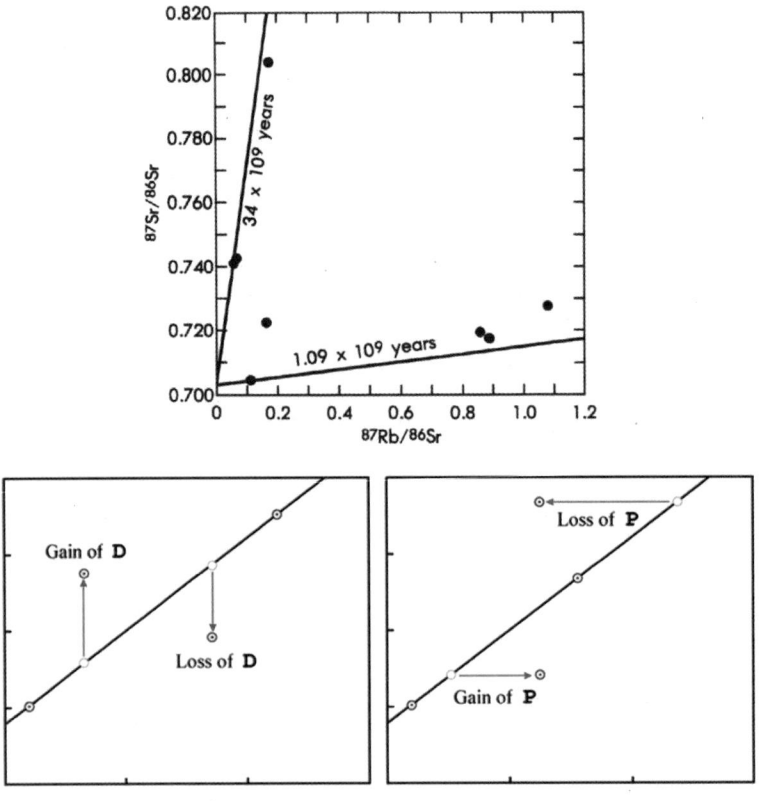

그림 4-6 우드모랩이 해석한 파럼프 층군의 휘록암에 대한 Rb-Sr 등시선과 오차 가능성

위에서 살펴본 것처럼, Rb-Sr 등시선 연대측정법은 자체진단능력이 있다고 할 수 있다. 그림 4-6에서부터 이 시료는 ^{87}Sr이나 다른 동위원소들의 출입이 있었고, 따라서 이로부터는 의미 있는 Rb-Sr 연대를 계산할 수 없음이 분명함을 알 수 있다. 이러한 결론은 원래 이 데이터를 제시했던 와설버그 등과 포와 포웰이 이미 제시했다. 창조과

학자 우드모랩만이 이 데이터가 340억 년의 등시선을 보여준다고 해석하였다! 원래 저자들까지 이러한 데이터로부터 연대를 측정해서는 안 된다고 지적한 데이터를 가지고서 등시선 연대측정법이 엉터리라고 주장하는 근거로 삼았다는 것은 학자적인 태도 이전에 그리스도인의 양심의 문제이다!

6. 결론

물론 우리가 사는 세상이 완전하지 않은 것처럼 등시선연대측정도 완전하지 않다. 때로 직관적으로 볼 때도 부정확한 연대도 있고(마그마로부터 암석 혹은 광물질로 결정화되기 전의 연대를 나타내는 등), 연대측정을 부정확하게 만드는 이미 알려진 이유들도 있다. 그렇다고 등시선 연대측정 자체를 쓰레기통에 버려야 할까? 전혀 그렇지 않다. 명백하게 틀린 대부분의 결과들에 대해 전문가들은 시료를 잘못 선택했든지 등의 틀린 결과가 산출된 명백한 이유를 찾을 수 있다. 그리고 그런 시료들로부터 얻은 연대는 학자들이 받아들이지 않는다.

지구상의 시료들은 물론이거니와 운석이나 월석 등 대부분의 등시선 연대측정 결과들은, 본 강에서 소개한 많은 등시선 연대측정 결과들에서 보았던 것처럼 다른 연대측정 결과들과 잘 일치한다. 때로 젊은지구론자들이 대부분의 연대측정 결과들이 틀렸거나 부정확한 것처럼 소개하는 것은 연대측정에 대해 잘 모르거나 과도하게 젊은지구론에 경도되어 학자로서의 자세에서 벗어났기 때문이라고 할 수 있다.

등시선 연대측정을 위한 가장 기본적인 조건은 시료들이 같은 마그마 풀(pool)로부터 결정화 되어서 동위원소나 필요한 원소들이 균일하게 분포되어 있는, 다시 말해 동일기원(cogenetic)이어야 한다는 점이다. 이것은 등시선 연대측정 과정에서 데이터 점들이 직선 등시선 위에 위치하는 것을 통해 확인할 수 있을 뿐 아니라 시료를 채취한 지점이나 지점들 간의 지질학적 관련성을 통해서도 확인할 수 있다. 때로는 시료가 동일기원이 아닌 데도 데이터 점들이 등시선 위에 위치하는 경우도 있지만, 그런 경우는 시료가 결정화 된 후 다시 용융되어 재결정화 된 경우일 수 있다. 일단 액상의 마그마가 되면 용암의 흐름(lava flow)을 통해 지표면의 다른 지역으로 이동한 후 결정화가 일어날 수도 있다.[34]

물론 때로는 서로 다른 기원의 시료가 섞일 수도 있다. 또한 서로 다른 동위원소 구성을 가진 전혀 다른 시료들이 섞였으면서도 데이터 점들이 동일한 등시선 위에 위치할 수도 있다. 이런 경우는 혼합 그래프 테스트(mixing plot test)를 통해 확인할 수 있다.[35]

그 외에도 암석이 부분적으로만 용융되어 부분적으로만 결정화되는 경우, 혹은 결정화 된 후 암석이 변성작용을 받은 경우 등 여러 가지 경우를 생각해 볼 수 있는데, 이런 경우들은 결과를 해석할 때 신중히 고려되어야 한다. 그리고 이 때 연대측정을 위한 전문가들의 현장 경험이 중요한 역할을 한다.

물론 더 정확한 연대를 얻기 위해 다른 화학적 특성을 가진 다른 동위원소들에 대한 연대측정을 하여 상호비교하기도 한다. 시료가 채취된 지질학적 환경도 고려해야 한다. 어떤 연대측정법도 완전하지 않은 것처럼, 등시선 연대측정도 완전하지는 않다. 그러나 이 방법은 창조과학자들이 비판하는 것과는 전혀 달리, 알려진 연대측정법 중에서는 가장 신뢰할만한 연대측정법이다. 이 점에 대해서는 달림플이

잘 요약하였다.[36]

> 대부분(부정확한 연대들)은 규범(standards)과 반복(repetition)과 같은 적절한 안전장치에 의해 확인되지만, 때로는 데이터가 발표되고 오랜 시간이 지난 후까지 확인하지 못하는 경우도 있다. 간단히 말하면 방사성 연대는 대부분 신뢰할만한 결과를 제공하지만 그렇다고 항상 그런 것은 아니다. … 충분한 상호검증과 주의, 경험을 통해 우리는 실제로 아주 자주 틀리지는 않지만, 틀린다고 해도 대체로 오래 가지는 않는다.

달림플의 신앙적 배경에 대해서는 잘 모르겠지만, 이런 겸손하고 성실한 태도는 그리스도인이든, 비그리스도인이든 모든 학자들이 가져야 하는 태도이자 동시에 성경적인 연구자의 자세라고 할 수 있다. 아무런 전문성이 없으면서 전문가들의 연구결과를 쓰레기 취급하는 것은 학문하는 사람의 자세는 물론 그리스도인의 자세가 아니다.

토의와 질문

1. 등시선 연대측정법의 원리를 이해할 수 있는가? 이 방법의 원리를 자기 말로 표현해 보자.

2. 기존의 방사성 연대측정에 비해 등시선 연대측정법이 갖는 강점과 약점을 말해 보자.

3. 등시선 연대측정법에 대한 젊은지구론자들의 비판으로부터 바른 기독교적 과학관을 말해 보자.

제5강

탄소-14(^{14}C)와 창조연대

"그의 호흡이 끊어지면 흙으로 돌아가서 그 날에 그의 생각이 소멸하리로다." - 시편 146편 4절

지금까지 논의한 것처럼, 암석의 연대측정은 다양한 방사성원소들을 사용할 수 있으나 생물체의 절대연대(絶對年代)를 측정하는 방법에는 역사적이나 고고학적인 방법 이외에는 미국의 화학자 리비(Willard Frank Libby, 1908~1980)가 발명한 방사성탄소-14(^{14}C)를 이용한 방사성탄소 연대측정법이 유일하다.[1]

미국 콜로라도주 그랜드 밸리(Grand Valley)에서 출생한 리비는 캘리포니아 대학교에서 수학하였고, 1945년 시카고 대학교 교수가 되었다. 그리고 시카고 대학교에 재직하던 시절인 1948년에 그는 방사성탄소 연대측정법(radiocarbon dating method)을 발명하였다.[2] 1959년에 캘리포니아 대학교 교수 겸 캘리포니아 대학교 지구물리학 연구소장으로 자리를 옮긴 그는 특히 탄소의 방사성동위원소에 의한 절대연대측정 연구로 고고학, 인류학, 지질학의 발전에 크게 공헌하였으며, 이 공로로 1960년에 노벨화학상을 받았다.[3]

그림 5-1 윌라드 리비와 탄소 연대측정 장치[4]

1. 탄소-14(^{14}C) 연대측정법의 원리

탄소 연대측정법은 대기 중에 미량이지만 방사능을 띤 탄소 동위원소가 존재하고, 이 방사성탄소의 반감기가 인류의 역사시대와 비슷하다는 사실에 근거하고 있다. 우리가 살고 있는 대기, 동식물, 토양, 바다를 포함하는 생물계(biosphere)에 존재하는 탄소의 총량은 얼마나 될까? 현재 정상적인 ^{12}C의 총량은 75조 톤으로 알려져 있으며, 탄소의 방사성 동위원소인 ^{14}C의 총량은 62톤으로 추정되고 있다. 이것은 1조 2,000억 개의 ^{12}C 원자마다 ^{14}C 원자 하나가 존재하는, 극히 낮은 밀도인 셈이다. 이것이 ^{14}C 연대측정이 어려운 이유이다.

^{14}C는 다음과 같은 과정을 거쳐 생성된다.

$$^{14}N + n \rightarrow {}^{14}C + p^+$$

여기서 n은 중성자, p는 양성자이다. 이렇게 형성된 ^{14}C는 대기 중의 산소와 결합하여 $^{14}CO_2$가 형성되고, 이것이 탄소동화작용을 통해, 혹은 호흡을 통해 동식물의 체내에 축적된다. 물론 살아있는 동안 ^{14}C 붕괴도 동시에 일어난다. 그러나 생물이 죽게 되면 더 이상 $^{14}CO_2$는 축적되지 않고 붕괴만 하게 된다. 동일한 생물이 살아있을 때 체내에 갖고 있는 ^{14}C의 양과 동일한 종류의 생물의 죽은 시체의 ^{14}C의 양을 비교함으로써 시체의 연대를 측정할 수 있다. ^{14}C를 이용한 연대측정법으로는 약 80,000년까지를 측정할 수 있다.[5] 이를 단계별로 살펴보면 다음과 같다.

(1) 대기 중에 있는 질소(^{14}N)가 우주선의 작용에 의해서 ^{14}C로 변한다.

(2) 생성된 ^{14}C는 대기 중의 산소와 반응하여 이산화탄소($^{14}CO_2$)를 형성한다.

(3) 이렇게 형성된 $^{14}CO_2$는 동물의 호흡이나 식물의 탄소동화작용을 통해 생물들의 체내에 들어간다.

(4) 생물이 살아있는 동안에는 생물 체내에 들어가는 양과 생물 체내에서 붕괴되는 양이 평형을 이룬다.

(5) 하지만 일단 생물이 죽으면 호흡이나 탄소동화작용이 일어나지 않기 때문에 더 이상 ^{14}C는 체내에 쌓이지 않고 점점 붕괴하여 줄어든다.

(6) 현재 살아있는 동일한 종류의 생물 체내의 ^{14}C의 양은 과거에 살았던 생물이 죽을 때 체내에 가졌던 ^{14}C의 양과 같다.

(7) 현재 살아있는 동일한 종류의 생물 체내의 ^{14}C의 양을 측정하여 과거에 살았던 생물 체내의 ^{14}C의 양과 비교하여 연대를 측정한다.

(8) 이 때 ^{14}C의 반감기(시료 속에 존재하는 ^{14}C의 양의 절반이 붕괴하는 데 필요한 시간)는 5,700년으로 과거나 지금이나 불변이라고 가정한다.

그렇다면 이러한 가정으로 측정한 탄소연대는 믿을만한가? 탄소연대의 신뢰도는 이미 탄소 연대측정이 처음 시작될 때부터 확인되고 있었다. 1949년에 리비와 아놀드가 발표한 '알려진 연대의 시료들'(Samples of Known Age)에서 보면, 그 때 이미 알려진 시료들의 연대는 탄소 연대측정 결과와 비교적 잘 일치하였다.

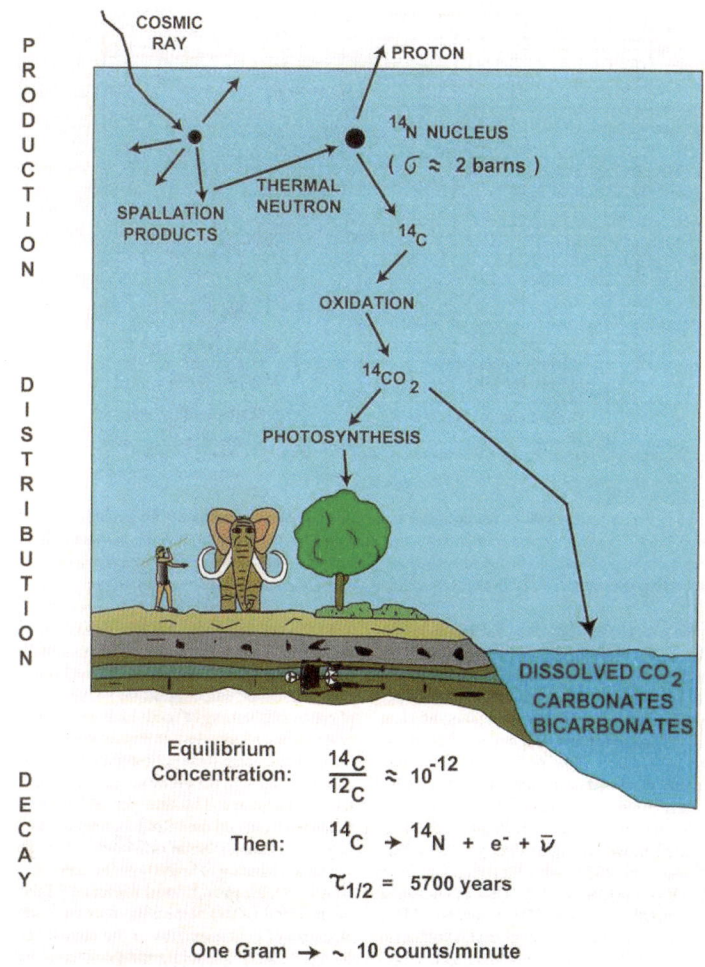

그림 5-2 연대측정의 원리. 대기권 상층에서 우주선(宇宙線)에 의해 대기 중의 질소가 ^{14}C로 바뀌며 이것이 다시 산소와 결합하여 $^{14}CO_2$가 된다. $^{14}CO_2$는 호흡을 통해 동식물의 체내에 들어가서 붕괴한다. 생물이 살아있는 동안에는 생체 내에 유입되는 $^{14}CO_2$와 붕괴되는 $^{14}CO_2$의 양이 평형을 이루고 있으나, 일단 죽어서 호흡이 멈추게 되면 붕괴만 일어나고 유입은 일어나지 않는다. 살아있을 때의 평형치를 기준으로 남아있는 $^{14}CO_2$의 양을 측정하면 그 생물의 연대를 측정할 수 있다.[6]

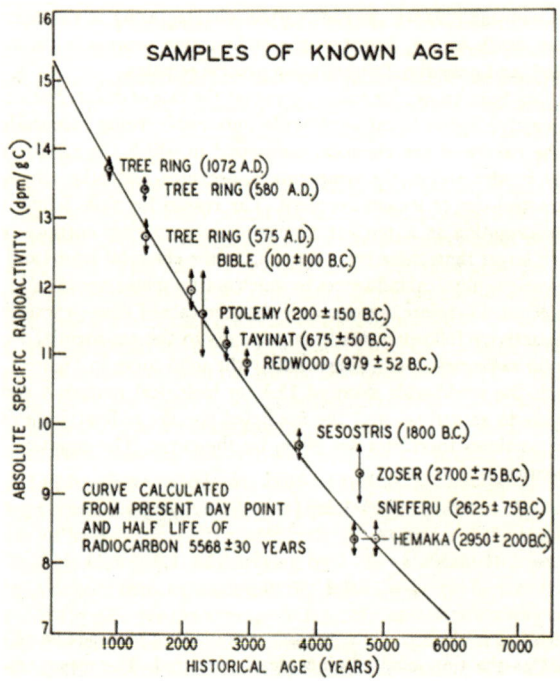

그림 5-3 리비와 아놀드(J.R. Arnold)가 1949년에 발표한 '알려진 것들의 곡선'(Curve of Knowns)[7]

2. 창조과학자들의 반대

하지만 젊은지구론자들은 ^{14}C 방법도 신뢰할 수 없다고 주장한다. 1970년대에 탄소 연대측정법을 가장 강하게 비판했던 사람은 수의학자이자 여호와의 증인 배경을 가진 와이송(Randy L. Wysong, 1940~)이었다. 그는 1976년에 출간된 자신의 『창조-진화 논쟁』(The Creation-Evolution Controversy)이란 책을 통해 탄소연대를 비판했다. 초기의 한국창조과학회 지도자들에게 많은 영향을 미친 와이송은 ^{14}C의 생성속도나 붕괴속도가 일정하다는 가정과 관련하여 이 방법을 고안한 리비의 캘리포니아 대학교 실험실의 수에스(Hans Eduard Suess, 1909~1994)의 연구결과를 인용하면서 "최근의 자세한 연구 결과 ^{14}C 시료의 초기 방사능, 즉 ^{14}C의 생성률은 시간에 따라 변한다는 것이 결정적으로 증명되었다."고 했다.[8, 9]

그런데 정말 수에스가 ^{14}C의 생성률이 시간에 따라 변한다는 것을 밝히고 탄소연대가 틀렸다고 주장했을까? 오스트리아 태생의 미국의 지구화학자이자 핵물리학자인 수에스는 1935년에 비엔나 대학교(Universität Wien)에서 화학으로 박사학위를 받았다. 1950년에 미국으로 이민을 와서 시카고 대학교(University of Chicago), 스크립스 해양학연구소(Scripps Institution of Oceanography) 등에서 연구한 후 캘리포니아 대학교(University of California-San Diego)에서 탄소 연대 실험실을 창설하고, 한평생 탄소 연대측정법의 정확성을 개선하는 데 많은 공헌을 한 사람이었다. 그가 ^{14}C의 붕괴속도의 변화를 언급한 것은 사실이지만, 탄소연대 자체를 부정하는 정도는 아니었다. 하지만 탄소연대 분야에서 연구하지 않았던 와이송은 그의 연구결과를 과장하고 왜곡되게 인용했다. 와이송의 왜곡은 여기서 머물지 않았다.

그림 5-4 좌로부터 와이송(R.L. Wysong), 수에스(H.E. Suess), 엔테브스(E.V. Antevs)[10]

와이송은 또한 연층 니토(年層泥土, varved clay)를 이용한 연대측정 전문가인 미국의 지질학자 엔테브스(Ernst Valdemar Antevs, 1988~1974)의 연구를 인용하여 탄소연대를 부정하기도 하였다.[11] 그는 엔테브스가 탄소연대와 관련하여 "^{14}C 연대를 평가할 때는 항상 시료의 ^{14}C 연대와 실제 연대를 구별하는 것이 중요하다. 실험실에서의 분석은 단지 존재하는 방사성탄소의 양만을 측정한다. …… 그러나 실험실에서의 분석은 방사성탄소가 모두 원래부터 있었던 것인지, 아니면 부분적으로 이차적으로 생성된 것인지, 관입된 것인지, 아니면 자연적으로 붕괴되는 것 말고 다른 예측할 수 없는 방법으로 변화된 것인지를 결정할 수가 없다."고 한 말을 인용했다.[12]

와이송이 인용한 엔테브스는 스웨덴에서 태어나 1917년에 스톡홀름 대학교(Stockholms universitet)에서 지질학으로 박사학위를 받은 후에 미국으로 와서 미국지리학회(American Geographical Society), 카네기연구소(Carnegie Institution of Washington), 캐나다 지질조사국(Geological Survey of Canada), 하버드 대학교 등에서 연구했으며, 1957년에 애리조나 대학교 지구연대학과(University of Arizona Department Geochronology) 교수가 된 사람이다. 그는 특히 탄소연대가 많이 사용되는 제4기 지질학(Quaternary geology) 분야에서 많은 업적을 남겼는데, 그의 공로를 기려서 애리조나 대학교에서는 그에게 명예 과학박사학위를 수여하기도 했다. 탄소연대에 관한 엔테브스의 신뢰는 의심할 여지가 전혀 없었지만, 탄소연대에 관해 전혀 몰랐던 와이송은 문맥에 맞지 않게 그의 글을 왜곡, 과장되게 인용하였다.

뿐만 아니라 와이송은 쥬네만(F.B. Jueneman, 1929~2014)도

인용했는데, 쥬네만은 대기 중으로 유입되는 중성미자(中性微子, neutrino)의 양과 이들이 대기 분자들에 의해 흡수되는 것으로 인해 ^{14}C를 포함한 방사성원소들의 붕괴속도가 달라진다고 했다. 따라서 그는 과거 지구에 중성미자의 유입이 지금과는 달랐을 가능성을 언급하면서 이것은 "우리의 모든 원자시계들을 다시 시작하게 하는(resetting) 독특한 특성이 있다. 이것은 ^{14}C, K-Ar, U-Pb 연대측정법 등을 형편없이 망가뜨렸다. 선사시대의 유물들의 연대나 지구의 연대, 우주의 연대는 의심해봐야 한다."고 말했다.[13] 하지만 제3강에서 소개한 것처럼, 쥬네만은 탄소연대에 대한 전문성은 말할 것도 없고, 정상적으로 연구하는 과학자가 아니었다.

이 외에도 와이송은 탄소연대의 문제점들을 지적하면서 몇 가지의 예를 제시하였다.[14] 예를 들어, 살아 있는 달팽이의 껍질을 ^{14}C 방법으로 측정한 연대는 2,300년이었다거나,[15] 자라는 나무를 측정해보니 1만 년으로 나왔다거나,[16] 영국 잉글랜드 지방의 옥스퍼드성(Oxford Castle)은 785년 전에 건축된 것인데도 그 성의 회반죽(mortar)을 측정해보니 7,370년으로 나왔다거나,[17] 갓 잡은 물개가 1,300년 된 것으로 나왔다거나, 죽은 지 30년밖에 안 된 말린(mummified) 물개는 4,600년 된 것으로 나왔다는 것 등이었다.[18] 이런 예들은 젊은지구론자들이 지구의 연대를 부정할 때 늘 앵무새처럼 인용하는 것들이지만, 솔직히 이런 주장들은 일일이 추적할 가치도 없다고 하겠다. 아마도 한평생 수의사로서 '와이송 애완동물 사료회사'(Wysong Pet Foods)를 창설하여 운영한 와이송이 탄소연대에 관한 지식이 없었기 때문에 대부분 잘못 인용하거나 과장되게 인용하였을 가능성이 높다.[19]

3. 쟈모족 수수께끼

탄소연대 비판자들이 항상 예로 드는 또 한 가지는 쟈모(Jarmo)족이다. 그들은 이라크 북동부 키르쿠크(Kirkuk)로부터 동쪽으로 56km에 위치한 자그로스 산맥(Zagros Mountains)의 기슭에 선사시대의 유적을 남긴 부족이었다. 그들의 유적은 획득경제에서 생산경제로 옮겨가는 과정을 나타내는 신석기 유적으로, 당시 막 개발된 탄소 연대측정법으로 연대측정을 한 결과 BC 6000년경의 것으로 추정되었다. 해발 800m에 위치한 쟈모의 유적은 12,000~16,000m^2의 넓이에 총 15층으로 확인되었다. 최하층에서는 토기가 출토되지 않았으나, 제5층에서 토기가 출토되었으며, 또 두 종류의 밀과 완두콩, 가축의 뼈 등이 발견되었고, 솥으로 사용된 석기와 절구도 출토되어 정착농업이 시행되었음을 보여준다. 이러한 쟈모족은 약 500년 간 존속한 것으로 알려졌다.[20]

그런데 쟈모족의 유해를 가지고 탄소연대를 측정한 수치들은 실제 거주 연대와 수천 년의 차이를 보였다. 이와 관련해 리드(Charles A. Reed)는 "^{14}C 연대측정법이 처음 발표되었을 때, 이것은 선사시대 연구자들의 기도에 대한 응답으로서 대환영을 받았지만, 연대의 불확실성으로 말미암아 그 방법에 관한 실망이 점점 커지고 있다. 발표된 ^{14}C 연대에 지나치게 집착하게 되면, 모순들(absurdities)이 생겨난다. … '탄소연대의 무책임성'(^{14}C irresponsibility)을 보여주는 고전적인 예는 이라크 북동쪽에 살았던 선사시대의 유적지인 쟈모에 대한 11번의 연대측정 결과가 6,000년이라는 시차들을 보여준다는 것이다. 모든 고고학적 증거들로 볼 때 쟈모는 500년 이상 거주하지 않았다."고

그림 5-5 이라크 북동부 쿠르드족 지역에서 발견된 신석기 시대의 쟈모 유적지와 장신구들[22]

했다.[21] 그런데 과연 그럴까?

우선 이러한 주장은 1950년대의 연구결과에 기초한 것임을 기억해야 한다. 쟈모 유적지는 원래 1940년에 이라크고고학회(Iraqi Directorate of Antiquities)가 발견했지만, 가장 오래된 고대 농경사회 유적지였기 때문에 전 세계 고고학계가 이목을 집중한 곳이었다. 이곳을 본격적으로 발굴하여 전 세계에 알린 것은 시카고 대학교 오리엔탈 연구소(The Oriental Institute of the University of Chicago)의 고고학자 브레이드우드(Robert Braidwood, 1907~2003)였다. 그는 1948년과 1950~51년, 1954~55년 등 세 번에 걸쳐 쟈모 유적지를 연구했고, 1950년에 초기의 연구결과를 발표했다.[23]

지금은 그 때로부터 반세기 이상의 세월이 지났고, 그 동안 이 유적지 연구를 위해 다양한 분야의 학자들이 학제적으로 참여하여 많은 연구가 진행되었다. 시카고 대학교 오리엔탈 연구소는 브레이드우드의 첫 발표 이후 30여 년간 연구한 결과들을 1983년 연구소 논문모음집 105번으로 출간하였다.[24] 총 695페이지에 이르는 방대한 이 논문집에는 총 22편의 논문이 수록되어 있는데, 쟈모 유적지를 비롯해 인근의 연구결과들을 집대성했다. 이 연구결과에 따르면, 쟈모 유적지는 15층이 아니라 12층으로 이루어져 있다. 또한 탄소 연대측정을 통해 확인된 가장 초기의 거주지는 BC 7090년경이었으며, 이곳을 버리고 떠난 것은 BC 4950년경이었다. 그 동안 이루어진 쟈모 유적지의 연구결과는 전형적인 후기 신석기 문화를 보여주고 있으며, 쟈모 족의 거주 기간도 별다른 모순 없이 설명할 수 있다.

과학은 끊임없이 발전한다. 1940년대 후반에 탄소 연대측정법이 처음으로 발견된 이후, 이를 정확하게 측정할 수 있는 방법이나 기기가 많이 발견되거나 발명되었다. 대표적인 예가 가속기질량분석기(Accelerator Mass Spectrometer, AMS)이다. 입자가속기를 질량분석기로 처음 사용한 것은 1939년에 알바레즈(L.W. Alvarez)와 코르녹(Robert Cornog)이었다. 하지만 이를 탄소 연대측정에 사용한 것은 1977년 로렌스 버컬리 국립연구소(Lawrence Berkeley Laboratory)의 뮬러(Richard A. Muller)였다.[25] AMS가 ^{14}C의 양을 놀라울 정도로 정밀하게 측정할 수 있게 되자 탄소 연대측정의 정밀도는 획기적으로 개선되었다.

처음 쟈모 유적지에 관한 연구가 이루어지던 1940년대 후반이나 1950년대 초반은 탄소 연대측정법이 개발된 지 불과 몇 년 지나지 않았을 때였다. 당연히 연대측정의 오차가 컸다. 하지만 그 후 지속적인 연구를 통해 지금은 1950년대에는 상상할 수도 없었던 정밀한 장비들이 개발되어 사용되고 있다. 쟈모 유적지에 대한 연구도 초기와는 달리 지금은 연대적인 불일치가 별로 없는 것으로 알려져 있다. 지금도 과학자들은 탄소연대의 정밀성을 높이기 위한 연구를 계속하고 있지만, 탄소연대의 신뢰도 그 자체에 관한 의심은(젊은지구론자들을 제외하고는) 거의 없다고 할 수 있다.

4. 모든 탄소연대를 부정할 수 있을까?

 모든 측정이 그러하듯이 방사성탄소를 이용한 연대측정도 원리적으로는 훌륭한 방법이지만 오차가 전혀 없다고 할 수는 없다. 앞에서 젊은지구론자들이 제시하는 예외적인 탄소연대들이 전체 탄소연대의 결과들에서 차지하는 비율은 얼마나 될까? 이에 관한 정확한 보고는 없지만 대체로 2% 미만으로 알려져 있다. 그나마 중요한 결과의 경우에는 대부분 부정확한 데이터가 나온 원인이 밝혀져 있다. 그러므로 몇몇 예외적인 데이터들이 있다고 해서 탄소 연대측정법의 원리나 측정방법을 모두 부정하는 것은 어리석은 일이다. 비록 2% 내외의 예외적인 결과가 있다고 해도 나머지 98% 이상의 결과들이 정확하다면, 그 연대측정을 신뢰할 수 있다고 말할 수 있다. 1940년대 후반에 탄소연대측정법이 발명된 후 적어도 1960년까지 이미 연대측정 케이스가 2만 건을 넘어섰으며, 이들은 대부분 다른 방법으로 측정된 결과들과 매우 잘 일치하였다.

 끝으로 탄소 연대측정의 몇 가지 가정들의 정당성을 생각해 보자. 탄소연대의 몇 가지 가정은 다음과 같다. ① 대기 중의 질소 양은 일정하며, 이에 대한 우주선(cosmic ray)의 작용은 항상 일정량의 ^{14}C를 만든다. ② ^{14}C의 반감기는 정확하며, ^{14}C의 붕괴속도도 시간에 따라 항상 일정하다. ③ 시료는 취급하는 동안 오염되지 않았다. ④ 측정방법은 정밀하며, 항상 재현가능하다.[26] 이 가정들 중에서 ②~④의 가정들은 비교적 쉽게 검증이 가능하다. 하지만 대기 중 ^{14}C의 양이 일정하다는 가정 ①은 간단한 문제가 아니다.

 가정 ①에 관해서는 1987~1994년 사이에 미국 창조과학연구소

(ICR)의 천체물리학/지구물리학 교수이자 탄소연대 실험실을 만든 아스마(Gerald E. Aardsma) 박사가 비교적 잘 검증하였다고 할 수 있다. 아스마는 토론토 대학교에서 핵물리학으로 박사학위를 받았으며, ICR의 탄소연대 실험실을 책임지고 있었다.

아스마는 먼저 성경에 나타난 계보를 근거로 노아의 홍수가 BC 3000년 이내라고 생각했다. 그리고 노아의 홍수 전에는 거의 ^{14}C가 없었으며, 홍수 후 상당기간 동안 대기 중 ^{14}C가 점점 증가하여 현재의 평형수준에 이르렀다고 보았다. 홍수 이후 대기 중 ^{14}C가 어떤 속도로 증가했는지는 아무도 모른다. 아스마는 ^{14}C의 증가 속도를 여러 가지로 변화시키면서 탄소 연대측정의 정당성을 시험하였다. 하지만 어떤 경우에도 기존의 창조과학자들이 제시하는 노아 홍수 연대와는 일치하지 않음을 발견하였다.[27] 다시 말해 노아 홍수 이후 ^{14}C가 증가하는 속도를 어떻게 가정하더라도 6,000년 이상 된 모든 탄소연대를 부정하는 것은 가능하지 않았다.[28] 흥미롭게도 그는 홍수와 관련된 여러 조건들을 다 반영해도 노아의 홍수는 BC 2400년경이 아닌 BC 12,000년경에 일어났다고 결론내릴 수밖에 없다고 했다.[29] 그리고 예상한 대로 그는 이로 인해 결국 ICR을 떠나게 되었고, 지금은 프리랜서로 일하고 있다.

5. 부정확한 연대들과 창조과학자들의 자성

지금까지 살펴본 것처럼, 탄소연대는 창세기에 나타난 계보연대보다 훨씬 오랜 연대를 보여주기 때문에 탄소 연대측정에 대해 창조과학자들은 대체로 비판적이다. 앞에서 보여준 바와 같이, 와이송

등은 여러 가지 탄소연대의 오류를 보여주는 증거를 제시하기도 한다.[30] 하지만 창조과학자들이 제시하는 탄소연대의 부정확성을 보여주는 예들 중에서 일부는 그 원인들이 밝혀지고 있다. 한 가지 예를 들어보자.

와이송은 키쓰(M. Kieth)와 앤더슨(G.M. Anderson)의 보고를 인용하여 살아있는 민물 홍합(紅蛤, mussel)을 측정해 보니 2,000년 이상 오래된 것으로 나왔다고 주장하였다.[31] 그러나 후속적인 연구 결과 홍합의 잘못된 나이는 그것이 사는 주변 환경과 관련되었음이 밝혀지고 있다. 즉 키쓰와 앤더슨이 조사한 홍합이 살고 있는 물속에는 ^{14}C를 적게 포함하는 석회암과 오래된 부식토가 많아 홍합이 이들로부터 공급받은 탄소는 대부분 ^{12}C였다. 따라서 홍합의 체내에는 ^{12}C에 비해 상대적으로 ^{14}C의 비율이 매우 낮아서 오래된 듯이 보인다는 것이다.[32] 그 동안 보고된 다른 부정확한 탄소연대들도 상당수는 현재 그 이유가 밝혀졌다.

그 동안 이루어진 탄소 연대측정 기술의 발달을 생각할 때 탄소연대에 관한 창조론자들의 비판도 좀 더 전문적이어야 한다는 자성의 소리가 내부에서 제기되고 있음은 고무적인 현상이다. 앞에서 소개한 것과 같이, 이를 위해 여러 해 전 ICR에는 탄소연대 실험실이 만들어져 탄소 연대측정법의 문제점에 관한 연구가 이루어진 적이 있다. 하지만 그 실험실에서 나온 결과가 ICR의 입장과 다르게 되자 책임자가 ICR을 떠나게 된 것은 안타까운 일이다.

방사성 연대측정법을 비판하는 것은 매우 신중해야 한다. 1948년에 처음으로 ^{14}C 연대측정이 이루어진 후 근 60여 년 간 전 세계에 흩어져 있는 탄소연대 실험실에서는 수천, 수만 건의 탄소 연대측정이 시행되었다. 그 동안 탄소 연대측정법이 갖는 약점이나 한계에 관해 전문적인 학자들의 끊임없는 비판이 있어왔다. 그래서 지난 반세기 동안 탄소 연대측정법이 갖는 여러 약점들이 대폭 보완되었으며, 탄소연대의 오차 한계에 관한 자세한 연구도 수없이 이루어졌다. 그리고 ^{14}C의 방사능을 측정하는 센서도 점점 더 예민하게 개발되고 있고, 소량의 ^{14}C의 밀도를 높이기 위한 농축기술도 많이 개발되었다. 또한 탄소연대와 동시에 시행할 수 있는 다른 여러 독립된 연대측정법도 개발되어 탄소연대의 신뢰도를 높였다. 탄소연대 전문가들에 의하면, 그 동안의 연구로 인해 1만 년 이내의 연대라면 거의 1% 내외의 오차 범위에서 연대측정이 가능하다.

6. 진리에 이르려는 겸손한 마음

본 강에서는 탄소연대에 대한 젊은지구론자들의 비판을 살펴보았다. 시간에 매여 사는 인간은 어차피 과거에 관한 지식이 제한될 수밖에 없다. 과거로 거슬러 올라갈수록 우리의 지식은 점점 더 제한된다. 특히 목격자나 구체적인 문헌을 통해 연구할 수 없는 과거의 일일수록 추론과 상상에 의존하는 비율이 높아진다. 그리고 추론과 상상에 의존하는 비율이 높을수록 주관적이 되기 쉽고 따라서 논쟁에 휘말릴 가능성도 높아진다. 기원에 관한 연구는 인간의 근원적인 호기심이 있는 영역임에도 불구하고 많은 부분을 추론과 상상에 의존할 수밖에 없는 대표적인 연구 분야라고 할 수 있다. 생명과 우주가 6,000년 전에 탄생했든, 46억 년 전에 탄생했든 100년도 채 못 사는 인간에게는 둘 다 까마득한 옛날에 일어난 사건이기 때문이다.

그럼에도 불구하고 자연에는 인간의 역사보다 훨씬 이전의 사건들을 보여주는 직, 간접적인 흔적들이 많이 남아있다. 또한 지구의 연대는 인류의 연대보다 훨씬 오래되었음을 보여주는 부인할 수 없는 증거들이 많다. 특히 지난 19세기 말에 발견된 방사능 붕괴가 암석과 지층의 절대연대측정에 사용되기 시작하면서 인류는 그 동안 부정확하게 알았던 지구역사에 관해 놀라울 정도로 많은 것들을 알게 되었다. 뿐만 아니라 1940년대를 지나면서 개발된 방사성 탄소연대측정법은 인류의 역사를 포함하여 지구 위의 생명체들의 역사를 추적하는 데 놀라운 공헌을 하였다. 20세기에 들어와 개발된 많은 절대연대측정법들은 하나 같이 지구와 지구의 생명체들이 오래되었음을 보여주고 있다.

대부분의 사람들이 오랜 연대를 보여주는 증거들을 받아들이고 있는 이유는 다음과 같이 두 가지를 들 수 있다.

첫째, 오랜 연대 지지자들 중에 전문적인 과학자들이 많다는 점이다. 반면 젊은 연대 지지자들 중에는 해당 분야를 전공하는 과학자들이 없다. 그러므로 방사성 연대를 비판하는 사람들은 모두 오랜 연대를 지지하는 다른 사람들의 데이터를 사용하고 있다. 또한 젊은 연대를 보여주는 대부분의 증거들이 정량적인 분석 위에 세워져 있지 않을 뿐만 아니라, 연대측정법들의 근저에 있는 가정들의 타당성을 검증할 수 있는 방법도 부족하다. 젊은지구론자들은 거의 대부분이 연대측정 분야의 전문가들이 아니기 때문에 연대측정의 기술적인 면을 잘 이해하지 못하거나 최근의 연구결과를 얻는 데 매우 어려워하는데, 이런 점도 사람들이 젊은지구론을 받아들이지 않는 이유가 된다.

둘째, 젊은 연대를 보여주는 연대측정법들과는 달리, 오늘날 주류 과학계에서 받아들이고 있는 오랜 연대를 보여주는 연대측정법들은 상당히 정량적이며, 이들의 근거가 되는 가정들도 여러 가지 방법으로 상호검증이 가능하기 때문이다. 한 예로 지난 60여 년 간 사용되어온 방사성탄소 연대측정법이나 지난 100여 년 간 사용되어온 다른 방사성 연대측정법들은 고고학, 고생물학, 지질학 등에서 표준적인 절대연대측정법으로 자리를 굳히기까지는 정량화와 기본 가정의 정당성에 관해 수많은 비판자들의 혹독한 반증 시도를 견뎌왔다. 그러면서 측정은 점점 정밀하게 되었고, 측정한계는 훨씬 더 넓어지게 되었다.

그러나 비록 젊은지구론에 비해 오랜지구론의 증거들이 압도적으로 많기는 하지만, 이 두 주장은 모두 현재 일어나고 있는 변화가 과거에도 동일하게 일어났다는, 소위 균일설, 즉 동일과정설이라는 가정 위에 서 있음을 기억해야 한다. 동일과정설의 가정 자체가 원리적으로 엄밀한 증명이나 반증이 불가능함을 생각한다면, 연대 문제에 있어서 어느 정도의 부정확성은 불가피한 것이라고 할 수 있다. 그러므로 지구의 연대에 관해 논쟁할 때는 반대편의 주장을 경청하고, 바른 진리에 이르려는 겸손한 마음이 훨씬 더 절실하다고 할 수 있다.

토의와 질문

1. 유기물의 연대를 측정하는 탄소 연대측정과 암석연대를 측정하는 여타 방사성 연대측정의 원리 사이에 있는 근본적인 차이점과 유사성을 말해 보자.

2. 창조연대 논쟁이 창조와 진화 논쟁에서 차지하는 비중을 논의해 보라. 오랜 연대 지지자들과 젊은 연대 지지자들이 의견의 일치를 볼 수 있는 가능성이 있을까? 있다면 어떻게 가능한지, 없다면 왜 그런지를 말해 보라.

3. 젊은 지구연대 지지자들이 오랜 지구연대를 주장하는 것을 진화론과 동일시하는 것은 타당한가? 젊은 연대를 주장하는 이들이 오랜 연대에 예민하게 반응하는 이유는 무엇일까?

제6강

RATE 프로젝트 비판

"방사성 동위원소 연대측정은 일종의 사탄의 요새이다." - 존 모리스 (J. Morris)[1]

창조연대 논쟁과 관련하여 젊은 창조연대를 주장하는 사람들은 나름대로 다양한 증거들을 제시해왔다. 그러나 이들이 제시하는 대부분의 창조연대 관련 주장들은 자신들의 연구에 근거하고 있다기보다 다른 사람들이 다른 목적으로 연구한 결과들을 문맥에 맞지 않게 인용하여 자신들의 입장을 지지하는 데 사용하는 경우가 많았다.

하지만 젊은 창조연대를 주장하는 기관들 중에서도 비교적 조직적이고 독자적인 연구를 통해 자신들의 주장을 펴는 기관들이 있는데, 대표적인 예가 1970년에 헨리 모리스(Henry M. Morris)가 남부 캘리포니아에 설립한 창조과학연구소(ICR)이다. ICR은 창립 당시부터 젊은 지구와 젊은 우주의 증거를 찾는 데 온 힘을 쏟았다. 이들은 다른 과학자들이 어떤 증거를 제시하더라도 자신들의 젊은지구론을 포기하지 않기로 결정하고 젊은 연대를 신조로 정했다.

1. RATE 팀과 비판자들

ICR이 젊은 창조를 증거하기 위하여 수행한 연구들 중에 가장 대표적인 프로젝트를 든다면, 1997년에 시작된 RATE(Radioisotopes and the Age of The Earth) 프로젝트라고 할 수 있다. RATE 프로젝트는 7명의 창조과학자들이 8년간 수행한 프로젝트로서 2005년에 종료되었다. RATE 팀의 연구결과는 두 권의 두툼한 책으로 출간되었는데, 첫 번째 책은 첫 3년 동안 이들의 예비연구를 요약한 것으로서 2000년에 출간되었고, 두 번째 책은 최종 보고서로서 2005년에 출간되었다.

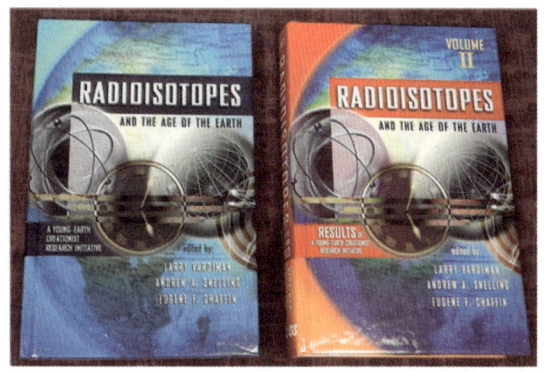

그림 6-1 RATE 프로젝트 보고서

RATE 팀은 연구보고서와 더불어 그 동안의 연구결과들을 요약한 DVD를 제작, 보급하고 있다. 그들은 이 프로젝트를 통해 기존의 오랜 지구연대를 보여주는 연대측정 결과들, 그 중에서도 방사성 연대측정법의 부당함과 오류를 지적하고 젊은 지구의 증거들을 제시하고 있다. 본 강에서는 그들의 주장을 살펴보고 그들이 제시하는 증거들의 타당성을 논의할 것이다.

RATE 팀 주장을 반박한 사람들은 해당 분야의 전문가들이었다. 본 강의 내용과 관련해서 필자가 참고했던 인터넷 문헌들은 다음과 같다:

http://www.talkorigins.org/faqs/dalrymple/how_old_earth.html - G. Brent Dalrymple

http://www.talkorigins.org/faqs/faq-age-of-earth.html - Chris Stassen

http://www.talkorigins.org/faqs/isochron-dating.html - Chris Stassen

http://www.talkorigins.org/faqs/helium/zircons.html - Kevin R. Henke

http://www.asa3.org/ASA/education/origins/rate-ri.htm#helium - Randy Isaac

http://www.asa3.org/ASA/education/origins/rate-pscf.htm#helium - Randy Isaac

http://www.asa3.org/ASA/education/origins/helium-ri.htm - Randy Isaac

http://www.reasons.org/files/HeliumDiffusionZirconTechnicalpPaper.pdf - Gary Loechelt

http://www.creationresearch.org/crsq/articles/41/41_1/Helium.htm - D. Russell Humphreys 외

https://answersingenesis.org/geology/radiometric-dating/helium-diffusion-rates-support-accelerated-nuclear-decay/

http://www.talkorigins.org/faqs/rate-critique.html - Kirk Bertsche http://www.asa3.org/ASA/education/origins/carbon-kb.htm - Kirk Bertsche

http://www.talkorigins.org/faqs/po-halos/

http://www.talkorigins.org/indexcc/CF/CF201.html - Mark Isaak

http://www.talkorigins.org/faqs/po-halos/gentry.html - Thomas A. Baillieul

http://www.talkorigins.org/faqs/po-halos/violences.html - John Brawley

http://en.wikipedia.org/wiki/Radiohalo#CITEREFWakefield1988

http://www.csun.edu/~vcgeo005/gentry/canada.htm

http://www.talkorigins.org/faqs/faq-meritt/age.html#polonium - Jim Meritt

필자는 위 저자들의 신앙 배경에 대해서는 잘 알 수 없었다. 하지만 창조에 관한 이들의 견해나 지식으로 미루어보면 위 저자들의 상당수는 복음주의 그리스도인인 것으로 보인다. 이것은 일반적으로 세속학자들이나 진보진영의 그리스도인 학자들은 젊은지구론자들의 주장에 귀를 기울이지 않는 사실을 고려하면 이해할 만하다. 한 예로 창조과학자들의 방사성 연대 비판을 가장 잘 지적한 달림플(G. Brent Dalrymple, 1937~)과 바움가드너의 탄소 연대측정을 가장 효과적으로 비판한 물리학자 버체(Kirk Bertsche)를 살펴보자.

달림플은 1963년에 미국 캘리포니아 대학교 버컬리 분교(University of California, Berkeley)에서 "포타슘-아르곤 연대와 캘리포니아 네바다 지역의 신생대 연대표"(Potassium-argon dates and the Cenozoic chronology of the Sierra Nevada, California)라는 논문으로 박사학위를 받았다. 이어 그는 미국지질조사국(United States Geological Survey)의 지구연대연구소(Menlo Park, CA)에서 근무하면서 30여 년 간 세계 최고의 연대측정 연구소를 이끌었다. 1993년부터 은퇴하던 2001년까지 오레곤 주립대학교(Oregon State University) 교수로 재직하면서 한 평생 지구 자기장의 역사와 방사성연대 문제에만 집중했다. 그는 연대측정과 관련된 연구를 인정받아 미국과학한림원(National Academy of Sciences)의 회원이 되었고, 2003년에는 National Medal of Science을 수상하였다.

필자가 특히 달림플에게 감사하는 것은 그의 저서 『지구의 연대』와 이를 요약하여 〈토크 오리진스〉에 쓴 "How Old is the Earth - A Response to 'Scientific' Creationism"이라는 긴 논문 때문이다.[2] 책과 논문을 통해 그는 방사성 연대측정법을 위시하여 연대측정 전문가들

그림 6-2 질량분석기의 진공비행관(vacuum flight tube)을 조정하고 있는 달림플(1971)[3]

이 사용하는 다양한 방법들을 잘 소개하였고, 나아가 젊은지구론자들의 주장을 예리하게 반박하였다.

또한 버체(Kirk Bertsche)는 1989년에 방사성탄소 연대측정의 새로운 장을 연 가속기질량분석기(Accelerator Mass Spectrometer, AMS)를 발명한 뮬러(Richard A. Muller) 교수의 지도로 캘리포니아 대학교 버클리 분교(University of California at Berkeley) 물리학과에서 박사학위를 받았다. 그의 논문은 방사성탄소를 AMS에 사용하기 위한 작은 사이클로트론(cyclotron)을 디자인하고 실험하는 것이었다. 그는 박사학위를 받은 후 로렌스 리버모어 국립연구소(Lawrence Livermore National Laboratory)의 AMS 실험실에서 박사 후 연수과정을 했는데, 그곳에서 가속기의 디자인과 운행을 맡았으며 또한 방사성탄소 연대측정을 위한 시료준비와 분석을 했다.

또한 흥미롭게도 버체는 2005년에 오레곤주 포틀랜드에 있는 웨스턴 신학교(Western Seminary, Portland, Oregon)에서 성경주해로 문학석사(MA in Exegetical Theology) 학위를 받았다. 그는 지금까지 입자가속기와 전자현미경 디자인 분야에서 25편의 논문과 13개의 특허를 출원했다. 달림플과 버체 외의 다른 사람들도 저자가 확인할 수 있는 한 대부분 연대측정 분야를 전공한 사람들이었다.

이에 비해 RATE 팀원들은 직접적으로 연대측정 분야에서 연구하는 사람들이 아니었다. 예를 들면, RATE 프로젝트의 책임자인 바디만(Larry Vardiman)은 대기물리학을 전공하였고, 오스틴(Steven A. Austin)과 스넬링(Andrew A. Snelling)은 지질학자이지만 연대측정을 전공하지는 않았다. 지질공학을 전공한 모리스(John Morris)는 여러 해 동안 ICR 소장으로서 행정을 하고 있고, 험프리스(D. Russell

Humphreys), 바움가드너(John Baumgardner), 채핀(E.F. Chaffin), 드영(Donald DeYoung)은 물리학자이지만 연대측정 분야에서 연구하고 있지는 않다. 그러면 RATE 팀과 이들을 비판하는 학자들에 대한 이 같은 배경 지식을 가지고 지금부터 RATE 팀의 연구결과를 하나씩 살펴보자.

2005년 11월 5일에 남부 캘리포니아 샌디에고 인근에 있는 섀도우 마운틴 커뮤니티 교회(Shadow Mountain Community Church)에서 열린 RATE 프로젝트 최종 보고회(RATE Premier Conference)에서 ^{14}C 연대측정법을 담당했던 바움가드너는 현재 받아들이고 있는 ^{14}C 연대측정을 근본적으로 부인했다.[4] 우선 석탄에서 검출되는 ^{14}C가 젊은지구론을 지지하는 증거라는 주장부터 살펴보자.

그림 6-3 RATE 팀. 위쪽 좌로부터 바디만, 오스틴, 스넬링, 모리스, 아래쪽 좌로부터 험프리스, 바움가드너, 채핀, 드영(Creation Wiki)

2. 석탄에서 검출되는 ^{14}C

창조과학자들이 ^{14}C 연대측정법을 믿을 수 없다고 주장하는 대표적인 증거의 하나는 석탄 속에서 ^{14}C가 검출된다는 사실이다. 현대 지질학에서는 석탄을 적어도 수백만 내지 수억 년 전에 형성되었다고 본다. 바움가드너는 신생대 제3기 시신세(始新世, Eocene) 시료 3개, 중생대 백악기(白堊期, Cretaceous) 시료 3개, 그리고 고생대 펜실베니아기(Pennsylvanian) 시료 4개 등 총 10개의 석탄 시료의 ^{14}C 함량을 조사한 후 이들 석탄에서 반감기가 1만 년도 안 되는 ^{14}C가 검출된다는 사실과 ^{14}C의 양이 비슷하다는 점을 들어 석탄이 오래 전에 형성되었다는 기존의 주장을 부정하고, 동시에 이 모든 석탄들이 불과 5,000년 전에 노아의 홍수 때 한꺼번에 형성되었다고 주장한다.

사실 탄소 연대측정이 시작된 후 오랫동안 석탄이나 석유 등 오래된 시료들에는 반감기가 짧은 ^{14}C와 같은 방사성원소가 존재하지 않는다는 주장이 지배적이었다. 그러나 근래에 들어 가속기질량분석기(AMS)와 같은 매우 정밀한 측정 기기들이 등장하면서 ^{14}C의 측정한계가 훨씬 더 넓어지게 되었고, 그 덕분에 매우 적은 ^{14}C 함량까지 측정할 수 있게 되었다.

그러면 석탄이나 그 외 오래된 화석들 속에서 ^{14}C가 검출되는 것을 어떻게 해석할 것인가? 정말 캄브리아기(Cambrian)로부터 신생대까지의 모든 화석이 몇 천 년 전에 일어난 단 한 차례의 격변에 의해 형성되었을까? 이 주장은 다음 몇 가지 이유로 받아들이기가 곤란하다.

첫째, 방사성탄소의 양이 너무 적다는 점이다. 노아의 홍수는 불과 몇 천 년 전에 일어난 사건이기 때문에 만일 석탄이 그 때 형성되었다고 한다면 ^{14}C의 함량이 현재 검출되는 것보다 훨씬 더 많이 남아있어야 하는데 그렇지 않다. 이 점을 설명하기 위해 바움가드너는 홍수 전에는 ^{14}C에 비해 ^{12}C의 함량이 훨씬 많았기 때문에 원래 ^{14}C의 함량이 적었다고 주장한다.

> 홍수 전 지구에 훨씬 더 많은 동식물이 존재했다는 것은 홍수 전 세계의 생물권에는 훨씬 더 많은 ^{12}C가 있었음을 의미한다. 이 부가적인 ^{12}C가 (연대측정에 사용되는) ^{14}C를 오늘날에 비해 적어도 100배 정도 희석시켰다. 이것을 감안한다면, 오늘날 우리가 화석에서 검출하는 ^{14}C의 양은 노아의 홍수가 약 5,000년 전에 실제로 일어났음을 의미한다.[5]

바움가드너는 홍수 전에는 지금보다 나무들이 훨씬 더 많았기 때문에 생물권 내에 탄소의 함량이 훨씬 더 많았다고 주장하지만, 이에 대한 믿을만한 근거는 별로 없다. 만일 대기 중에 탄소의 함량(이산화탄소)이 지금보다 훨씬 많았다면, 온실효과로 인해 지구는 사람이 살기에 적절한 환경이 아니었을 것이다. 게다가 나무들이 많았다면 탄소동화작용으로 인해 이들이 이산화탄소를 흡수하여 대기 중에는 도리어 산소가 많고 이산화탄소가 적었을 것이 아닌가?

둘째, 오염 가능성이다. 앞에서 소개한 AMS 전문가 버체(Kirk Bertsche)는 선캄브리아기 비생물학적 시료 34개에서 $^{14}C/C$비율의 평균치가 0.062pMC(percent Modern Carbon)인데 표준편차가 0.034pMC가 되는 것이나, 현생대의 생물학적 시료 40개에서 $^{14}C/C$비율의 평균치가 0.292pMC인데 표준편차가 0.162pMC가 되는 것은[6] 이

미 오염 가능성을 시사하는 것이라고 말한다.[7]

　RATE 시료를 준비하고 측정했던 전문가들은 석탄 시료들이 이미 실험실에 오기 전에 오염된 것으로 의심하고 있다. 시료가 채취되기 전에 있는 장소에서(in situ) 이미 오염되었다고 보는 것이다. 석탄은 채취되기 전의 원래 자리에서나 채취된 후에 매우 쉽게 오염되는 것으로 알려져 있다.[8] 아무리 조심해도 석탄 시료는 미국 에너지성(Department of Energy) 지질학 실험실의 냉장고에 보관되어 있는 동안 오염되기도 한다.[9] 탄소는 극히 쉽게 이동하기 때문에 실험실이 모두 탄소로 오염될 수도 있고, 그 오염이 수십 년 동안 지속될 수도 있다.[10]

　석탄 시료가 오염되었다는 것은 그루테스(P.M. Grootes)의 연구결과를 통해서도 알 수 있다. 그는 오염되지 않도록 극히 조심하면서 동위원소농축법(isotopic enrichment technique)을 사용하여 무연탄의 연대를 측정하였다. 그 결과 이 방법으로 측정할 수 있는 연대측정한계보다 오래되었다는, 즉 75,000년(《0.01pMC)보다 오래되었다는 결과를 얻었다. 이 시료에서는 ^{14}C의 흔적이 전혀 나타나지 않았다.[11]

　이것은 석탄 시료에서 검출되는 ^{14}C는 오염에 의한 것임을 보여준다. 결국 오염되지 않은 시료를 얻는 것이 극히 어려워서 그렇지, 만일 채취 전이나 채취된 후에 시료를 보관, 운반, 취급하는 과정에서 오염되지 않았음을 보증할 수 있다면, 석탄에서 ^{14}C는 검출되지 않는다고 말할 수 있다!

　셋째, 시료의 화학처리 문제이다. 바움가드너는 다른 사람들이 발표한 AMS 측정 결과를 분석하면서 시료의 화학처리 과정을 문제 삼아 탄소연대를 부정하였다. 하지만 이에 대해서도 버체는 바움가드너가 두 가지 점을 고려하지 않았기 때문이라고 말한다. 하나는, 대부분의 지질학적 시료들은 지질학적 흑연이기 때문에 생물학적 시료들에 요구되는 시료의 화학처리(sample chemistry)를 하지 않았다는 점을 간과했다는 것이다. 일반적으로 지질학적 흑연 시료의 경우에는 화학적 처리를 하지 않고 단지 기계적으로 표면을 깨끗이 하기만 한다. 다른 하나는, 다양한 오염원들을 고려하지 않았다는 것이다. 버체는 생물학적 시료의 경우 화학처리를 하는 과정에서 생기는 오염을 고려하지 않게 되면, 부정확한 방사성탄소량이 측정될 수밖에 없다고 했다.[12]

넷째, 젊은지구론자들이 주장하는 것처럼 젊은 연대와 단일 격변을 받아들인다고 해도 문제가 해결되는 것은 아니다. 이들의 주장처럼 노아의 홍수 때 석탄을 포함한 대부분의 화석들이 형성되었다고 한다면, 노아의 홍수로부터 현재까지 경과 시간이(약 4,400년) ^{14}C의 반감기(약 5,700년)도 되지 않기 때문에 훨씬 더 많은 ^{14}C가 검출되어야 한다. 하지만 현재 검출되고 있는 석탄 속의 ^{14}C의 함량은 매우 적지만 그래도 대기 중에서 ^{12}C에 대한 상대적 함량보다는 높다. ^{14}C가 대기 중의 함량과 지각이나 그 외 화석 등에 축적되는 함량이 다른 것은 자연스러운 현상이다.

이것으로 우리가 내릴 수 있는 결론은 무엇인가? 석탄과 같은 화석들 속에 극히 낮은, 그러면서도 비슷한 밀도의 ^{14}C가 검출되는 것은 이 시료가 화석화될 때부터 존재하던 ^{14}C가 붕괴하고 남은 것이라 할 수 없다는 것이다. 따라서 이러한 ^{14}C는 연대측정에 사용할 수 없다. 석탄이나 다른 화석에서 검출되는 ^{14}C는 대기 중의 ^{14}C에 오염된 것이기 때문이다. 원래 석탄이 만들어지기 전에 나무속에 존재하던 ^{14}C는 모두 사라지고 후에 대기 중에서 유입된 ^{14}C만이 존재한다는 것은 석탄이 ^{14}C 연대측정으로 측정할 수 없을 만큼 오래되었음을 의미한다. 결국 바움가드너가 6,000년 지구연대에 맞추기 위해 제시한 석탄 내 ^{14}C의 존재는 도리어 젊은지구론을 부정하는 증거가 되는 것이다!

3. 다이아몬드에서 검출되는 ^{14}C

다음에는 다이아몬드에서 검출되는 ^{14}C를 생각해 보자. RATE 팀은 다이아몬드에서 반감기가 1만 년도 되지 않는 ^{14}C가 검출되는 것으로 미루어 지구는 결코 오래되지 않았다고 주장한다. 이들은 다이아몬드가 지구 역사 초기에 생성되었으며 또한 쉽게 다른 물질들에 의해 오염도 되지 않는 단단한 물질인데도, 검출한도의 100배에 이르는 많은 ^{14}C가 검출되는 것은 지구가 다른 생물들과 마찬가지로 불과 수천 년 정도 밖에 되지 않았음을 증명한다고 주장한다.[13]

하지만 다이아몬드 속에 ^{14}C가 존재하는 것 역시 석탄에서 발견되는 ^{14}C와 동일한 문제에 직면한다. 즉 지구가 6,000년 전에 만들어졌다고 한다면 현재 발견되는 ^{14}C보다 훨씬 더 많은 ^{14}C가 다이아몬드 속에 존재해야 하는데, 그렇지 못하다는 것이다. 그래서 RATE 팀은 다이아몬드 속에 ^{14}C가 존재하는 것은 5,000여 년 전에 전 지구적 홍수가 일어났고, 홍수 기간 동안 ^{14}C의 붕괴가 가속적으로 일어났다고 주장한다. 그리고 RATE 팀의 연구결과들과도 이와 일치한다고 주장한다.

다른 말로 석탄이나 다이아몬드 속에 있는 ^{14}C는 다른 RATE 연구 결과들과 결합하여 지구 역사에 관한 성경의 설명을 지지하고, 지구 그 자체는 수십억 년이 아니라 수천 년임을 의미한다.[14]

우리가 다이아몬드에서 발견한 ^{14}C의 근원은 무엇인가? 하나의 가능성은 ^{14}C가 원래부터 있어서 지구의 첫 창조로부터 남은 것이다. 물론 이것은 물리적인 지구 그 자체는 수십억 년이 아니라 단지 수천 년임을 의미한다. 또 다른 가능성은 대홍수 기간 중에 일어난 빨라진 핵붕괴가 지각에 있는 암석들 속에 중성자의 숫자를 증가시켰고, 이들이 다시 다이아몬드 속에 있는 몇몇 ^{14}N를 ^{14}C로 바꾸었다. 그러나 이것도 역시 지난 수천 년 동안에 일어났을 것이다.[15]

과연 다이아몬드 속에서 발견되는 ^{14}C가 젊은지구론을 증거하는 것일까?

다이아몬드는 지구 초기에만 만들어진 것이 아니다

먼저 젊은지구론자들의 주장은 다이아몬드 생성에 관한 근래의 주장과는 상반된다. 근래 캐나다 앨버타 대학교의 지질학자 태퍼트(Ralf Tappert) 팀은 지하 깊은 곳에서 만들어지는 다이아몬드는 바다 속 깊은 곳의 어류나 그 외 수중 생물들의 잔해로부터도 형성될 수 있음을 발견했다.[16]

일반적으로 대부분의 다이아몬드들은 지하 100~200km 깊이에서 생성되는 것으로 알려져 있다. 이런 깊은 곳에서는 온도가 매우 높아 암석도 용융될 수 있는데, 이 때 적절한 압력이 주어지면 용융된 암석 속의 탄소원자들이 공유결합(covalent bond)을 하여 다이아몬드 결정을 만드는 것이다.

하지만 놀랍게도 태퍼트와 동료들이 남아프리카 야헤르스폰테인 다이아몬드 광산(Jagersfontein Diamond Mine)에서 채굴한 심성 다이아몬드는 연약권(軟弱圈, asthenosphere)과 전이대(transition zone)가 걸쳐 있는 지하 250~500km에서 형성되었는데, 그 속에는 석류석(majoritic garnet)이 포함되어 있었다.[17] 다이아몬드를 포함하고 있는 모암은 지표면 근처에 있는 현무암으로부터 만들어진 것이었다. 또한 네거티브 유로퓸 이상(negative Europium anomaly, 주기율표에서 3족에 속하는 희토류 전이금속 원소인 유로퓸의 함량이 표준보다 적은 것-편집자 주) 현상도 관찰되었는데, 이는 이 다이아몬드의 근원이 지표면으로부터 유래했음을 보여준다. 이것은 지하 깊은 곳에서 만들어졌다는 심성 다이아몬드가 원래부터 그곳에 있던 마그마로부터 만들어진 것이 아니라, 지표면으로부터 섭입(攝入)된 해저 지각(subducting oceanic crust), 즉 해저에 퇴적된 생체물질로부터 직접 유래했음을 보여주는 것이다.[18]

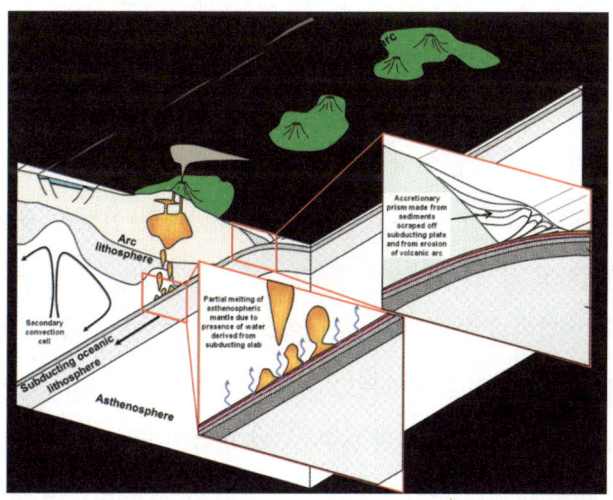

그림 6-4 생물체가 들어가면 다이아몬드가 나온다. 맨틀 아래로 미끄러져 들어가는 해양판은 지구 깊은 곳에 유기 물질을 전달한다.[19]

이들의 연구 결과는 맨틀의 대류 현상에 의해 해양판이 다른 판들 아래로 미끄러져 맨틀로 내려갈 때 해저 생체물질들도 함께 끌고 들어갔으며, 이 생명체들에게 있던 탄소가 공급되어 심성 다이아몬드들이 생성되는 것으로 해석할 수 있다. 그리고 이렇게 만들어진 다이아몬드는 다시 지표면으로 융기되어 채굴될 수 있다. 그러므로 이 결과는 심성 다이아몬드가 생체 물질로부터 만들어졌음을 보여주는 증거이며, 동시에 지표면 물질이 지구 내부로 들어가 재활용되고, 다시 지표로 돌아오는 것을 증명한 것이라고 할 수 있다. 태퍼트 팀의 발견은 다이아몬드가 지구 생성 초기에 생성되었으며, 따라서 다이아몬드 속에서 ^{14}C가 발견되는 것으로 미루어 지구가 매우 젊다는 RATE 팀의 주장을 정면으로 부정한다.[20]

다중격변의 증거일 수 있다

태퍼트 팀의 연구는 지구 역사를 해석하는 데 또 다른 중요한 의미가 있다. 해저에 퇴적된 생물 유해들이 해양판과 더불어 다이아몬드를 형성할 수 있는 250~500km의 지하에까지 내려갔고, 거기서 다이아몬드가 생성된 후 이것들이 다시 (다이아몬드 광산이 있는) 지표면에까지 융기했다면, 그리고 그 기간이 짧았다면 이것은 굉장한 격변의 증거라고 할 수 있다.

^{14}C의 반감기가 불과 5,700여 년임을 감안한다면, 그리고 RATE 팀이 보고한 바와 같이 다이아몬드 내에 ^{14}C 연대측정 장치로 측정할 수 있는 하한보다 100배 이상의 많은 ^{14}C가 함유되어 있었다면, 이는 필시 단기간에 일어난 일임이 분명하다. 즉 바다 생물이 죽어서 해양판과 더불어 지하 수백 km에 있는 맨틀층까지 내려갔다가 다이아몬드

결정화가 일어나고 다시 지표면으로 융기할 때까지 ^{14}C가 모두 붕괴하지 않고 상당량 남아있을 정도의 짧은 시간에 일어났음을 의미한다. 이것은 맨틀의 대류현상을 촉진시키는 엄청난 단기간의 격변들이 아니면 상상할 수 없는 일이다. 아마 이러한 격변은 한 차례로 끝난 것이 아니고, 동시에 혹은 수십 년, 수백 년의 길지 않은 시간적 간격을 두고 여러 차례에 걸쳐 일어났을 가능성이 높다.

다이아몬드에서 발견되는 방사성탄소?

RATE 팀이 측정한 총 12개의 다이아몬드 시료 중 다섯 개는 깊은 광산에서 채굴한 것이며, 일곱 개는 지표면 가까이의 퇴적층에서 채굴한 것이다. 깊은 광산에서 채굴한 다섯 개의 시료에서는 배경 방사능을 삭제하면 0.01~0.07pMC(percent Modern Carbon)의 아주 적은 양의 방사성탄소가 측정되었으며, 퇴적층 시료의 경우에는 배경 방사능을 삭제한 후 0.03~0.31pMC의 방사성탄소가 측정되었다.[21]

그런데 흥미로운 것은 RATE 팀이 다이아몬드 시료를 화학적 처리를 하지 않고 직접 AMS의 이온원(ion source)에 넣어서 측정한 결과 방사성탄소의 함량은 훨씬 더 낮은 0.008~0.022pMC(평균치는 0.014pMC) 수준이었다.[22] 이는 배경 방사능을 삭제하지 않은 값이었다. 화학적 처리를 하지 않은 시료의 경우 방사성탄소 함량이 훨씬 더 낮다는 것은 화학적 처리를 한 시료의 경우 오염되었음을 강력히 시사한다.[23]

실제로 테일러(R.E. Taylor)와 사우돈(J.R. Southon)은 화학적 처리를 하지 않은 다이아몬드 시료를 측정한 결과 이와 흡사한 0.005~0.03pMC의 방사성탄소 함량이 측정되었는데, 이 데이터 역시 배경 방사능을 삭제하지 않은 값이었다.[24] 테일러와 사우돈은 이 결과를 이온원 메모리(ion source memory)에 의한 기기배경(instrumental background) 방사능으로 해석했다.

방사성탄소가 다이아몬드 시료에 원래부터 존재하지 않았다는 또 하나의 중요한 증거는 시료의 방향에 따라 방사성탄소의 비율이 변한다는 사실이다. 테일러와 사우돈의 이온원 전류는 다이아몬드 시료의 방향에 따라 방사성탄소의 양이 두 배 정도 임의로 변했는데, 이는 다이아몬드의 방사성탄소가 오염에 의한 것이지 원래 시료 내에 존재한 것이 아님을 보여준다.

만일 방사성탄소가 이온원 메모리나 가속기 내 다른 곳에서 유래한 것이라면, 이온원 전류와는 무관한 방사성탄소량이 측정되어야 할 것이다. 그러나 이온원 전류에 따라 방사성탄소량을 규격화시켜보면(normalize) 낮은 이온원 전류일수록 더 높은 방사성탄소량이 측정되는데, 이는 테일러와 사우돈이 다이아몬드 시료에서 측정한 방사성탄소는 상당한 부분이 다이아몬드에 원래 존재했던 것이 아니라 외부로부터의 오염에 의한 것임을 보여준다.

화학적 처리를 하지 않은 다이아몬드 시료에서 방사성탄소가 도리어 더 낮게 검출되는 것이나 이온원 전류에 따라 방사성탄소의 함량이 변하는 것은 방사성탄소가 원래부터 다이아몬드 속에 들어있었다는(intrinsic radiocarbon이라는) 바움가드너의 주장과 정면으로 배치된다. 자연에 존재하는, 그래서 측정을 위해 화학적 처리를 하지 않은 다이아몬드에서 검출되는 방사성탄소는 기기의 배경 신호 이상도 이하도 아닌 것으로 보인다.[25]

4. 헬륨 누출 연대

다음에는 헬륨 누출 실험에 관해서 살펴보자. 헬륨 누출 데이터는 RATE 팀이 가장 강력한 젊은 지구의 증거라고 제시하는 것이다. RATE 팀의 물리학자 험프리스(R. Humphreys)는 우라늄이 납으로 알파 붕괴할 때 방출되는 헬륨 누출(leak rate)을 근거로 새로운 연대측정법을 제시했다. 험프리스는 화강암을 이루고 있는 운모에 들어있는 지르콘(zircon, $ZrSiO_4$)이라 불리는 작은 알갱이에 주목하였다. 험프리스가 측정한 지르콘은 길이가 대략 머리카락 굵기의 절반 정도인 50~75μm의 작은 지르콘 입자들이었다. 이 작은 지르콘 입자 속에는 방사성 동위원소 연대를 측정하는 데 사용되는 우라늄-238(^{238}U)이 들어 있다. ^{238}U원자 하나가 납-206(^{206}Pb)으로 붕괴할 때 8회의 알파 붕괴(α-decay)를 하는데, 이 때 총 8개의 헬륨 원자핵이 방출된다.

"묻지마 테스트"

RATE 팀은 방사능 후광을 연구했던 안식교인 젠트리(R.V. Gentry)와 같은 로스 알라모스에 있는 GT-2(Geothermal-2)라는 시추공으로부터 750m와 1,500m 깊이의 시료를 동일하게 채취하였다. 그리고 이 시료를 ICR 지질학실험실에서 잘게 부순 후 체로 치고 거르는 등 여러 방법으로 다양한 광물질들을 분리하였다. 이렇게 준비된 시료는 측정의 객관성을 담보하기 위해 캐나다 온타리오 활성 실험실(Ontario Activation Laboratory)에 보냈다.[26] 이 실험실에서는 ICR에서 보내온 시료들로부터 RATE 팀이 요구한 59~75μm 영역에 있는 지르콘 결정들 1,200개를 골라냈다. 이러한 중간 크기의 지르콘을 선택한 것은 의

도적으로 젠트리가 사용한 지르콘 결정들과 같은 크기를 얻기 위함이었다. 실제로 골란 낸 지르콘은 젠트리가 사용한 것과 같은 크기, 같은 종류였다.

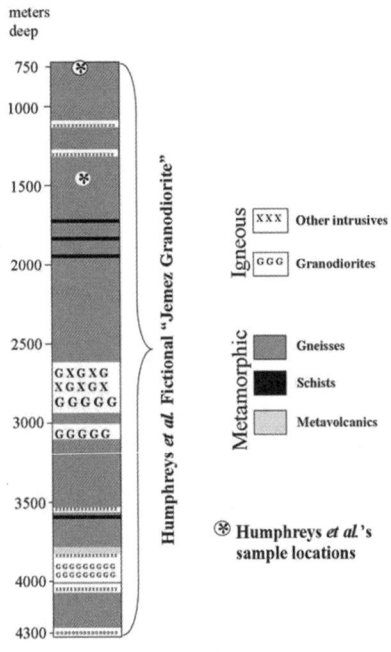

그림 6-5 험프리스가 사용한 시료의 채굴 깊이. 흰 부분은 화성암이고 회색 부분은 변성암[27]

RATE에 의하면 1,200개의 지르콘 결정으로부터 헬륨 누출율을 처음 측정한 사람은 팔리(Kenneth A. Farley) 박사였다. 그는 동일과정설을 지지하는 사람으로서 시료가 어디에서 채취되었는지도 알지 못했다. 그는 이 실험을 의뢰한 사람들이 누구이며, 왜 이 실험을 의뢰했는지, 어떤 결과를 기대하고 있는지도 비밀에 붙였다. 험프리스는 이 실험이, 의뢰한 사람이 누구이며 무엇을 증명하기 위한 실험인지를 전혀 알지 못한, 일종의 '묻지마 실험'(blind test)이었다고 강조한다. 또한 그는 팔리가 의뢰 받은 시료에 다만 질량분석기(mass spectrometer)를 사용해 헬륨 누출을 측정하였을 뿐인데 놀랍게도 그 결과가 원래 알려진 15억 년보다 6,000년 모델에 더 잘 부합한다고 주장하였다!

험프리스에 의하면, 헬륨 누출 실험 결과의 핵심은 ^{238}U이 붕괴하여 생긴 ^{206}Pb의 양으로 봐서는 지르콘이 15억 년 된 것으로 생각되지만, 지르콘 내에 남아 있는 많은 양의 헬륨을 보면 지르콘은 매우 젊은 것으로 생각된다고 했다. 이 딜레마를 해결하기 위해 안식교인인 젠트리나 ICR의 험프리스는 지구 역사의 어떤 기간에 ^{238}U의 붕괴가 급격히 일어났을 것이라고 설명한다. 즉 헬륨이 누출된 양으로 봐서는 오랜 연대가 경과하지 않았지만 납의 양으로 봐서는 많은 시간이 지난 것으로 보이기 때문에, 이를 설명하기 위해 RATE 팀에서는 지구 역사의 어떤 시기(창조주간이나 노아의 홍수 기간)에 ^{238}U의 붕괴속도가 특별히 빨랐다고(가속되었다고) 설명한다.

이 실험결과는 창조과학자들의 독창적인 '업적'이라 할 만하지만, 이 실험결과에 대한 해석은 몇몇 학자들에 의해 심각한 문제가 있다고 비판을 받는다. 예를 들면, 미국과학협회(American Scientific Affiliation)의 실행위원장(Executive director)을 맡고 있는 랜디 아이작(Randall D. Isaac)[28]과 레켈트(Gary H. Loechelt)[29] 등이다. 특히 레켈트는 험프리스와 젠트리가 펜톤힐(Fenton Hill) 지르콘 시료에 사용한 단일영역확산모델(single-domain diffusion model)이 지나치게 단순하고, 일관성이 없으며, 틀렸다고 주장하였다. 그러면서 그는 자신이 제안한 다중영역확산모델(multi-domain diffusion model)을 사용하면, 우라늄이 납으로 붕괴한 것을 기초로 계산한 것과 동일하게 15

억 년의 연대가 산출됨을 보여주었다.[30] 이 두 가지 모델에 관해서는 잠시 후에 다루기로 하겠다. 그보다 먼저 레켈트는 험프리스의 계산과 해석이 크게 두 가지 점에서 심각한 문제가 있다고 지적하였다.

잔류헬륨측정의 문제

첫째, 잔류헬륨비율(helium retention ratio, Q/Q_o)에 문제가 있었다. 잔류헬륨비율이란 방사성원자핵의 알파 붕괴로 방출된 헬륨의 총량(Q_o)과 비교해 가열했을 때 시료로부터 방출된 헬륨의 양(Q)의 비율을 말한다. 아래의 표 6-1은 RATE 팀이 제시한 잔류헬륨비율과 레켈트가 다중영역확산모델에 근거하여 다시 계산한 결과를 보여준다.

시료번호	깊이(m)	온도(℃)	Q(nce/μg)	Q/Qo(레켈트의 수정)	Q/Qo(RATE)
2002	750	96	~12.1	~16%	80%
1	960	105	8.6	12%	58%
2003	1490	124	6.3	8.6%	42%
2	2170	151	3.6	4.9%	27%
3	2900	197	2.8	3.8%	17%
4	3502	239	0.16	0.2%	1.2%
5	3930	277	~0.02	~0.03%	~0.1%
6	4310	313	~0.02	~0.03%	~0.1%

표 6-1 지각으로부터 깊이에 따른 온도의 변화와 지르콘 내의 잔류 헬륨의 양. 시료 1~6은 젠트리 등이 사용한 것이고,[31] 시료 2002와 2003은 험프리스 등이 사용한 것이다.[32] ^{238}U이 붕괴하여 생긴 ^{206}Pb의 양으로 봐서는 지르콘이 15억 년 된 것으로 생각되지만, 지르콘 내에 남아 있는 많은 양의 헬륨을 보면 지르콘은 매우 젊은 것으로 생각된다. 이 딜레마를 해결하기 위해 젠트리나 험프리스는 지구 역사의 어떤 기간(창조주간이나 노아의 홍수 기간)에 ^{238}U의 붕괴가 급격히 일어났을 것이라고 설명한다.[33]

위의 표에 관해 레켈트가 제시한 해석을 소개하면 다음과 같다. 우선 위의 표에서 깊은 곳에서 채취한 시료일수록 헬륨의 양이 줄어드는 것을 볼 수 있는데, 이는 레켈트나 RATE 팀이나 동일하다. 그런데 흥미로운 것은 가장 깊은 곳에서 채취한 시료 5, 6번의 경우에는 온도가 다름에도 불구하고 헬륨의 양이 같다는 사실이다. 이 사실은 마지막 5, 6번 시료의 경우에는 시료 결정 내부의 알파 붕괴로 생성된 헬륨이 아니라 측정 시료를 포함하고 있었던 주변 모암에 들어있었던 배경 헬륨이었음을 의미한다.

레켈트에 의하면, 다른 시료들은 기체방출실험을 할 때 20초 이상에 걸쳐 헬륨이 천천히 빠져나온 반면, 5, 6번 시료의 경우에는 헬륨이 불과 1~2초 만에 갑작스럽게 방출되었다. 이는 5, 6번 시료의 경우 헬륨은 시료 결정 내부로부터(알파 붕괴를 통해) 방출된 것이 아니라 시료 결정을 둘러싸고 있는 모암으로부터 방출되었음을 의미한다. 이러한 사실을 감안한다면, 보수적으로 생각해도 지하 2,900m보다 더 깊은 시료에 포함되어 있는 헬륨은 알파 붕괴에 의해 생성된 것이 아니라 배경 암석에 포함되어 있었던 헬륨이었다고 할 수 있다.

이 외에도 레켈트는 험프리스와 젠트리 등이 펜톤힐 선캄브리아기 모암의 깊이에 따른 변화, 방사성 동위원소의 함량 변화, 알파 붕괴로 방출된 헬륨의 총량(Q_0) 결정 문제 등을 고려하지 않았거나 부정확하게 고려했다고 주장하였다.

5. 헬륨확산모델의 문제

두 번째 RATE 팀의 문제는 이들이 사용한 헬륨누출을 계산하기 위해 사용한 모델에 있다. 레켈트는 RATE 팀이 시료의 모양(physical geometry), 표면경계조건(surface boundary conditions), 시료가 지나온 열적 역사(thermal history), 시료의 물성(material properties) 등을 고려하는 데서 잘못했다고 지적하였다. 이것들을 하나씩 생각해 보자.

시료의 모양

펜톤힐 시료의 모양의 경우, 아래 그림과 같이 RATE 팀이 사용한 지르콘 시료들의 세로 길이는 50~75μm 영역에 있으며, 이의 중간값은 67μm이다.

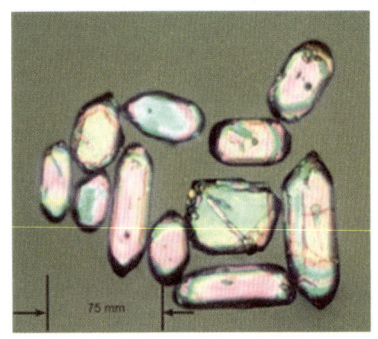 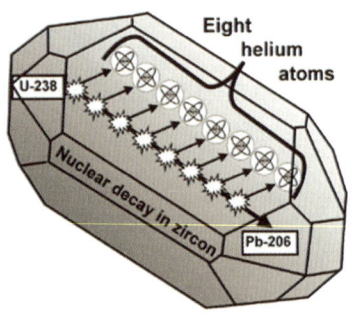

그림 6-6 젠트리 등이 GT-2 core samples에서 추출한 50~75μm 길이의 지르콘 결정들과 우라늄-238이 납-206으로 붕괴하는 것을 표시하는 그림[34]

위 시료들의 길이와 너비의 비율(aspect ratio, length-to-width ratio)이 2:1 혹은 그보다 좀 더 큰 정도임을 고려한다면, 시료의 너비는 34μm로 생각할 수 있다. 계산의 편의를 위해 이를 동일한 표면적 대비 부피(surface-to-volume ratio)를 갖는 구로 환산한다면, 반경 20μm의 구를 상정할 수 있다.[35] RATE 팀도 암석 속의 지르콘 결정의 모양을 그대로 두고는 헬륨의 누출을 계산하기가 어렵기 때문에 동일하게 구를 가정했는데, 이들은 반경 30μm의 구라고 가정하고 계산했다. 험프리스도 처음에는 반경 22μm인 구로 가정하고 계산했지만,[36]

웬 영문인지 후에 구의 크기를 훨씬 더 크게 잡았다. 구의 크기를 크게 잡으면 그만큼 헬륨이 빠져나가기가 어렵기 때문에 잔류헬륨비율(Q/Qo)이 커지며, 이는 결국 젊은 연대로 귀착하게 된다.

표면경계조건

헬륨 원자가 지르콘 결정을 빠져나가는 비율은 지르콘 결정이 포함되어 있는 환경에 의존한다. 그런데 많은 경우 지르콘 결정은 화강암의 흑운모 결정 속에 박힌 채 발견된다. RATE 팀도 자신들의 펜톤힐 시료가 흑운모 결정 속에 포함되어 있었다고 가정했다. 그러므로 지르콘 결정 속에 있던 헬륨이 바깥으로 빠져나오기 위해서는 먼저 지르콘 결정을 빠져나온 후 지르콘/흑운모 계면을 통과하고 이어 흑운모를 통과해야 한다.

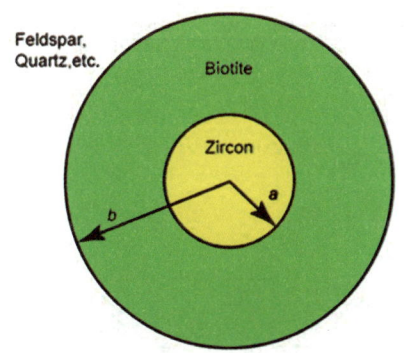

그림 6-7 흑운모 속에 지르콘이 박혀있는 경우를 두 개의 동심구로 근사한 그림[37]

이를 설명하기 위해 RATE 팀은 오래 전 영국의 화학자 벨(Ronald Percy Bell, 1907~1996)이 제안한 확산모델을 사용하였다.[38] 벨의 모델은 그림 6-7과 같이 서로 다른 확산계수(diffusion coefficient)를 갖는 두 겹의 동심구로 되어 있는 시스템에 적용한 것이었다. 펜톤힐의 시료와 같이 흑운모 결정 속에 박혀있는 지르콘 결정 속의 헬륨 확산속도를 설명하는 데 적절한 모델이라고 할 수 있다.

하지만 RATE 팀은 이 모델을 사용하면서 잘못된 가정을 하였다. 그것은 지르콘과 흑운모의 헬륨 확산계수가 동일하다고 가정한 것이었다. 펜톤힐 시료의 지르콘(안쪽 구)에 비해 지르콘이 들어있는 흑운모(바깥쪽 구)는 헬륨 확산계수가 훨씬 더 크다. 아래 그래프에서 볼 수 있는 바와 같이, 흑운모는 지르콘에 비해 140℃에서 200배, 300℃에서 100배 정도 확산계수가 크다.[39]

흑운모의 확산계수가 지르콘의 확산계수보다 100배 이상 크다는 것은 헬륨이 지르콘을 통과하기만 하면 별 어려움 없이 흑운모를 통과해서 바깥으로 유출될 수 있다는 의미이다. 다시 말해 지르콘 표면

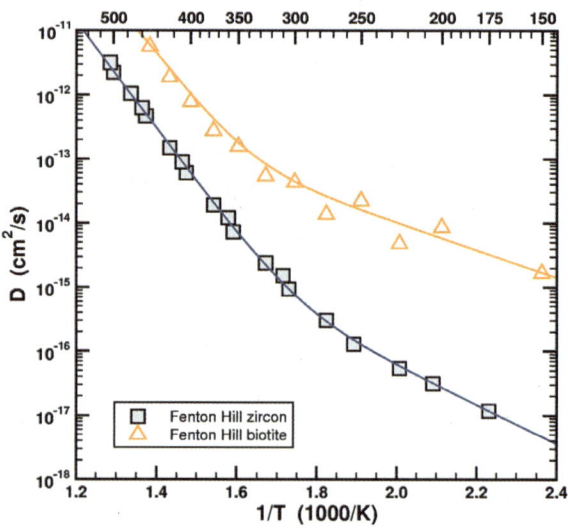

그림 6-8 흑운모와 지르콘 결정 내에서 헬륨 확산도의 온도 의존성. 흑운모의 유효반경은 44 μm, 지르콘 결정의 유효반경은 20μm이다. 흑운모와 지르콘은 모두 펜톤힐에서 채취하였다.

에서 이미 헬륨의 밀도는 영으로 잡을 수 있다는 말이다. 그러므로 흑운모의 헬륨 확산계수를 지르콘과 동일하게 잡는다면, 그만큼 지르콘 속에 있던 헬륨이 바깥으로 빠져나오는 것은 어렵게 되고, 따라서 잔류헬륨비율(Q/Qo)은 커지고, 결국 젊은 연대가 산출된다.

열적 역사

헬륨 원자의 확산 속도는 온도에 예민하게 의존하는 데도 RATE 팀은 펜톤힐 지역의 온도 변화를 고려하지 않았다. 그림 6-9는 RATE 팀의 펜톤힐 시추공의 시대에 따른 온도변화를 보여준다. 레켈트는 펜톤힐 지역에서 일어났던 선캄브리아기의 변성기저암 융기, 고생대에 일어난 초기 록키산맥 형성, 중생대에 일어난 점진적 매몰, 중생대 후기 백악기로부터 신생태 초기에 일어난 라라미드 조산운동(Laramide Orogeny), 신생대 제4기의 화산활동 등의 지질역사를 자세히 연구해서 이러한 그림을 그렸다.

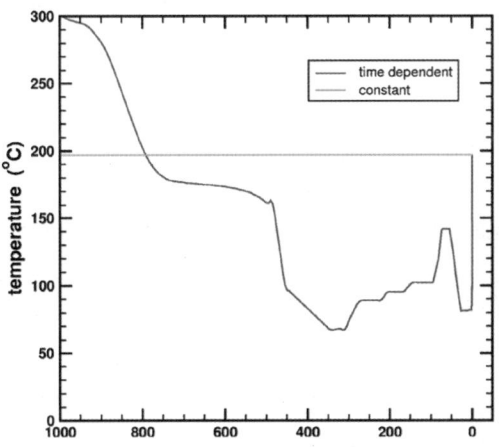

그림 6-9 RATE 팀은 펜톤힐 시추공 2,900m 지하의 온도가 시대에 따라 변치 않고 200℃ 정도를 유지했다고 가정했으나, 실제로 지난 8억 년 이후는 이보다 훨씬 온도가 낮았다.

그림 6-9에서 볼 수 있는 것처럼, 지난 8억 년 동안, 특히 지난 5억 년 동안 펜톤힐 시추공의 2,900m 지하의 온도는 RATE 팀이 가정한 것보다 훨씬 낮았다. 특히 신생대 제4기의 화산활동으로 지온이 급격히 높아지기 전까지 수억 년 동안 지온은 100℃ 내외를 유지하였다. 이것이 의미하는 바는 헬륨의 확산속도가 온도에 매우 예민하게 의존한다는 점[확산계수 $D \propto \exp(-1/T)$와 같이 온도의존성을 가짐]을 고려했을 때, RATE 팀이 주장하는 것보다 펜톤힐 시료에서 헬륨 확산 속도가 훨씬 느려질 수 있다는 것이다. 그리고 이는 잔류헬륨비율이 높은 것을 젊은 지구의 증거로 주장하는 RATE 팀의 주장이 틀렸음을 의미한다.

물성

마지막으로 레켈트가 지적하는 RATE 팀의 오류는 지르콘이라는 물질의 헬륨확산 특성이다. RATE 팀은 우라늄이 붕괴해서 생성된 헬륨 원자들이 동일한 지르콘 결정의 격자 속에 박혀있는, 소위 단일영역확산모델(single-domain diffusion model)을 사용했다. 단일영역확산모델에서는 헬륨 원자핵이 지르콘 결정의 어떤 위치에 있든지 동일한 확산 특성을 갖는다고 가정하는 단순한 모델이다. 하지만 일반적으로 열연대측정 분야에서는 헬륨이 지르콘 결정 내에 위치한 영역에 따라 전혀 다른 확산도(diffusivity)를 갖는다는 다중영역확산모델(multi-domain diffusion model)을 사용한다.[40]

헬륨이나 수소와 같은 가벼운 원소가 결정 내에서 확산될 때 그 원소가 존재하는 환경에 따라 확산도가 전혀 달라진다는 것은 많은 사람들에 의해 보고되어 왔다. 필자 역시 오래 전에 수소를 집어넣은 비정질 규소 박막에서도 구모양의 미세구조 속에 결합된 수소와 미세구조들 사이의 계면에 결합된 수소는 전혀 다른 결합에너지를 갖는다는 것을 확인하였다.[41] 다시 말해 결정의 격자 속에 들어있는 헬륨은 쉽게 확산되지 않지만, 결정의 표면이나 미세균열, 결함과 같은 곳에 있는 헬륨은 전자에 비해 양은 적지만 확산도가 수천, 수만 배에 이르기도 한다는 것이다. 따라서 격자 속에 들어있는 헬륨에 비해 결함에 있는 헬륨은 훨씬 더 낮은 온도에서, 훨씬 더 큰 확산도를 갖는다.[42]

이것이 갖는 함의는 무엇일까? 헬륨의 확산과 관련하여 다중영역확산모델은 아니라도 적어도 격자와 결함이라는 두 영역 정도로 나누어 설명하는 이중영역확산모델 정도는 되어야 지르콘 결정 내에서 헬륨의 확산을 제대로 설명할 수 있다는 것이다. 흥미로운 것은 험프리스를 비롯하여 RATE 팀을 위해 헬륨의 확산 실험 프로젝트를 수행한 라이너스(P.W. Reiners), 슈스터(D.L. Shuster), 팔리(K.A. Farley) 등은 한 연구팀의 멤버들로서 RATE 팀과는 전혀 다르게 해석한다는 사실이다. RATE 팀이 전문가들의 해석을 읽지 않았든지 무시했다고 볼 수 있다.[43]

교정된 결론

위에서 지적한 네 가지 요소를 고려해서 펜톤힐 지르콘 결정 내의 헬륨 잔류량을 연구한 레켈트는 RATE 팀의 결과와 전혀 다른 결과를 제시했다. 즉 RATE 팀에서 무시한 위 네 가지 요소들을 고려한다면, 펜톤힐 시료 내에 남아있는 헬륨의 양은 기존의 우라늄/납 연대측정법을 통해 계산한 결과(15억 년)와 다르지 않다는 것이다.

펜톤힐 시료에 대한 바른 연구가 이루어진다면, (RATE 팀이 제시하는) 방사능 붕괴가 가속적으로 일어났다는 희한한 가설을 세울 필요도 없다. 타당성은 차치하고라도 가속 붕괴 가설대로 현재 45억 년 정도에 걸쳐 일어났다는 ^{238}U의 붕괴가 1년 미만의 노아의 홍수 기간이나 창조 1주간(144시간) 동안 일어났다면, 방사능 붕괴 속도가 45억 배 이상 빠른 속도로 일어났다는 의미가 되는데, 그럴 경우 인간을 포함한 지구상에 있는 생명체들이 이 때 방출되는 방사능과 열을 어떻게 견딜 수 있었을까? 방사성원소들이 그렇게 빨리, 가속적으로 붕괴했다는 것은 지구 전체가 거대한 하나의 원자폭탄이었음을 의미한다!

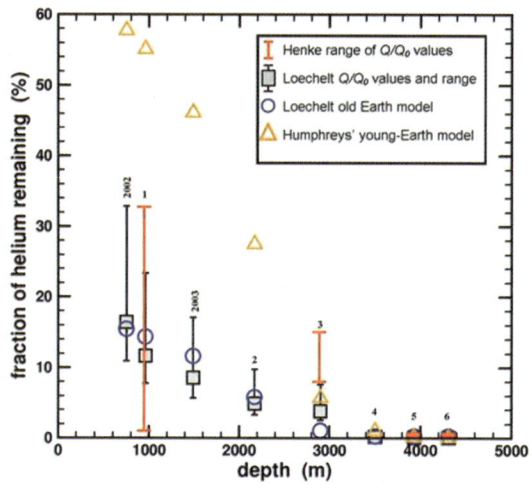

그림 6-10 레켈트가 제시하는 지열시추공 깊이에 따른 헬륨잔류비율

위의 그림 6-10은 RATE 팀이 펜톤힐 시료의 데이터를 잘못 해석한 것을 다른 결과들과 비교한 것이다. RATE 팀의 오류를 감안하여 개정된 결과는 측정 결과와 오랜 지구 모델이 잘 일치함을 보여준다.

지금까지 RATE 팀의 헬륨 누출 결과에 대한 비판은 레켈트(Gary H. Loechelt)가 〈Reasons to Believe〉(www.reasons.org) 홈페이지에

"지르콘 내에서 헬륨의 잔류와 가속된 핵붕괴의 문제"(The Retention of Helium in Zircons and the Case for Accelerated Nuclear Decay)라는 제목으로 게재한 논문에 기초하고 있다. 레켈트의 논문은 필자가 소개한 것보다 훨씬 자세히, 그리고 구체적으로 RATE 팀의 결과를 비판하고 있으므로 좀 더 전문적인 연구를 원하는 독자들은 원문을 참고하기 바란다.[44]

6. 급속한 방사능 붕괴의 문제

지금까지 우리는 RATE 팀이 어떻게 헬륨 누출 데이터를 잘못된 헬륨 확산모델(단일영역확산모델)로 해석해서 젊은지구론을 지지하는 틀린 결론에 이르게 되었는 지를 살펴보았다. 아울러 바른 모델(다중영역확산모델)을 사용하면, 종래의 오랜지구론에서 주장하는 연대와 동일한 결과가 도출되는 것도 살펴보았다.

하지만 헬륨 누출 연대로 젊은지구론을 주장하는 사람들의 문제는 여기서 끝나지 않는다. 젊은지구론을 주장하는 RATE 팀과 안식교인 창조과학자 젠트리는 암석에 포함된 지르콘 결정에서 우라늄이 붕괴하여 생성된 납은 (15억 년에 해당할 정도로) 많은데, 누출된 헬륨의 양은 (6,000년을 지지하는 정도로) 적은 것을 설명하기 위해 지구 역사에서 어떤 시기(예를 들면, 창조주간이나 노아의 홍수 기간)에 우라늄의 붕괴속도가 특별히 빨랐다고(가속되었다고) 설명한다. 하지만 이 문제는 헬륨 누출 데이터를 잘못 해석한 것 이상으로 심각한 문제를 제기한다.

만일 창조과학자들이 주장하는 대로 태양일 일주일의 창조주간

내에, 혹은 1년 미만의 노아의 홍수 기간 중에 15억 년 혹은 지구역사 전체에 해당하는 45억 년 동안 일어나는 방사능 붕괴가 모두 일어났다면 어떤 결과가 일어날 것인가? 다시 말해 45억 년 동안 일어나는 방사능 붕괴가 1주일 혹은 1년 동안 일어난다면 어떤 일이 일어날 것이며, 이런 주장의 문제는 무엇일까?

첫째, RATE 보고서는 창조주간이나 노아의 홍수 기간 중에 방사성원소의 가속적 붕괴가 일어났다고 하지만, 지금까지 자연에 있는 방사성원소에서 방사능 붕괴가 급속히 일어났다는 어떤 증거도 찾을 수 없다. 방사성연대를 다룬 강의에서 이미 자세히 다룬 것처럼, 원자핵을 구성하고 있는 원자핵자들은 결합에너지가 매우 크기 때문에(백만 eV 단위) 바깥에서 어떤 자극이나 에너지를 가한다고 해서 핵붕괴의 속도가 크게 달라지는 일은 없다. 자연적으로 방사성원소들의 붕괴율이 조금씩 요동하는 경우는 있지만, 이때도 최대 5% 범위를 넘지 않는다. 그러므로 방사성원소들의 붕괴가 지구 역사의 특정 시간 동안 급속도로 일어났다는 주장은 하나님이 그렇게 하셨다는 초자연적인 해석만이 가능할 뿐이다!

지금까지 외부의 자극에 의해 약간 영향을 받는 것으로 알려진 방사능 붕괴 방식은 가벼운 소수의 원자핵 중에는 궤도를 도는 전자를 포획하고 중성미자를 방출하는 전자포획(電子捕獲, electron capture)과[45] 에너지적으로 들뜬 핵이 그 들뜬 에너지를 궤도를 도는 전자에게 전환하여 원자로부터 전자를 방출하는 내부전환(內部轉換, internal conversion)이다.[46] 예를 들면, 베릴륨(Be)의 경우 화학적 결합이 전자포획에 1% 미만으로 영향을 주는 것으로 알려져 있다.[47] 하지만 수많은 연구결과는 자연에 있는 방사성 동위원소의 붕괴 속도는 정밀한 관측아래에서도 온도, 압력, 화학적 환경, 전자기장 또는 중력장과 같은 외부 환경에 영향을 받지 않는다는 것을 보여준다.

둘째, RATE 팀은 인간의 타락 이전에 급속한 방사성원소의 붕괴가 일어난 것은 신학적인 문제가 될 수 있다고 했지만, 이는 과학적 현상을 전혀 문맥에 맞지 않게 해석한 것이라고 할 수 있다. RATE 팀은 방사성원소의 붕괴는 노아의 홍수 때뿐 아니라 창조주간에도 일어났다고 본다. 그런데 하나님께서 창조하신 후 '보시기에 심히 좋았더라'고 말씀하신 피조세계에 어떤 것의 '붕괴'(decay)가 일어났다고 말하는 것은 바르지 않다는 것이다. 그래서 RATE 보고서에서는 방사능 붕괴의 경우에는 어떤 것의 퇴락이나 혼돈의 증가(엔트로피의 증가)로 보기보다는 다른 원소로 바뀌는 '핵변환'(nuclear transformation)이라고 말하는 것이 바르다고 말한다.

여하튼 RATE 팀 스스로 자신들의 주장에 신학적인 문제가 있을 수 있다고 말하는 것은 칭찬할만한 겸손이지만, 필자가 보기에 그들은 문제도 아닌 것들을 엉뚱하게 문제 삼고 있다고 생각된다. 성경은 어디에서도 타락 전에 방사능 붕괴가 일어났는 지의 여부를 언급하지 않는다. 방사능 붕괴가 인간의 타락과 어떤 관계가 있는 지에 관해서는 더더욱 아무런 언급도 하지 않는다. 따라서 방사능 붕괴를 인간의 타락과 어떤 형태로라도 연결시키려고 하는 시도 자체가 무리라고 할 수 있다.

셋째, RATE 팀은 급속한 방사성원소의 붕괴에 따른 과도한 열의 발생을 설명하지 못한다. RATE 보고서는 지구를 구성하고 있는 방사성원소들의 붕괴로 미루어 볼 때, 지금은 지구가 45억 년이나 된 것처럼 보이지만 실제로는 1년 미만의 노아의 홍수나 144시간의 창조주간에 급속도로 붕괴했다고 주장한다. 하지만 방사성원소가 이렇게 급속하게 붕괴하게 되면 현재 방사능 붕괴로 발생하는 열보다 45억 배 이상의 열이 발생하게 된다. 그렇다면 그 열로 인해 인간의 타락 직후, 혹은 노아의 홍수를 전후해서 인간은 물론 모든 생물들이 살아남을 수 없게 된다. 다시 말해 노아의 가족들은 물 심판은 피했을지 몰라도, 방사능 붕괴에서 발생하는 열 때문에 모두 타죽었을 것이다!

이점에 대해 RATE 보고서에서는 고육지책(苦肉之策)으로 당시 전 지구를 덮고 있었던 홍수 물이 지금보다 몇 백만 배 더 빠른 속도로 방사성원소들이 붕괴할 때 발생하는 열을 냉각시켰을 것이라고 주장한다. 하지만 이것은 젊은지구론자들이 말하는 6,000년 지구 역사 전체에 걸쳐 고른 속도로 방사성원소의 붕괴가 일어났다고 가정할 때의 얘기이다. 과연 지구에 있었던 모든 방사성원소들이 1년 내외의 홍수 기간 중에 붕괴했다고 할 때 지금보다 몇 백만 배의 열만 발생했을까?

현재 지질학자들이 방사성원소들의 붕괴에 기초하여 지구의 나이를 45억 년이라고 제시하고 있다. 이것을 고려한다면 현재 지구상에 있는 방사성원소들의 붕괴가 창조주간 엿새(144시간) 동안과 1년 내외의 노아의 홍수 기간 동안에 일어났다면, 이 때 발생하는 열은 지금의 몇 백만 배가 아니라 45억 배에 달하는 열을 방출했다고 봐야 한다. 만일 방사성원소들의 붕괴로 인해 발생하는 열량이 현재보다 45억 배나 많았다면, 물속에 살았던 어류들을 비롯해 모든 수중생물들과 방주에 탔던 노아나 다른 많은 식물들도 살아남을 수 없었을 것이다. 아마 온 지구는 펄펄 끓는 가마솥 내지 원시 지구 상태와 같은 마그마 바다가 되었을 것이다. 앞에서 언급한 것처럼, 아마 지구 그 자체가 거대한 원자폭탄이 되었을 것이다.

원시 지구는 바깥 부분이 거의 완전히 녹은 상태였는데, 이 때 지구의 열원은 크게 세 가지로 설명된다. 첫째는 소행성의 충돌이다. 매우 빠른 속도로 지구에 부딪치는 소행성의 충돌은 소행성의 운동에너지를 열에너지로 바꾸어 원시 지구를 뜨겁게 가열했을 것이다. 둘째는 중력에너지이다. 원시 지구가 소행성 충돌로 인한 열 때문에 녹기 시작하자 그 때까지 뒤섞여 있던 철과 규소가 중력에 의해서 서로 분리되기 시작한 것이다. 무거운 철이 중력에너지가 낮은 지구 중심으로 쏠려 내려가면서 굉장한 중력에너지를 열에너지의 형태로 방출했을 것이다. 셋째는 방사성 동위원소의 붕괴열이다. 이러한 열원으로 인해 원시 지구의 바깥부분은 깊이가 수백 km에 달하는 마그마 바다였을 것이다.

만일 방사성 동위원소의 붕괴열이 지금보다 45억 배 정도 발생한다면 소행성의 충돌 없이도, 철과 규소의 중력 분리가 일어나지 않더라도 지구는 융융되어 마그마 바다를 유지할 정도로 뜨거웠을 것이다. 말할 필요도 없이 그런 지구에서는 노아의 가족들은 물론이고 미생물들조차 살 수 없다. 그리고 그런 지구가 생명체들이 서식할 수 있는 정도로 냉각되기 위해서는 적어도 수억 년의 세월이 흘러야 한다. 이 딜레마의 심각성에 관해서는 누구보다도 물리학자인 RATE 팀의 험프리스가 잘 알고 있었다.

그래서 험프리스는 물리학자답게 우주론적인 해결책을 제시한다. 그는 우주가 팽창할 때 단열팽창(adiabatic expansion)을 했으며, 이 때 일어난 전 우주적인 단열냉각(adiabatic cooling)으로 인해 방사성원소들의 붕괴에서 발생한 열이 흡수되었다는 희한한 주장을 한다.[48] 일반인들에게는 단열팽창, 단열압축 등 열역학적 용어가 다소 생소하겠지만, 이는 어떤 제한된 시스템이 열의 출입 없이 팽창하거나 압축할 때 나타나는 현상을 말한다. 이런 현상을 전 우주적으로 확대해서 적용할 수 있는 지는 아무도 장담할 수 없다. 험프리스는 급속한 방사능 붕괴로 인한 엄청난 열과 방사능 발생 문제를 해결하려고 우주론적인 대안을 제시했다는 것 자체를 제외한다면, 아무런 실험적 증거도, 물리학적인 논리도 없는 주장을 하는 것이라고 할 수 있다.

넷째, RATE 팀은 급속한 방사성원소의 붕괴는 과도한 방사능이 발생하는 문제에 적절한 해석을 제시하지 못하고 있다. RATE 보고서에서는 노아의 홍수 당시에 전 지구를 덮었던 홍수 물이 방사능을 차단했을 것이라고 주장한다. 이것은 오늘날 원자로 등에서 방사능을 차단하기 위해 물을 사용한다는 점을 염두에 둔 말인데, 과연 노아의 홍수 때에도 그런 '수영장 효과'(swimming pool effect)가 나타났을까? 지구에 사는 모든 생명체들이 방사성원소의 급속한 붕괴로 인해 발생한 열을 피하기도 어렵지만, 그 열을 피했다고 해도 방사능을 피할 수는 없었을 것이다.

위에서 말한 것과 같이, 노아의 홍수나 창조주간(144시간) 중에 방사능 붕괴가 급속도로 일어났다면 45억 배의 열과 더불어 자연 방사능의 세기도 45억 배가 되었을 것이다. 이 정도의 세기라면 사람은 물론 다른 어떤 생물들도 살 수 없다. 비록 상당 부분 홍수 물에 의한 차폐가 일어났다고 해도 완전한 차폐는 불가능하다. 특히 물에 의한 차폐가 효과적으로 일어나려면 중수소(^{2}H)나 삼중수소(^{3}H)가 많이 포함된 중수(重水)라야 하는데, 전 지구가 그 희귀한 중수로 가득 채워진 적이 있었다는 증거는 어디에서도 찾아볼 수 없다.

7. 방사능 후광의 증거

지구 역사의 어느 시점에서 방사능 붕괴가 빠른 속도로 일어났다는 주장에 이렇게 심각한 문제가 있음에도 불구하고, RATE 팀이 가속적 방사능 붕괴의 증거로 내세우고 있는 또 한 가지는 방사능 후광(radiohalo 혹은 pleochroic halo)이다. 방사능 후광을 젊은 지구의 증거로 처음 제시한 사람은 물리학자이자 안식교 신자인 젠트리(Robert Gentry, 1933~)였다. 그는 물리학으로 석사학위를 받았고, 안식교 대학이자 워싱턴주 타코마에 소재한 콜롬비아 유니온 대학(Columbia Union College)에서 명예박사학위를 받았다. 그는 13년간 오크리지 국립연구소(Oak Ridge National Laboratory)에서 연구원(research associate)으로 일했으며, 주로 핵폐기물 고정법을 연구하는 팀에서 일을 했다.[49]

젠트리와 방사능 후광

하지만 젠트리의 열정은 한평생 자신이 속한 안식교의 신학과 관련된 분야에 머물렀는데, 그것은 바로 젊은지구론을 증명하는 일이었다. 이를 위한 그의 대표적인 '업적'은 방사능 후광을 발견한 것이었다. 젠트리는 요세미티에 있는 화강암의 운모(雲母, mica)를 현미경으로 관찰하면서 방사성원소인 폴로늄-218(^{218}Po)이 세 차례의 알파 붕괴(α-decay)를 하면서 만들어낸 것으로 보이는 동심원 방사능 후광을 발견하였다. 그리고 그는 반감기가 3분에 불과한 ^{218}Po이 붕괴하면서 화강암에 후광 흔적을 남긴 것은 지구가 결코 오래되지 않았다는 부정할 수 없는 증거라고 주장했다. ^{218}Po 방사능 후광 흔적은 결코 액

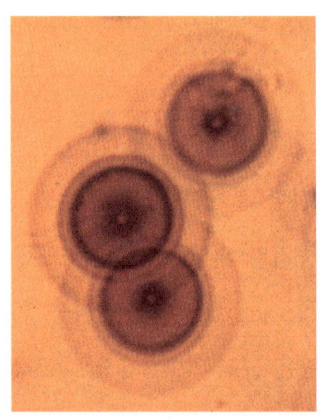

그림 6-11 젠트리가 순간적인 화강암 형성의 증거로 제시하고 있는 ^{218}Po 방사능 후광 흔적. 그러나 동일과정설 지지자들은 물론 일부 창조과학자들도 이 견해에 반대한다.[51]

체 상태의 마그마에는 남겨질 수가 없으므로(물 위에 잉크로 글씨를 쓸 수 없는 것처럼) 젠트리는 화강암은 융융 상태의 마그마가 식어서 만들어진 것이 아니라 순간적으로 현재와 같은 고체 상태로 하나님이 창조했다고 주장했다.[50]

그는 1960년대 말과 1970년대 초에 젊은지구론과 관련하여 폴로늄 후광 연구 결과를 유명 학술지에 발표했고,[52] 1986년에는 자신이 운영하는 출판사에서 『창조의 작은 신비』(*Creation's Tiny Mystery*)라는 책으로도 출간했다. 그는 선캄브리아기 흑운모 시료 등에서 폴로늄 후광을 발견했으며, 이는 방사성 폴로늄이 붕괴하며 방출하는 고에너지 알파 입자에 기인한 것이라고 해석했다. 그는 폴로늄 후광을 포함하고 있는 화강암을 '원시 창세기 암석'(primordial Genesis rocks)이라고 불렀다.[53]

방사능을 띤 ^{218}Po은 반감기가 3분에 불과하기 때문에 젊은 지구를 주장하는 사람들이 흔히 많이 인용한다. 만일 암석이 냉각되는 데 오

그림 6-12 젠트리(Creation Wiki)와 그의 책

랜 시간이 걸린다면, 폴로늄이 냉각된 고체 안에 남아 후광을 만들 가능성이 없다는 것이다. 다시 말해 초기 지구가 형성될 때 지질학에서 말하듯이 용융 암석이 굳어 지층을 형성했다면, 그 굳는 시간으로 보아 폴로늄이 암석 내에 들어가 있을 가능성이 없는데 폴로늄 후광이 보인다는 것은 지구가 하나님에 의해 '즉시' 창조된 증거라는 것이다.

앞 장에서 살펴본 것과 같이, 한 때 미국 창조과학연구소(ICR)에서는 젠트리의 방사능 후광 실험에 매우 비판적이었다. 하지만 흥미롭게도 ICR의 RATE 팀은 자신들의 프로젝트의 일부로 다시 방사능 후광 실험을 포함시켰다.

^{238}U의 붕괴 과정에서 생긴 후광

방사능 후광은 전 세계적으로 화강암 내에서 발견된다. 중부 애리조나, 남부 호주의 팔머(Palmer) 화강암, 산디에고 동쪽에 있는 라포스타(La Posta) 화강암, 그랜드 캐니언의 루비(Ruby) 화강암, 남부 호주의 인카운터 베이(Encounter Bay) 화강암, 뉴 사우스 웨일즈의 쿠마(Cooma) 화강암, 영국 레이크 디스트릭트(Lake District)의 샵(Shap) 화강암, 조지아의 스톤 마운틴(Stone Mountain) 화강암, 요세미티의 하프돔(Half Dome) 화강암 등이 모두 방사능 후광을 갖고 있다.

이들 지역의 화강암들은 대부분 흑운모(黑雲母, biotite)를 갖고 있으며, 그 안에는 지르콘 결정들이 들어있다. 그리고 이 지르콘 결정 속에 들어있는 방사성원소가 붕괴하면서 방출한 알파 입자가 주변 흑운모의 결정구조에 결함을 만들고, 이로 인해 주변 흑운모의 색깔이 변하는데, 이를 방사능 후광이라 부른다.

방사능을 띠고 있는 불안정한 ^{238}U은 안정된 ^{206}Pb이 되기까지 에너지가 다른 총 여덟 개의 알파 입자를 방출하는데, 이로 인해 서로 직경이 다른 방사능 후광이 여러 개 형성된다. 이상적으로 말한다면 여덟 개의 서로 다른 후광 고리가 발견되어야 하지만, 겹치는 경우가 있어서 후광 고리들이 잘 구분되지 않는 경우도 있다. 일반적으로 에너지가 큰 알파 입자는 더 멀리까지 가기 때문에 지르콘 결정으로부터 직경이 더 큰 원을, 에너지가 작은 알파 입자는 작은 원을 그린다.

흥미로운 것은 우라늄이 붕괴하여 형성한 후광 바로 가까이에 폴로늄이 붕괴하여 형성한 후광들이 동시에 발견되는 현상이다. 때로는 검은 우라늄 후광 옆에 단지 하나의 폴로늄에 의한 작은 후광 고리만이 발견되는가 하면, 때로는 두 개, 때로는 세 개의 폴로늄 후광 고리가 발견된다.

RATE 팀에서는 방사능 후광 실험을 위해 앞의 헬륨 누출 실험에서처럼 지르콘 결정을 사용하였다. 다만 헬륨 누출 실험에서 사용한 지르콘 결정은 길이가 50~75μm였지만, 여기서는 훨씬 더 작은 결정들을 중심으로 연구하였다. 왜 그랬을까? 이는 작은 지르콘 결정들을 사용해야 그 안의 방사성원소들이 붕괴하면서 방출한 알파 입자가 지르콘 결정 바깥으로 나와 흑운모에 고리 모양의 무늬, 방사능 후광을 만들 수 있기 때문이었다. RATE 실험에서는 길이가 $1\mu m$ 미만의 지르콘 결정들이 들어있는 시료들을 사용했는데, 지르콘 결정들이 작기 때문에 그 안에 들어있는 ^{238}U 원자핵이 붕괴하면서 방출하는 알파 입자가 지르콘 결정 바깥으로 탈출하여 주변 흑운모에 동심원 형태의 갈색 무늬를 남겼다. 이는 기본적으로 젠트리가 제시한 모델과 다르지 않았다.

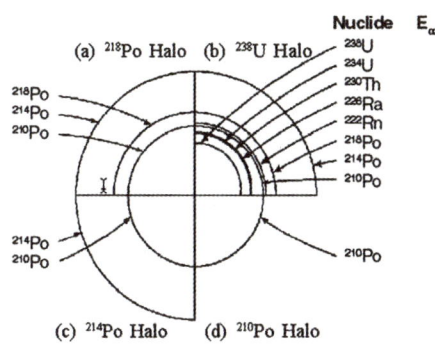

방사성 동위원소	에너지 (MeV)	후광 직경 크기 순서
^{238}U	4.19	8
^{234}U	4.77	7
^{230}Th	4.68	6
^{226}Ra	4.78	5
^{222}Rn	5.49	4
^{218}Po	6.00	2
^{214}Po	7.69	1
^{210}Po	5.30	3

그림 6-13 ^{238}U이 ^{206}Pb으로 붕괴하는 과정에서 형성된 방사능 후광 무늬를 합친 그림과 알파 입자들의 에너지 표. 대체로 알파 입자의 에너지가 커질수록 후광의 반경이 커진다.[54]

후광에 대한 해석

RATE 팀은 폴로늄 방사능 후광이 급속도로 빨리 형성되었다는 증거로 폴로늄(Po) 동위원소들이 짧은 반감기를 가졌다는 사실을 제시한다. ^{218}Po은 3.1분, ^{214}Po는 $164\mu s$, ^{210}Po은 138일의 반감기를 갖는다. 그렇다면 이렇게 반감기가 짧은 폴로늄이 도대체 어디서 왔을까 하는 의문이 생긴다. 여기에 대해서 RATE 팀은 지르콘 결정 내에 들어있는 ^{238}U이 폴로늄의 출처라면, ^{238}U과 폴로늄은 거의 동시에 형성되었을 것이라고 해석한다.

^{238}U 방사능 후광에서 불과 $1mm$ 떨어진 곳에 폴로늄 방사능 후광이 관찰되고 더욱 흥미로운 것은 폴로늄 후광의 중심이 바로 지르콘 결정이 발견되는 흑운모 층과 정확하게 일치한다는 사실이다. RATE 팀은 이 폴로늄이 지르콘 결정 내에 있는 우라늄으로부터 온 것이라고 주장한다. 우라늄이 납으로 붕괴하는 과정에서 폴로늄 단계를 지날 때 지르콘 결정으로 빠져나와 바로 옆에서 붕괴했다는 것이다. 또한 흑운모에 남겨진 방사능 후광이 폴로늄에 의해 생긴 것으로 미루어 지르콘 결정에서 빠져나온 것은 우라늄이 아니라 폴로늄이었다고 본다. 다시 말하면 우라늄이 폴로늄으로 붕괴한 직후에 폴로늄이 지르콘 결정 바깥으로 튀어나왔고, 그리고 곧장 물에 씻겨 옆으로 이동했으며, 정지한 후에 곧 바로 붕괴하면서 후광을 남겼다는 것이다.

일반적으로 방사능 후광은 하나가 아니라 여러 개의 동심원으로 관찰된다. 그 이유는 방사성원소가 방출하는 알파 입자의 에너지가 단계마다 다르기 때문이다. 한 예로 ^{238}U을 생각해 보자. ^{238}U은 여러 핵종을 거쳐 최종적으로 ^{206}Pb이 되는데, 이 과정에서 한 개의 ^{238}U 원자는 여덟 개의 알파 입자를 방출한 후에 납으로 변한다. 이 때 여덟 개의 알파 입자는 모두 에너지가 다르고 따라서 서로 다른 직경의 동심원들을 형성한다.

그렇다면 폴로늄이 지르콘 결정을 어떤 상태에서 떠났을까? 이것을 결정하는 것은 바로 폴로늄으로 만들어진 방사능 후광 고리의 숫자이다. 만일 ^{218}Po의 상태로 지르콘 결정을 떠났다면, ^{214}Po와 ^{210}Po

의 단계를 거치면서 세 개의 방사능 후광 고리가 만들어졌을 것이다. ^{214}Po의 상태로 지르콘 결정을 떠났다면, 방사능 후광 고리가 두 개, ^{210}Po의 상태로 지르콘 결정을 떠났다면, 방사능 후광 고리는 한 개만이 형성되었을 것이다. 그리고 실제로 우라늄에 의해 형성된 방사능 후광의 중심에는 지르콘 결정이 있으며, 그 결정 가까이에서 형성된 폴로늄 방사능 후광의 고리는 한 개짜리도 있고, 두 개나 세 개짜리도 있다.

여기서 우리가 한 가지 주목해야 할 것은 바로 폴로늄의 반감기이다. 우라늄 붕괴과정에서 생성되는 폴로늄 동위원소는 세 가지이며 반감기가 모두 짧다. 앞에서 언급한 것처럼, 이들의 반감기는 ^{218}Po은 3.1분, ^{214}Po는 164μs, ^{210}Po은 138일이다. 이렇게 반감기가 짧은 동위원소가 붕괴하면서 만들어낸 방사능 후광이라면, 어떻게 이들을 포함하고 있는 화강암이 오랜 세월에 걸쳐 마그마로부터 천천히 냉각되면서 만들어졌다고 할 수 있는가 하는 것이 RATE 팀의 주장이다. 또한 RATE 팀은 폴로늄 후광은 방사능 붕괴가 급속히 일어났음을 결정적으로 증명하는 증거라고 제시한다.

젠트리의 방한

국내에서 방사능 후광에 대한 소식은 젠트리나 ICR의 문헌을 통해 이미 창조과학자들에게 소개가 되었지만, 2006년 10월, 삼육대학 개교 100주년을 맞아 내한한 젠트리의 강연을 통해 좀 더 널리 알려지기 시작했다. 젠트리는 2006년 10월 11일에 삼육대학에서 열린 창조과학 국제학술 세미나에서 자신의 방사능 후광 연구야말로 세계적인 학술지에 실린 제대로 된 창조과학 연구라고 강조하면서 자신의 방사능 연구를 소개하였다.

국내에서는 직접적인 연구나 새로운 아이디어가 있는 것은 아니고 ICR이나 젠트리의 주장을 소개하는 정도였다. 한 예로 창조과학자이자 연세대 의대 생리학 교수인 김정훈 박사는 이렇게 말했다.

> 보통 방사성 동위원소는 붕괴될 때 …… 알파입자를 방출한다. 그 결과 동심원 모양의 방사성 후광을 만들 수 있다. 그런데 …… 선캄브리아기 지층의 광물질에서 채취한 방사성 후광의 반감기는 고작 3분밖에 되지 않는 폴로늄 동위원소의 붕괴 흔적이 수없이 발견된다. 만약 지층이 진화론에서 말하듯 수십억 년 동안 뜨거운 마그마가 서서히 냉각되면서 만들어진 것이라면 반감기가 3분밖에 되지 않는 폴로늄은 모두 사라지고 없어야만 할 것이다. …… 지층이 매우 짧은 시간 내에 급속히 만들어졌음을 말해 주는 강력한 증거이다.[55]

그러면 과연 방사능 후광은 젊은 지구와 우주, 급속한 방사능 붕괴를 증명하는가? 이 문제는 RATE 프로젝트 결과를 설명하는 데 중요한 문제이기 때문에 좀 더 자세한 논의가 필요하다.

8. 방사능 후광의 문제

앞에서 소개한 것처럼, 젠트리는 창조과학자들 중에서는 드물게 「사이언스」(Science)나 「네이처」(Nature) 등에 논문을 여러 편 발표한 안식교 과학자이다. 하지만 후에 그의 주요한 논문 10편은 그의 우주론이 잘못되었다는 이유로 코넬 대학교(Cornell University), 로스 알라모스 국립연구소(Los Alamos National Laboratory), 캘리포니아 대학교(University of California system), 미국국립과학재단(National Science Foundation), 미국에너지성(US Department of Energy) 등의 퍼블릭 프리프린트 서버(public preprint server)인 arXiv에서 삭제되었다. 이에 대해 젠트리는 이들을 대상으로 테네시주 법원에 소송을 했지만 기각되었다(dismissed).[56]

이 외에도 방사능 후광이 젊은 지구를 증거한다는 주장에 대해서는 몇 가지 중요한 비판들이 제기되고 있지만, 젊은지구론자들 중에는 여전히 젠트리의 주장을 추종하고 있는 사람들이 있다. 하지만 후에 살펴볼 ICR의 RATE 팀도 젠트리의 뒤를 따라 젠트리가 사용한 지역의 샘플로 방사능 후광 연구를 수행했지만, 화강암의 순간적 형성이라는 젠트리의 해석에는 반대한다. 아래에서는 〈토크 오리진스〉 웹사이트에 올라와 있는 몇몇 비판들을 중심으로 방사능 후광의 문제를 살펴본다.

시료가 '원시' 기반암일까?

우선 첫 번째 살펴볼 내용은 젠트리가 사용한 시료들에 대한 의문이다. 일반적으로 지질학자들은 자신이 채취한 시료를 다른 사람들도 채취해서 연구할 수 있도록 정확한 정보를 제공한다. 하지만 젠트리는 물리학자로서의 훈련만 받았고(적어도 방사능 후광 연구를 시작하던 1960년대 후반이나 1970년대 초반에는) 지질학자로의 훈련, 특히 야외 연구의 훈련을 받지 않았기 때문에 자신이 연구한 시료의 출처에 대해 정확한 정보를 밝히지 않고 있다. 하지만 일부 밝혀진 그의 시료 정보와 관련해서 지질학자들은 젠트리가 자신의 시료를 '원시' 기반암('primordial' basement rock)에서 채취한 창조 당시의 암석이라는 데 의문을 제기한다. 기반암(基盤岩)이란 풍화나 침식이 일어나기 전의 단단한 결정질 암석체를 말하며, 젊은지구론자들은 원시 기반암을 창조 당시의 암석이라고 생각한다.

젠트리는 지질학에서 흔히 사용하는 선캄브리아기라는 용어 대신 자신의 시료가 '원시' 기반암, 즉 태초에 창조된 바로 그 암석이라고 주장한다. 그러나 폴로늄 후광은 미르메카이트(myrmekite)라는, 석영과 장석이 서로 맞물려 성장한 연정(連晶, intergrowth)을 포함하고 있는 암석에서만 발견된다. 이로 인해 베이유(Thomas A. Baillieul)는 젠트리의 시료가 '원시' 기반암이 아님을 분명히 보여준다고 말한다.[57]

실제로 웨이크필드(J. Richard Wakefield)는 젠트리가 채취한 온타리오주 밴크로프트(Bancroft, ON) 주변을 살펴본 후 그가 채취한 암석 시료는 선캄브리아기의 시생대의 것이 아닌 원생대의 것이며, 게다가 화강암이 아니라 변성암(metamorphic rock)이며, 모든 시료의 채취 장소가 방사성 우라늄과 토륨이 풍부한 곳이라고 발표했다.[58] 이것은 젠트리의 시료가 창조된 바로 그 암석이 아니라 창조 후 오랜 시간이 지나면서 다양한 지질학적 변성을 받은 암석임을 의미한다. 그러므로 젠트리의 연구는 자신의 시료가 창조 당시의 암석에서 온 것이라는 첫 가정부터 틀렸다고 할 수 있다. 즉 젠트리가 관찰한 암석은 '창세기 암석'이 아니었다.

후광이 폴로늄 붕괴의 결과일까?

다음으로 젠트리의 폴로늄 후광이 젊은 지구를 지지하는 증거로서 의미가 있기 위해서는 이 후광이 폴로늄에 의해 생겼다는 분명한 증거가 필요하다. 이를 위해 젠트리는 다색성(多色性, pleochroic) 후광무늬가 폴로늄에 기인했을 것 같다는 1917년의 졸리(J. Joly)와 1939년의 헨더슨(G.H. Henderson)의 논문을 인용했다.[59] 하지만 이 논문의 주장 역시 하나의 추측일 뿐, 증명된 것이 아니다.

20세기 초의 처음 10여 년간 운모 결정에서 변색된 동심원 무늬를 연구했던 졸리는 알파 입자가 공기 중에서 3~7cm 이동할 수 있다면, 흑운모에서는 1/2,000 정도 이동할 것이라고 추정하였다. 그는 당시 흑운모 결정의 밀도나 결정구조 등을 전혀 고려하지 않고 동심원 후광무늬의 직경을 폴로늄 동위원소의 알파 입자의 에너지와 연관지었다. 놀랍게도 졸리는 후광무늬의 직경이 클수록 방사능이 흑운모 결정에 더 오래 조사되었다고 가정하고 이를 근거로 연대측정을 시도했다. 졸리의 연구를 이어 헨더슨은 서로 다른 후광무늬를 비교해서 폴로늄이 어떻게 흑운모 결정에 후광무늬를 형성할 수 있는 지를 연구했다.[60]

기본적으로 젠트리는 졸리의 아이디어를 받아들여서 알파 입자가 공기 중에서 이동한 거리는 알파 입자의 에너지에 비례한다고 생각했다. 그는 이를 증명하기 위해 광물질 시료에 헬륨 이온(알파 입자)을 조사하는 실험을 함으로써 암석 속에 폴로늄이 들어있는 경우를 간접적으로 재현해 보았지만, 이것으로는 선캄브리아기 암석의 후광이 폴로늄에 기인했다는 결정적인 증거가 되기에는 부족하다. 헬륨 이온을 조사했을 때는 동심원들(concentric rings)이 형성되지 않고, 변색되는 부위(discolored zone)가 형성되었다.

게다가 방사능 붕괴 중심으로부터 멀어지면서 점차 희미해지는 실제 암석의 폴로늄 후광과는 반대로 헬륨 이온 실험에서는 중심 근처에서 후광무늬가 가장 희미하고 점점 진해지다가 갑자기 후광무늬가 사라졌다. 젠트리는 알파 입자의 에너지와 후광 동심 무늬의 직경을 연관시켰지만, 그는 알파 입자의 조사시간, 결정의 화학적 조성과 구조 등 후광의 크기에 미칠 기타 영향들을 보정하지 않았다.[61] 이런 점들은 헬륨 이온 실험이 실제 후광 형성 메커니즘을 파악할 수 있는 모델로 적절치 않음을 의미한다.

후광이 알파 입자에 의해 형성되었을까?

알파 입자의 에너지와 후광 동심 무늬의 직경의 관계와 관련해 1989년에 플로리다 대학교의 오돔(A. Leroy Odom)과 링크(William J. Rink)가 중요한 논문을 발표했다.[62] 그들은 후광의 직경이 알파 입자의 에너지 크기와 반드시 관련되는 것이 아님을 확인했다. 어떤 경우에는 암석 내에서 알파 입자가 자연적으로 이동할 수 있는 거리의 두 배에 해당하는 곳에서 후광이 발견되기도 했다.

일부에서는 오돔과 링크의 연구와 관련해 설명하기를, 방사성 물질이 붕괴하며 방출하는 알파 입자에 의해 양전하가 발생하고 이 양전하가 주위의 암석에 쌓여 잉크가 번지듯이 서서히 번져 나가 탈색 후광을 만든다는 것이라고 한다. 만일 이렇게 해서 방사능 후광이 형성되었다면, 방사능 후광은 폴로늄이 아니라 반감기가 긴 방사성 물질에 의해 형성되어야 하며, 전하의 확산 속도는 아주 느려서 5억 년 정도 경과되어야 암석에서 후광이 생성된다.[63]

방사능 후광과 관련된 또 다른 흥미로운 결과가 있다. 알루미늄 이온이 불순물로 들어있는 p형 반도체에 방사능을 조사할 때도 방사능에 의해 유도된 칼라 후광(radiation-induced color halos, RICH)이라는 것이 관찰된다.[64] 그런데 우라늄-토륨 붕괴 사슬에서 관측되는 알파 입자의 에너지 범위에서 RICH를 관측할 경우 예측에서 벗어나는 예외가 많다. 알파 입자의 예측된 이동 거리를 벗어난 곳에 후광이 나타나는 것이다. 오돔과 링크는 이 p형 반도체에 방사선을 조사하면 전위차가 형성되고, 이렇게 유도된 전위차를 따라 양전하를 띤 홀(hole)이 이동하며 상당히 큰 부위에 탈색을 일으키는데, 후광의 크기를 홀의 이동 거리와 관련지을 수 있다고 했다.[65]

오돔과 링크의 연구는 방사성 물질에 의해 생기는 후광이 직접적인 알파 입자의 작용의 결과가 아니고도 설명이 가능하다는 것이다. 즉 알파 입자 에너지와 후광의 크기만으로 원시 암석의 후광이 반감기가 짧은 폴로늄에 의한 것이고, 이는 곧 젊은 지구 연대를 증명한다고 단정하는 젠트리의 주장이 신빙성이 없다는 의미이다.

후광은 폴로늄 붕괴에 의한 것일까?

젠트리의 주장에 대한 비판은 또 다른 곳에서도 제기된다. 1988년에 젠트리가 시료를 채취한 장소를 추적 조사한 웨이크필드(Richard Wakefield)에 의하면, 젠트리는 '우라늄과 폴로늄 방사성 동위원소를 생성하는 붕괴사슬의 핵종이 없는 가운데'라고 하면서 폴로늄 외에는 후광을 생성할 방사성원소가 없었을 것이라고 했지만 그렇지 않다.[66]

반감기 45억 년의 우라늄(^{238}U)이 안정된, 즉 방사능이 없는 납(^{206}Pb)이 되는 과정에서 알파 입자를 방출하는 핵종을 보면, 반감기 75,000년의 토륨-230(^{230}Th), 반감기 1,600년의 라듐-226(^{226}Ra), 반감기 3.3일의 라돈-222(^{222}Rn), 그리고 반감기 3.1분의 폴로늄-218(^{218}Po) 등이 있다. 이 과정에서 우라늄과 폴로늄은 원자가 크기 때문에 암석화된 후에 광물의 결정 구조 안으로 들어가기가 어렵다. 그러므로 이들은 액체상태의 마그마 유동체가 암석으로 굳어지는 마지막 단계에서 함께 농축되었을 것이라고 생각된다. 그렇다면 반감기가 긴 우라늄은 광물질 형태로, 우라늄 붕괴 과정에서 생기는 반감기가 짧은 폴로늄은 후광의 형태로 항상 우라늄과 함께 존재해야 한다. 그런데 흥미롭게도 젠트리는 폴로늄 후광이 발견되는 곳에서 우라늄을 검출하지 못했다! 이는 폴로늄에 의한 방사능 후광 혹은 탈색이 우라늄에 직접 기원한 것이 아니라 우라늄 붕괴 시리즈에서 생성되는 반감기가 짧은 다른 방사성 동위원소에 기인한 것임을 의미한다.

그렇다면 폴로늄 방사능 후광의 기원이 되었던 다른 방사성 동위원소는 무엇일까? 우라늄 붕괴 과정에서 생성되는, 가장 가능성이 높은 원소는 반감기가 1,600년인 라듐-226(^{226}Ra)이다. 라듐은 마지막 단계의 마그마 유동체에서 우라늄과는 분리되어 농축되었고, 이것이 암석 안에 남아 연속적으로 붕괴하는 과정에서 폴로늄도 생성되었을 것으로 본다. 그렇다면 반감기가 짧은 폴로늄보다는 라듐이 후광을 만들었을 가능성이 크다고 할 수 있다. 물론 후광을 만들었던 라듐은 반감기가 1,600년이기 때문에 지금은 남아 있지 않으며, 토륨이나 라돈 등 다른 방사성원소들도 없다. 다만 방사능 붕괴의 흔적인 후광만이 남아 있는데 이를 창조과학에서는 폴로늄에 의한 것이라고 해석하고, 이를 창조주에 의한 순간적인 지구 창조의 증거라고 내세운다. 하지만 앞에서 살펴본 것처럼 이것은 후광이 폴로늄에 의한 것이라는 가정에 기초한 것인데, 이와 관련한 과학적 증거는 없다.

창조와 초자연적 사건

젠트리나 RATE 팀의 방사능 후광이 젊은 지구의 증거로 제시되는 데 있어서 그 주장의 신빙성의 문제보다 더 근원적인 문제는 그 자체가 초자연적 사건을 가정한다는 점이다. 화강암 속에 폴로늄 후광 무늬가 남아있는 것이 지구의 갑작스런 창조 때문이라면 지구는 어떻게 창조되었을까? 오늘날 우리가 알고 있는 과학적 지식으로는 지구가 아무 것도 없는 상태에서 갑작스럽게 창조되었다고 설명할 수 있는 방법은 존재하지 않는다. 주류 지질학에서 말하는 것과 같이 지구가 백열상태에서, 혹은 마그마 바다에서 시작되었다면 그것이 갑작스럽게 현재와 같은 상태로 냉각될 수 있는 어떤 메커니즘도 존재하지 않는다.

물론 하나님이 지구를 갑자기 창조하셨다고, 그리고 하나님이 갑자기 지구를 냉각시켰다고 말할 수는 있다. 전능하신 하나님은 얼마든지 짧은 시간 동안 오늘날 우리가 과학적으로 이해할 수 없는 방법으로 지구를 창조하실 수도, 냉각시킬 수도 있기 때문이다. 하지만 그렇다면 그것은 과학의 한계를 벗어나는 것이며, 더 이상 과학적 논의의 대상이 될 수 없는 것이다. 그러나 그것을 과학적 현상으로 설명하려고 한다면, 젠트리 혹은 RATE 팀과 같은 주장을 해서는 안 된다. 기적을 부인하는 것이 아니라 기적을 과학으로 포장해서는 안 된다는 것이다.

성경에는 오늘날 과학으로 설명할 수 없는 많은 기적들이 기록되어 있다. 하지만 성경에 그런 기적이 기록되어 있다는 것이 성경의 신뢰도에, 혹은 하나님의 신실하심에 영향을 미치지는 못한다. 하나님은 과학의 주인이시기도 하지만 기적의 주인이시기도 하기 때문이다.

하나님은 얼마든지 과학적으로 설명할 수 없는 방법으로 역사하실 수 있는 분이다. 하지만 그럴 경우 그것은 인간의 이성적 탐구의 대상, 즉 과학적 연구의 대상이 될 수 없다. 신자와 비신자를 막론하고 과학의 정의와 방법론을 받아들이고 있는 현실을 생각한다면, 젠트리나 RATE 팀의 설명에 창조과학 등의 이름을 붙여서 사람들을 헷갈리게 해서는 안 된다.

결론적으로 과학에서는 하나의, 혹은 한 사람의 연구 결과만을 근거로 최종적인 결론을 내리지 않는다. 특히 그 결과가 기존의 다른 연구 결과들과 상치될 때는 관련된 주변 연구결과들을 충분히 살펴본 후 최종적인 결론을 내린다. 하지만 창조과학자들은 젊은 지구는 틀릴 수 없다는 결론을 미리 내리고 이를 지지해 주는 증거를 찾는다. 그러다 보니 젊은 지구의 증거인 듯이 보이는 주장이 있으면 그 주장의 진위를 진지하게 살피지 않고 섣불리 받아들이고 결론을 내린다. 젠트리나 RATE 팀의 폴로늄 후광은 한 예일 뿐이다. 이 외에도 창조과학자들은 방사성원소의 붕괴속도의 변화, 광속의 가변성, 태양의 중력 붕괴, 천체들까지의 거리, 원시 지구의 수증기 덮개 가정 등 전혀 과학적 근거가 없는 주장들을 받아들여서 젊은지구론을 주장하였다. 이로 인해 기독교를 비판하는 자들에게 그리스도인들은 반지성적이라는 비판의 빌미를 주게 된 것이다.

9. 방사능 후광에 대한 다른 사람들의 비판

일부 창조과학자들이 지구가 순간적으로 창조되었다는 증거로서 제시하는 폴로늄-218(^{218}Po)의 방사능 후광(radiohalo)에 대해서는 진화론자들은 물론 그리스도인 학자들, 심지어 같은 창조과학자들도 반대한다. 미국 ICR의 지질학자인 스넬링(Andrew A. Snelling)과 그의 RATE 프로젝트 동료들은 지구상의 화강암들 중에는 노아홍수 중에 형성된 퇴적층이 마그마에 녹은 후에 화강암으로 굳은 것들도 많다고 주장하면서 모든 화강암이 순간적으로 창조되었다는 젠트리의 주장에 반대하였다.[67] 특히 지질학자 스넬링은 물리학자 젠트리가 화강암은 마그마가 식어서 만들어졌다는 확실한 증거가 있는데, 그것을 무시하는 것은 잘못된 것이라고 지적한다.

> 밥, 매우 퉁명스럽게 들릴지 모르겠지만, 당신의 친구로서 그리고 당신의 그리스도인 형제로서 동일과정과는 무관하게 말하지 않을 수 없는 것은 당신이 여러 가지 분명하게 관찰된 증거들을 부정하고 배격하는 것은 잘못이라는 것이오.[68]

젠트리가 마그마가 식어서 화강암이 형성되었다는 것을 부정하기 위해 안간힘을 쓰는 것은 말할 필요도 없이 젊은지구론을 고수하기 위한 것이다. 현재 전 지구적으로 발견되는 엄청난 크기의 화강암 덩어리들은, 모든 지질학자들이 동의하는 바와 같이 마그마가 응고되어서 형성되었다고 한다면, 적어도 수백만 년의 냉각기를 상정하지 않을 수 없기 때문이다. 그래서 스넬링은 화강암 형성 시간이야말로 오랜지구론자들의 '난공불락의 요새'라고 불렀다. 그는 화강암 형성 시간이 젊은지구론에 가장 큰 암초 중의 하나임을 알기 때문에 "오늘날 지표면에서 발견되는 커다란 화강암 덩어리들은 마그마로부터 식어지는 데 수백만 년이 걸렸다고 생각하기 때문에, 이것은 젊은 지구(45

억 년이 아니라 6,000~7,000년)와 1년 간 산을 덮은 전지구적 대홍수 사건을 거부하는 명백한 과학적 증거 중 하나였다."라고 했다.[69]

실제로 젊은지구론에 반대하는 복음주의 지질학자인 전 칼빈 대학(Calvin College)의 데이비스 영(Davis A. Young)은 캘리포니아 남부에 있는 거대한 화강암 저판암(basolite)이 완전히 결정화되기 위해서는 적어도 100만 년 이상의 시간이 필요하다고 주장하면서, 이를 오랜 지구의 증거로 제시한다.[70] 헤이워드(Alan Hayward) 역시 동일한 주장을 한다.[71] 또한 화강암 형성 시간과 관련하여 피처(Wallace S. Pitcher)도 "용융물질과 지각 모두의 유동성이 변하는 복잡한 방식에서 충돌 조산대(造山帶, orogen)에서 생성된 화강암질 마그마가 주변 지각까지 도달하여 결정화되는 데는 500만~1,000만 년은 걸린다고 생각된다."라고 했다.[72]

그런데 비록 젠트리의 주장에는 반대하지만 스넬링은 화강암 형성을 다르게 설명하는 이론을 제시한다. 말할 필요도 없이 그는 화강암의 급격한 결정화와 지표면으로의 이동이 노아홍수 기간 중에 일어났다는 전형적인 홍수지질학자로서의 입장을 제시한다. 즉 지질학자들이 동일과정설과 방사성연대를 근거로 수백만 년에 걸쳐 화강암이 형성되었다고 주장하지만, 전 지구적 대홍수에 의한 격변적 판구조론(catastrophic tectonics)으로도 화강암질 마그마의 냉각을 받아들이는 동시에 지각 깊은 곳에 있던 화강암질 마그마가 현재의 위치로 짧은 시간 동안 급격하게 이동되었음을 설명할 수 있다고 주장하는 것이다.[73]

하지만 거대한 결정질 화강암괴가 급격한 마그마의 냉각으로 형성되었다는 주장은 물리학의 상식에는 어긋난다. 결정화라는 것은 용융된 상태에서 원자들이 에너지적으로 가장 안정된 상태를 찾아갈 수 있는 충분한 시간이 있어야 일어난다. 물론 결정화가 일어나는 시간은 물질에 따라 다르다. 금속의 경우에는 매우 짧고 다른 물질들의 경우에는 매우 길다. 하지만 급격한 냉각이 일어나는 경우에는 결정화가 일어나지 않는다. 지각 내부의 거대한 마그마 챔버가 불과 1년 미만의 홍수 기간 동안 급격히 냉각되어 암석화된다면, 화강암과 같은 결정질 암석이 만들어지지 않고 베개용암과 같은 비정질 암석이 만들어진다. 그러므로 노아홍수 기간 중에 갑작스럽게 마그마가 냉각되어 요세미티와 같은 거대한 화강암 계곡이 만들어졌다는 것은 물리학의 기본상식과 맞지 않는다.

젠트리의 주장에 대해 달림플(G. Brent Dalrymple)은 이렇게 비판한다.

> 내가 아는 한 젠트리의 도전은 어리석은 일이다. …… 그는 불합리하고 결론이 날 수 없는, 아주 우습고 비과학적인, 실제로는 지질학의 모든 지식을 무시하는 가정을 테스트하기 위한 실험을 제안한 것이다.[74]

젠트리의 주장은 안식교의 동료 과학자들을 비롯해 여러 창조과학자들로부터도 비판을 받고 있다.[75] 그는 자신이 다른 사람들로부터 '자주 차별 받는다고 불평하지만'(frequent whining about discrimination), 필자의 석사논문 지도교수이자 안식교 배경의 탁월한 과학사가인 넘버스(Ronald L. Numbers) 교수는 "그에 대한 과학적 비판은 그의 독특한 아이디어 때문이라기보다 그의 부딪치는 스타일

(abrasive style) 때문이다."라고 지적하였다. 실제로 젠트리에 대해서는 그의 동료 창조과학자들조차 비판적이다. 젠트리가 출간한 『창조의 작은 신비』(Creation's Tiny Mystery)에 대해 지질학자 윌커슨(Gregg Wilkerson)은 여러 논리적인 문제가 있다고 지적하면서 "이 책은 현재의 지질학적 사고와 관련해 많은 잘못된 정보의 원천이고, 해석과 사실을 혼동하고 있다."라고 결론을 내렸다.[76]

요약한다면 아직까지 일부 대중강연에서 순간적 창조의 증거로 제시되고 있는 ^{218}Po 방사능 후광은 젊은지구론의 증거로 사용될 수 없다고 할 수 있다. 화강암이 순간적으로 형성되었다는 젠트리의 주장은 탐사 연구나 실험실 연구 등 어느 쪽에서도 지지를 받지 못하고 있으며, 따라서 동일과정설 지지자들은 말할 것도 없고 젊은지구론을 믿는 창조과학자들 중에서도 받아들이지 않는 사람들이 많다.

헬륨확산과 방사능 후광

방사능 후광 문제를 마무리하기 전에 헬륨확산과 관련하여 레켈트가 지적한 중요한 것 한 가지를 고려할 필요가 있다. 앞에서 언급한 것처럼 RATE 팀은 화강암에서 발견되는 폴로늄 방사능 후광을 젊은 지구의 중요한 증거로 제시해 왔다.[77]

그런데 우라늄을 포함하고 있는 지르콘 결정은 화강암의 흑운모 속에 박혀있다. 그리고 지르콘 속에 들어있던 우라늄-238(^{238}U)은 그림 6-14와 같은 과정을 거치면서 붕괴한다.

RATE 팀이 제시한 폴로늄 방사능 후광의 메커니즘은, 먼저 우라늄을 탈출한 라돈-222(^{222}Ra)가 지르콘 속에서 이동하여 적절한 곳에 모이고, 그런 다음 이곳에서 폴로늄으로 붕괴하면서 방사능 후광

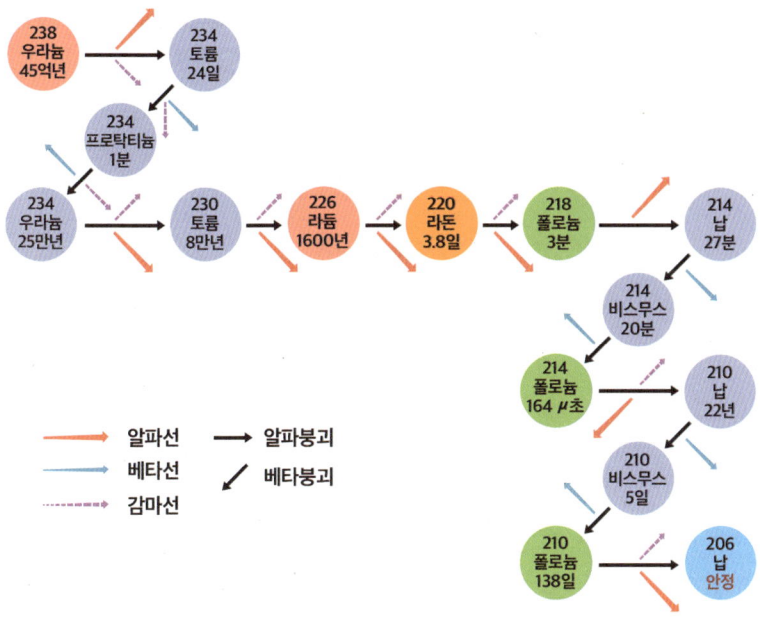

그림 6-14 ^{238}U 자연 방사능 붕괴 계열

을 형성한다는 것이다. 이 때 RATE 팀은 불활성 기체 중 가장 무거운 라돈이 지르콘을 벗어나 흑운모에서 수십 μm를 이동한 후 폴로늄-218(^{218}Po)로 붕괴하였다고 가정한다. 또한 이 때 ^{222}Ra는 반감기가 불과 3.8235일에 불과하기 때문에 그 시간 안에 이동하고 이어 붕괴되어야 한다.

그렇다면 이것이 지르콘과 흑운모 내에서 헬륨확산 이론과 일관성이 있는 설명일까? RATE 팀은 방사능 후광을 설명할 때는 불활성 원소 중 가장 무거운 라돈(확산계수가 낮은)이 불과 수일 만에 지르콘과 흑운모 속을 수십 μm 이동한다고 주장하면서, 동시에 헬륨확산을 설명할 때는 불활성 원소 중 가장 가벼운 헬륨(확산계수가 높은)이 수천 년 동안 흑운모 속에 갇혀 있었다고 주장한다. 이는 일관성이 없는

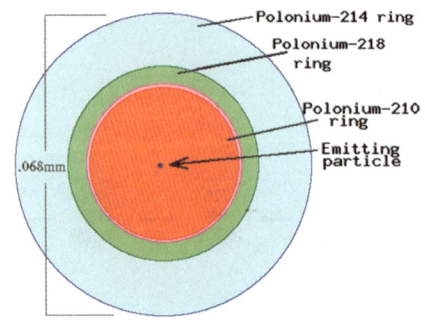

그림 6-15 ^{218}Po 방사능 후광 무늬의 형성[78]

주장이다. RATE 팀이 젊은 지구의 증거로 가장 강력하게 내세우는 두 가지 이론이 서로 충돌하고 있는 것을 어떻게 설명할 수 있을까?[79]

11. 서로 다른 연대측정 결과들

RATE 팀이 제기하는 방사성 동위원소의 또 다른 문제는 측정 방법마다 연대가 다르다는 점이다. 이들이 비교했던 방사성 연대측정법은 포타슘(K)이 아르곤(Ar)으로 붕괴하는 것, 루비듐(Rb)이 스트론튬(Sr)으로 붕괴하는 것, 납(^{207}Pb)이 다른 납(^{206}Pb) 동위원소로 붕괴하는 것, 사마륨(Sm)이 네오디뮴(Nd)으로 붕괴하는 것 등이다. 이 방법들로 측정된 결과는 표 6-2와 같다.

암상, 화산이 분출해서 만들어진 용암, 용암의 변성암, 화강암 결정 등은 한 번의 지질학적 사건으로 만들어졌을 텐데 어떻게 같은 암석의 연대가 측정하는 방법에 따라 이렇게 달라지는가? 이러한 결과로부터 RATE 팀의 스넬링(Andrew Snelling)이나 오스틴(Steven Austin)은 각 동위원소 시계들의 속도는 시대에 따라 서로 다른 속도

시료 채취 지역	K-Ar 등시선연대 (억 년)	Rb-Sr 등시선연대 (억 년)	Pb-Pb 등시선연대 (억 년)	Sm-Nd 등시선연대 (억 년)
Bass Rapids의 휘록암	8.415	10.60	12.50	13.79
Cardenas의 현무암 용암	5.16	11.11	18.83	15.88
Brahma의 각섬암 (변성 현무암)		12.40	19.33	16.55
Elves Chasm의 화강 섬록암		15.12	19.33	16.44

표 6-2 그랜드 캐니언의 몇몇 장소로부터 채취한 시료들을 등시선 연대측정법(isochron dating method)으로 측정한 연대들

였다고 주장한다.[80] 하지만 이 주장에 대해서는 몇 가지 고려해 보아야 할 사항이 있다.

첫째, 같은 암석에 대해 측정연대가 상당히 다르다는 것은 등시선 연대측정법의 정확성에 한계가 있음을 보여주는 것이라고 할 수 있다. 하지만 이 결과가 전체 등시선 연대측정법 자체를 무효화할 수는 없다. 그랜드 캐니언의 카데나스(Cardenas)의 현무암 용암의 연대가 3배 정도 차이가 나는 것을 제외한다면, 다른 암석의 연대들은 대부분 50%내에서 일치한다. 연대측정 방법에 따라 100만 년이었던 결과가 10억 년으로 바뀌는 게 아니라 8억 년이 15억 년 정도로 변한다면, 이것은 오차의 한계를 다소 벗어나는 것일 뿐이다. 실제로 측정오차를 표시한 그래프를 보면 오차의 한계를 벗어나기는 하지만 전혀 터무니없는 결과라고 할 수는 없다.[81]

둘째, 창조과학자들은 대부분 매우 정확하게 일직선상에 있는 다른 등시선 연대측정 결과에 대해서는 언급하지 않는다. 지금까지 무수히 많은 등시선 연대측정 결과들이 발표되었다. 때로는 직선이라고 보기 어려운 경우도 있기는 하지만, 대체로 오염되지 않은 시료들의 결과들은 직선 등시선을 보여주고 있으며, 다른 연대측정 결과들

과 일치한다. 그런데 왜 RATE 팀은 다른 연대측정 결과들과 일치하는 많은 등시선 연대측정 결과에 대해서는 언급하지 않을까? 이것 역시 '생략에 의한 속임수'(Deception by Omission)가 아닌가!

셋째, 창조과학자들은 실험을 통해 잘 알려진 방사성원소의 붕괴율의 일정함을 부정한다. 창조과학자들은 처음부터 젊은지구론의 가장 큰 적이 바로 방사성 연대임을 잘 알고 있었다. 방사성 연대는 정량적일 뿐 아니라 일관성이 있고, 재현이 가능하기 때문에 방사성 연대측정법 자체를 부정하지 않고는 젊은지구론을 주장할 수 없기 때문이었다. 방사성 연대를 부정하기 위한 몇 가지 전략 중 하나는 방사성원소의 붕괴속도가 일정하지 않음을 증명하는 것이었다. 이를 위해 RATE 팀에서 제시하는 증거 중 하나가 바로 헬륨 누출 실험이었다. 하지만 헬륨 누출 실험 결과로부터 방사성원소의 붕괴속도가 가변적이라고 주장하는 것은 그 자체로 모순이 있다. 헬륨 누출 실험 결과는 얼마든지 다르게 해석할 수 있지만, 방사성원소의 붕괴 속도가 일정하다는 것은 직접적인 실험을 통해 너무나 잘 알려져 있기 때문이다.

12. 맺는말

본 강에서 우리는 창조과학자들이 방사성 연대를 부정하기 위해 수행한 RATE 프로젝트의 결과들을 비판적 관점에서 살펴보았다. 젊은지구론을 주장하는 사람들이 가장 믿을만한 젊은 연대의 증거로 제시했던 몇 가지 증거들이 사실은 전문성 부족이나 젊은 연대에 경도되어 데이터를 잘못 해석한 결과라고 지적했다.

젊은지구론자들을 대표한다고 할 수 있는 RATE 팀이 제기한 주장들에는 석탄이나 다이아몬드 속에 방사성탄소가 남아있다는 주장, 지르콘 알갱이 속에 헬륨이 많이 남아있다는 주장, 방사성원소들의 붕괴 시 주변 운모 속에 남겨진 방사능 후광 등이 있다. 하지만 석탄이나 다이아몬드에 방사성탄소가 포함되어 있다는 주장은 오염이나 기기배경 방사능에 기인한 것으로 보인다. 다른 사람들이 석탄이나 다이아몬드 시료를 측정한 결과를 보면 기기배경 방사능 수준까지 측정했으나 원래부터 시료 속에 방사성탄소(intrinsic radiocarbon)가 있었다는 어떤 증거도 발견되지 않았다. 잔류 헬륨의 양에 기초한 젊은 지구 주장은 데이터를 해석하는 모델이나 가정이 잘못되어서 생긴 결과였다. 방사성 동위원소들이 과거 노아홍수 기간 동안에 매우 빠른 속도로 붕괴된 적이 있었다고 주장하는 방사능 후광의 문제는 그 자체가 알려진 과학의 기본 원리와 심각하게 충돌한다.

    방사성 연대측정은 하나님이 사람들로 하여금 과거의 흔적을 더듬어 하나님의 창조와 섭리의 손길을 좀 더 정확하게 이해할 수 있도록 주신 귀중한 선물이라고 할 수 있지 않을까? 사실 방사성 연대측정법이 발명되기 전까지 인류는 과거의 사건이나 역사를 추론하는 데 어려움이 많았다. 하지만 20세기에 들어와 방사성 연대측정이 출현하면서 사람들은 까마득한 과거로부터 지금까지 하나님이 직접 창조하신 피조세계를 어떻게 운행해 오셨는지 좀 더 구체적으로 알 수 있게 되었다. 인류의 역사는 말할 것도 없고 지구의 역사, 나아가 우주의 역사까지 방사성 연대측정으로 인해 우리는 하나님의 창조와 섭리 시나리오를 역사상 그 어느 때보다 더 정확하게 이해할 수 있게 되었다.

    하나님은 사람을 만드시고 "땅을 정복하라 바다의 물고기와 하늘의 새와 땅에 움직이는 모든 생물을 다스리라"고 명령하셨다. 그리고 하나님은 사람들이 그 명령을 수행할 수 있도록 자신의 형상을 사람들에게 부여하셨다. 사람은 하나님의 형상을 따라 지음 받았기 때문에 동물들과 구별되며, 동물들이 이루지 못했던 과학기술 문명을 이루게 되었다. 인간의 타락으로 인해 과학기술 문명의 많은 그늘이 생겼음에도 불구하고 과학기술을 발전시킬 수 있었던 것은 인간에게 있는 하나님의 형상 때문임이 분명하다. 필자는 하나님의 문화명령의 일부로 발전시킨 과학기술 문명에는 분명히 하나님이 주신 선물이라는 측면이 있다고 믿는다. 그리고 그 하나님의 수많은 선물들 중에서 방사성 연대측정은 20세기에 하나님이 과학자들을 통해 인간에 주신 큰 선물 중의 하나라고 생각한다.

이런 놀라운 하나님의 선물에 대해 아쉽게도 미국 창조과학연구소(ICR) 소장이자 헨리 모리스의 아들인 존 모리스(John Morris) 소장은 "방사성 동위원소 연대측정은 일종의 사탄의 요새이다."라고 폄하하였다. 그리고 그를 포함한 창조과학자들, 다시 말해 젊은지구론자들 혹은 대홍수론자들은 하나님이 사람들에게 피조세계의 청지기적 소명을 감당하라고 주신 선물로서의 방사성 연대측정이 엉터리라는 것을 증명하는 것이 하나님께 충성하는 것이요, 성경을 보호하는 것이라고 오해하면서 방사성 연대를 부정하기 위해 지금도 많은 노력을 기울이고 있다. 2천여 년의 교회사에서 하나님을 위한다는, 성경을 변호한다는 명분으로 제기된 터무니없는, 때로는 하나님을 대적하는 사상들이 많았지만, 그런 사상들은 잠시 동안 사람들을 헷갈리게 할 수는 있지만 영구히 진리를 땅에 묻을 수는 없었다. 손바닥으로 태양을 가릴 수 없듯이…

토의와 질문

1. RATE 보고회에서 미국 창조과학연구소(ICR) 소장인 존 모리스(John Morris)는 "방사성 동위원소는 사탄의 본거지이다."(Radioisotope is that kind of stronghold of satan)라고 말했다. 이것은 RATE 프로젝트를 시작하게 된 ICR의 배경을 요약한 것이며, RATE 팀들의 정서를 대변한 것이라고 할 수 있다. 이 주장이 갖는 함의를 말해 보자.

2. RATE 보고회에서 프로젝트의 대표인 바디만(Larry Vardiman)은 자신들의 연구로 볼 때 실제로 지구는 6,000년 전에 창조된 것이 분명하며("They really happened"), 성경은 '과학적으로 신뢰할만한'(scientifically reliable) 문헌이라고 결론을 내린다. 이 결론이 갖는 함의와 문제점들은 어떤 것인지 말해 보자.

3. 바디만은 RATE 보고회에서 자신들의 6,000년 지구연대를 받아들이지 않는 사람들에 대해 비판하면서 요한복음 3장 12절에서 예수님이 니고데모와 대화하시면서 "내가 땅의 일을 말하여도 너희가 믿지 아니하거든 하물며 하늘 일을 말하면 어떻게 믿겠느냐"라는 말씀을 인용하였다. RATE 팀이 제시하는 땅의 연구 결과도 받아들이지 않는 사람들이 어떻게 하늘에 속한 것들도 믿겠느냐는 주장이다. 또한 고린도후서 10장 4~5절의 말씀을 인용하면서 자신들의 젊은 지구/우주 주장에 반대하는 사람들을 가리켜 하나님을 아는 것을 대적하여 높아진 것 등으로 표현하면서 그러한 모든 생각을 사로잡아 그리스도께 복종시켜야 한다고 주장하였다. 이 주장이 갖는 문제점에 대해 말해 보자.

4. RATE 프로젝트는 성경이 명시적으로 언급하지 않는 바를 자의적으로 해석한 후 이를 연역적으로 과학적 연구에 적용한 예라고 할 수 있다. 이런 태도로 일어났던 교회사적 예들을 살펴보자.

제7강

젊은지구론 비판 1
지질학적, 지구과학적 증거

"내가 땅의 기초를 놓을 때에 네가 어디 있었느냐 네가 깨달아 알았거든 말할지니라." - 욥기 38장 4절

    그 동안 사람들은 과학적인 방법으로 지구가 어떻게 해서 생겼는지는 모른다고 해도 지구의 나이는 알 수 있지 않을까 하고 생각해 왔다. 그래서 지난 3강에서 6강까지 우리는 많은 지면을 할애하여 현대 과학에서 대표적인 절대연대측정법으로 받아들이고 있는 방사성 연대측정법을 다루었다. 하지만 지구의 연대를 추정함에 있어서 방사성 연대에는 미치지 못하지만 지구의 나이를 유추할 수 있는 다양한 방법들이 있다. 왜냐하면 지구에서 일어나는 여러 가지 자연적 과정들은 그 흔적을 지구에 남기기 때문이다. 그래서 사람들은 다양한 방법을 동원하여 지구의 나이를 알려고 노력해 왔다.
    전통적으로 지질학자들은 지구의 연대를 측정하는 데는 지층 누중의 법칙이나 부정합의 법칙 등을 적용하여 지질학적 사건 발생 시기의 선후 관계만을 밝히는 상대연대측정법과 방사성 동위원소 반감기 등을 이용한 절대연대측정법을 사용했다. 본 강에서는 과학적 입장에서 방사성 연대측정법을 제외한, 우주와 지구, 인류와 생물의 연대를 보여주는 여러 증거들을 살펴보면서 이들 연대측정법들의 문제점들이 무엇인지 논의하고자 한다. 우선 오랫동안 상대연대측정법으로 사용했던 지사학적 원리부터 살펴보자.

1. 지구 연대와 지사학 법칙[1]

　18세기 중엽까지만 해도 대부분의 그리스도인들은 인류의 역사는 물론 지구나 우주의 역사까지도 성경이나 다른 문헌들, 유물 등을 연구함으로써 알 수 있을 것으로 생각했다. 그러면서 인류의 역사 이전에 오랜 지구의 역사가 있었으리라는 것은 아무도 상상하지 못했다. 사람들은 창세기를 문자적으로 해석해서 아담과 하와가 탄생하기 '수일' 전에 지구와 우주가 창조되었고, 우주가 시작된 지 1,600년 정도 지난 후에 지구에 일어난 노아의 홍수가 현재의 지구의 모습을 만들었다고 생각했다. 즉 지면에서 볼 수 있는 엄청난 퇴적암들과 그 속에 들어있는 수많은 화석들은 노아의 홍수 때 형성된 것이라고 본 것이다.

　그러나 18세기 후반부터 19세기 초에 이르러 사람들은 지질학적 증거들을 통해 인간의 창조 이전에 긴 지구의 역사가 있었을 것이라는 생각을 하게 되었다.[2] 이런 생각에 불을 지핀 것은 바로 현대 지질학의 기초를 놓았던 영국의 허튼(James Hutton, 1726~1797)이었다. 그는 스코틀랜드 에든버러 해안에 있는 시카 포인트(Siccar Point)라는 작은 바위를 발견했다. 이곳에는 오래된 회색 지층이 지각 변동으로 융기한 후 침식작용으로 깎여나가고, 이어 그 위에 붉은 모래가 쌓여 형성된 젊은 지층이 교차하고 있었다. 허튼은 이 두 지층이 절대로 동시에 쌓이지 않았다는 확신을 하게 되었다.

　그는 『지구의 이론』(1788)이란 저서에서 지구가 어떤 사건에 의해 창조된 것이 아니라 아주 오랫동안 침식과 퇴적을 반복하면서 만들어졌다고 주장했다. 현재의 지각변화의 과정이 과거에도 동일하게 반복되었다고 본 것이다. 그는 시카 포인트의 바위는 지구가 오래되었을

그림 7-1 시카 포인트(Siccar Point)의 침식 노두(露頭). 완만하게 경사진, 침식된 데본기 고적사암층(Devonian Old Red Sandstone layers)이 역암층(礫岩層, conglomerate layer)과 수직 지층으로 쌓인 더 오래된 실루리아기 회색 현무토(玄武土, Silurian greywacke) 위를 덮고 있다. 1788년에 허튼은 바로 이 그림을 스케치했다.[4]

뿐 아니라 일종의 순환과정을 통해 형성되었음을 보여준다고 믿었다.[3]

하지만 그 당시에는 지구의 나이를 직접 측정할 수 있는 방법이 없었다. 오늘날에는 상식이 되었지만 지구가 오래되었다는 생각을 사람들이 쉽게 받아들인 것은 아니었다. 19세기를 지나는 동안 사람들은 여러 학문 분야에서 암석이나 광물, 화석이나 나무, 유적지 등의 상대적 혹은 절대적 연대를 측정하는 다양한 방법들을 개발하였다. 특히 어떤 암석이나 지층이 다른 것들보다 오래된 것인지 아닌지를 결정하는 상대적 연대측정법은 절대적 연대측정법들에 비해 일찍부터 발달하였다.[5]

물론 그 이전에도 암석과 지층의 연대에 관심이 없었던 것은 아니었다. 암석에 대한 상대적인 연대측정이 처음 이루어진 것은 17세기 중엽, 덴마크의 경건한 가톨릭 해부학자이자 지질학자였던 스테노(Nicolas Steno, 덴마크어로는 Niels Stensen, 1638~1686)에 의해서였다.[6] 코펜하겐 대학교에서 의학을 공부한 스테노는 네덜란드, 독일, 프랑스 등을 여행하면서 지질학에 흥미를 느껴 지층과 암석의 생성 순서를 밝히는 몇몇 지질학적 원리들을 만들었다. 그는 자신이 만든 몇 가지 지질학적 원리들을 기초로 암석이나 지층의 상대적인 연대를 측정하였는데, 그가 제안했던 다음의 원리들은 지금까지도 그대로, 혹은 다소 수정되어 지질 연구에 사용되고 있다.[7]

그림 7-2 허튼(좌)과 스테노(우) (Wiki)

① 수평퇴적의 법칙(Law of original horizontality): 이 법칙은 스테노가 제안한 것으로서 수중에 퇴적물이 쌓여 지층이 형성될 때는 수평으로 퇴적된다는 주장이다. 사구(砂丘, dune)에 있는 경사진 모래층이나 완만한 경사면에 퇴적된 지층을 제외한 대부분의 지층들은 거의 수평에 가깝게 퇴적되기 때문에 사암, 역암, 석회암 등의 지층이 가파른 경사면을 이루고 있다면, 최초의 수평 지층이 후에 경동(傾動, tilting)을 받아 기울어진 것이라고 해석한다.

② 지층누중의 법칙(Law of superposition): 이 법칙 역시 스테노가 제안한 것으로서 역전(逆轉)된 증거가 없는 퇴적암층이나 용암층에서는 아래 있는 지층일수록 오래된 지층이라는 주장이다. 이에 근거하여 모든 지층의 상대적 연대가 결정된다. 한 예로 콜로라도 고원의 지층들이 역전되었다는 증거가 없기 때문에 콜로라도 고원의 일

제7강 젊은지구론 비판 1 247

부인 그랜드 캐니언의 가장 아래 수평 지층인 태피츠 사암층(Tapeats sandstone)은 그 위 브라이트 엔젤 층(Bright Angel Formation)에서 맨 꼭대기 케이밥 석회암(Kaibab limestone)에 이르는 지층보다 오래 되었다고 본다. 또한 그랜드 캐니언의 깎아지른 절벽을 이루고 있는 적벽 석회암(Redwall limestone)은 그 위에 있는 수파이 층군(Supai group)보다는 오래되었지만 그 아래에 있는 무압 석회암(Muav limestone)보다는 젊다고 본다.[8]

③ 관입의 법칙(Law of intrusion): 이 법칙도 스테노가 제안한 것으로서 관입(貫入, intrusion)을 받은 암석이 관입한 암석보다 오래되었다고 하는 주장이다. 예를 들어, 지하에서 형성된 마그마가 지층 속에 관입한 후 굳어진 것을 관입암이라 하는데, 이때 관입한 화성암의 구조가 발견되면 관입을 당한 암석이 관입한 암석보다 먼저 형성된 것이라고 본다. 또한 관입암은 관입할 때에 암석의 일부를 포획하는 경우도 있는데, 이 때 포획된 암석은 관입암보다 먼저 생성되었다고 본다. 예를 들면, 자갈이나 결정, 화석 등은 이들이 박혀있는 큰 암석, 혹은 모암보다 오래되었다고 보는 것이다. 이 법칙은 지층 누중의 법칙, 동물군 천이의 법칙과 더불어 암석 생성의 선후 관계를 결정하는 원리가 된다.

④ 절단의 법칙(Law of cross-cutting relationships): 이 법칙은 암석 속에서 어떤 지층이나 특정한 방위를 가진 암석 구조물을 가로질러가는 특징이 있다면, 그 특징은 원래의 암석이 형성된 후 관입된, 따라서 원래의 암석보다 젊은 특징이라는 주장이다. 관입의 법칙과 비슷한 원리로서, 어느 암석이 다른 암석의 구조를 절단하면서 지나갈 때 절단한 암석은 절단된 암석보다 젊다는 주장이다. 이는 화성암

이나 변성암, 광맥, 암석 등이 함께 존재할 때 이들의 관계를 알기 위해 활용된다. 이 원리를 누가 언제 처음 제안했는지는 분명하지 않으나, 1785년, 스코틀랜드 지질학자이자 박물학자였던 허튼(James Hutton)은 화강암 암맥이 스코틀랜드 글렌 틸트(Glen Tilt)에 있는 편마암(gneiss)과 편암(schist) 속으로 손가락처럼 관입되어 있는 것을 보고 화강암이 편마암보다 더 젊다고 주장한 것으로 알려져 있다.[9]

그림 7-3 허튼이 용융된 화강암이 모암(母岩)인 편마암 속으로 관입된 것을 발견한 스코틀랜드의 글렌 틸트[10]

⑤ 부정합의 법칙(Law of unconformity): 지층의 선후관계를 결정할 때 부정합(不整合, unconformity) 면이 존재한다면, 부정합면 아래의 지층이 부정합면 위 지층보다 훨씬 더 오래되었다는 주장이다. 한 예로, 그랜드 캐니언에서는 고생대(古生代, Paleozoic era) 지층과 선캄브리아기(Precambrian) 지층 사이에 선명한 대부정합(The Great Unconformity)이 존재하는 것을 볼 수 있으며, 지질학에서는 이 대부정합을 경계로 수억 년의 세월이 지났다고 주장한다.

그림 7-4 그랜드 캐니언의 고생대 지층과 선캄브리아기 지층 사이의 대부정합 (ⓒYang)

⑥ 생물군 천이의 법칙(Law of faunal succession): 이 법칙은 지층의 순서에 따라 화석 생물군의 내용이 달라지기 때문에 화석들로부터 지층의 상하, 나아가 지층의 생성 순서와 지질시대를 알 수 있다는 주장이다. 이 법칙에서는 생물군은 시간이 지남에 따라 일정하고 인식이 가능한 순서를 가지고 진화한다고 생각하여 지층에 분포된 화석들을 통해 지층의 상대적 연대를 결정할 수 있다고 말한다. 그래서 이 법칙을 진화의 법칙이라고도 부른다.

이 법칙의 기본적인 형태는 본격적인 생물진화론이 등장하기 전에 제시되었다. 이미 18세기 후반에 픽젤(Georg C. Füchsel), 이탈리아 지질학의 아버지 아르뒤노(Giovanni Arduino, 1714~1795) 등은 특정한 지층에서는 특정한 화석만 출토되기 때문에 화석으로 지층을 구분할 수 있음을 알았으며, 1780년부터 1810년 사이에 영국 지질학의 아버지라고 불리는 스미스(William Smith, 1769~1839), 프랑스의 퀴비에(Georges Cuvier, 1769~1832), 브롱니아르(Alexandre Brongniart, 1770~1847) 등은 이러한 현상을 현재와 같은 형태의 법칙으로 다듬었다. 특히 퀴비에와 브롱니아르는 어떤 한 지역에서는 화석을 통해 지층의 상대적 연대를 결정할 수 있음을 보였다. 오래지 않아 이들의 업적을 통해 지질학자들은 화석을 기준으로 서로 다른 지역에 있는 지층들을 연관 짓는 것을 시도하였다.

그림 7-5 좌로부터 스미스, 퀴비에, 브롱니아르(Wiki)

어떤 의미에서 이러한 지사학 법칙들은 보통 사람들도 생각할 수 있는 상식적인 것을 법칙으로 만든 것이라고 할 수 있다. 그리고 대부분의 경우 이러한 법칙들은 타당하며 지층을 해석하는 데 중요한 원리를 제공한다. 하지만 이러한 법칙들이 지구 역사 전체를 해석하는 데까지 그대로 적용할 수 있을까? 이 지질학의 원리들을 생물진화와 동일시할 수 있을까? 특히 이러한 지질학 법칙들로 모든 지층의 상대적 연대를 측정할 수 있을까?

이 모든 지질학 원리들의 근저에는 동일과정설이라는 가정이 내포되어 있다. 즉 과거에도 지금과 동일한 과정이 진행되었으리라는 것이다. 하지만 지구상에서 일어나고 있는 현재의 모든 지질학적 현상들이 과거에도 그대로 일어났을 것이라는 동일과정의 가설은 어느 정도까지 증명된 것일까? 이와 관련해 첫 번째 논의 대상은 지층의 퇴적 속도이다.

2. 지층의 퇴적 속도

지질학자들은 흔히 지구의 연대를 46억 년으로 말하고 있다. 그러면 그 46억 년이라는 연대는 어떻게 계산되었으며, 과학적으로 어느 정도의 신빙성이 있는가? 흔히 진화론에서 지층의 연대나 생명체의 나이를 측정하는 데는 크게 두 가지 방법이 있다. 하나는 지층과 지층 속에서 발견되는 화석을 비교하여 상대적 연대를 산출하는 방법이고, 다른 하나는 방사성 동위원소의 붕괴속도로부터 절대적 연대를 추정하는 방법이다.

지층의 퇴적 속도를 이용하여 지구가 매우 오래되었음을 주장하기 시작한 것은 200여 년 전부터였다. 허튼은 『지구의 이론』(*Theory of the Earth*, 1788)에서 지구의 과거 역사는 현재 관찰되고 있거나 혹은 가까운 과거에 기록된 현상으로 설명될 수 있다고 가정하였다. 즉 '현재는 과거의 열쇠'가 된다는 가설을 제시했는데, 흔히 이 가설을 동일과정설(同一過程說, uniformitarianism) 혹은 균일설이라고 한다. 현대 지질학의 기초가 되고 있는 동일과정설은 지구의 암석을 현재 관찰되고 있는 물리 화학적인 작용으로부터 간단하게 과거를 추적할 수 있다는 점에서 대단히 편리한 가설이다. 그리고 이 이론은 때때로 지구에서 일어날 수 있는 지진이나 화산 폭발이나 홍수 같은 급격한 변화도 어느 정도 고려해 줄 수 있는 융통성을 갖기도 한다.[11]

동일과정설에 근거하여 지구의 나이를 추정하는 방법 중의 하나는 퇴적암의 두께를 재고 퇴적하는 속도를 관측하여 지구의 나이를 계산하는 방법이다. 이 방법에 따라 지구가 캄브리아기(Cambrian) 이후에 약 9,500만 년 정도 경과되었다고 계산된 적도 있다. 동일과정설 지질학에 의하면, 캄브리아기는 해양 무척추동물이 발생하였던 시기이다. 그러나 이 방법은 지구 탄생 이래로 끊임없이 퇴적되어온 전 지층이 지구의 어느 곳에도 없다는 사실과 퇴적 속도가 시간과 장소에 따라 변한다는 사실을 무시했고, 일률적으로 1cm 퇴적되는 데 수백 년의 기간이 소요된다는 가정을 상정하였다.

하지만 이러한 동일과정설은 격변설 지지자들, 그 중에서도 홍수론자들의 비판을 받고 있다. 홍수론자들에 의하면 지표면에 있는 지층과 지층에 매몰된 화석들은 과거에 있었던 전 지구적 홍수에 의해 한꺼번에 형성되었다고 주장한다. 그러므로 현재 하천이나 바다에서 퇴적되고 있는 바와 같이 과거에도 지층이 퇴적되었다고 한다면 이는 크게 잘못된 것이라고 주장한다. 홍수 뿐 아니라 때로는 화산 폭발 때 흘러나오는 토사 등에 의해서도 급격히 지층이 형성될 수 있다.

그림 7-6 세인트 헬렌즈 화산(Mount St. Helens)의 캐니언벽(Canyon wall). 1980년 이래 화산폭발로 여러 지층이 한꺼번에 퇴적되었으며, 이 지층들은 5년 이내에 암석으로 굳어졌다.[12]

또한 홍수설 지지자들은 여러 개의 지층을 관통하고 있는 다지층 (多地層) 나무화석(polystratic tree fossil)을 그 증거로 제시하고 있다. 즉 다지층 나무화석을 포함하고 있는 여러 지층이 쌓이는 속도로부터 산출한 연대는 일반적인 나무의 연령을 훨씬 초과한다. 그러므로 앞에서 제시한 것처럼, 만일 대홍수에 의해 지층이 단기간에 퇴적된 것이라면 현재의 퇴적속도를 근거로 과거의 지층 연대를 산출한다는 것은 의미가 없다고 할 수 있다.

그림 7-7 캐나다 노바 스코시아에 있는 펜실베니아기에 속한 소나무(lycopsid) 다지층 나무화석(Wiki)

또한 화석을 이용한 상대적 연대측정을 들 수 있다. 앞에서 언급한 것과 같이, 생물군 천이의 법칙은 오랫동안 지질학에서 사용되어 온 연대측정 방법이었다. 이 원리에 의하면, 하나의 화석이 어느 지층에서 발견되면 그 화석 위와 아래에 있는 지층을 세어보거나 지층 속에 포함되어 있는 화석들을 서로 비교함으로써 지층의 연대를 산출할 수 있다. 물론 이것 역시 지층이나 화석들이 오늘날의 퇴적속도와 같이 점진적으로 형성되었다는 동일과정설의 가정 위에서 산출된 것이다. 즉 가장 아래 지층이 가장 오래되었고 위로 올라갈수록 최근의 것이라는 가정을 상정하고 있다.

동일과정설에서는 생물체나 생체조직의 진화과정을 가상하여 미리 진화 연대표를 만들어 놓고 어떤 암석층에서 이미 멸종되어 없는 동식물의 화석이 대량으로 출토되면 이것을 표준화석(標準化石, index fossil)으로 정해 놓은 다음, 이 연대표와 비교하여 그 지층 내에 있는 화석은 물론 그 지층의 연대도 함께 산출한다. 그러면 그 지층의 위 아래 지층들도 자동적으로 상대 연대가 정해진다. 그러나 여기에 대해서 홍수론자들은 대부분의 화석이나 지층이 홍수와 같은 천재지변에 의해서 갑작스럽게 형성되었다고 한다면, 동일과정설의 가정에 근거한 화석의 상대적 연대는 의미가 없다고 주장한다.

3. 지구의 자전 속도

지금까지 살펴본 오랜 연대에 대해서 젊은 연대를 지지하는 사람들은 이는 지구의 나이가 오래되어야만 진화론이 성립할 수 있기 때문이라고 비판한다. 그러면서 이들은 지구가 오래되었다고 보기 힘든 증거들도 많이 있다고 주장한다. 아래에서는 먼저 젊은 연대를 보여주는 몇 가지 예를 소개한다.[13]

먼저 지구의 자전속도를 생각해 보자. 현재 지구의 자전주기는 항성일(恒星日, sidereal day) 기준으로 23시간 56분 4초이고, 태양일(太陽日, solar day) 기준으로 24시간 0분 0초이다.[14] 적도에서 지구의 둘레는 40,000km이고, 지구의 자전주기는 24시간(86,400초)이므로 적도에서 지구의 자전속도는 1,667km/시간(463m/초)이다. 이러한 지구의 자전속도는 미세하게 느려지고 있다. 즉 자전주기가 길어지고 있어 밤낮의 길이가 점점 길어지고 있다는 말이다. 이와 같이 자전이 느려지는 요인은 지구에 영향을 주는 태양과 달의 중력을 포함하여 조수와 지표면의 마찰 등 여러 요인이 있다. 만일 과거에도 현재와 같이 일정한 속도로 지구의 자전 속도가 줄어들었다고 가정하면 과거로 거슬러 올라갈수록 지구의 자전속도는 점점 빨랐을 것이고, 미래에는 점점 늦어질 것이다.

창조과학자들은 지구의 자전이 1만년에 1초 정도, 즉 1년에 0.0001초만큼만 짧아진다고 가정한다. 정말 그런 속도로 일정하게 자전이 느려졌다면, 10억 년 전에는 10억 년 × 0.0001초/년 = 100,000초가 짧아져 오늘날의 하루의 길이 86,400초보다 많다. 즉 창조과학자들은 지구의 연대가 10억 년이라 해도 현재의 지구의 자전속도는 거의 영이 되어야 할 텐데 지구는 여전히 자전하고 있으며, 이는 오랜 지구를 반대하는 증거라고 주장한다.

만일 지구의 자전속도가 일정하게 감소하지 않고 지수함수적으로 감소한다고 가정하면 어떻게 될까? 창조과학자들은 현재의 자전속도로부터 거슬러 올라가면 10억 년 전 지구의 자전속도는 상상할 수 없을 정도로 빨라서 원심력은 모든 육지를 적도 지역으로 끌어당기고 대양은 양극으로 밀려나 있어야 할 것이라고 주장한다. 하지만 지구는 아직도 구형이며 더욱이 육지는 적도 근처에 밀집되어 있지도 않고, 대양이 양극에 몰려 있지도 않다. 현재 대부분의 육지는 북반구에 몰려 있으며, 남극은 대륙이나 북극은 얼어붙은 바다로 알려져 있다. 젊은지구론자들은 이것은 지구가 그렇게 오래되지 않았음을 말해 주는 증거라고 한다.[15] 과연 이러한 주장이 타당할까?

여기에는 두 가지 오류가 있는데, 첫째는 젊은지구론자들이 지구의 자전주기의 감소 속도를 잘못 인용하고 있다는 것이다. 현재 지구의 자전주기는 창조과학자들의 주장대로 1만 년에 1초가 아니라 10만 년에 1.7초 정도 감소하는 것으로 알려져 있다.[16] 그러므로 지구의 자전속도가 일정하게 감소한다고 가정하면, 10억 년 전에는 지금보다 17,000초 짧았다고 할 수 있다. 심지어 지구의 나이라고 할 수 있는 45억 년 전에도 지금보다 76,500초 짧았다고 할 수 있으며, 이는 현재의 하루의 길이인 86,400초보다 짧다.

좀 더 오래된 데이터지만 트웨이츠(William Thwaites)와 오브리(Frank Awbrey)는 1년의 길이가 매년 0.005초씩 짧아진다고 했다.[17] 이를 하루의 길이로 환산하면 (0.005초/365일) 10만 년마다 하루의 길이가 1.36초 짧아지는 것이다. 이는 앞에서 인용한 지구 자전주기의 감소 속도인 1.7초보다 오히려 더 작다. 도대체 젊은지구론자들은 지구의 자전주기가 1만 년에 1초 짧아진다는 데이터를 어디서 구한 것인가?

현재 지구의 자전속도를 측정하는 데는 첨단장비들이 동원되고 있다. 대표적으로는 여러 개의 인공위성을 사용한 지구위치시스템(Global Positioning System), 여러 개의 대형 천체망원경을 연결한 매우-긴-기선 간섭계(Very-long-baseline interferometer), 위성 레이저 거리측정 장치(Satellite laser ranging) 등을 이용하여 매우 정밀하게 지구의 자전주기를 측정한다. 과학자들은 이러한 첨단장비를 사용하여 표준시, 지구의 세차운동, 장동주기(章動週期, nutation period) 등을 정밀하게 측정하고 있다.[18]

두 번째 오류는 지구의 자전속도는 미세하지만 일정하지 않다는 것이다. 1965년부터 2015년까지 하루의 길이가 변화된 것을 보여주는 아래의 그림 7-8은 비록 50년의 짧은 기간이지만 지구의 자전속도가 일정하게 변화되지 않는다는 것을 보여준다. 윤초(閏秒, leap second)를 도입한 이후의 누적된 하루의 길이 변화도(붉은 색으로 표시) 지구의 자전속도가 일정하게 변화되는 것이 아님을 보여준다.

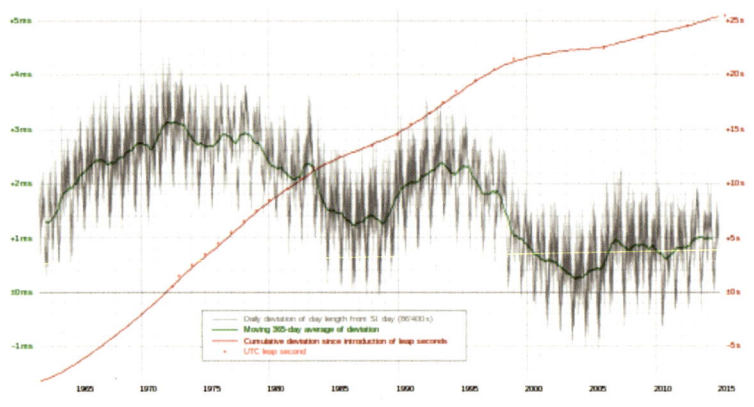

그림 7-8 1962년부터 2015년 사이의 하루의 길이 변화[19]

그러면 왜 지구의 자전속도가 일정하게 변화되지 않을까? 여기에는 몇 가지 지질학적, 지구과학적 이유를 들 수 있다. 예를 들면, 2004년에 인도양에서 일어난 대규모 지진은 지구의 회전관성에 영향을 미쳐서 0.003초 정도 지구의 자전주기를 늦춘 것으로 알려지고 있다.[20] 또한 지구 역사에서 여러 차례 일어났던 빙하기도 지구의 자전주기에 영향을 미쳤다고 본다. 현재 지구의 자전주기를 변화시키는 대표적인 요소의 하나로 조수와 지표면의 마찰을 들 수 있는데, 빙하기에는 대부분의 바닷물이 얼기 때문에 대부분의 바닷물이 액체 상태로 존재할 때와는 지구 자전주기에 미치는 영향이 다르다. 또한 빙하기 후에 거대한 빙상에 의해 눌려있던 대륙이 반등하면서 솟아오르는 '빙하기 후기 반등'(post-glacial rebound 혹은 continental rebound) 현상도 지구의 자전속도에 영향을 미친다.[21]

이처럼 지구의 자전주기에는 지질학적, 천문학적, 지구과학적 요소들이 복합적으로 영향을 미친다. 그런데 이런 복잡한 현상을 단순화시켜서, 게다가 부정확한 데이터를 동원해서 일반인들에게 지구가 젊다는 주장을 퍼뜨리는 것은 바른 과학자적 태도가 아님은 물론 바른 그리스도인의 자세도 아니다.

4. 유정의 압력

다음으로 젊은지구론자들은 유정(油井)의 압력이 젊은 지구의 증거라고 주장한다.[22] 유정을 뚫게 되면 암반 내에는 석유가 대단히 강한 압력으로 매장되어 있기 때문에 처음 얼마 동안 대단히 강한 압력으로 석유가 분출된다. 이러한 압력이 현재도 계속 만들어지고 있다는 증거는 별로 없으므로 석유가 매장되어 있는 암반의 투수율(透水率)로부터 압력 소실율을 계산해 보면 그와 같은 압력은 수천 년 이내에 사라져 버릴 것이라는 결론이 나온다. 따라서 젊은지구론자들은 지구가 수백만 년이 되었다고 하면 어떻게 아직까지 이와 같은 높은 유정의 압력이 존재하는 지를 설명할 수 없다고 한다.[23] 때때로 석유에 대한 ^{14}C 연대측정의 결과도 이와 비슷한 결과를 보여주고 있다고 주장하면서 아주 오래된 문헌을 인용한다.[24]

그러면 지구의 연대가 1만 년 미만이라면 그렇게 짧은 시간 동안에 석유가 만들어질 수 있는가라는 질문이 생긴다. 여기에 대해 젊은 지구론자들은 오늘날의 오일 핀치(oil pinch) 방법에 의하면 쓰레기로부터 석유가 생성되는 데 단 몇 시간밖에 안 걸리므로 충분한 압력과 열만 있으면 지구에서 석유가 만들어지는 데 반드시 오래 걸린다고 가정해야 할 필요가 없다고 주장한다.[25] 그러나 정말 그럴까? 이 주장이 지닌 문제점을 살펴보자.

유정의 압력이 높다는 것은 젊은 지구의 증거라기보다는 석유와 천연가스가 수백 수천만 년 동안 새어나올 수 없을 정도로 효과적으로 밀폐된(impermeable) 바위에 갇혀 있음을 보여주는 증거라고 할 수 있다. 만약에 지구가 젊고 석유나 천연가스를 포함하고 있는 암석이 샌다면 지금과 같은 유정의 압력이 아예 형성되지도 못한다.[26] 석유를 형성하는 유기물질들이 배사구조(anti-cline structure) 등 석유를 형성할 수 있는 지질구조에 갇히는(trapping) 것은 비교적 빠른 시간 안에 일어날 수 있지만, 갇힌 후 탄화가 되어서 현재와 같은 석유가 형성되는 과정은 강한 압력과 열을 받으면서 천천히 일어나기 때문이다.

때로 석유를 함유하고 있는 지층이 충분히 치밀하지 않은 경우도 있을 수 있다. 하지만 그런 경우는 다른 밀폐된 지역에서 형성된 석유가 이동했기(migration) 때문이다. 다시 말해 처음 석유가 형성된 곳은 밀폐된 곳이었지만 이동한 곳은 충분히 치밀하지 않은 지층구조일 수 있다. 그러한 석유의 이동은 유전에서 흔히 관찰되며, 이는 수백만 년에 걸쳐 일어나는 것으로 알려져 있다. 일반적으로 처음 석유가 형성된 셰일층의 투수율(permeability, 透水率)은 지표면에 있는 점토보다 1/1000 정도인 것으로 알려지고 있다.[27] 그러므로 치밀하지 못한 지층(leaky trapping rock)에서 석유가 높은 압력으로 존재한다는 것

을 젊은 지구의 증거로 사용할 수는 없다.[28]

5. 칼스바드 동굴의 석순과 종유석

젊은지구론자들의 단골 메뉴 중에는 석순(石洵, stalagmite)과 종유석(鐘乳石, stalactite)도 들어있다. 현재 지구상에는 수많은 석회암 동굴이 존재하고 있으며 이러한 동굴 속에는 무수히 많은 석순과 종유석이 있다. 우리나라에도 많은 석회암 동굴이 있는데, 천연기념물 제155호로 지정하여 보호하고 있는 울진 성류굴(聖留窟)이 대표적인 예라고 할 수 있다. 일반적으로 이러한 석순과 종유석은 천천히 성장하고 있으며, 따라서 이들의 성장속도로부터 동굴의 연대, 나아가 지구의 연대는 매우 오래되었음을 알 수 있다.

그림 7-9 미국 뉴멕시코주에 있는 칼스바드 동굴의 종유석

하지만 젊은지구론자들은 이러한 석순과 종유석이 빠르게 자랄 수 있다고 하면서 거대한 석순과 종유석의 존재가 오랜 연대를 지지하는

것이 아니라고 주장한다.[29] 수의사인 와이송(Randy L. Wysong)은 이들의 성장속도가 물의 흐름, 온도, 물속의 석회암의 밀도 등에 크게 의존한다고 한다. 와이송은 그 예로 근래에 건설된 다리 밑이나 터널 속에 수 인치씩 자란 상태로 발견되는 종유석을 예로 들기도 한다.[30]

석순이 극히 빠른 속도로 자랄 수 있다는 또 다른 예로는 미국 뉴멕시코주에 있는 칼스바드 동굴 국립공원(Carlsbad Caverns National Park)의 동굴 속에 거꾸로 매달려 있던 멕시코 프리테일 박쥐(Mexican free tail bat)가 빠른 속도로 자라나는 석순 속에 파묻혀 화석이 된 것을 들 수 있다. 이 박쥐는 동굴 바닥에 떨어져 죽은 뒤 종유석에 파묻힌 것이 아니라 동굴 천정에 산 채 매달려 있다가 급속히 자란 석순에 발부터 파묻혀 화석이 된 것이다. 그래서 젊은 지구 지지자들은 종유석과 석순의 성장속도가 오래된 지구를 보여준다는 주장은 신빙성이 없다고 말한다.[31] 그런데 과연 그럴까?

 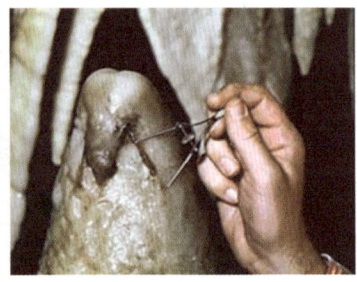

그림 7-10 칼스바드 동굴에 서식하고 있는 멕시코 프리테일 박쥐와 석순에 묻힌 박쥐. 창조과학자들은 이것을 석순이 빨리 자란다는 증거로 제시한다.[32]

이를 위해 먼저 석순이 자라는 일반적인 메커니즘을 살펴보자. 석회암은 물에 녹지 않지만, 동굴 위 지표면에서 자라는 식물들이 부패하면서 발생하는 이산화탄소가 물과 섞이면 약한 산성을 띠는 탄산수가 되고, 이 탄산수가 탄산칼슘(calcium carbonate)을 물에 녹는 중탄산칼슘(calcium bicarbonate)으로 변화시킨다. 중탄산칼슘이 녹아 있는 물방울이 동굴 내에서 공기에 노출되면, 일부 이산화탄소가 공기 중으로 빠져나가면서 적은 양의 탄산칼슘이 침전되어 석순이나 종유석을 자라게 한다. 빨리 자라는 열대지방에서 석회암 석순은 평균 100년에 1cm정도 자라지만, 다른 지방에서는 더 느리게 자란다.[33]

이러한 일반적인 석순의 성장과는 달리 빠르게 자라는 석순은 보통의 석회암 동굴에서 자라는 탄산칼슘 석순과는 전혀 다른 과정을 통해 성장한다. 빠르게 자라는 석순은 증발과정을 통해 석고로부터 자라거나 콘크리트나 회반죽(mortar)으로부터 자란다. 물을 콘크리트에 첨가했을 때 생기는 소석회(calcium hydroxide)는 방해석보다 100배 정도 물에 잘 녹는다. 소석회는 공기 중에서 이산화탄소를 흡수하여 탄산칼슘을 다시 만들고 이것이 빠르게 석순을 자라게 만든다.[34]

그렇다면 이런 일반적인 석순의 연대는 얼마나 될까? 포드(Derek C. Ford)와 힐(Carol A. Hill)은 석순에 대한 직접적인 방사성 연대측정을 통해 190,000년이라는 연대를 얻었고,[35] 동굴 속에 있는 다른 퇴적물들은 수백만 년 된 것으로 나타났다. 폴약(V.J. Polyak) 등은 아르곤-아르곤 연대측정으로 칼스바드 동굴에 인접한 한 동굴의 연대를 측정한 결과 1,130만 년이 나왔다.[36] 또한 도레일(J.A. Dorale) 등은 석순에 있는 산소 동위원소를 조사하여 석순 성장 당시의 외부 온도를 알 수 있었고, 이를 근거로 약 16만 년 전에 빙하기가 도래했다는 결론을 내렸다. 이 결과는 다른 사람들의 연구결과와 일치한다.[37]

그런데 이렇게 오랫동안 천천히 성장하는 석순 속에 어떻게 박쥐가 묻혔을까? 이와 관련해서는 앞에서 언급한 빠르게 성장하는 석순의 개념을 생각한다면 얼마든지 설명할 수 있다. 우리가 한 가지 주목해야 할 사실은 박쥐가 종유석이 아니라 석순에 묻혔다는 사실이다. 박쥐가 위에서 아래로 자라는 종유석에 묻혔다면 급속도로 자라는 종유석에 박쥐가 산 채로 묻혔다고 할 수 있지만, 아래에서 위로 자라는, 그것도 종유석처럼 끝이 뾰족한 것이 아니라 뭉툭한 석순 위에 박쥐가 묻혔다면 전혀 다르게 해석할 수 있다. 즉 뭉툭한 석순 위에 박쥐가 죽어서 떨어진 후 시간이 지나면서 빠른 속도로 석순이 자랐기 때문이라 할 수 있다.

실제로 그림 7-10에서 보는 것처럼, 칼스바드 동굴 속에는 지금도 수천 마리의 멕시코 프리테일 박쥐가 살고 있으며, 당연히 이들의 시체와 배설물들이 동굴 내 곳곳에 있다. 또한 지하 몇 백 미터 아래에 있는 칼스바드 동굴은 외부와는 달리 연중 기온의 변화가 거의 없으며, 이런 곳에서는 박쥐의 시체가 쉽게 부패하지 않는다. 그러므로 박쥐의 시체가 석순에 묻히는 것을 특별한 일로 볼 필요가 없으며, 젊은지구론의 증거로 볼 이유도 없다. 칼스바드 동굴의 수많은 박쥐들 중 한 마리가 빠르게 자라는 석순 위에 떨어져 죽었고, 그 위로 석순이 자랐을 뿐이다!

6. 지자기의 감퇴

다음에는 지난 한 세대 동안 젊은지구론자들이 제시해 온 젊은 지구의 대표적인 증거의 하나인 지자기 감퇴를 살펴보자. 텍사스 주립대학교 엘파소 분교(University of Texas at El Paso)의 물리학과 교수였다가 후에 창조과학연구소(Institute for Creation Research, ICR) 교수로 일하다가 별세한 반즈(Thomas G. Barnes, 1911~2001)는 지구 자기장이 일정한 속도로 붕괴하는 것에 착안하여 지구연대를 계산하였다.[38]

연도	지구의 자기쌍극자 모멘트 (Joule/Tesla)	연도	지구의 자기쌍극자 모멘트 (Joule/Tesla)
1835	8.558×10^{22}	1935	8.088×10^{22}
1845	8.488×10^{22}	1942	8.009×10^{22}
1880	8.363×10^{22}	1945	8.010×10^{22}
1885	8.347×10^{22}	1955	8.067×10^{22}
1905	8.291×10^{22}	1958	8.038×10^{22}
1915	8.225×10^{22}	1960	8.025×10^{22}
1922	8.165×10^{22}	1965	8.017×10^{22}
1925	8.149×10^{22}		

표 7-1 연도에 따른 지구자기장의 감퇴를 지구의 자기쌍극자 모멘트(magnetic dipole moment)로 표시한 것[39]

반즈는 지구의 자기 쌍극자 모멘트(magnetic dipole moment)가 1835~1965년 사이에 6% 감소한 것에 착안하여 지구자기장이 1,400년마다 절반으로 감소했다고 주장했다.[40] 이 데이터를 근거로 그는 지구의 창조 이래 지자기는 지수함수적으로 감소해 왔다고 가정했다. 그러므로 만일 지구자장이 과거에도 현재와 같은 속도로 붕괴했다면, 지구자장은 지금부터 1,400년 전에는 현재보다 2배, 2,800년 전에는 4배, 5,600년 전에는 16배, 11,200년 전에는 현재보다 64배였다고 계산된다.[41]

반즈가 계산한 원리는 간단했다. 즉 자장 내에서 회전하는 금속에는 줄열(Joule heat)이 발생하는데, 줄열은 자장의 세기가 강할수록, 금속의 자전속도가 빠를수록 많이 발생한다. 선풍기를 오래 켜두면 모터에서 열이 발생하는 것도 줄열 때문이다. 지구는 내부가 철이나 니켈과 같은 금속으로 되어 있으며 하루에 한 바퀴씩 지구자기장 내에서 자전함으로 줄열이 발생한다. 이 줄열은 지구자기장의 세기와 지구의 자전속도에 비례하므로 현재와 같은 자전속도를 가정하면, 지구가 2만 년만 되었다고 하더라도 강한 지구자장으로 인해 발생하는 줄열 때문에 지구는 아무런 생물도 살 수 없을 만큼 뜨거웠을 것이라고 했다.[42]

그렇게 계산한다면 지금부터 100만 년 전에는 자기장의 세기가 무려 3×10^{215} 테슬라(Tesla)나 되어 전 우주의 모든 자성체들의 자성을 합친 것보다도 더 큰 값을 가져 지구는 증발했을 것이라고 한다. 그는 시간을 거슬러 올라가서 지구 자기장의 크기가 자기성(magnetic star 혹은 magnetar)과 같은 크기가 되는 시점을 계산해 본 결과 BC 8,000년이며, 이것이 지구 나이의 상한이라고 보았다.[43]

> 우리 지구가 자기성(磁氣星, magnetic star)의 자성과 같이 큰 자장을 가진 적이 없었다는 합리적인 전제를 적용하면 우리는 ······ 지구의 자장의 기원은 BC 8,000년보다 더 최근이어야 함을 알 수 있다. 즉 지구 자장의 기원은 1만 년 이내라야 한다. 1만 년보다 얼마나 더 최근인가는 현재의 과학 지식으로는 결정할 수 없다. 만일 우리가 지구 자장의 초기값이 자기성의 자장보다 1/10 정도였다고 가정한다면 자장의 기원은 6~7천 년 전이었을 것이다.[44]

반즈는 이러한 지자기의 감퇴 속도를 근거로 지구의 나이는 몇만 년은커녕 1만 년 이상도 될 수가 없다고 결론내렸다.[45] 이러한 반즈의 주장은 젊은 지구 연대를 학수고대하던 모리스(Henry Madison Morris, 1918~2006), 슬러셔(Harold S. Slusher), 코팔, 세그레이브스 등 많은 젊은지구론자들에 의해 즉각 받아들여졌다.[46] 하지만 반즈의 주장에는 다음과 같이 심각한 몇 가지의 문제가 있다.[47]

첫째, 지구가 이상적인 자기쌍극자가 아니라는 점이다.[48] 지구 자기장은 쌍극자 자기장과 불규칙적인 비쌍극자 자기장(nondipole magnetic field)이 중첩되어 나타난다. 그런데 쌍극자 자기장과 같이 비쌍극자 자기장도 천천히, 일정하게 변한다. 그러므로 창조이래로 지자기가 지수함수적으로 감소했다는 가정은 바르지 않다. 현재 비쌍극자 자기장은 액체상태의 지구외핵과 고체상태의 맨틀 경계면에서의 와상전류(渦狀電流, eddy current)에 의해 일어난다고 알려져 있다.[49]

둘째, 지구의 자극은 시간에 따라 계속 변하기 때문에 지구의 쌍극자 자기장의 방향도 계속 변한다는 점이다. 때로는 지구자기장의 남극과 북극이 뒤바뀌기도 했다.[50] 용암에 대한 고지자기학 연구를 보면 이런 극성 반전은 불규칙하게, 그러면서도 자주 일어났다. 평균적으로 근래 10만~100만 년 동안은 지구 자극과 자전축이 대체로 일치했지만, 전체 지구의 역사에서 지구자기장의 변화는 단순하지 않았다. 그런데도 반즈는 수없이 관찰되는 지자기극의 반전을 고려하지 않고 지자기장(geomagnetic field)이 지수함수적으로 감소한다고 가정한 것이다.

셋째, 지자기의 세기도 반즈가 주장한 것과 같이 변하지 않는다는 점이다. 맥도날드(K.L. McDonald)와 건스트(R.N. Gunst)가 연구한 바에 의하면, 지난 50년 동안 지자기의 쌍극자 모멘트는 감소했지만 동시에 그 정도에 해당하는 지자기장의 비쌍극자 모멘트가 증가해서 지

구핵 외부의 지자기의 총 에너지는 대체로 일정하다고 알려져 있다.[51]

베로섭(K.L. Verosub)과 콕스(A. Cox)는 지난 120여 년 동안 비쌍극자 자기장이 증가한 정도가 쌍극자 자기장이 감소한 것보다 적어서 전체적으로는 지자기가 연평균 0.01% 정도 감소하였다고 보고했다.[52] 하지만 이 값도 1,400년마다 지자기가 50%씩 감소한다고 가정했던 반즈의 값보다 훨씬 적다. 반즈가 인용했던 지난 130여 년에 걸친 자기장의 감소 현상도 전체 지구의 역사에서 동일하게 계속 일어났다고 볼 수 있는 근거가 전혀 없다. 고지자기학의 연구는 오히려 이에 반대되는 증거를 보여준다.[53]

앞에서 언급한 것처럼, 지구의 역사에서 지자기의 남극과 북극은 여러 차례 역전된 것으로 밝혀지는데, 이러한 자기 반전이 일어날 때 일시적으로 지자기가 감소하는 것으로 알려져 있다. 암석에 남겨진 자기 기록에 의하면, 지난 8,000년 동안 지자기의 쌍극자 모멘트는 연속적으로 감소했다기보다 증감을 반복하였다.

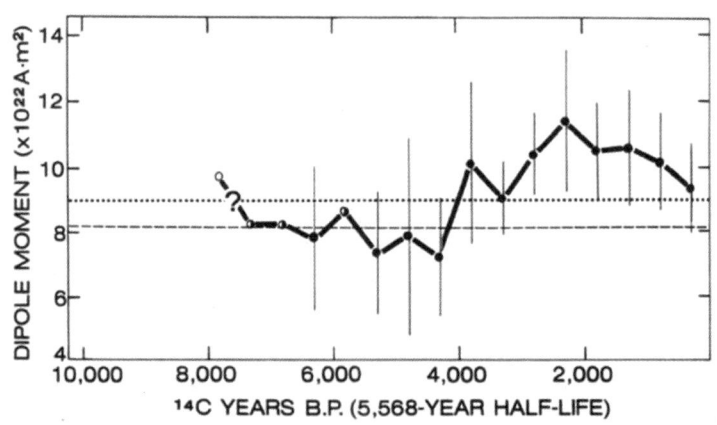

그림 7-11 지난 8천 년 동안, 약 500년 간격으로 측정한 지자기 쌍극자 모멘트의 변화. 점선(…)으로 표시한 값이 평균치이고, 대시 기호(----)로 표시한 값이 1965년의 값이다.[54]

이 증감의 폭이 비쌍극자 자장에 의해 상쇄될 것인지, 총 자장 에너지의 증감은 얼마나 될 것인지 등은 정확하게 알 수 없지만, 한 가지 분명한 것은 지자기장은 반즈가 주장하는 것처럼 지수함수적으로 감소하지 않는다는 것이다.[55] 반즈의 근본적인 오류는 지자기장의 주요한 요소인 비쌍극자 자장을 무시하고 지자기의 쌍극자 자장이 곧 총 지자기의 세기라고 본 것이다. 지자기장이 지수함수적으로 감소했다는 것은 최근 지구물리학의 연구 성과를 정면으로 부정하는 것이기 때문에 험프리스(D. Russell Humphreys)와 같은 젊은지구론자들조차 반대한다.[56] 결론적으로 지자기장의 지수함수적 감소로부터 지구의 나이를 계산한다는 것은 전혀 맞지 않는 주장이다.

7. 고지자기학과 젊은지구론

반즈의 주장은 근래 잔류자기학(殘留磁氣學)이라고도 불리는 고지자기학(古地磁氣學, palaeomagnetism) 분야의 연구 결과에 의해서도 부정된다. 고지자기학은 지구 표면에 분포하는 암석의 자연잔류자기(自然殘留磁氣, natural remnant magnetism)를 이용하여 지질 시대의 지구 또는 지구자장을 연구하는 학문이다. 이 연구에 의하면 암석이 형성되던 시기의 지구자장의 세기와 방향을 알 수 있고, 지자기의 쌍극자 모멘트도 구할 수 있다.

자연잔류자기란 과거 지질시대에 암석이 생성될 시기에 지구자기장의 방향에 따라 형성된, 암석에 있는 영구적인 자성을 말한다. 암석의 자연잔류자기는 그 암석이 형성되었을 때의 지구자기장의 크기와 방향을 동시에 가지고 있으므로 그것을 이용하면 과거의 지구자기장을 재현할 수 있다. 또한 과거의 지구자기장이 현재 지구의 쌍극자 자기장과 동일한 형태였다고 하면 지구의 자북극(磁北極)과 암석 채집지 사이의 상대적 관계를 추정할 수 있다.

최근 이 분야의 연구가 진전되면서 발견된 사실은 지자기의 세기가 반즈가 가정한 것과 같이 지수함수적으로 감소하는 것이 아니라 진동하며(fluctuate), 지자기의 남북극도 계속적으로 이동한다는 사실이다. 한 예로 신생대(新生代, Cenozoic era) 제3기(Tertiary period) 말과 제4기(Quaternary period) 초에 걸쳐 1만여 년 동안 지자기의 극이 반전되었음을 보여주는 증거가 있다.[57] 왜 지자기가 진동하는지, 왜 자극의 위치가 변하는지에 관한 원인은 정확하게 알려져 있지 않지만, 지자기가 진동한다는 사실은 여러 가지 증거들에 의해 분명하게 밝혀져 있다. 그러므로 지자기의 지수함수적 감소에 근거하여 지구의 연대를 1만 년 내외로 추정한 반즈의 해석은 틀렸다고 할 수 있다.[58]

이러한 근래의 고지자기 연구 결과에 대해 젊은지구론자들은 창조에서 노아의 대홍수 이전까지는 지자기의 세기가 지수적으로 감소

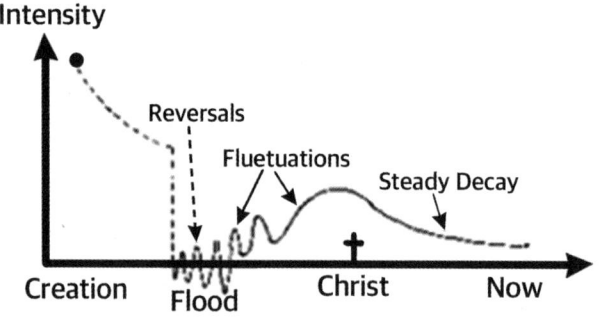

그림 7-12 창조과학자들의 지자기장 감퇴 해석[60]

하다가 홍수를 지나면서 지구의 자장이 반전(reversal)을 반복하였으며, 그 후 지자기의 세기는 진동하다가 지난 2,000여 년 동안에는 다시 지수적으로 감소했다고 추정한다. 물론 이러한 추정을 지지하는 타당한 근거는 없다. 다만 근래의 고지자기 연구 결과를 6,000년의 지구연대에 끼워 맞추기 위한 한 시도일 뿐이다.[59]

젊은지구론자들은 지구자장의 지수함수적 붕괴를 단순히 (줄열을 근거로) 지구의 나이를 추정하는 데 그치지 않고, ^{14}C 연대측정 결과들을 해석하는 데도 적용하였다. ^{14}C 연대측정법에서는 외계로부터 유입되는 고에너지 하전입자(荷電粒子)인 우주선이 대기 중의 질소와 충돌하여 얼마나 많은 ^{14}C을 만들어내느냐에 크게 의존한다. 과거에 지자기의 세기가 현재보다 훨씬 강했다고 하면, 자장 내에서 움직이는 하전입자에 작용하는 로렌츠힘(Lorentz force)도 매우 강하였으리라고 생각된다.

네덜란드의 이론물리학자이자 노벨물리학상 수상자인(1902) 로렌츠(Hendrik A. Lorentz, 1853~1928)는 금속 내에서의 전자이론을 설명하기 위해 이 힘을 도입했는데,[61] 식 자체는 간단하지만 임의의 전자기장 내의 힘의 작용 전체를 나타낼 수 있는 매우 중요한 식이다. 로렌츠힘이란 하전입자가 자기장 속에서 운동할 때 받는 힘인데, 입자의 전하를 q, 지자기장의 자속밀도를 B, 속도를 V라 하면 로렌츠힘 F는

$$F = qV \times B$$

가 된다.[62]

이 식에 의하면 지구자장이 강할수록 로렌츠힘도 커지고, 따라서 전하를 띤 고속 입자의 흐름인 우주선(宇宙線)의 대기권 유입은 어려워진다. 대기 중에 유입되는 우주선이 많이 차폐된다면 질소-14(^{14}N)가 탄소-14(^{14}C)로 전환되는 비율도 낮을 것이고, 따라서 대기 중에 ^{14}C의 비율도 낮을 것이다. 그러므로 $^{14}CO_2$의 형태로 생체 내에 축적되는 ^{14}C의 양도 적을 것이며, 따라서 그 생물은 실제보다 훨씬 오래된 듯이 보일 것이라는 게 젊은지구론자들의 주장이다. 지구자장의 지수함수적 감소를 믿는 이들은 지자기의 변화를 고려하지 않은 현재의 탄소연대는 다시 계산되어야 한다고 주장한다.

그러나 이러한 젊은지구론자들의 주장은 지자기가 진동한다는 고지자기학의 연구 결과로 인해 도전을 받고 있다. 고지자기학 연구를 통해 세계 각지의 각 지질시대 암석으로부터 나온 결과를 보면 지구의 자기장은 과거에도 쌍극자 및 비쌍극자 자기장이었음을 보여준다. 또한 과거 수억 년 동안 자북극(磁北極)이나 대륙의 분포 중 어느 것인가가 독자적으로 움직이고 있었다는 사실과 지구자기장의 세기가 일정한 패턴으로 감소하는 것이 아니라 진동하고 있었음을 나타낸다. 과거 지자기가 현재보다 강했을 때도 있지만 약했을 때도 있었다는 발견은 지난 130여 년의 지자기의 변화를 근거로 지구연대를 계산하거나 탄소연대를 해석하는 것이 얼마나 터무니없는 일인가를 보여준다.[63]

8. 마그마의 지각 유출

젊은지구론자 모리스와 파커는 마그마가 맨틀로부터 지각으로 유출되어 지각을 형성하는 속도를 기초로 지구의 연대가 5억 년이라고 주장했다.[64] 이 연대는 원래 모리스가 1940년대에 멕시코에 있는 파리쿠틴 화산(Paricutin Volcano)에서 분출된 용암의 분출 속도(연간 $0.3km^3$)에 기초해서 계산한 것이었다.[65] 모리스는 관입암(intrusive rocks)은 화산류암(lava flows)보다 훨씬 더 흔하다고 하면서 이렇게 말했다.

> 그러므로 매년 지구 맨틀로부터 적어도 새로운 화성암 $10km^3$가 흘러나온다고 가정하는 것은 적절한 것으로 보인다. 지각의 총 부피는 약 $5\times10^9km^3$이다. 그렇다면 전체 지각은 불과 5억 년 동안 현재와 같은 속도로 화산활동에 의해 형성되었을 것인데, 이는 캄브리아기까지 거슬러 올라갈 수 있을 뿐이다. 반면에 모든 지질학자들은 실제로 모든 지각은 그것보다 수십 억 년 전에 형성되었다고 확신한다. 동일과정설은 다시 한 번 심각한 문제와 모순에 도달한다.[66]

그런데 놀라운 것은 모리스가 동일과정설을 그렇게 비판하면서도 정작 그 자신이 동일과정설, 그것도 틀린 동일과정설을 주장한다는 점이다. 모리스는 마그마가 맨틀로부터 5억 년 동안 매년 $10km^3$씩 균일하게 흘러나온다고 가정하였다. 하지만 지각의 역사를 살펴보면 침식이나 퇴적, 지각순환, 지각 속으로 마그마 분사와 같은 극히 불균일한 과정들이 수시로 일어났다. 모리스는 이런 과정들을 모두 무시한 채 본인이 그토록 정죄했던 단순한 동일과정설의 가정 위에서 계산하였다. 모리스의 계산은 전혀 고려할 가치가 없다.

9. 세인트 헬렌즈 화산 분화구의 용암돔

젊은지구론자이자 ICR 지질학자인 오스틴(Steve Austin)은 세인트 헬렌즈 화산 분화구의 용암돔(熔岩-, lava dome)의 나이가 실제 나이와 다르다고 말한다. 용암돔이란 화산이 여러 차례 분출하면서 분화구 내에 형성된 돔 모양의 '작은 산'을 말한다. 세인트 헬렌즈 화산 분화구에는 1980년 폭발 이후 여러 차례 분화가 반복되면서 지면 아래에 있는 마그마의 압력으로 암석들이 밀려 올라와서 분화구 내에 돔이 형성되어 있다.

오스틴에 의하면, 이 용암돔은 1980년 화산폭발 이후 형성된 것인데, 이곳에 있는 암석들의 연대를 K-Ar 방법으로 측정해 보니 전체 암석은 350,000년 ± 50,000년, 암석에 포함되어 있는 개별 광물질의 연대는 최대 280만 년이었다고 한다.[67] 화산이 폭발한 지는 불과 50년도 되지 않았는데, 방사성 연대 측정법으로 측정한 용암돔의 암석은 35만 년, 그 암석 안의 광물질은 최대 280만 년이나 되었으니 방사성 연대측정법은 신뢰할 수 없다는 논리이다. 그런데 과연 그럴까?

이 주장의 근저에 있는 가정은 용암돔이 형성된 연대와 용암돔을

그림 7-13 세인트 헬렌즈 화산 분화구의 용암돔(ⓒPY)[68]

이루고 있는 암석들과 그 암석들 속에 들어있는 광물질들의 생성 연대가 동일하다는 것이다. 이 가정은 용암돔을 이루고 있는 암석들과 그 안의 광물질들이 세인트 헬렌즈 화산 분출 시 마그마로부터 직접 형성되었다고 한다면, 분출 연대와 용암돔 전체 암석 연대와 그 속에 들어있는 광물질들의 연대가 동일할 것이라는 가정은 타당하다고 할 수 있다. 하지만 이 가정은 별로 신뢰할만하지 않다.

그 이유는 세인트 헬렌즈 화산은 크립토돔(cryptodome)이기 때문이었다. 그리스어로 크립토스(κρυπτός, kryptos)라는 말은 '숨은', '비밀의' 등의 의미를 지닌다. 크립토돔은 점성이 큰 마그마가 지표면 가까이 보이지 않는 곳에서 축적되어 만들어지는 돔형의 구조를 말한다. 다른 말로 내부성장형 돔(endogenous dome)이라고도 부른다. 크립토돔이 발달하면서 세인트 헬렌즈 화산은 하부 마그마 압력이 높아지지만, 이를 방출해 줄 주화도(主火道)가 발달하지 않았었다. 이 때문에 1980년 분출 직전까지 화산은 큰 분출을 일으키지 않은 채 화산 정상 근처만 부풀어 올랐었다.

1980년 분출 때에도 마그마가 분출하기보다 크립토돔의 하부 압력을 증대시키면서 산체를 들어올렸고, 이로 인해 불안정한 화산돔(volcanic dome) 정상의 암석층이 한꺼번에 무너지는 거대한 산사태를 일으켰다. 그와 함께 화산돔 아래에 있는 마그마는 재빨리 압력이 줄어들면서(decompressed) 오랜 세월 누적된 에너지를 단숨에 내뿜었다. 따라서 화산 정상에 커다란 분화구가 만들어졌는데, 이는 마그마의 분출로 인해 생긴 분화구가 아니라 화산돔이 무너지면서 형성된 것이었다.

1980년 이후에도 세인트 헬렌즈 화산은 여러 차례 분화했지만, 한 번도 마그마가 분출되지는 않았다. 분출물들은 이산화탄소를 비롯한 각종 기체와 화산재, 화산쇄설물 등이었다. 그러므로 분화구 내에 있는 용암돔은 분화 당시의 마그마로부터 직접 생성된 것이 아니다. 즉 분화구의 용암돔을 이루고 있는 암석들은 마그마로부터 직접 형성된 것이 아니라 지표면 가까이 있던 기존의 암석들이 밑에 있는 마그마의 압력에 의해 밀려 올라온 것일 뿐이다. 지금도 에너지가 충만한 하부의 마그마가 지속적으로 활동하면서 전체 화산돔은 물론 분화구 내의 용암돔을 밀어올리고 있다.

결론적으로 분화구가 형성된 연대보다 용암돔을 이루고 있는 전체 암석들의 연대가 훨씬 더 오래된 것은 당연하다고 할 수 있다. 또한 용암돔 내의 암석들 속에 들어있는 광물질들의 연대 역시 암석의 연대와 동일하다고 가정할 하등의 이유가 없다. 암석의 연대보다 암석 속에 포함되어 있는 개별 광물질들의 연대가 훨씬 더 오래되었다는 것도 매우 자연스럽다고 할 수 있다. 그러므로 방사성 동위원소 연대측정법이 타당하지 않다는 오스틴의 주장은 타당하지 않다.

10. 하와이 용암

다음에는 창조과학자들이 젊은 지구의 증거로 제시하는 하와이의 용암을 생각해 보자. 하와이는 지금도 섬이 자라고, 만들어지고 있는 곳이며, 특히 빅아일랜드의 킬라우에아 화산(Kilauea volcano)은 지금도 활발한 화산활동이 진행되고 있는 곳이다. 게다가 이곳은 미국 땅이기 때문에 그 동안 화산활동에 관해 많은 연구가 이루어졌다. 그래서 오래 전부터 젊은지구론자들 중에는 하와이 용암이나 화산활동에서 젊은 지구의 증거를 찾으려고 노력해왔다.

하와이 현무암

방사성연대의 신뢰에 문제를 제기하는 젊은지구론자들은 하와이 현무암들의 연대가 아주 최근의 것에서부터 334만 년에 이르기까지 다양한 데도, 연구자들이 통계적 추론을 통해 현무암들의 연대가 25만 년이라고 발표했다고 지적한다.[69] 하지만 이것은 데이터의 통계적 처리 과정에 대한 무지 내지 오해에서 비롯된 것으로 보인다.

한 예로 젊은지구론자 모리스(Henry M. Morris)가 언급한 에번든(J.F. Evernden) 등의 데이터는[70] 서로 다른 시기에 형성된 서로 다른 섬에서 채취한 시료들의 연대였다.[71] 334만 년 되었다는 현무암은 카우이섬의 내팔리 지층(Napali Formation)의 연대인데, 이 연대는 이 지층에 대한 다른 연대측정 결과와 일치한다.[72] 약 25만 년이라는 추

그림 7-14
하와이 빅아일랜드의 화산 활동과
분출된 용암(ⓒPY)

정연대의 현무암은 카우이섬의 지층보다 훨씬 더 젊은 하와이섬의 네 가지 시료에 대한 연대의 평균치이다. 이 연대들은 모리스의 지적과는 달리 잘못된 것이 전혀 없고, 에번든 등이 사용한 통계적 방법은 합리적이고 정통적인 방법이었다.

킬라우에아 인근 해역의 해저용암

일반적으로 밀도가 낮은 마그마 속에는 아르곤 기체가 들어있지 않기 때문에(쉽게 빠져나가기 때문에) ^{40}K-^{40}Ar 연대측정에서는 마그마가 결정화되는 시점의 자원소 아르곤을 영(零)으로 놓을 수 있다. 하지만 어떤 암석의 경우에는 마그마 상태에서부터 이미 아르곤이 포함되어 있는 경우가 있다. 특히 마그마가 바다 속으로 분출될 때는 아르곤이나 헬륨 등의 불활성 기체가 포함되어 있는 경우가 많다. 그러므로 마그마가 바닷물 속으로 분출되어 형성된 베개용암의 연대를 ^{40}K-^{40}Ar 방법으로 측정하게 되면 최근에 형성된 용암이라도 오래된 연대가 얻어질 수 있다.[73]

예를 들면, 킬라우에아 화산의 동쪽 해저 용암의 연대를 ^{40}K-^{40}Ar 방법으로 측정하면, 분출된 지 200년도 안 된 용암이 2,200만 년이나 된 것처럼 측정된다.[74] 여기에서 출발하여 슬러셔(Harold S. Slusher)와 모리스(Henry M. Morris)는 K-Ar 연대측정법을 믿을 수 없다고 주장한다. 하지만 이러한 현상은 이미 연대 연구 학자들에게는 잘 알려진 사실로서 왜 그런지 그 이유까지 알고 있는 경우가 대부분이다. 학자들은 전혀 터무니없는 결론을 내리지 않는다.

예를 들어보자. 해저 바닷물 속으로 분출된 용암의 경우 분출되기 전 마그마 상태에서 이미 아르곤이 마그마 속에 포함되어 있는 경우가 있다. 두 팀의 독립적인 연구에 의하면, 분출되기 전의 마그마 상태에 이미 아르곤이 포함되어 있는 현상은 베개용암의 표면에 가까워질수록, 수심이 깊어질수록 더 많이 나타난다.[75] 베개용암의 내부로 들어갈수록 마그마가 천천히 식기 때문에 아르곤이 빠져나갈 수 있는 가능성이 높아진다. 또한 수심이 1,000m 미만인 물속에서는 수압이 작기 때문에 아르곤이 빠져나갈 가능성이 더 높아진다.

이 두 연구의 목적은 이미 연대가 알려진 시료들을 사용하여 해저 베개용암이 연대측정에 적합한 지를 실험하는 것이었다. 이는 그런 시료들은 연대측정에 부적합하다는 의심이 있었기 때문이다. 서로 다른 광물질이나 암석들을 방사성 연대측정에 사용하기 전에 연대측정에 적합한 지를 결정하기 위해 그런 실험을 하는 일은 흔히 있는 일이다. 연구 결과 해저 베개용암의 경우는 연대측정에 적당하지 않음이 명확했다. 그래서 그런 암석들은 특별한 경우나 연대측정의 결과를 검증할 수 있는 다른 독립된 방법이 없으면 몰라도 일반적으로는 연대측정에 사용하지 않는다.[76]

후알라라이 화산의 용암

다음에는 하와이 제도의 후알라라이 화산(Hualalai Volcano)의 용암을 생각해 보자. 젊은지구론자들은 1800~1801년에 분출된 하와이 용암을 K-Ar 연대측정법으로 측정한 결과 과도한 아르곤이 포함되어 있었으며, 1.6~29.6억 년의 다양한 연대를 보여주었다는 점을 지적한다.[77] 비슷하게 1801년에 하와이 빅아일랜드에 있는 후알라라이(Hualalai) 인근의 용암들에 대한 K-Ar 방사성 연대측정의 결과도 비슷하게 1.6~30억 년의 연대가 산출되었다.[78]

왜 같은 용암의 연대가 이렇게 다를까? 왜 이렇게 연대의 스펙트럼이 넓을까? 이에 젊은지구론자 코팔과 세그레이브스(R.E. Kofahl and K.L. Segraves),[79] 모리스(Henry M. Morris)는[80] 펑크하우저(J.G. Funkhouser)와 노톤(J.J. Naughton)이[81] 하와이 후알라라이 화산에서 1801년에 분출한 포획암(捕獲岩, xenolithic inclusion)의 연구결과를 인용하면서 방사성 연대를 믿을 수 없다고 하였다. 그러나 정말 그럴까?

포획암이란 마그마가 이동하거나 분출하는 동안 용암 속에 포함된 암석을 말하는데, 펑크하우저와 노톤에 의하면 1801년에 분출된 용암 속에는 흔히 관찰되는 것과는 달리 용암이 아닌 다른 암석들이 많이 포함되어 있었다. 포획암은 주로 감람석(橄欖石, olivine)과 담록색(淡綠色)의 철-망간 규산염 광물(iron-magnesium silicate mineral)로 이루어져 있었다. 이들은 맨틀 깊은 곳에 있었다가 용암에 의해 지표면까지 운반되었다. 야외에서 보면 이들은 마치 푸딩 속에 들어있는 큰 건포도처럼 생겼다.

펑크하우저와 노톤의 연구는 포획암을 연구한 것이었지 용암을 연구한 것이 아니었다.[82] 흥미로운 점은 구성성분이 다양하고 크기도

그림 7-15 후알라라이 화산의 용암

작은 입자에서 큰 야구공까지 다양한 포획암 속에 많은 양의 아르곤이 포함되어 있었다는 점이다. 그래서 펑크하우저와 노톤은 그들이 측정한 겉보기 연대는 지질학적으로 의미가 없음을 지적하였다. 다시 말해 포획암은 K-Ar 연대측정법으로는 측정할 수 없는 암석들이라는 것이었다.

펑크하우저와 노톤은 과도한 아르곤 기체는 주로 포획암 광물질들 속에 유체 거품으로 존재하기 때문에 이 포획암이 지표면에 노출되어도 아르곤이 쉽게 빠져나갈 수 없다고 밝혔다. 이처럼 펑크하우저와 노톤은 어떤 광물질이나 암석이 연대측정에 적합하고 적합하지 않는 지를 결정함은 물론, 예측 연대와 전혀 다른 연대가 산출되는 경우에는 그 원인을 조사하였다. 이러한 작업은 지질학자들이 연구하면서 배워나가는 일상적인 작업 과정이다.

앞에서 예를 든 역사적 시대에 분출된 두 용암에 대한 연구를 비롯해 전 세계적으로 분출 연대가 알려진 용암에 대한 연구는 용암에 포함된 과도한 아르곤이 방사성 연대를 측정하는 데 심각한 문제가 아님을 보여준다.[83] 저자들은 역사적 연구로부터 실제 분출 연대가 알려진 많은 용암들의 연대를 측정하였는데, 거의 대부분 측정된 K-Ar 연대는 영이었다. 즉 예측한 대로 자원소 아르곤이 거의 없는, 아주 젊은 연대였다. 1801년에 분출된 후알라라이 용암은 예외적인 경우였다. 이 용암에는 포획암이 너무 많이 들어있어서 포획암이 전혀 없는 시료를 얻는 것이 불가능하였다. 이것은 이 용암이 너무 많이 오염되어 연대측정 시료로서 부적당하다는 뜻이었다. 따라서 이런 용암 시료의 연대측정 결과를 가지고 방사성 연대측정법 전체를 매도하는 것은 바르지 않다.

11. 그 외의 주장들

이 외에도 젊은지구론자들은 젊은 지구의 증거라고 생각되는 것들을 계속 주장하고 있는데, 여기서 몇 가지만 더 살펴보자.

표토의 두께

먼저 지표면의 표토(表土, topsoil)의 두께이다. 표토는 유기물질과 미생물이 집중되어 있으며, 지구의 생물학적 토양활동이 일어나는 곳이다. 젊은지구론자들은 평균두께가 20cm 정도인 표토도 젊은 지구의 증거라고 주장한다. 블릭(E.F. Blick)의 계산에 의하면, 표토는 100~300년에 2.5cm씩 쌓인다고 하는데, 과거에도 표토의 퇴적속도가 일정했다고 가정한다면 지구의 연대는 불과 수천 년 정도라는 계산이 나온다.[84] 어떤 사람은 대략 6천 년에 맞추기 위해(3,000~8,000년) 표토가 300~1000년마다 2.5cm씩 쌓인다고도 했다.[85] 그렇다면 이처럼 표토가 쌓이는 속도로부터 지구의 연대를 계산하는 것이 바른가?

지표면의 토양은 때에 따라, 혹은 지역에 따라 퇴적도 되지만 동시에 침식도 된다. 어떤 곳은 일정한 기간 동안 표토가 퇴적되다가 중단되기도 한다. 기후에 따라, 지각의 조성에 따라, 지형의 경사에 따라, 주변 생태계에 따라 표토의 두께는 달라진다. 또 표토의 종류에 따라 어떤 표토는 빨리 쌓이고 어떤 표토는 그렇지 않다.[86] 마이어(R. Meyer)는 연구를 통해 7종의 표토는 쌓이는 데 5만 년 정도 걸리지만, 어떤 표토는 수백만 년 이상이 걸린다고 주장했다.[87]

한 예로 필자가 살고 있는 밴쿠버 프레이저 계곡 지역은 표토가 매우 두껍다. 이 지역의 두꺼운 표토는 비교적 최근 지구의 역사와 직결되어 있다. 과거 빙하기 때 프레이저 계곡 전체는 2,000m 내외의 빙하로 덮여 있다가 빙하가 물러가면서 거대한 빙하계곡이 형성되었다. 이어 오랜 시간 동안 프레이저 강을 통해 운반된 퇴적물이 지금과 같은 거대한 프레이저 계곡 충적평야(沖積平野, alluvial plain, flood plain)를 이루었다.[88] 이로 인해 이 지역은 캐나다에서 가장 비옥한 지역의 하나가 되었다. 필자가 살고 있는 VIEW 센터도 표토의 두께가 수 미터에 이른다.

게다가 우리가 알고 있는 것처럼 지각은 끊임없이 순환한다. 지구 내부의 거대한 에너지로 인해 15개 정도의 거대한 판으로 이루어진 지각은 끊임없이 수평 혹은 수직으로 움직이면서 순환한다. 그리고 판들이 충돌하는 경계 지역에서는 지진과 화산폭발, 쓰나미 등이 일어난다. 따라서 현재의 지표면도 언젠가는 땅속으로 사라질 것이며, 오랜 시간 후에는 우리가 알지 못하는 새로운 지각이 나타날 것이다. 그러므로 평균적인 표토의 퇴적속도나 평균적인 표토의 깊이라는 것은 지구에 대한 상식일 뿐이지 그 이상의 큰 의미가 없다. 그런 표토

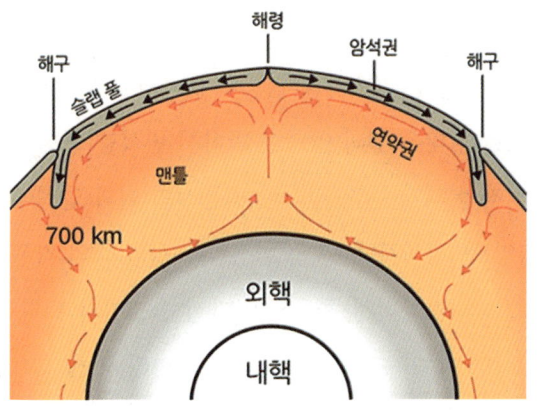

그림 7-16 맨틀의 대류와 지각의 순환(Wiki)

의 두께로부터 지구의 연대를 계산한다는 것 자체가 말이 안 되는 일이다.

화산암과 화산수의 양

다음에는 화산수(volcanic water)와 화산암(volcanic rock)을 살펴보자. 젊은지구론자들은 화산수와 화산암도 젊은 지구의 증거라고 주장한다. 화산이 폭발하게 되면 많은 양의 화산수와 용암이 분출된다. 그리고 일반적으로 과거에는 현재보다도 화산활동이 활발했던 것으로 알려져 있다. 젊은 연대 지지자들은 과거에도 현재와 같은 속도로 화산수와 용암이 분출했다고 하면, 지구는 도저히 수십억 년이 될 수 없다고 한다. 지구의 연대가 수십억 년이라고 한다면, 현존하는 지구상의 모든 물과 모든 대륙의 암석의 양이 모조리 화산폭발로 생겨난 것이라고 해도 그 양이 너무 적다고 한다. 그래서 이들은 지구가 최근에 생성되었다고 가정해야 자연스런 설명이 된다고 한다.[89] 하지만 젊은지구론자들은 여기서도 몇 가지를 간과한다.

첫째, 그들은 암석의 순환을 간과한다. 그림 7-17에서 보는 것처럼, 태초의 모든 암석은 마그마가 굳어서 만들어진 화성암에서 출발한다. 하지만 화성암은 풍화, 침식된 후 운반되어 퇴적층과 퇴적암을 만들기도 하고, 더 많은 열과 압력을 받아서 변성암(화성변성암)이 되기도 한다. 퇴적암 역시 지각 깊숙이 매몰되면 열과 압력에 의해 변성암(퇴적변성암)을 형성하게 된다. 변성암은 섭입 등의 작용을 통해 지하 깊은 곳으로 내려가면서 용융되어 다시 마그마가 된다. 그리고 이러한 암석의 순환에는 수백만 년 혹은 수억 년의 세월이 소요된다.

둘째, 물 역시 순환된다는 점을 간과한다. 화산이 폭발할 때 흘러

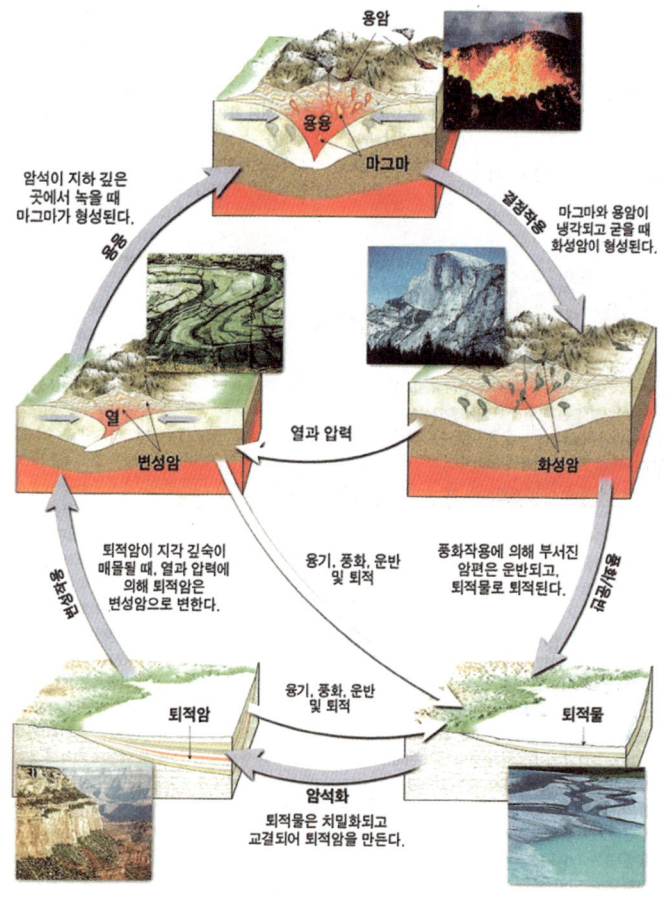

그림 7-17 암석의 순환[90]

나오는 화산수나 지표면 밑을 흐르는 지하수(地下水)는 순환된다. 물론 암석 순환에 비해 물 순환(물 循環, hydrological cycle)은 더 짧은 시간이 걸릴 것이다. 지구의 외부는 암석으로 이루어진 지각으로 덮여있고, 식물이 자라는 지표면 밑에는 대수대(帶水帶, aquifer zone) 혹은 대수층(帶水層, aquifer)을 관통하여 지하수가 흐르고 있다. 대부분의 지하수는 흙 속으로 스며든 비와 눈 녹은 물이 모여서 형성이

그림 7-18 물 순환(Wiki)

되는데, 말할 필요도 없이 화산수도 그 중 일부가 될 것이다. 물은 암석에 도달하면 암석 사이의 열려 있는 틈을 통해 흐른다. 지하수는 개울, 화산, 강에서 오는 지표수로 채워진다.

이처럼 암석과 물이 순환한다는 점을 무시하고 단순히 화산암과 화산수의 양만으로 지구의 연대를 계산하려고 하는 것은 얼토당토않은 말이다.

산소의 양

젊은지구론자들은 대기 중의 산소의 양이 젊은 지구의 증거라고 주장한다. 에렌스바드(Gösta Ehrensvärd)는 현존하는 대기 중의 산소의 양이 형성되는 속도를 계산하였다. 그의 계산에 의하면, 만일 지구에 아무런 식물이 없었고 대기 중에는 산소가 없다가 갑작스럽게 식물이 전 지구적으로 출현했다고 가정하면 현재의 대기 중의 산소량에 이르는 데는 5,000년 정도밖에 걸리지 않는다고 한다. 물론 과거에는 식물이 현재보다 적었다고 한다면 이 연대는 다소 길어질 것이지만, 그러나 이 계산으로부터 수십억 년의 지구의 나이를 계산할 방법은 없다는 것이다.[91] 정말 그럴까?

하지만 현대 지사학에서는 현재와 같은 대기 중의 산소의 존재나 양을 별 무리 없이 오랜지구론으로 설명한다. 지구 위의 모든 생물의 에너지는 광합성에 직간접적으로 의존한다. 가장 흔한 형태인 산소 광합성은 이산화탄소, 물, 햇빛으로 에너지원(포도당)을 만드는 과정이다. 산소 광합성이 처음 출현한 시기는 논란이 많지만 24~32억 년 사이라고 보며, 산소를 생성하는 최초의 생명체는 스트로마톨라이트(stromatolite)였다고 본다.

그림 7-19 서부 호주의 테티스 호수(Lake Thetis) 해안에 있는 석화된 스트로마톨라이트와 호상철광석

처음 만들어진 산소는 지표면의 대리석, 철 등의 광물과 반응하였다. 산소와 반응한 철은 지층에 호상철광층(縞狀鐵鑛層, Banded Iron Formation)이라는 적색 띠가 반복되는 암석층을 형성하였다. 이처럼 산소와 쉽게 반응하는 광물들이 대부분 산화된 후에야 대기에는 산소가 축적되기 시작하였다. 대기에 축적된 산소의 일부는 자외선과 반

응하여 오존층을 형성하였다. 오존층은 자외선을 흡수하여 지구상 생명체가 생존할 수 있게 해주었는데, 오존층이 없었다면 강한 자외선으로 지상의 생명체들이 치명적인 돌연변이를 일으켜 살아남을 수 없었을 것이다. 또 산소량이 늘어남으로 산소의 독성으로 대부분의 생물이 죽은 산소 대재앙(oxygen catastrophe)이 발생하기도 했지만, 현재와 같이 대기에 산소가 생성, 축적되는 현상은 오랜지구론으로 무리 없이 설명할 수 있다.[92]

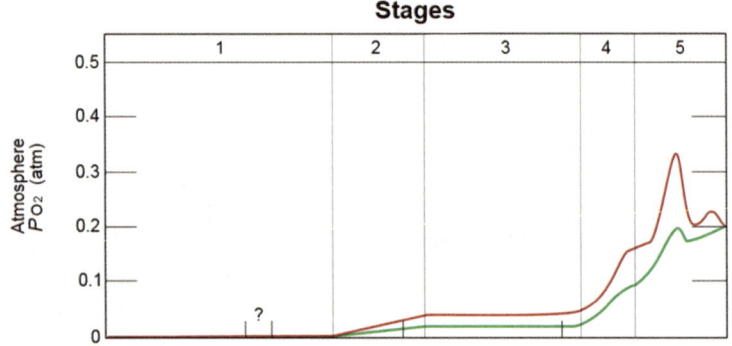

그림 7-20 시대에 따른 대기 중 산소의 함량 변화(Stage1: 38.5~24.5억년, Stage2: 24.5~18.5억년, Stage3: 18.5~8.5억년, Stage4: 8.5~5.4억년, Stage5: 5.4억년 이후). 빨간색은 대기압 중 산소의 분압(PO_2), 녹색은 산소의 밀도.[93]

지각의 풍화

끝으로 지각의 풍화속도이다. 지각은 바람에 의해 끊임없이 풍화(風化)되고 있다. 젊은지구론자들에 의하면, 현재 지각의 풍화속도로부터 계산할 때 지구가 수십억 년 되었고, 조산운동과 조륙운동이 현재와 같은 속도로 일어났다면 날카로운 절벽이나 뾰족한 봉우리들은 하나도 존재하지 않아야 한다. 또한 대륙은 평평해지고 바다는 다 메워져야 하며, 지층 속의 화석들은 모두 지표면에 흩어져야 한다. 그런데 오늘날 지표면은 어떤가? 오늘날 지표면의 모양(surface morphology)으로부터 유추할 수 있는 것은 지구가 매우 젊어야 한다는 것이다.[94] 그런데 과연 그럴까?

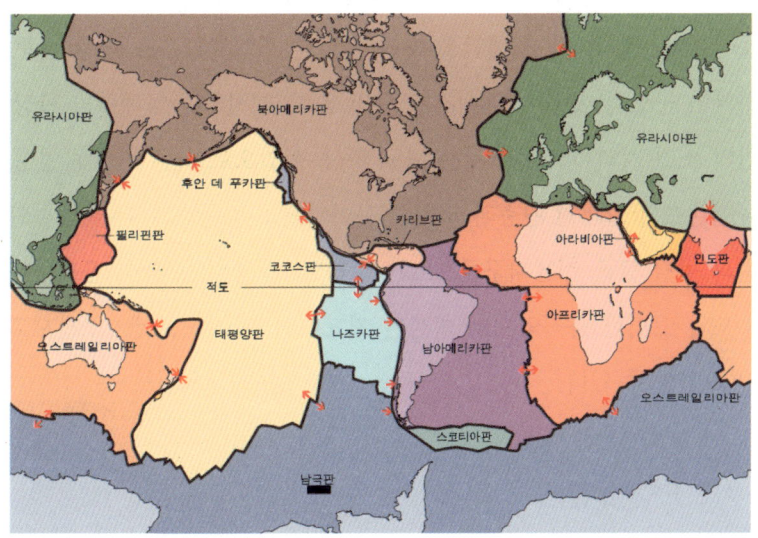

그림 7-21 판 구조[95]

젊은지구론이라야 오늘날의 지표면의 모양을 설명할 수 있다는 주장은 20세기 지질학의 가장 위대한 발견이라고 말하는 판구조론(板構造論, plate tectonics)의 연구결과를 무시하는 것이다. 오늘날 판구조론은 화학의 주기율표 발견, 생물학의 DNA 구조 해명, 현대물리학의 등장에 비견되는 지구과학의 혁명적인 이론으로 모든 지질학자들이 받아들이고 있다. 이 이론에 의하면, 지구의 가장 바깥 부분은 암권(lithosphere)과 연약권(asthenosphere)이라는 두 층으로 이루어져 있는데, 암권은 연약권 위에 떠 있고, 판이라고 불리는 몇 개의 조각으로 나뉘어 있다.

판구조론에 의하면, 이 판들이 서로 움직이면서 수렴 경계, 발산 경계, 보존 경계 등을 이루는데, 이 판들의 경계를 따라 대부분의 지진, 화산, 조산 운동, 해구 형성 등이 일어난다. 현재 지표면의 모양은 오랜지구론에 근거한 판구조론으로 잘 설명이 된다. 몇 가지만 예를 들어보자. 북미대륙 서해안을 따라 발달한 산안드레아스 단층 운동, 하와이 군도의 이동, 에베레스트 산의 융기, 대서양 중앙해령의 확장, 판의 소멸 지역에 만들어지는 해구 형성, 섭입으로 인한 조산대 형성, 뉴질랜드의 알파인 단층과 터키의 북아나톨리아 단층과 같은 변환단층의 발달 등은 젊은지구론으로는 설명할 수 없다. 판들이 움직이는 속도와 그러한 움직임으로 형성된 지표면의 모습은 오랜지구론으로만 설명할 수 있다.

12. 요약 및 결론

지금까지 우리는 젊은지구론자들이 젊은 지구의 증거로 제시하는 지질학적, 지구과학적 증거들을 비판적으로 살펴보았다. 젊은지구론과 오랜지구론이라고 말하니까 어떤 사람은 지구의 나이에 관해 두 가지의 서로 경쟁하는 이론이 있는 줄로 생각하지만, 사실은 전혀 그렇지 않다. 지금은 지구연대를 연구하는 전문과학자들 중에는 아무도 젊은지구론에 귀를 기울이는 사람이 없다. 하지만 젊은지구론자들은 지금도 해당 분야의 연구 동향이 어떤지 전혀 모르는 일반인들을 대상으로 대중적인 캠페인을 계속하고 있다.

젊은지구론을 비판하기 위해 이렇게 긴 글을 쓰는 이유는 단 하나이다. 교회 내에서 자라나는 세대들이 잘못된 지식으로 세뇌되지 않도록, 더 근본적으로 과학과 성경, 나아가 과학과 성경의 바른 관계를 정립하는 데 도움이 될 수 있을까 해서이다. 그러면 이러한 젊은 지구의 증거라고 하는 것들과 이들을 제시한 젊은지구론자들의 근본적인 문제는 무엇인가?

우선 이런 대부분의 젊은 지구 증거들은 젊은지구론자들이 그토록 강하게 반대하는 동일과정설의 가정 위에 세워져 있다는 사실이다. 예를 들면, '과거에도 현재와 같이 일정한 속도로 지구의 자전 속도가 줄어들었다고 가정하면', '과거에도 표토의 퇴적속도가 일정했다고 가정한다면', '조산운동과 조륙운동이 지금과 같은 속도로 일어났다면', '과거에도 현재와 같은 속도로 화산수와 용암이 분출했다고 하면' 결과는 이러이러하다는 논리이다. 아이러니컬하게도 젊은지구론자들은 자신들이 가장 배격하는 가정에 근거해서 자신들의 주장을 펼친다는 자가당착적인 문제에 부딪친다.

둘째, 젊은지구론자들은 직접 자신의 연구로 얻은 데이터보다는 다른 사람들의 데이터로부터 유추해서 자신의 결론을 이끌어내는 경우가 많다. 이는 젊은지구론자들 중에는 직접 이 분야를 전공하고 이를 위한 데이터를 얻기 위해 연구하는 학자들이 거의 없기 때문이다. 젊은지구론을 지지하는 데이터가 아닌, 남의 데이터를 젊은지구론을 지지하기 위해 끼워 맞추려다 보니 원 저자들의 의도와는 다르게, 혹은 문맥과는 상관없이 데이터가 적용되거나 잘못 적용되는 경우가 많다. 이에 대해서는 진화론자들은 물론 복음주의 계열의 전문과학자들도 줄기차게 지적하는 바이다.

셋째, 다른 분야들에서의 연구 성과들을 기초로 한 통합적인 연구가 부족한 경우를 들 수 있다. 본 강에서 소개한 것과 같이 기원에 관한 연구, 그 중에서도 연대에 관한 연구는 여러 분야 연구들이 중첩되어 있는 경우가 많다. 그러므로 여러 영역의 연구결과들을 통합적으로 해석하여 연대를 계산하는 것이 필수적이다. 지구연대가 젊어야 한다, 혹은 오래되어야 한다는 규범적 태도를 버리고 다양한 분야의 전문가들이 진리를 사랑하는 마음으로 협력하는 것이 성경적이요 하나님께 순종하는 것임을 기억해야 한다.[96]

토의와 질문

1. 젊은지구론자들은 세인트 헬렌즈 캐니언 벽이 짧은 시간 동안 형성된 것을 근거로 지층이 급속히 퇴적될 수 있다고 주장한다. 이 주장을 다른 모든 지층들에게 확대할 수 있을까? 그리고 젊은지구론자들이 지층과 지층 사이에서 오랜 시간이 경과했다고 주장하는 다중격변이론을 어떻게 해석하는지 조사해 보자.

2. 젊은지구론자들은 지구자기장이 시간의 경과에 따라 감퇴한다는 것을 근거로 지구가 젊다고 주장해왔다. 이들의 주장에서 사용되는 동일과정 가설의 문제점을 살펴보고, 젊은지구론의 선입견이 어떻게 데이터를 잘못 해석할 수 있는지 말해보자.

제8강

젊은지구론 비판 2
천문학적, 해양학적 증거

"묘성과 삼성을 만드시며 사망의 그늘을 아침으로 바꾸시고 낮을 어두운 밤으로 바꾸시며 바닷물을 불러 지면에 쏟으시는 이를 찾으라. 그의 이름은 여호와시니라." - 아모스 5장 8절

제7강에서 우리는 젊은지구론에서 제시하는 여러 증거들 중 지구과학적, 지질학적 증거들을 살펴보았다. 하지만 젊은지구론을 부정하는 증거들은 하늘과 바다에도 많이 있다. 본 강에서는 지금까지 젊은지구론자들이 대중적인 강연이나 글을 통해 젊은 지구의 증거라고 주장하는 천문학적, 해양학적 증거들을 살펴보고자 한다. 그리고 이러한 증거들이 젊은지구론을 주장하기 위해 어떻게 왜곡되고 편향되게 인용되었는 지를 지적하고자 한다.

1. 대기 중 헬륨 농도

먼저 대기 중 헬륨의 농도를 생각해 보자. 젊은지구론자들은 대기 중 헬륨 농도가 젊은지구론을 지지하는 증거라고 주장한다. 이들은 각종 방사성 동위원소들이 붕괴하는 과정 중에 알파 붕괴(α-decay)를 할 때에는 헬륨(He)을 방출하는데, 헬륨은 가장 가벼운 수소와는 달리 중력을 탈출할 수 있을 정도로 가볍지 않기 때문에 대기 중에 축적된다고 주장한다. 지각에서 방사능 붕괴를 통해 대기 중으로 방출되는 헬륨의 양은 일정하기 때문에 대기 중 헬륨의 양을 안다면 지구의 연대를 알 수 있다고 주장한다.[1]

지각에서 대기 중으로 방출되는 헬륨(^{4}He)의 양을 근거로 지구의 나이를 계산할 수 있다고 처음 제안한 사람은 모르몬 교회 신자이자 젊은지구론자인 쿡(Melvin Cook)이었다. 그는 「네이처」(*Nature*)에 실린 "Letter to the Editor"에서 처음으로 이 주장을 했지만, 실제 계산은 모리스(Henry Morris)가 하였다.[2] 모리스는 우라늄이나 토륨 같은 방사성원소는 붕괴하면서 헬륨을 방출하는데, 현재 대기 중에는 헬륨이 1.4ppm이 있으며, 전체량은 35억 톤 정도라고 하였다.[3] 그리고 이를 근거로 연대를 계산하였다.

결론적으로 원래 대기에 헬륨이 하나도 없었다고 가정하면, 대기의 최대 나이는

$$\left(\frac{3.5 \times 10^{15}}{10^{20}}\right) \times (5 \times 10^9) = 1.75 \times 10^5 \text{years}$$

가 된다. 실제로 헨리 파울(Henry Faul)은 헬륨의 대기 유출률이

…… 쿡이 사용한 값보다 100배 정도 더 컸다. 그렇다면 이어 대기의 나이는 수천 년으로 줄어들게 된다.[4]

이 계산에서 사용한 수치를 보면 다음과 같다.

- 현재 대기 중의 헬륨의 양: 3.5×10^{15}g
- 지구의 역사: 5×10^9년
- 50억 년 동안 지각과 맨틀로부터 유출된 총 헬륨: 10^{20}g

모리스 외에도 다른 젊은지구론자들은 연간 헬륨의 생성 속도를 약 30만 톤 정도로 잡고 지구의 나이를 약 12,000년으로 계산하기도 했다.[5] 그러면 이들의 주장이 갖는 문제는 무엇일까?

가장 큰 문제는 이들이 창조 이래로 지구가 대기 중으로 방출한 모든 헬륨이 대기 중에 그대로 남아있다는 가정 위에서 계산했다는 점이다. 그 동안 대기 중의 헬륨 균형에 대해서는 많은 사람들이 연구했다.[6] 그러나 모리스는 실제로 연구는 전혀 하지 않은 채, "^{4}He가 대기권 외기권(外氣圈, exosphere)으로부터 상당량이 탈출하거나 할 수 있다는 증거는 전혀 없다."라고 주장했다.[7]

하지만 실제 연구 결과는 전혀 달랐다. 연구에 의하면, 현재의 헬륨 생성률로는 헬륨의 동위원소인 헬륨-4(^{4}He)와 헬륨-3(^{3}He)이 현재 수준으로 생성되는데, 각각 230만 년과 70만 년이 소요되는 것으로 알려져 있다. ^{4}He는 암석 속에 들어있는 우라늄과 토륨이 붕괴되면서 생성되고, ^{3}He은 태초부터 원래 지구에 존재했다. 두 헬륨의 기원은 다르지만, ^{4}He나 ^{3}He은 둘 다 지각이나 맨틀에 갇혀 있다가 대기 중으로 빠져나온다.

대기 중의 헬륨 함량으로 지구의 연대를 측정하려는 시도의 가장 큰 문제는 헬륨이 대기 중에 계속 머물지 않는다는 사실이다. 헬륨은 수소보다는 무겁지만, 여전히 모든 원소들 중에서 두 번째로 가볍기 때문에 대기로부터 대기권 바깥으로 빠져나가는 것으로 알려져 있다. 물론 지표면에 있는 대기의 평균 온도인 14℃ 정도에서는 헬륨 원자의 속도가 지구중력을 탈출할 수 있는 속도보다 작다. 하지만 대기권 최상부 500~1,000km 상공에서 시작되는 외기권과 같이 대기의 밀도가 낮고 중력이 작은 영역에서는 헬륨 원자의 운동에너지도 증가하기 때문에 헬륨의 일부가 대기권을 탈출할 수 있게 된다. 외기권이 끝나고 우주, 즉 행성 사이의 공간이 시작되는 높이는 정확하게 정의되어 있지 않으며, 정확한 값을 정하는 것 자체가 큰 의미가 없다.[8]

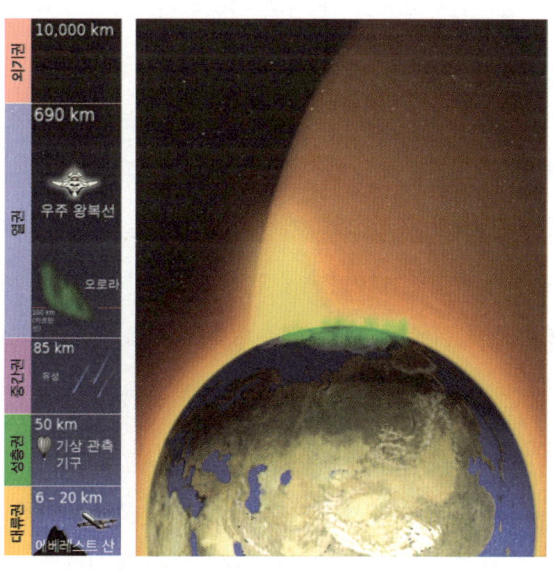

그림 8-1 대기권의 구조와 플라즈마샘. 북극 상공에 보이는 노란색 영역이 대기가 우주공간으로 빠져나가는 것을 표시한다.[9]

계산해 보면 이 영역에서는 생성된 ^{3}He의 절반 정도가 탈출하는 것으로 알려져 있다. ^{4}He는 ^{3}He보다 1/3정도 더 무겁기 때문에 열속도만으로는 우주공간으로 탈출할 수 없다. 이처럼 ^{4}He가 열적 탈출 속도가 작기 때문에 대기권을 빠져나가지 않을 것이라는 가정이 쿡의 연구와 모리스의 계산의 기초가 되었다. 그런데 이 두 사람은 헬륨이 대기권을 탈출하는 다른 메커니즘들이 있음을 간과했다.[10]

헬륨이 지구를 탈출하는 가장 가능성이 높은 메커니즘은 헬륨 이온이 극풍(極風, polar wind) 혹은 플라즈마샘(plasma fountain)에 의해 광이온화(photoionization)가 되거나 지구자기장의 열린 자기력선을 따라 지구를 탈출하는 것이다.[11] 뱅크스(P.M. Banks)와 홀쩌(T.E. Holzer)에 의하면, 극풍에 의해 지구를 탈출하는 ^{4}He는 $2~4 \times 10^6$ 헬륨이온/cm^2.초인데, 이는 현재 추정되고 있는 ^{4}He의 생성속도 $(2.5 \pm 1.5) \times 10^6$ 헬륨원자/cm^2.초와 거의 비슷하다.[12] ^{3}He에 대해서도 계산해보면 생성율과 탈출율이 비슷하다.

헬륨이 지구를 탈출하는 또 다른 메커니즘은 지자기장이 역전되는 동안 지자기장의 세기가 짧은 기간 동안 약해지는데, 이 기간 동안 대기권 상층에서 태양풍과 지자기장이 직접 상호작용하는 것이다. 쉘던(W.R. Sheldon)과 컨(J.W. Kern)에 의하면, 지난 350만 년 동안 지구에는 지자기의 역전(geomagnetic field reversal)이 20회나 일어났으며, 이 기간 동안 헬륨이 소실되었기 때문에 헬륨의 소실과 생성이 균형을 이루게 되었다.[13]

위에서 살펴본 것처럼, 대기 중의 헬륨 균형을 설명하는 것은 간단하지 않다. 이는 대기 중의 헬륨양이 태양의 활동이나 지자기장의 요동, 지각이나 맨틀로부터의 헬륨 생성율 등 여러 요인들에 의해 예민하게 달라지기 때문이다. 헬륨 균형 문제는 아직 완전히 밝혀지지는 않았지만, 한 가지 분명한 것은 헬륨은 생성율과 균형을 맞추기에 충분한 양이 대기로부터 탈출할 수 있다는 점이다. 그러므로 대기 중의 헬륨양을 가지고 지구의 나이를 계산하는 것은 말이 안 된다고 할 수 있다.

2. 운석 먼지의 유입

젊은지구론자들은 한때 지표면이나 월면에서의 우주진 혹은 운석의 양도 젊은 지구의 증거로 제시하였다. 이들은 진화론자 아시모프(Isaac Asimov, 1920~1992)와 하와이 대학교 지구물리학과(Geophysical Department, University of Hawaii)의 객원교수였던 패터슨(Hans Pattersson) 등이 사용한 데이터를 인용하여 연간 약 1,430만 톤의 운석이 지구 표면에 떨어진다고 보았다.[14] 패터슨은 우주먼지를 수집한 것과 관련하여 이렇게 말했다.[15]

> 나는 지표면 먼지가 매우 적은 하와이 마우나 로아 천문대(Mauna Loa Observatory on Hawaii, 11,000 ft)와 마우이섬 할레아칼라산 정상(Mt. Haleakala on Maui, 10,000 ft)에서 미세구멍의 필터를 통해 많은 양의 공기를 걸러서 우주먼지를 모을 기회를 가졌다. 필터로부터 방사능 낙진(radioactive fall-out products)을 분석했는데, 스트론튬-89와 스트론튬-90은 뉴욕에 소재한 미국에너지위원회(U.S. Atomic Energy Commission in New York) 실험실에서, 철, 니켈, 코발트는 비엔나 대학 화학연구소(II Chemisches Institut

der Universität, Vienna)에서 분석했다.

실제로 운석 먼지 속의 니켈(Ni)의 평균 함량은 지구에 있는 물질 속에 들어있는 함량보다 약 250배 정도로 많으므로 운석과 지상의 물질은 쉽게 구별될 수 있다. 젊은지구론자들은 만일 지구의 연대를 십억 년 단위로 보고 외계물질의 유입속도를 현재와 같다고 가정하면, 지구 표면은 평균 약 15m 이상의 우주진으로 뒤덮였을 것이며, 대양의 니켈 함량도 엄청나게 많아야 한다고 주장한다. 그러나 현재 지구에 있는 운석의 양은 단지 몇 천 년에 해당하는 양밖에 없다는 것이다.[16] 그런데 과연 그럴까? 이들은 크게 두 가지 오류를 범하고 있는데, 첫째는 단순 계산상의 오류이다.

계산상의 오류

간단한 셈을 통해 지구상의 운석 먼지의 두께를 계산해 보자. 연간 지표면에 떨어지는 운석먼지의 무게를 M이라고 한다면,

$$M = 1{,}430만 톤 = 1.43 \times 10^{10} \text{kg}$$

이 된다. 지구의 표면적을 S, 반지름을 R이라 한다면,

$$S = 4\pi R^2 = 4 \times 3.14 \times (6.4 \times 10^7)^2 = 5.1 \times 10^{14} \text{m}^2$$

이다. 지표면에 쌓인 운석먼지의 평균 밀도를 d라 한다면,

$$d = 2.35 \text{g/cm}^3 = 2{,}350 \text{kg/m}^3$$

라고 할 수 있다.[17] 그러면 연간 지표면에 쌓이는 운석먼지의 두께를 t 라고 하면,

$$t = M/(d \times S) = 1.19 \times 10 \text{m}^{-8}/\text{년}$$

으로 주어지고, 지구가 10억 년 되었다고 할 때, 운석먼지의 두께 T는

$$T_{10억} = 1.19 \times 10 \text{m}^{-8}/\text{년} \times 10^9 \text{년} = 11.9 \text{m}$$

가 된다. 이 값은 10억 년 간 15m 두께로 쌓인다는 주장과 크게 다르지 않다. 하지만 이 값은 풍화나 침식, 퇴적 등 지표면의 변화로 인한 운석먼지의 소실을 계산에 넣지 않은 것이다. 만일 이런 요소들을 고려한다면, 지표면 운석먼지의 밀도나 두께는 훨씬 더 얇아질 것이다.

또 다른 곳에서 창조과학자 모리스와 파커, 그리고 슬러셔는 지구 표면에 운석먼지(meteoritic dust)가 유입되는 양을 기초로 지구와 달의 나이를 계산했다. 그 결과 지구의 나이는 '너무 젊어서 나이를 계산할 수 없음'이라는 결론을 내렸고, 달의 나이는 20만 년이라고 하였다.[18] 모리스는 지구나 달은 표면에 쌓인 운석먼지가 적은 것으로 보아 오래되었을 수가 없다고 했다.[19]

부정확한 데이터 사용

두 번째 젊은지구론자들의 문제는 이들이 너무 오래된, 부정확한

데이터를 사용했다는 점이다. 위에서 사용한 연간 운석먼지의 유입율은 1960년도의 수치이다. 그 후 좀 더 정밀하게 측정한 결과에 의하면, 이 값은 10,000~20,000톤 정도로 알려져 있다. 이는 젊은지구론자들이 사용한 데이터에 비해 거의 1/1,000 정도에 불과하며, 이 값을 사용하면 지표면에서의 운석먼지의 양은 앞에서 제시한 값보다 다시 1/1,000로 줄어든다. 물론 일부에서는 10만 톤 정도라고 주장하는 사람들도 있지만, 이 값을 받아들인다고 해도 역시 앞에서 계산한 값에 비해서는 지표면 운석먼지의 양이 1/100 정도로 줄어든다.[20]

전문과학자들은 창조과학자들이 사용한 데이터 자체가 틀렸다고 지적하면서 정확한 운석먼지 유입률을 고려한다면, 현재 지구와 달 표면에서 관측되는 운석먼지 두께는 예측한 바와 잘 일치한다고 주장했다.

① 창조과학자들이 계산한 지면의 운석먼지 두께

운석먼지의 유입률: 1.4×10^{10} kg/년 운석먼지의 밀도: 2.243×10^3 kg/m^3 지구표면의 넓이: 5.10×10^{14} m^2 지구의 나이: 5×10^9 년	⇨ 지면의 운석먼지 두께 = 5,547cm

② 전문과학자들이 계산한 지면의 운석먼지 두께

운석먼지의 유입률: 2.008×10^7 kg/년 운석먼지의 밀도: 2.243×10^3 kg/m^3 지구표면의 넓이: 5.10×10^{14} m^2 지구의 나이: 4.55×10^9 년	⇨ 지면의 운석먼지 두께 = 7.96cm

③ 전문과학자들이 계산한 월면의 운석먼지 두께

운석먼지의 유입률: 2.989×10^6 kg/년 운석먼지의 밀도: 2.243×10^3 kg/m³ 달표면의 넓이: 1.52×10^{14} m² 달의 나이: 4.55×10^9 년	⇨	월면의 운석먼지 두께 = 4.1cm

표 8-1 창조과학자들과 전문과학자들이 계산한 지면과 월면의 운석먼지 두께. 위 결과는 지구 역사를 통해 운석먼지 유입률이 일정했고, 쌓인 운석먼지가 침식되지 않았다는 가정 위에서 계산되었다.

위의 표 8-1에서 모리스는 운석먼지의 밀도나 지구표면의 넓이, 지구의 나이 등은 적절하게 잡았지만, 우주로부터 유입되는 운석먼지의 유입률을 터무니없이 많이 잡은 것을 볼 수 있다. 이 유입률은 패터슨의 논문으로부터 인용한 것이었는데, 패터슨은 하와이섬의 마우나 로아(Mauna Loa) 산 정상에서 스모그 채취를 위해 디자인된 공기 펌프를 사용해서 부유성 고형물(particulate matter)을 채집하였다.[21] 그는 공기 중에서 채취한 먼지에서 니켈의 함량을 조사했고, 이 니켈이 모두 운석으로부터 왔다고 가정하였다.

이 결과를 토대로 패터슨은 매년 지구에 약 1,500만 톤 정도의 운석먼지가 떨어진다고 계산하였다. 하지만 패터슨은 자신의 결과가 정확한 값이라기보다는 상한선이며, 다른 많은 데이터들을 조사한 후에 운석먼지가 연간 약 500만 톤 정도 지면에 떨어진다고 축소된 결론을 내렸다. 하지만 모리스는 패터슨이 말한 상한치를 마치 확정치인 것처럼 사용했고, 패터슨이 결론적으로 제시한 500만 톤은 아예 인용조차 하지 않았다.[22]

그러면 패터슨의 연구는 정확한 것인가? 근본적으로 패터슨의 연구는 잘못된 것이 없지만, 지면이나 대기먼지 중에 포함된 니켈이 모두 우주로부터 왔다는 가정은 부적절한 것이었다. 더 중요한 것은 패터슨의 연구가 1957년에 이루어졌는데, 바로 그해 처음으로 인류는 대기권 바깥에 우주선을 쏘아 올렸다는 점이다. 그래서 1960년대 후반부터는 우주선을 통해 지구 대기권에 유입되는 우주먼지의 밀도를 직접 정확하게 측정할 수 있게 되었다. 이런 결과들을 종합하여 도나니(J. S. Dohnanyi)는 지구 대기권에 유입되는 우주먼지의 질량이 1,400만 톤이 아니라 22,000톤에 불과하다고 밝혔다![23] 이 데이터를 사용하고, 지구나 달의 연대를 45.5억 년이라고 가정하면, 지구와 달에는 각각 불과 8cm, 4cm 정도의 우주먼지가 쌓일 뿐이라는 결과가 나온다.

하지만 이 결과조차 우주먼지의 유입이 전 지구나 달의 역사 동안 일정하게 유입되었다는 가정과 더불어 지면이나 월면에 쌓인 우주먼지가 풍화나 침식이 일어나지 않았다는 가정을 받아들일 때 맞는 데이터이다. 달과 같이 공기나 물이 없어서 풍화와 침식이 이루어지지 않는 경우는 비교적 정확하지만, 공기가 있고 풍화와 침식이 활발하게 이루어지는 지면에서는 정확하지 않다고 할 수 있다. 또한 모리스는 달은 지구보다 중력이 작기 때문에 단위면적 당 우주먼지를 끌어들이는 양이 지구의 1/2 정도 밖에 되지 않는다는 사실을 무시하였다.

그 후 휴즈(D.W. Hughes)는 인공위성에 실린 검출기를 통해 우주로부터 지구에 유입되는 성간물질을 정밀하게 측정한 결과를 근거로 우주먼지의 유입률을 연간 11,000~18,000톤 정도라고 보고하였다.[24] 바커(J.L. Barker, Jr.)와 앤더스(E. Anders) 등은 심해 퇴적물 속에 들어있는 우주진의 함량에 근거하여 우주먼지의 유입률을 추정했는데, 그 결과도 휴즈의 연구결과와 비슷했다.[25] 결론적으로 월면에서 우주먼지가 4cm나 그 이하의 두께를 갖는다는 것은 아폴로 우주인들이 달 표면에 남긴 발자국 등의 깊이와 대체로 일치한다고 볼 수 있다.

그림 8-2 달표면에 남겨진 아폴로 우주인들의 발자국(NASA)

정확한 데이터를 사용하지 않은 것은 모리스만의 문제가 아니었다. 대표적인 젊은지구론자이자 창조과학자인 슬러셔도 비슷했다.[26] 그 역시 연간 우주먼지 유입률을 360만~2.56억 톤으로 잡았는데, 이는 틀린 데이터였다. 명색이 물리학을 전공했다는 사람이 틀린 데이터에서 출발해서 엉터리 주장을 한 것이다.

슬러셔는 또한 만일 달이 45억 년이나 되었다면, 운석 충돌과 우주선의 작용으로 지표면을 이루는 암석들이 잘게 부서져서 수천 미터의 표토(表土, regolith)가 형성되었을 것이라는 말도 안 되는 주장을 했다. 홍수 퇴적층이 아닌 곳에서는 간단하게 삽으로 파기만 해봐도 그의 주장이 맞지 않는다는 것을 금방 알 수가 있는데 말이다.

슬러셔의 논리는 이러했다. 잘게 부서진 표토가 1년에 0.01mm만

쌓여도 1만 년이면 10cm, 10만 년이면 1m, 1억 년이면 1km가 쌓일 것이므로 지구 역사가 45억 년이라면 45km의 표토가 쌓일 것이라는 것이다.[27] 그는 고운 가루가 된 물질이 한층 쌓이게 되면 그 다음 운석이 충돌하고 우주선이 작용을 하면 두 배의 표토층이 쌓일 거라고 생각했다. 하지만 일단 일정 두께의 표토가 쌓이게 된 후에 운석이 충돌하고 우주선이 작용하면 표토의 두께가 두꺼워지기보다 이미 형성된 표토층을 휘저을 뿐이다. 슬러셔의 논리는 농부가 매년 봄에 20cm 깊이로 땅을 갈면, 100년 후에는 20m 깊이로 땅을 갈게 될 거라는 논리와 같다.[28]

여기서 우리가 주목해야 할 사실은 모리스 등이 우주먼지의 유입률을 기초로 젊은 지구연대를 주장하던 1970년대에는 이미 정확한 우주먼지의 유입률이 알려지고도 수년이 지난 때였다는 점이다. 그런데 그들은 근 20여 년 전에 발표된 부정확한 데이터를 근거로 우주먼지의 유입률을 실제보다 수백 배 부풀려 잡았고, 이를 근거로 젊은 지구연대를 주장하였다. 이것은 모리스 등이 정확한 우주먼지의 유입률을 보여주는 논문을 읽지 않았든지(젊은 지구에 대한 모리스의 열정을 생각한다면, 논문을 읽지 않았다고 보기는 어렵다), 아니면 지구의 나이를 젊게 보이도록 하기 위해 의도적으로 정확한 데이터를 생략한 것이 아닌가 생각된다.

물론 모든 창조과학자들이 다 모리스와 같지는 않았다. 호주 출신의 창조과학자 스넬링(Andrew A. Snelling)과 러쉬(David E. Rush)는 이렇게 말한다.[29]

> 달의 표토(表土)와 달표면층에 있는 운석먼지와 운석잔해는 가상

적인 달 형성 초기의 심한 운석충돌을 고려한다고 해도 진화론자들의 수십억 년 연대와 충돌하지 않는다(이를 증명할 수는 없지만). 불행하게도 지금까지 창조과학자들이 시도한 반론들은 거짓 주장이나 잘못된 계산(spurious arguments or faulty calculations)으로 인해 실패했다. 그러므로 새로운 증거가 나올 때까지 창조과학자들은 달 표면의 먼지를 달과 태양계가 오래되었다는 것을 부정하는 증거로 사용해서는 안 된다.

아울러 스넬링과 러쉬는 동일한 논문에서 아폴로 우주인들이 달 표면에 남긴 발자국을 젊은 달의 연대를 주장하는 증거로 사용해서는 안 된다고 경고했다.[30] 사실 아폴로 우주계획에서 유인 탐사선을 보내기 오래 전에 이미 소련의 루나(Lunar) 계획(착륙선 6회), 미국의 레인저(Ranger) 계획(착륙선 5회)과 서베이어(Surveyor) 계획(착륙선 7회) 등 무인 달 탐사선이 여러 차례 달 표면에 착륙했기 때문에 달 표면에 대해서는 충분한 연구를 한 후에 유인 우주 탐사선을 보낸 것이다. 이런 여러 차례의 탐사선 연구결과는 모두 오랜 달 연대 가정과 일치하였다!

3. 운석과 월석의 나이?

젊은지구론자들은 지구나 우주가 젊다는 전제를 가지고 출발하기 때문에 운석이나 월석의 연대를 측정할 때도 무리수를 두는 경우가 있다. 한 예로 모리스는 '운석에서 탄소-14의 형성'(formation of carbon-14 on meteorites)으로부터 '지구의 지시 연대'(indicated age of Earth)가 10만 년이라고 주장하였다.[31] 그리고 이런 주장의 참고문헌으로 뵈클(R.S. Boeckl)의 보고서를 제시했다.[32] 그러나 흥미롭게도 뵈클의 연구는 텍타이트(tektite)에 관한 것이지 운석에 관한 것이 아니었다. 텍타이트란 검은 색의 유리질 물질로서 이의 기원에 대해서는 논쟁이 되고 있지만, 운석이 지구에 충돌할 때 생기는 것으로 생각되고 있다.

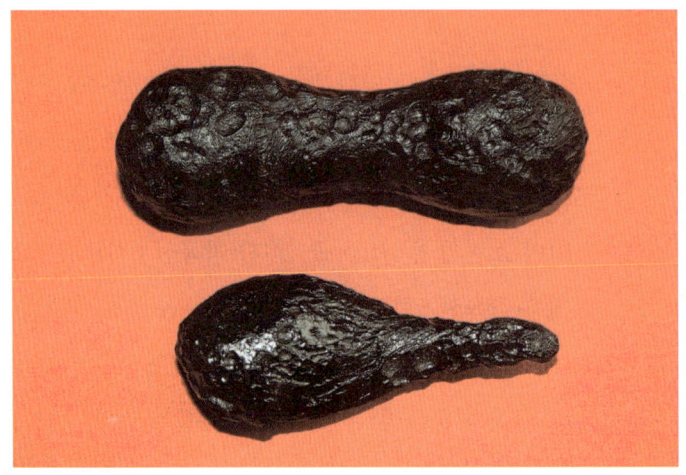

그림 8-3 텍타이트[33]

뵈클은 텍타이트가 우주공간에 있었던 기간을 알기 위해 텍타이트가 우주선에 노출된 기간을 결정하고자 했다. 이 계산을 위해 그는 텍타이트가 지구에 충돌한 후 경과한 시간을 1만 년 정도로 가정했다. 뵈클은 지구의 나이를 계산한 것도 아니고 지구의 나이를 계산하는 데 사용될 수 있는 데이터를 얻은 것도 아니었다. 그는 계산상의 편의를 위해 텍타이트가 지구에 충돌한 후 1만 년 정도 지났다고 가정했을 뿐이었다. 그런데 모리스는 그가 가정한 1만 년의 연대가 마치 지구 연대인 것처럼 주장했다.[34] 흥미로운 것은 모리스는 처음에는 그렇게 주장했다가 나중에는 자신들의 주장이 말도 되지 않는다는 것을 깨달았는지 모리스와 파커가 제시한 연대에는 더 이상 이 연대가 등장하지 않는다.[35]

이러한 해프닝은 다른 젊은지구론자들에게서도 볼 수 있다. 젊은지구론자 코팔(R.E. Kofahl)과 세그레이브스(K.L. Segraves)는 K-Ar 연대의 문제를 지적하기 위해 많은 월석에는 K-Ar 방사성 연대측정에서는 보고조차 된 적이 없을 정도의 많은 양의 아르곤이 포함되어 있다고 주장했다. 흥미롭게도 그들이 이러한 주장의 근거로 인용한 문헌은 터너의 보고서였다.[36] 그런데 터너의 보고서에는 월석에 과도한 아르곤이 포함되어 있다는 언급이 전혀 없다. 뿐만 아니라 그의 보고서에는 그와 같은 결론을 도출한 데이터도 없다. 코팔과 세그레이브스가 도대체 어떤 근거를 가지고 그런 주장을 했는지는 지금까지도 수수께끼이다.[37]

4. 바다로 유입되는 각종 원소들의 양

젊은지구론자들은 지구의 나이와 더불어 바다의 나이가 젊다는 여러 가지 증거도 제시하고 있다. 바다는 지구형성의 초기부터 존재하였다고 생각되므로 바다의 연대는 지구의 연대와 불가분의 관계가 있다. 여기서는 편의상 지구의 나이와 분리하여 바다의 나이를 설명하고자 한다.

1965년에 출간된 『화학해양학』(*Chemical Oceanography*)이란 책은 바다에 녹아있는 다양한 금속원소들의 양을 소개하면서 소위 '거주

시간'(residency times)이란 개념을 제시하였다. 거주시간이란 바다가 처음에 특정 금속원소가 하나도 없었다고 가정하고, 강을 통해 현재와 같은 비율로 유입된다고 가정했을 때 현재와 같은 양이 되기까지 걸리는 시간을 의미했다. 즉 거주시간이란 현재 바다에 있는 특정 금속원소의 총량을 강을 통해 매년 유입되는 유입률로 나눈 값이다.[38]

거주시간 개념은 곧 젊은지구론자들에 의해 바다연대의 '상한'(upper limits), 나아가 지구연대의 상한으로 인용되기 시작했다. 이들은 원소들이 현재 바다로 흘러들어가고 있는 속도는 어느 정도 추정 가능하므로 처음 바닷물 속에 이들 원소가 하나도 용해되어 있지 않았고, 이들 원소들이 바닷물 속으로 유입되는 속도가 변함이 없었다고 가정하면 바다의 연대를 어느 정도 추정할 수 있다고 보았다.

예를 들어, 생물에 있어서 필수적인 영양소인 인(P)은 현재 해마다 약 1,400만 톤이 빗물에 씻겨 바다로 유입되고 있는 것으로 추정된다. 이 중 바닷새와 어부들이 바다의 생물에 축적되어 있는 인을 육지로 환원시키고 있는데, 이 양은 연간 약 7만 톤에 지나지 않아 바다에 유입되는 양에 비하여 거의 무시할 정도이다. 바다에 있는 인의 총량은 약 9.7×10^{10}톤으로 추정됨으로 단순히 태초에 바다에 인이 없었고 인의 유입이 현재와 같은 속도로 진행되어 왔다고 가정한다면, 바다는 약 7,000년 만에 현재와 같은 상태에 이른다는 계산이 나온다. 이러한 방법으로 연대를 측정하면 바다의 연대는 80년(Ce)으로부터 2억 6,000만 년(Na)에 이르기까지 다양하다.[39] 표 8-2는 바닷물 속에 함유된 각종 원소를 기초로 바다의 연대를 추정한 것이다.

원소	밀도 (mg/ml)	추정연대 (년)	원소	밀도 (mg/ml)	추정연대 (년)	원소	밀도 (mg/ml)	추정연대 (년)	원소	밀도 (mg/ml)	추정연대 (년)
Li	0.17	2×10^7	Fe	0.01	140	Cd	0.00011	5.0×10^5	Ho	8.8×10^{-7}	530
Be	6.0×10^{-7}	150	Co	0.0001	1.8×10^4	Sn	0.0008	1.0×10^5	Er	2.4×10^{-6}	690
Na	10500	2.6×10^8	Ni	0.002	1.8×10^4	Sb	0.0005	3.5×10^5	Tm	5.2×10^{-7}	1,800
Mg	1350	4.5×10^7	Cu	0.003	5.0×10^4	Cs	0.0005	4.0×10^4	Yb	2.0×10^{-6}	530
Al	0.01	100	Zn	0.01	1.8×10^5	Ba	0.03	8.4×10^4	Lu	4.8×10^{-7}	450
Si	3.0	8.0×10^3	Ga	0.00003	1.4×10^3	La	1.2×10^{-5}	440	W	0.0001	10^3
K	380	1.1×10^7	Ge	0.00006	7.0×10^3	Ce	5.2×10^{-6}	80	Au	4.0×10^{-6}	5.6×10^5
Ca	400	8.0×10^6	Rb	0.12	2.7×10^5	Pr	2.6×10^{-6}	320	Hg	0.00003	4.2×10^4
Sc	0.00004	5.6×10^3	Sr	8.0	1.9×10^7	Nd	9.2×10^{-6}	270	Pb	0.00003	2.0×10^3
Ti	0.001	160	Y	0.0003	7.5×10^3	Sm	1.7×10^{-6}	180	Bi	0.00002	4.5×10^4
V	0.002	1.0×10^4	Nb	0.00001	300	Eu	4.6×10^{-7}	300	Th	0.00005	350
Cr	0.00005	350	Mo	0.01	5.0×10^5	Gd	2.4×10^{-6}	260	U	0.003	5.0×10^5
Mn	0.002	1,400	Ag	0.00004	2.1×10^6	Dy	2.9×10^{-6}	460			

표 8-2 바닷물에 존재하는 각종 원소의 밀도와 바다의 연대[40]

그러면 이러한 접근의 문제점은 무엇일까?

가장 큰 문제점은 이 방법에서는 바다로부터 이 원소들이 유출되는 메커니즘을 고려하지 않았다는 것이다. 표 8-2에서 소개하고 있는 원소들의 상당수는 바닷물 속에서 평형 혹은 거의 평형상태에 있다. 아직까지 유출되는 메커니즘이 모두 정확하게 알려져 있는 것은 아니지만, 그런 원소들은 바다로 유입되는 양과 유출되는 양이 거의 같다. 그런 원소들은 아무리 오랜 시간이 지나더라도 지금과 같은 양이 유지될 것이다. 그러므로 그러한 원소들이 바다에 존재한 시간을 바다나 지구의 연대라고 생각하는 것은 바르지 않다.[41]

둘째, 이 연대추정의 문제는 동일과정을 전제하는 것이다. 기본적으로 원소의 거주시간을 바다나 지구의 연대로 사용하는 젊은지구론자들은 과거에도 원소들이 지금과 같은 속도로 강을 통해 바다로 유입되었다고 가정한다. 하지만 지구의 역사를 살펴보면 거의 확실하게 이 가정은 틀렸다. 오늘날 우리는 지구 역사상 육지가 상대적으로 많이 노출된 시기에 살고 있다. 다시 말하면 과거에 비해 오늘날은 상대적으로 강을 통해 바다로 유입되는 원소들이 많은 시기라는 의미이기도 하다.

셋째, 이 연대의 문제는 데이터의 흩어짐이다. 위의 표에서 볼 수 있는 것처럼, 모든 원소들의 거주시간이 세슘(Ce)의 80년으로부터 나트륨(Na)의 2억 6천만 년에 이르기까지 아무런 일관성이 없이 그 사이에 분포되어 있다. 지질학에서 어떤 연대측정법의 타당성을 직접 검증할 수 없을 때 흔히 사용하는 방법은 연대를 측정해 보지 않은 다른 시료들의 연대를 측정해서 비교하는 것이다. 하지만 거주연대에 근거한 위의 연대측정의 결과는 도무지 상호 비교할 수 없을 정도로 널리 퍼져 있다. 이것은 이 연대측정 자체가 바다나 지구의 연대를 추정하는 데 아무 소용이 없음을 증거하는 것이다.

위의 표에서 거의 40%에 가까운 연대들이 1,000년 미만의 연대를 보여준다. 지구의 연대가 1,000년 미만이라? 젊은지구론자, 오랜지구론자를 막론하고 바다나 지구의 연대가 1,000년 미만이라고 생각하는 사람은 하나도 없을 것이다!

5. 바닷물의 염분 농도

위와 비슷한 논리로 젊은지구론자들은 바닷물 속의 염분 농도로부터 바다의 연대, 나아가 지구의 연대를 제시한다. 이 방법은 혜성 발견으로 유명한 영국의 핼리(Edmond Halley)가 처음으로 제안한 아이디어에 근거한다. 핼리의 아이디어에서 출발하여 졸리(John Joly)가 측정한 바닷물의 염분 농도(좀 더 구체적으로는 나트륨 농도)로부터 바다의 나이를 계산하는 방법을 생각해 보자.[42]

이 방법에서는 바다가 태초에는 민물이었으며, 육지에서 고체로 존재하던 소금이 빗물에 씻겨 내려가서 지금과 같이 짠 바닷물을 만들었다고 가정한다. 만일 태초의 바다에 전혀 염분이 없었다고 가정하고 현재 바다로 유입되고 있는 소금의 양을 계산할 수 있다면, 대략적인 지구의 연령을 알 수가 있을 것이다. 하지만 핼리 당시에는 이를 계산하기 위한 정량적인 데이터가 거의 없었으므로 원리만 제시되었을 뿐 믿을 만한 연대를 계산할 수 없었다.

근래에 와서 리빙스톤(Daniel Livingstone)은 나트륨의 수지균형으로부터 바다의 나이를 계산하였는데, 그는 현재 바다에 녹아있는 나트륨의 양을 약 1.41×10^{16}톤으로 추정하였다. 바다에서 염분 농도가 포화상태 이상이 되면 녹았던 소금이 침전되어 깊은 바다에 깔릴 수가 있고, 침전물은 다시 지각 변동에 의하여 해저에 묻히거나 육지로 올라올 수도 있으며, 또 일부는 암염으로 존재할 수도 있다. 이 모든 나트륨의 합계는 2.76×10^{16}톤으로 추산되고 있다. 그런데 오늘날 하천을 통하여 바다로 유입되는 나트륨의 양은 해마다 약 2.39×10^{8}톤이므로 바다의 나이는 대략 1억 년이 된다. 그러나 이 결과가 발표될 당시는 캄브리아기의 암석의 연대가 최고 5억 년은 된 것으로 알려졌던 때이다. 그래서 리빙스톤은 바다 안개와 해저 지각의 팽창에 의하여 많은 양의 나트륨이 육지로 환원되었을 것으로 보고, 이를 다 고려하여 바다의 나이를 5억 년으로 계산하였다.

나트륨의 소재	양(톤)
바다에 녹아 있는 나트륨	14.1×10^{15}
심해 침전물의 나트륨	5.1×10^{15}
해저에 묻힌 침전물의 나트륨	5.4×10^{15}
육지에 올라온 퇴적암 내의 나트륨	2.6×10^{15}
암염에 들어있는 나트륨	0.4×10^{15}
현존하는 나트륨의 총량	27.6×10^{15}

현존하는 나트륨의 총량	27.6×10^{15}
바다 안개에 의해 육지로 환원된 나트륨	55.2×10^{15}
해저 지각의 팽창에 의하여 육지로 환원된 나트륨	36.6×10^{15}
바다를 거쳐간 나트륨의 총량	119.4×10^{15}
연간 하천을 통하여 바다로 유입되는 나트륨	2.39×10^{8}

바다의 추정 나이 ($119.4 \times 10^{15} / 2.39 \times 10^{8}$)	약 5억 년

표 8-3 바닷물에 함유된 나트륨의 수지 균형에 의한 바다의 나이 계산

그러나 이 방법에는 다음과 같은 근본적인 문제점이 있다. 즉 지구가 가진 총 나트륨의 양은 27.6×10^{15}톤인데, 만약 태초에 바다가 민물이었다면 이 나트륨은 다 땅에 있어야 한다. 만약 이 나트륨을 염화나트륨으로 환산하여 반경 6,370km, 평균 공극률(空隙率) 25%의 지구 표면을 골고루 덮는다면, 염화나트륨의 두께는 200m 이상이 된다. 그것도 바다 밑에 깔린 소금은 물에 녹아서 바닷물을 짜게 만들 것이므로 이 소금을 모두 육지에만 올려놓는다면, 육지의 소금 두께는 700m 가까이 된다는 말이다. 즉 땅은 소금 덩어리여야 한다는 말이 된다. 그러므로 태초에 바다가 민물이었다고 하는 가정은 그 자체가 신빙성이 없다. 이는 사람들마다 어떤 가정에서 출발하는가에 따라 바다의 나이가 천차만별이기 때문에 바닷물 속의 염분의 양은 바다의 나이, 나아가 지구의 나이를 추정하는 데 아무런 소용이 없음을 의미한다!

추정자	추정시기	지구의 추정 연대(백만 년)	추정근거
J. Joly	1899년	80~90[89]	나트륨양
J. Joly	1900년	90~100	나트륨양
W. Mackie	1902년	25	나트륨양
J. Joly	1909년	<150	나트륨양
W.J. Sollas	1909년	80~150	나트륨양
G.F. Becker	1910년	50~[70]	나트륨양
F.W. Clarke	1910년	90	나트륨양
A. Holmes	1913년	210~340	나트륨양
F.W. Clarke	1924년	<100	나트륨양
A. Knopf	1931년	>100	나트륨양

표 8-4 나트륨 축적으로 계산한 바다의 연대 추정[43]

6. 해저 연니

다음으로 젊은지구론자들이 제시한 해저 연니(軟泥, ooze)를 사용한 연대측정을 생각해 보자. 바다에는 생물들의 유해나 육지로부터 흘러들어간 물질들에 의해 다양한 퇴적물들이 쌓이고 있는데, 젊은지구론자들은 이들의 두께나 양이 연대측정에 사용될 수 있다고 주장한다.

연니란 바닷물 속에 있는 동물이나 식물의 유해가 해저에 침적하여 형성된 부드러운 점토를 말하는데, 주요 성분에 따라 석회질 연니(石灰質軟泥, calcareous ooze)와 규질 연니(硅質軟泥, siliceous ooze)로 나뉜다. 탄산칼슘이 50% 이상 들어있는 생물기원의 원양성(遠洋性) 퇴적물인 석회질 연니는 플랑크톤의 유해가 주성분이기 때문에 플랑크톤이 번식하고, 그 동화작용으로 이산화탄소가 적어져서 탄산칼슘의 용해도가 감소하는 곳에서 생기기 쉽다. 반면에 식물성 플랑크톤인 규조를 다량 함유한 규질의 해저퇴적물인 규질 연니는 석회질 연니보다 더 깊은 해저(4,000m 이상)에 분포해 있으며, 주로 산화규소(실리카)로 되어 있다.[44]

현재 관찰되고 있는 바로는 바다의 동물이나 식물이 죽게 되면 이들의 시체가 10년 내지 5,000년마다 2.5cm정도의 두께로 해저에 부드러운 바다 연니를 형성하는 것으로 추정된다. 이를 근거로 젊은지구론자들은 과거에도 이러한 연니의 퇴적 속도가 현재와 같았다면, 이 연니의 두께를 측정함으로 해저의 연대를 추정할 수 있다고 생각한다. 그리고 만일 지구의 연대가 1억 년 되었다고 하면 바다 연니의 두께는 5m에서 수백 km에 이르렀을 것이지만, 세계 어느 해저에도 수십억 년 되었다고 할 정도의 연니가 형성된 곳이 없다는 것은 지구가 젊다는 것을 보여주는 것이라고 한다.[45]

실제로 모리스와 파커는 해저 바닥에 있는 석회질 연니의 퇴적을 근거로 지구의 연대가 500만 년 정도라고 제시했다.[46] 이를 위해 그들이 참고한 문헌은 유잉 등이었다.[47] 그런데 유잉 등(M. Ewing, et. al)이 발표한 보고서는 대서양 중앙해령(Mid-Atlantic Ridge)에서의 퇴적물 분포를 연구한 것이었다. 그 연구를 통해 그들은 퇴적층이 얇고 현재와 같은 퇴적 속도를 감안한다면, 퇴적층이 쌓이는 데 2~500만 년 정도 기간이 소요되었을 것이라고 결론지었다. 이처럼 젊은 연대는 해저 분지가 훨씬 더 오래되었을 것이라고 생각했던 그들에게는 이상한 일이었다. 그들이 보고서를 발표할 때는 아직 판구조론(Theory of Plate Tectonics)이 알려지기 전이었기 때문에 해저가 확장된다는 사실을 사람들이 알지 못했을 때였다.

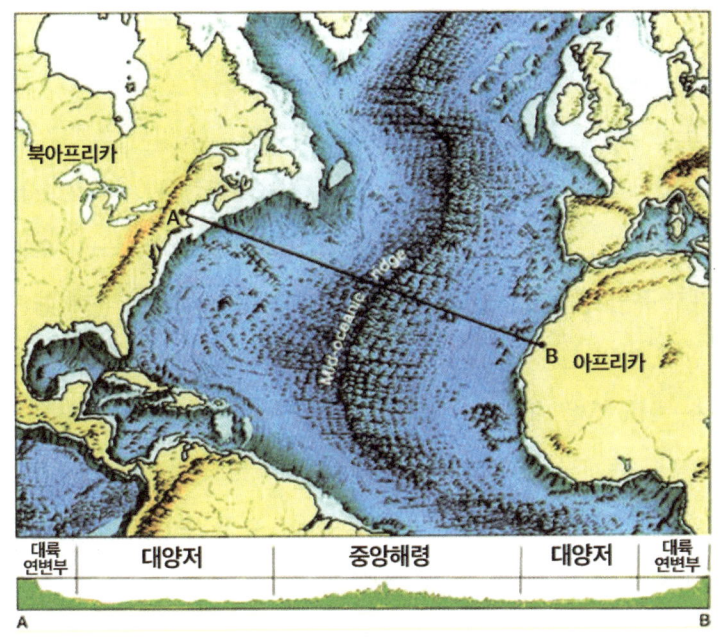

그림 8-4 대서양 중앙해령

하지만 지금은 대서양 중앙해령은 지구를 구성하고 있는 판들이 끊임없이 움직인 결과이며, 연대가 매우 젊다는 것이 잘 밝혀져 있다. 지금도 해령은 계속 형성되고 있으며, 실제로 해령 정상(ridge crest)은 나이가 거의 제로이다. 유잉 등이 계산한 2~500만 년이라는 연대는 그들이 조사했던 해령 정상 가까운 곳이었기 때문에 그런 나이가 산출된 것이었다. 유잉과 그의 동료들은 자신들이 발표한 "대양 퇴적층의 분포: 대서양 중앙해령"(Sediment distribution in the oceans: The mid Atlantic Ridge)이란 논문을 가지고 지구의 나이를 계산하지도 않았고, 지구의 나이를 계산할 수 있는 다른 어떤 데이터를 제시하지도 않았다.

7. 삼각주 퇴적

또한 젊은지구론자들은 연니 외에도 바다로 유입되는 각종 침전물들의 양으로부터 연대측정이 가능하다고 주장한다. 개를스(Robert M. Garrels)와 맥켄지(Fred T. Mackenzie)의 계산에 의하면, 오늘날 바다로 유입되는 각종 침전물의 총량은 대략 연간 280억 톤에 이른다고 한다. 만일 현재와 같은 유입이 수십억 년 계속되었다고 하면 대륙은 수백 번 씻겨 내려갔을 것이고, 바다에는 100여 마일 두께의 해저 퇴적층이 존재해야 할 것이라고 추정하였다. 그러나 젊은지구론자들은 대양의 바닥에 침전된 퇴적층의 두께는 평균 수천 피트에 불과하며, 대륙이 씻겨 내려갔다는 증거도 없다고 한다.[48]

또한 젊은지구론자들의 여러 문헌에는 지구연대와 관련하여 미시시피강 하류의 삼각주의 성장 속도로부터 삼각주의 연대를 계산할 수 있다고 주장한다. 문헌에 의하면, 상류의 미주리 강을 포함하여 길이 6,210km, 유역면적 약 324만 km²인 미시시피강은 나일강, 아마존강에 이어 세계에서 세 번째로 긴 강이며, 미국의 31개 주와 캐나다의 2개 주를 관통하는 국제하천이다.

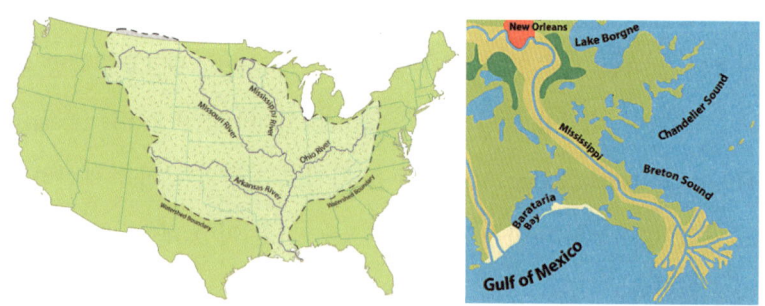

그림 8-5 미시시피강 수계와 하구 삼각주

강의 길이와 규모에 걸맞게 미시시피강은 일 년에 약 2억 3,000만 km^3의 퇴적물을 멕시코만으로 흘려보낸다. 그리고 강과 바다가 만나는 어귀에 새발자국 모양의 삼각주를 형성하는데, 삼각주는 지난 150년 동안 약 130km^2나 확장되었다.[49] 그러나 만일 과거에도 퇴적물이 이러한 속도로 유입되었고 이 강이 수백만 년 되었다고 하면 멕시코만은 오래 전에 다 메워졌어야 한다는 결과가 나온다. 젊은 지구 지지자들은 현재 미시시피강 하류의 삼각주가 성장하는 속도가 매년 75m 정도라고 하므로 삼각주의 연대는 4,000년 정도라는 결과가 나온다고 주장한다.[50]

하지만 이런 증거들이 바다, 나아가 지구가 젊다는 증거로 제시될 수 있을까?

첫째, 젊은 바다의 증거들은 앞에서 언급한 젊은 지구 증거들과 마찬가지로 동일과정설 가정의 문제에 직면한다. 즉 바다로 유입되는 각종 원소들이나 바다 연니, 해저 퇴적층 등은 모두 현재와 동일한 비율로 쌓였다는 가정 하에 바다가 젊다는 결론에 이를 수 있다. 하지만 지구 역사에서 젊은지구론자들이 주장하는 바와 같이 창세기 대홍수가 전 지구적으로 일어났다면, 위의 연대 추정은 의미가 없어진다. 젊은지구론자들은 대부분의 퇴적층이 4,000년이 아니라 1년 미만의 대홍수 때 형성되었다고 주장하기 때문이다.

둘째, 미시시피강 삼각주의 연대는 미시시피강 삼각주의 연대일 뿐이다. 즉 미시시피강의 연대, 나아가 지구의 연대와 아무런 상관이 없다는 말이다. 잘 알려진 것처럼 모든 하도는 계속해서 변한다. 그림 8-6에서 볼 수 있는 것처럼, 말할 필요도 없이 미시시피강의 하도나 삼각주 역시 끊임없이 변하고 있다. 알려진 바에 의하면, 미시시피강의 하도는 수백 차례 변했다. 그런 미시시피강의 삼각주로부터 미시시피강의 연대, 나아가 지구의 연대를 추정한다는 것 자체가 우스운 일이다.

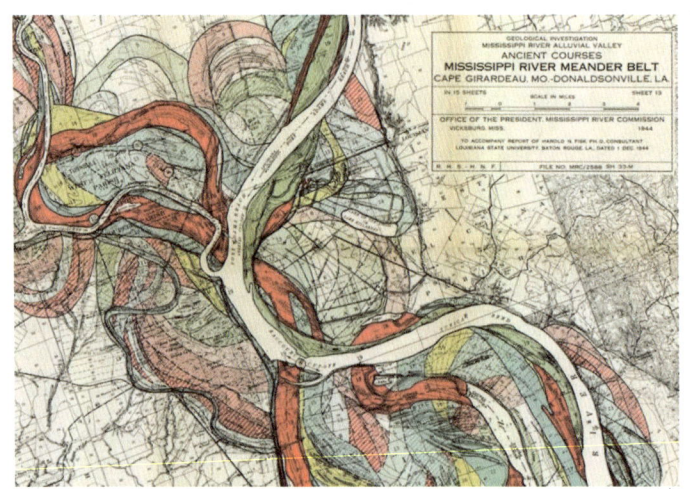

그림 8-6 끊임없이 변하는 미시시피강의 하도

결론적으로 바다로 유입되는 퇴적물의 양은 원소들마다, 물질들마다 다르다. 그러므로 이들 원소나 퇴적물들을 근거로 추정한 연대들은 수십 년에서 수억 년에 이르는 등 천차만별이다(표 8-2에 의하면, 80년에서 2.6억 년에 이름). 또한 이들이 지구는 물론 강의 연대와 관련되어 있다는 추정도 근거가 없다. 그러므로 미시시피강의 삼각주로부터 강이나 지구의 연대를 추정하는 것은 전혀 믿을 바가 못 된다.

8. 나이아가라 폭포단의 마모

나이아가라 폭포는 어떤가? 나이아가라 폭포는 미국의 5대호 중에서 이리호(湖)와 온타리오호로 통하는 경계에 있다. 나이아가라강에 있는 나이아가라 폭포는 하중도(河中島)인 고트섬(Goat Island, 미국령) 때문에 크게 두 줄기로 갈린다. 고트섬과 캐나다의 온타리오주와의 사이에 있는 폭포는 호스슈(Horseshoe) 폭포 또는 캐나다 폭포라고도 하며, 높이 48m, 너비 900m에 이르는 것으로, 국경선이 그 중앙을 통과하고 있다. 고트섬 북동쪽의 미국 폭포는 높이 51m, 너비 320m에 이른다. 나이아가라 강물의 94%는 호스슈 폭포로 흘러내린다.

젊은지구론자들 중에는 이 나이아가라 폭포의 폭포단의 마모로부터 지구의 역사를 추정하려는 자들이 있다. 그들은 미국과 캐나다 접경에 있는 나이아가라 폭포의 나이는 폭포단(端)이 마모되는 속도로부터 대략적인 계산을 할 수 있다고 본다. 나이아가라 폭포는 나이아가라 케스타(Niagara cuesta)에 걸려 있는데, 폭포가 걸려 있는 케스타 벼랑은 상부가 굳은 석회암으로 이루어져 있고 하부는 비교적 연한 혈암(shale),[51] 사암 등으로 구성되어 있다.[52] 폭포의 물이 떨어질 때 벼랑 하부의 연층(軟層)을 후벼내듯이 침식하기 때문에, 돌출한 듯 남아 있는 상부 폭포단(端)의 석회암층도 허물어져 떨어지게 된다. 이 때문에 벼랑은 해마다 0.7~1.1m 정도 후퇴하였다. 그래서 과거에는 폭포가 현재보다 11km 하류인 나이아가라 에스카프멘트(Niagara Escarpment)에 있었다.[53]

나이아가라 폭포단의 마모 속도에 대해서는 몇몇 사람들이 추정했다. 1678년에 프랑스 탐험가이자 선교사였던 헤네팽(Louis Hennepin)이 처음 나이아가라의 폭포지도를 만든 이래 1842년까지 폭포는 1년에 약 2m(7피트)씩 마모되었다는 계산 결과가 발표되었다. 좀 더 최근의 다른 계산 결과에 의하면, 1년에 1m(3피트)씩 마모된다고 한다. 그러므로 나이아가라 폭포가 있는 계곡의 길이가 11km이므로 폭포의 나이는 기껏해야 5,000 내지 10,000년 정도에 불과하다는 결론이 나온다.[54]

그림 8-7 1857년에 처치(Frederic Edwin Church, 1826~1900)가 그린 나이아가라 폭포.[55] 젊은지구론자들은 나이아가라 폭포단의 마모율이 연 1~2m정도이므로 11km에 이르는 나이아가라 폭포 계곡의 연대는 기껏 5,000~10,000년 정도라고 주장한다.

하지만 나이아가라 폭포단의 마모 속도를 근거로 추정한 연대가 지구의 연대가 될 수 있을까를 생각해 보자. 나이아가라 폭포단의 마모율은 나이아가라 폭포의 연대를 추정하는 데는 어느 정도 도움이 되겠지만, 그것을 지구의 나이와 동일시하는 것은 과도한 외삽이라고 할 수 있다. 아마 나이아가라 폭포가 생성되는 것과 같은 큰 지각 변화가 일어난 시기가 10,000년 내외일 것이라는 추정은 가능할 것이다. 또한 나이아가라 폭포를 만든 격변을 포함해서 다른 여러 큰 지질학적 사건들도 생각보다 오래되지 않았을 것이라는 유추는 가능할 것이다. 하지만 그 이상의 추측은 지구의 연대와는 아무런 관련이 없는 순수한 추측일 뿐이다.

9. 젊은지구론의 증거 요약

지금까지 젊은지구론자들이 제시한 여러 증거들을 요약하면 다음의 표 8-5와 같다.

주장자	근거	연대(년)
Morris	우주에서 유입된 운석가루[56]	너무 적어서 계산 불가
	대양에 유입된 "젊은" 물[57]	3.4억
	맨틀에서 유입되어 지각을 형성한 마그마[58]	5억
	생물계에서 가장 오래된 살아있는 부분[59]	5,000
	인류 문화의 길이[60]	5,000
	지구 인구의 증가율[61]	4,000
Barnes	지자기 붕괴[62]	1만
	조파저항에 의한 지구 자전 속도 감소[63]	5억
	열방출에 의한 지구의 냉각 속도[64]	2,400만
Slusher	수명이 짧은 혜성의 붕괴[65]	1만
	수명이 긴 혜성의 붕괴[66]	100만
	작은 입자들이 태양으로 유입되는 율[67]	8.3만
	최대 유성우[68]	500만
	월면의 먼지[69]	20만
	토성 고리의 불안정성[70]	100만
	토성 위성 타이탄으로부터 메탄의 탈출[71]	2,000만
	초기 "방사능" 기원 납을 가진 우라늄 붕괴[72]	너무 적어서 측정 불가
	밀폐된 아르곤 기체를 가진 K 붕괴[73]	너무 적어서 측정 불가
Cook	지구에 유입되는 14C[74]	1만
	대기 중으로 방출되는 헬륨의 양[75]	1,750~17.5만
	지층에서 유입에 의한 원유 유출[76]	1~10만
	중성자 포획에 의한 방사능 기원 Pb 형성[77]	너무 적어서 측정 불가
	중성자 포획에 의한 방사능 기원 Sr 형성[78]	너무 적어서 측정 불가
	자연적 잔류 고지자기의 붕괴[79]	10만
	선캄브리아기 나무에서 탄소 붕괴[80]	4천
Whitney	자연 Pu의 붕괴[81]	8,000만
	대륙에서 Na의 침출[82]	3,200천만
	대륙에서 Cl의 침출[83]	100만
	대륙에서 Ca의 침출[84]	1,200만
	바다로 탄산염의 유입[85]	10만
	바다로 황산염의 유입[86]	1,000만
	바다로 Cl의 유입[87]	1.64억
	바다로 Ca의 유입[88]	100만
Arp	은하들의 스펙트럼 선 붕괴[89]	1000만
Hughes	성간 기체의 팽창[90]	6,000만
Ewing 등	해저에서 석회질 연니의 퇴적[91]	500만
Bloch	바다로 Ur의 유입[92]	126만
Nevins	강을 통해 바다로 유입되는 퇴적물	3,000만
	대륙에서 퇴적물의 침식	1,400만

Allen	강의 삼각주 형성	5,000
Anonymous	바다 속으로 해저 원유의 유출	5,000만
Camping 등	강을 통한 Na의 바다 유입	2.6억
	강을 통한 Ni의 바다 유입	9,000
	강을 통한 Mg의 바다 유입	4,500만
	강을 통한 Si의 바다 유입	8,000
	강을 통한 K의 바다 유입	1,100만
	강을 통한 Cu의 바다 유입	5만
	강을 통한 Au의 바다 유입	56만
	강을 통한 Ag의 바다 유입	210만
	강을 통한 Hg의 바다 유입	4.2만
	강을 통한 Pb의 바다 유입	2,000
	강을 통한 Sn의 바다 유입	10만
	강을 통한 Al의 바다 유입	100
	강을 통한 Li의 바다 유입	2,000만
	강을 통한 Ti의 바다 유입	160
	강을 통한 Cr의 바다 유입	350
	강을 통한 Mn의 바다 유입	1,400
	강을 통한 Fe의 바다 유입	140
	강을 통한 Co의 바다 유입	1.8만
	강을 통한 Zn의 바다 유입	18만
	강을 통한 Rb의 바다 유입	27만
	강을 통한 Sr의 바다 유입	1,900만
	강을 통한 Bi의 바다 유입	4.5만
	강을 통한 Th의 바다 유입	350
	강을 통한 Sb의 바다 유입	35만
	강을 통한 W의 바다 유입	1,000
	강을 통한 Ba의 바다 유입	8.4만
	강을 통한 Mo의 바다 유입	50만

표 8-5 모리스 등이 정리한 지구의 나이[97]

그렇다면 젊은지구론자들이 제시하는 위의 많은 연대들의 공통적인 문제점은 무엇일까? 이미 앞에서 언급한 것처럼, 가장 근본적인 문제는 위의 대부분의 연대들이 창조과학자들이 그렇게 거부하는 '동일과정' 가설 위에 세워져 있다는 점이다. 예를 들면, 바다의 연대를 계산할 때는 지구상의 모든 바다에 함유된 Na의 대략적인 총량을 전 세계 하천으로부터 매년 바다로 유입되는 Na의 대략적인 양으로 나눈 것이다. 여기에는 지구가 창조된 이래 지금까지 Na이 동일한 비율로 바다로 유입되었다는 '동일과정'의 전제가 깔려 있다. 그 외의 다른 대부분의 연대들도 동일하게 '동일과정'의 전제 위에서 계산되었다.

그렇다면 과거 지구의 상황이 노아의 홍수나 거대한 소행성과의 충돌, 대규모의 화산폭발과 같은 여러 격변들에 의해 지금과는 전혀 달랐다면, 다시 말해 동일과정의 전제가 맞지 않는다면 어떻게 될 것인가? 실제로 이런 격변들이 수없이 일어났다는 증거들은 많다. 따라서 위의 주장들은 아무런 의미가 없다. 실제로 표 8-5에서 제시한 연대들을 살펴보면 전혀 일관성이 없다. 일관성이 없다는 말은 지구연대를 추정하는 자료로서는 아무런 가치가 없다는 말이다. 흥미롭게도 이 점에 대해서는 모리스와 파커도 언급한다.

> 표에서 제시한 연대의 가장 뚜렷한 특징이라고 한다면 극심한 변동성(extreme variability)이다 - 100년에서부터 시작해 5억 년에까지 이른다. 물론 이러한 변동성은 단순히 근본적인 동일과정 가설이 틀렸음을 보여줄 뿐이다."[98]

그런데 흥미롭게도 모리스와 파커는 이 말을 한 후에 이어서 그럼에도 불구하고 이러한 결과들은 젊은 지구를 보여준다는 이해할 수 없는 얘기를 이어간다.

> 그럼에도 불구하고 모든 것들이 고려되어야 한다. 연대 스펙트럼에서 젊은 연대를 나타내는 아래 끝 부분에 있는 연대들은 오랜 연대를 보여주는 위 끝 부분 연대들보다 더 정확한 듯이 보인다. 이러한 결론은 다음과 같은 분명한 사실로부터 따라 나온다. ① 그것들(젊은 연대들)은 초기의 밀도나 위치에 의해 영향을 전혀

안 받지는 않았겠지만, 덜 영향을 받았을 가능성이 있다. ② 시스템이 '닫힌 시스템'(closed system)이었다는 가정은 긴 시간보다는 짧은 시간 동안에 더 잘 맞을 가능성이 있다. ③ 과정이 일어나는 속도가 일정했다는 가정 역시 오랜 기간보다 짧은 기간에 타당할 가능성이 높다.[99]

하지만 이런 모리스와 파커의 주장은 자의적인 해석이라고 할 수 있다. 젊은 연대들이 오랜 연대들보다 더 정확하다는 것은 아무런 근거가 없다. 표 8-5에서 제시하는 지구의 연대들이 몇 십 퍼센트 내에서 흩어져 있다면 이런 저런 해석을 해볼 수도 있지만, 백 수십 년에서 수억 년에 걸쳐 흩어져 있다는 것은 표에서 제시한 수많은 연대측정법들이 과학적으로 아무런 가치가 없다는 사실을 보여줄 뿐이다. 실제로 위의 데이터들은 젊은지구론자들이나 서로 인용할 뿐, 지구연대 분야의 전문학자들은 아무도 인정하지도, 인용하지도 않는다. 그럴 가치가 없기 때문이다. 위의 연대들은 방사성 연대가 분석적 불확실성이나 오차의 한계 내에서 일관되게 일치하는 것과는 대조적이다.

젊은지구론자들은 대부분 지구연대에 대한 과학적 탐구의 동기보다는 오랜 지구를 부정하기 위한 증거를 수집하는 데 혈안이 된 듯하다. 젊은지구론자 모리스와 그의 동료들이 발표한 68개의 젊은 지구 연대에 대해 지구연대학자 달림플(G. Brent Dalrymple)은 이렇게 말한다.

지구에 대한 이들 68개의 '연대'가 갖는 문제점은 그들이 모두 잘못된 초기 가정들 위에 세워져 있거나, 믿을만한 답을 위해 알려지지 않은 너무 많은 변수를 가지고 있거나, 혹은 이 두 가지가 함께 작용한다는 점이다. 이 방법들은 대부분 과학 문헌을 통해 발표되었으나 아무런 가치가 없기 때문에 과학자들은 지구연대를 결정하는 데 그것들을 사용하지 않는다.[100]

실제로 달림플은 젊은지구론자들이 제시한 68개의 연대들 중 49개를 조사했는데, "이 49개의 연대들은 모두 근거가 없고(invalid) 대부분은 어리석다(silly)고 표현하는 것이 가장 적당하다."라고 했다. 나머지 연대들에 관해서는 자신의 전문분야 바깥에 있거나 그것들을 자세히 연구할 시간이 없기 때문에 논하지는 않았지만, 달림플은 나머지 연구들도 비슷하게 의미가 없을 것이라고 했다.[101]

10. 요약 및 결론

지구나 우주가 오래되었다는 증거가 매우 분명하지만 젊은지구론자들은 완강하게 1만 년 내외의 연대를 주장한다. 표 8-6은 대표적인 몇몇 젊은지구론자들의 주장을 요약한 것이다.

분야	나이(년)	근거	주장자	배경
바다	13,000	바다 나트륨 유입율	Camping(1921~2013)[102]	방송인
지구	10,000	지자기 감퇴속도	Barnes(1911~2001)	물리학자
지구	10,000~20,000	지면의 운석먼지	Kofahi/Segraves[103]	안식교 의사
지구	7,000~10,000	방사성 연대 비판	Slusher(1934~)	물리학자
태양계	10,000	혜성의 붕괴	Morris(1918~2006)	수력학
은하	거의 6,000	방사능 후광	Gentry(1933~)	안식교 물리학자
우주	6,000~10,000	포인팅-로벗슨 효과	Slusher(1934~)	물리학자

표 8-6 대표적인 1세대 창조과학자들의 배경과 이들이 주장하는 지구와 우주의 연대

지금까지 창조과학자들의 방사성 연대 비판과 이에 대한 방사성 연대측정 전문가 달림플의 반박을 살펴보았다. 지금까지의 논의를 요약하면 다음과 같다.

첫째, 방사성 연대측정법을 비판하는 창조과학자들 중에는 이를 전공한 학자가 없다. 창조과학자들 중에서 방사성 연대에 대해 가장 비판적이며 많은 글을 썼던 우드모랩도 방사성 연대측정법 전공자가 아니었다. 반면에 이를 옹호한 달림플은 20세기 후반, 미국에서 가장 탁월한 방사성 연대측정법 전문가였다!

둘째, 방사성 연대를 비판하는 문헌들은 거의 대부분 기독교계 내부 출판사를 통해 출간되었거나 창조과학자 공동체 내에서만 회람되는 학술지에 게재된 것들이었고, 제대로 심사위원들이 있는 주류 과학계의 학술지에 게재된 문헌들이 아니었다. 그러므로 방사성 연대에 대한 비판은 오직 기독교 내, 그것도 근본주의적인 일부 교파들에게만 알려졌을 뿐, 일반 학계나 대중들에게는 거의 알려지지 않았다.

셋째, 방사성 연대 전문가인 달림플은 방사성 연대측정법 비판에 대해 매우 설득력 있는 반박을 했지만, 젊은지구론자들은 이에 대해 설득력 있는 대답을 하지 못하고 있다. 그럼에도 불구하고 지금까지 방사성 연대측정에 대한 젊은지구론자들의 태도는 조금도 달라지지 않고 있다. 그들은 달림플의 주장에는 아무런 반박을 하지 못하면서 또 다른 이슈들만 제기하고 있다.

하지만 아쉽게도 이제는 달림플과 같이 창조과학자들이 주장하는 바를 따라다니면서 하나씩 반박하는 지구연대 전문가들이 거의 없다. 어쩌면 달림플이 창조과학자들의 젊은지구론을 조목조목 비판하는 마지막 전문가일 가능성이 높다. 이는 창조과학자들의 방사성 연대 비판이 과학적 증거나 논리에 기초한 것이 아니라 다른 신학적 혹은 이데올로기적 확신 때문임이 분명하기 때문이다.[104] 연대측정 분야에 그리스도인 전문가들도 많으며, 이들 중 상당수는 복음주의 신앙을 고백하는 그리스도인들이다. 하지만 이들은 창조과학자들이 어떤 논리와 데이터를 제시해도 절대로 자신들의 주장을 교정할 가능성이 없기 때문에 쓸모없는 일에 아까운 시간을 낭비하려고 하지 않는다.

이제는 어떤 연대 전문가도 창조과학자들의 방사성 연대측정에 대한 비판에 진지하게 귀를 기울이지 않으며 대답도 하지 않는다. 그러다보니 창조과학자들은 해당 분야의 학문 공동체로부터 아무런 피드백을 받지 못하고, 점점 자신들만의 게토 속으로 빠져 들어가고 있다. 그리고 연대 문제와 관련하여 전문지식이 없는 교회의 일반 신자들을 대상으로 한 대중강연에만 열을 올리고 있다. 그러다가 어쩌다가 전문가들로부터 비판이라도 받으면 본인들이 진리로 인해 핍박 받고 있다고 착각한다.

결론적으로 1970년대에 방사성 연대측정법에 대한 창조과학자들의 강력한 비판이 제기된 후 지금까지 방사성 연대측정법에 대해서는 많은 연구가 이루어졌고, 연대측정 케이스도 엄청나게 많아졌을 뿐 아니라 연대측정 기기의 정밀도도 엄청나게 높아졌다. 이러한 방사성 연대측정법의 진보는 지금까지 연구된 결과들을 점점 더 확증하는(혹은 오차가 점점 줄어드는) 방향으로 나아가고 있다. 이전에 비해 측정 정밀도도 엄청나게 높아졌고, 연대측정 범위도 엄청나게 넓어졌다. 이것은 방사성 연대측정법에 내포된 기본적인 가정이 타당하며, 창조과학자들이 제기하는 비판들이 타당하지 않음을 보여준다.

토의와 질문

1. 지자기의 감퇴, 지구 표면의 운석 먼지 유입, 달 표면의 먼지, 나이아가라 폭포단의 마모, 대기 중의 헬륨 농도 등은 대표적으로 젊은 지구를 주장하는 사람들이 일반인들을 대상으로 하는 강연에서 젊은 지구의 증거로 제시하는 것들이다. 이런 내용은 이미 오래 전에 틀렸음이 잘 밝혀졌는 데도 불구하고 왜 아직까지 이러한 것들이 대중강연에서 사라지지 않고 있는지 말해 보자.

2. 아직까지 창조과학의 여러 문헌에는 강을 통해 바다로 유입되는 각종 원소들의 양을 기초로 지구나 바다의 나이를 추정하는 내용들이 등장한다. 저자가 그런 시도는 무의미하다고 주장하는 이유는 무엇인가?

3. 이미 전문 과학자들 공동체에서는 아무런 문제도 되지 않는 것을 젊은지구론자들이 젊은 지구의 증거로 들고 나오는 가장 큰 원인이 무엇이라고 생각하는가?

제9강

지구의 창조연대

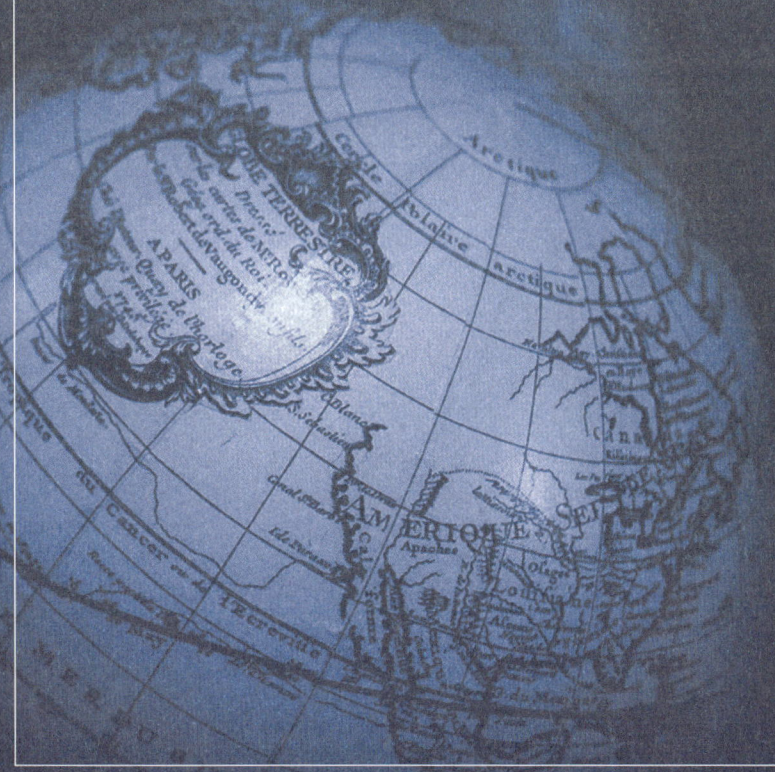

"주여 주는 대대에 우리의 거처가 되셨나이다. 산이 생기기 전, 땅과 세계도 주께서 조성하시기 전 곧 영원부터 영원까지 주는 하나님이시니이다." - 시편 90편 1~2절

지금까지 우리는 지구가 젊다는 창조과학자들, 다시 말해 젊은지구론자들의 주장을 다양한 측면에서 살펴보면서 문제점들을 지적했다. 그렇다면 지구가 오래되었다는 증거는 어떤 것이 있을까? 오늘날 일반적으로 받아들이는 지구의 나이는 45.4 ± 0.5억 년(4.54×10^9 years ± 1%)으로 알려져 있다.[1] 그렇다면 그 근거는 무엇일까? 본 강에서는 <토크 오리진스>에 실린 달림플(G. Brent Dalrymple)의 논문 "How Old is the Earth: A Response to 'Scientific' Creationism"[2]과 스타센(Chris Stassen)의 논문 "The Age of the Earth"에서 소개하는 몇 가지 증거들을 중심으로 살펴보고자 한다.[3]

1. 층서학적 기록(stratigraphic record)

지난 200여 년 간 지질학자들은 지층에 관한 많은 연구를 통해 지구가 대략 표 9-1과 같은 시기를 지났다는 결론에 이르게 되었다. 이러한 도표를 만들기까지 지질학자들은 많은 지층들의 상대적인 연대와 지층의 층서학적 관계를 연구하여 어느 지층이 오래되었고, 어느 지층이 젊은 지를 결정하였다. 특히 지층에서 출토되는 많은 화석들을 서로 비교함으로써 지질학자들은 전 세계의 지층들의 순서를 결정할 수 있게 되었다.

대(代, Era)	기(紀, period)·세(世, age)		절대 연대 (단위: 만 년 전)
신생대 Cenozoic	제4기 Quaternary	홀로세 Holocene	1.1이후
		플라이스토세 Pleistocene	160~1.1
	제3기 Tertiary	新제3기 플라이오세 Pliocene	530~160
		마이오세 Miocene	2,370~530
		古제3기 올리고세 Oligocene	3,660~2,370
		에오세 Eocene	5,780~3,660
		팔레오세 Paleocene	6,640~5,780
중생대 Mesozoic	백악기 Cretaceous		14,400~6,640
	쥐라기 Jurassic		20,800~14,400
	트라이아스기 Triassic		24,500~20,800
고생대 Paleozoic	페름기 Permian		28,600~24,500
	석탄기 Carboniferous		36,000~28,600
	데본기 Devonian		40,800~36,000
	실루리아기 Silurian		43,800~40,800
	오르도비스기 Ordovician		50,500~43,800
	캄브리아기 Cambrian		57,000~50,500
원생대 Proterozoic / 시생대 Archeozoic	선(先)캄브리아기 Pre-Cambrian		250,000~57,000 / 250,000 이전

(미국 지질학회, 1983년 발행)

표 9-1 현대 지질학에서 받아들이는 지층과 연대

많은 연구를 통해 지층의 연대와 순서가 결정되었는데, 마지막 중요한 수정은 1930년대 중신세(Miocene)와 시신세(Eocene) 사이에 점신세(Oligocene)를 삽입한 것뿐이다. 앞의 표 9-1과 같은 지층의 순서와 배열은 방사성 연대측정법이 완전히 개발되기도 전인 1930년대에 이루어졌다는 점을 유의해야 한다. 또한 우리는 여기서 지구의 역사를 연구하는 지사학에서는 이미 오래 전에 지층의 상대적인 순서가 결정되었다는 점에 유의해야 한다.

지질학자들은 현재의 퇴적 속도를 근거로 대략적인 지층의 연대를 측정하기도 했다. 다만 각 지층들의 정확한 절대연대나 각 지질시대의 지속 기간은 1940년대 후반부터 1950년대에 이르러 방사성 연대측정을 통해 구체적으로 결정할 수 있게 되었다. 하지만 방사성 연대측정은 이전에 층서학자들이나 고생물학자들이 지층과 화석들의 비교를 통해 결정한 상대적인 지층들의 순서가 비교적 정확하다는 것을 재확인했을 뿐이다.

지질학자들은 고생대로부터 신생대에 이르는 현생누대(顯生累代, Phanerozoic Eon) 지층에서 발견되는 풍부하고 다양한 화석들을 통해 지난 6억 년에 이르는 지구의 역사에 관한 많은 수수께끼들을 풀어내고 있다. 하지만 선캄브리아기 지층에서는 화석이 드물기 때문에 현생누대보다는 지구의 역사를 연구하는 것이 쉽지 않다. 그럼에도 불구하고 지층의 층위(層位)를 연구하는 층서학이나 선캄브리아기 지층의 방사성 연대측정은 지구의 연대가 수십억 년 되었음을 명백히 보여주고 있다.

사실 방사성 연대측정법은 다만 몇몇 선택된 암석에만 적용되는 연대측정법이 아니라 수만, 수십만 번의 연대측정을 통해 검증된 연대측정법이다. 이러한 연대측정 결과들은 수많은 과학 전문 학술지나 서적을 통해 발표되었다. 한 예로 1960년대 초에 시작된 미국지질조사국(United States Geological Survey) 산하의 지구연대연구소(Geochronology Laboratories)만 해도 20,000건 이상의 K-Ar, Rb-Sr, ^{14}C 연대측정을 시행했고, 지금은 전 세계적으로 주요 연대측정 연구소만 해도 50~100개에 이른다.[4] 지난 한 세대 동안 주요 학술지를 통해 발표된 방사성 연대 데이터만도 10만 건이 넘는다. 그리고 이 모든 연대들은 지구의 연대가 적어도 38억 년 이상 된다는 것을 분명히 보여주고 있다. 방사성 연대측정 결과가 보여주는 지구의 연대는 몇 퍼센트 내에서 정확하다는 것이 해당 학계의 공통된 결론이다.[5]

지구의 나이를 측정하는 기본적인 방법에는 크게 세 가지가 있다.

첫째, 지표면에 드러난 암석들 중에서 가장 오래된 암석의 연대를 측정하는 방법이다. 하지만 지구의 나이는 지구의 암석만으로 직접 계산할 수는 없다. 지표면에 있는 가장 오래된 암석은 변성암인데, 변성암은 변성되는 과정에서 지구의 역사를 상당 부분 지워버릴 수 있을 뿐 아니라, 지표면의 침식이나 지각판의 이동(맨틀의 대류) 현상으로 인해 초기 지표면에서 대부분 없어졌기(땅속으로 사라졌기) 때문이다. 그러므로 지표면에서 얻은 가장 오래된 암석의 연대는 지구의 최소 연대에 해당한다고 하겠다.

둘째, 운석이나 월석 등의 연대를 측정하는 방법이다. 이 시료들은 지구상의 시료들에 비해 복잡한 역사를 갖지 않았기 때문에 이들의 나이는 형성된 달이나 행성들의 역사와 거의 같다고 볼 수 있다.

셋째, 모델 납 연대법인데 이는 보통의 납에 포함되어 있는 납 동위원소 조성이 그 납의 생성 연대에 따라 상당히 변한다는 점을 이용

하는 방법이다.[6]

우리가 기억해야 할 것은 지구를 비롯한 태양계의 형성은 순간적으로 만들어진 것이 아니라 일정한 기간 동안에 만들어졌다는 사실이다. 그러므로 태양계나 지구의 나이를 말할 때는 하나의 일의적인 연대가 아니라 형성된 기간을 말한다고 보는 것이 더 정확하다. 지금까지의 연구 결과를 보면, 이 기간은 1~2억 년 정도인데, 이는 전체 태양계나 지구가 형성된 후 경과한 40~50억 년에 비해서는 비교적 짧은 연대라고 할 수 있다. 지구나 달, 운석의 연대는 여러 가지 방법으로 측정할 수가 있는데, 측정방법에 따라 약간씩 연대가 다르다. 하지만 연대의 차이가 미미하기 때문에 큰 틀에서 같다고 보아도 별 문제가 되지 않는다. 따라서 지구나 우주의 나이가 6천 년이라고 운운하는 것은 전혀 발붙일 여지가 없다고 할 수 있다.

2. 지구에서 가장 오래된 암석

주요한 대륙은 중심에 매우 오래된 중심 암석이 있고 그 위를 젊은 암석이 덮고 있다. 흔히 선캄브리아 순상지(楯狀地, Precambrian shield)라고 불리는 이 중심 지층은 지구의 가장 오래된 지각이라고 할 수 있다. 이 순상지에 있는 암석들은 대부분 변성암인데, 이들은 다른 암석으로부터 출발하여 지표면 아래에서 높은 압력과 열로 변성 과정을 거친, 매우 복잡한 역사를 가진 암석들이다. 그런데 변성 과정을 거치면서 이 암석들은 겉보기 연대가 달라질 수도 있다. 이는 변성 과정에서 방사능 붕괴로 생성난 자원소가 부분적으로나 전체적으로 소실되어서 원래 연대보다 더 젊게 보일 수 있다는 말이다. 때때로 변성작용이 암석 연대를 위한 방사능 붕괴의 흔적을 상당 부분 지워버리는 경우도 있다. 또한 때로는 오래된 암석들이 더 오래된, 그러면서도 연대측정이 불가능한 암석 속으로 관입되는 경우도 있다. 이 모든 경우에 측정된 연대는 지구연대의 최소치만 보여준다.

지금까지 발견된 암석들 중 가장 오래된 암석들의 연대는 여러 방사성 연대측정법으로 38~39억 년 된 것으로 밝혀졌다. 이들 암석들 속에는 41~42억 년 된 광물질을 포함하는 경우도 있지만, 그런 암석은 매우 드물다.[7] 지금까지 35억 년 이상 된 암석들은 주로 북미, 인도, 러시아, 그린란드, 호주, 남아프리카 등에서 발견되었다. 이들 대륙에서 발견된 몇몇 암석들에 대한 연대측정 결과를 살펴보면 다음과 같다.

몰톤 편마암(Morton Gneiss) 연대

북미주에서 가장 오래된 암석의 하나는 미네소타주에서 발견된 몰톤 편마암 시료인데, U-Pb 일치-불일치 방법(U-Pb concordia-discordia method)으로 측정한 연대는 35.6억 년이었다.[8]

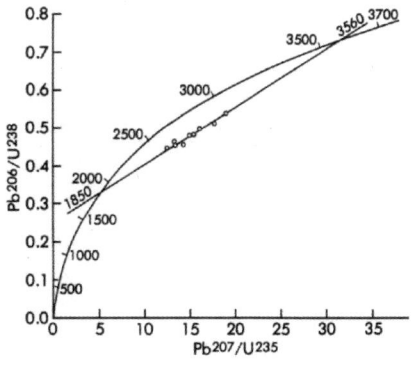

그림 14-1 미네소타주 몰톤에서 채취한 아홉 개의 편마암(Morton Gneiss) 시료에 대해 U-Pb 일치-불일치 방법으로 결정한 35.6억 년의 연대[9]

U-Pb 일치-불일치 방법이란 1956년 웨더릴(G.W. Wetherill)이 처음 도입한 연대측정 방법으로서 $^{207}Pb/^{235}U$ 비율을 가로축에, $^{206}Pb/^{238}U$ 비율을 세로축에 표시하는 방법이다.[10] 만일 연대를 측정하는 시료가 마그마로부터 시료가 형성된 후 지금까지 아무런 U나 Pb의 출입이 없었다고 한다면, 앞의 그림 14-1에서 원점을 통과하는 곡선, 즉 일치곡선(concordia)이 그려질 것이다. 하지만 마그마로부터 시료가 형성된 후 지금까지 U나 Pb의 출입이 있는, 다시 말해 변성작용을 거친 시료라면 위의 그림에서 볼 수 있는 불일치 직선(discordia)이 그려질 것이다. 이 때 불일치 직선과 일치곡선은 두 점에서 만나게 되는데 여기서 오래된 연대가 시료의 생성연대이다.

그린란드 아밋속 편마암(Amitsoq Gneiss) 연대

다음 예로 그린란드 시료를 생각해 보자. 아래의 표 9-2는 서부 그린란드에서 채취한 다섯 개의 아밋속 편마암(Amitsoq Gneiss) 시료를 다섯 가지의 서로 다른 연대측정법으로 측정한 결과를 보여준다. 분석적인 오차 내에서 이들 시료들은 모두 37억 년 정도임을 보여준다.

연대측정법	측정연대(10억 년)
Rb - Sr 등시선 연대측정법	3.70 ± 0.14
Lu - Hf 등시선 연대측정법	3.55 ± 0.22
Pb - Pb 등시선 연대측정법	3.80 ± 0.12
U - Pb 불일치직선법	3.65 ± 0.05
Th - Pb 불일치직선법	3.65 ± 0.08
가중평균치	3.67 ± 0.06

표 9-2 서부 그린란드에서 채취한 다섯 개의 아밋속 편마암(Amitsoq Gneiss) 시료를 다섯 가지의 서로 다른 연대측정법으로 측정한 결과[11]

남아프리카 홀록 편마암(Whole-rock Gneisses) 연대

다음에는 남아프리카 림포포 계곡(Limpopo Valley)에 있는 샌드리버 편마암(Sand River Gneisses)에서 채취한 홀록 시료(Whole-rock sample)의 연대를 생각해 보자. Rb-Sr 등시선 연대측정법으로는 37.9 ± 0.6 억 년의 연대가 산출되었다.[12] 이 시료들은 더 오래된, 그러면서도 자원소가 소실되거나 변성작용을 받아서 연대측정이 불가능한 암석을 포함하고 있는 암석으로부터 채취되었다. 그 후 다른 사람들은 동인도에 있는 아홉 개의 시료를 Sm-Nd 등시선 연대측정법으로 측정한 결과, 37.8 ± 1.1 억 년의 연대가 산출되었다.[13]

선캄브리아기 순상지의 가장 오래된 암석의 연대측정은 지구가 38억 년 이상 되었음을 보여준다. 또한 비록 구체적인 지질학적 데이터는 없지만, 가장 오래된 암석의 연구는 38억 년 이전에도 상당한 지구의 역사가 있었음을 보여준다. 그렇다면 왜 38억 년보다 훨씬 오래된, 지구 초기의 증거는 없는 듯이 보이는가?

첫째, 지구 역사의 초기에는 첫 지각이 형성되었을 뿐 아니라 지각이 활발하게 재순환, 재생성되고 있었음을 들 수 있다. 둘째, 달이나 지구가 형성되던 역사 초기에는 공전궤도를 돌면서 궤도상에 있는 큰 운석들이 지구와 충돌하는 경우가 잦아서 지표면이 격렬한 변화를 겪었음을 들 수 있다. 셋째, 지구 역사의 초기는 워낙 오래 전이라 증거를 발견하기 어려움을 들 수 있다. 아마 이러한 세 가지 이유가 함께 작용했을 가능성도 있다. 어떤 원인이었든지 38억 년 이전의 지구 역사에 대해 알려고 한다면, 더 오래된 증거들, 그 중에서도 운석이나 달로부터의 증거를 자세히 살펴야 한다.

3. 운석의 나이

운석은 크게 철질운석과 석질운석, 그리고 석철질운석으로 나누어진다. 석질운석은 소량의 니켈-철 합금을 포함하고 있으나 주로 감람석(橄欖石, olivine), 휘석(輝石, pyroxene)과 같은 규산염 광물로 이루어져 있고, 철질운석은 소량의 규산염 광물을 포함하고 있으나 주로 니켈-철 합금으로 이루어져 있다.[14]

이러한 운석들은 지구에 충돌하기까지 우주 공간에서 충돌, 가열, 분화작용(分化作用, differentiation)의 복잡한 과정을 겪었을 수 있다. 그러므로 태양계나 지구의 나이를 결정하려면, 우리는 가장 오래된, 그러면서도 가장 적게 변형된 운석을 찾아야 한다.

이러한 운석들의 연대측정에는 K-Ar 방법이 많이 사용된다. 이 방법으로 석질운석을 측정하면 5~50억 년이라는 넓은 영역의 연대가 산출되지만, 대부분의 운석들은 44~46억 년의 연대가 산출된다. 젊은 연대가 산출되는 운석은 우주 공간에서 가열이나 충돌과 같은 사건을 통해 Ar이 빠져나갔기 때문이다. 오랜 연대가 산출된다는 것은 이 연대가 운석들의 형성 시기와 가깝거나 거의 같음을 의미한다.

철질운석의 경우 금속 부분은 K-Ar 방법으로 측정하기가 어렵다. 이는 금속 부분에는 포타슘(K)이 무시할 수 있을 정도로 적게 함유되어 있고, 우주선 효과(cosmic ray effect)가 반영될 수 있기 때문이다. 하지만 철질운석에서도 소량으로 포함된 규산염 광물의 연대를 K-Ar 방법으로 측정하면, 45 ± 2억 년의 연대가 산출된다.[15]

이런 연대는 다른 방법으로 측정한 태양계의 연대와 일관되게 일치한다. 또한 이런 연대는 달의 연대나 지구의 연대, 그 외의 다른 행성들의 연대와도 일치한다. 아래에서 살펴볼 것처럼 다른 많은 운석 혹은 월석들의 연대도 오차의 한계 내에서 일치한다. 적어도 태양계의 연대를 연구하는 분야의 전문가들 사이에서는 6천 년 운운하는 젊은지구론의 주장은 더 이상 논의의 대상이 아니다.

4. 원물질 가정과 태양계의 창조연대

지구의 나이를 계산하는 가장 직접적인 방법은 지구와 운석에 대한 Pb/Pb 등시선 연대측정법이다. 이를 위해서는 납의 동위원소 네 종류의 양을 정밀하게 측정해야 하는데, ^{206}Pb, ^{207}Pb, 그리고 ^{208}Pb이나 ^{204}Pb이다. 즉 ^{206}Pb/^{204}Pb 대 ^{207}Pb/^{204}Pb의 등시선 연대그래프나 ^{206}Pb/^{208}Pb 대 ^{207}Pb/^{208}Pb의 등시선 연대그래프를 그려보는 것이다.

그렇다면 지구의 나이를 알기 위해 왜 운석을 살펴야 하는가? 여기에는 중요한 한 가지 가정이 포함되어 있다. 이는 태양계 전체가 공동의 원물질 풀(pool)로부터 형성되었으며, 이 공동의 원물질들 속에는 납 동위원소들의 비율이 균일하게 분포되어 있었기 때문에, 태양계에 속한 모든 천체들은 형성초기에 모두 동일한 동위원소 비율을 가졌을 것이라는 가정이다. 만일 이 가정이 타당하다면, 지각 변동이나 침식 등이 일어나는 지구상의 시료보다 창조된 이후로 거의 변화가 없는 운석이 지구나 태양계의 연대를 계산할 수 있는 더 좋은 시료가 될 수 있다.

그러면 운석의 연대는 어떻게 계산할 수 있을까? 시간이 지나면서 44.68억 년의 반감기를 가진 ^{238}U은 ^{206}Pb으로, 7.04억 년의 반감기를 가진 ^{235}U는 ^{207}Pb로 붕괴한다. 이 두 동위원소는 서로 다른 반감기를 갖기 때문에 시간이 경과함에 따라 ^{206}Pb, ^{207}Pb의 양은 점차 변하고, 따라서 등시선 연대측정에 사용되는 ^{206}Pb/^{204}Pb와 ^{207}Pb/^{204}Pb 비율도 변한다. 만일 태양계 전체의 원물질이 우라늄 동위원소 비율에 있어서 균일하게 분포되어 있었다면, 등시선 연대그래프에서 데이터 점들은 한 직선 위에 정렬될 것이다. 그리고 직선의 기울기로부터 원물질이 개별적인 시료들로 분리된 이후 경과한 시간을 계산할 수 있다.

젊은지구론자들은 태양계 원물질 가정을 반대하지만, ^{206}Pb/^{204}Pb와 ^{207}Pb/2^{04}Pb 비율을 그래프로 그려보면 그래프 자체로 이 가정의 타당성을 평가할 수 있다. 즉 만일 데이터 점들이 한 직선 위에 그려지지 않는다면, 이 가정은 틀렸다고 할 수 있다. 아래의 그래프는 다섯 개의 운석에 대한 데이터 점들이다.

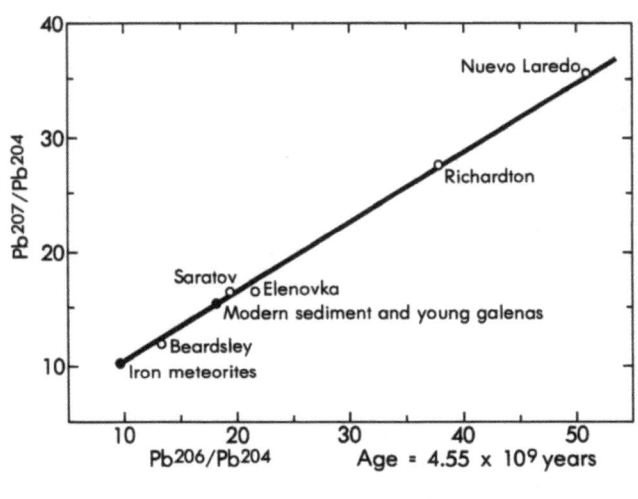

그림 9-2 Pb-Pb 등시선[16]

그런데 이 그래프는 서로 다른 우라늄 양을 가진 다섯 개의 운석 시료와 하나의 지상 시료(Modern sediments and young Galenas)의 데이터 점들이 하나의 직선 위에 정렬됨을 보여준다. 이는 지구를 포함하여 태양계를 구성하는 천체들을 형성한 원물질 가정이 타당함을 보여준다고 할 수 있다. 다시 말해 운석을 포함한 여러 태양계 물체들은 공통의 원물질에서 출발했으며, 따라서 운석의 연대측정을 통해 지구의 연대나 태양계의 연대를 측정하려는 시도는 정당하다고 할 수 있다.

5. 운석의 연대

태양계 내 물체들이 공통의 원물질에서 출발했다는 가정의 타당함과 더불어 운석의 연대를 측정한 결과는 이미 많은 학자들이 보고하였다. 달림플이 보고한 아래의 표 9-4의 결과도 이와 크게 다르지 않다.

운석물질(운석타입)	측정법	측정연대(10억 년)
Chondrites (CM, CV, H, L, LL, E)	Sm-Nd	4.21 ± 0.76
Carbonaceous chondrites	Rb-Sr	4.37 ± 0.34
Chondrites (undisturbed H, LL, E)	Rb-S	4.50 ± 0.02
Chondrites (H, L, LL, E)	Rb-Sr	4.43 ± 0.04
H Chondrites (undisturbed)	Rb-Sr	4.52 ± 0.04
H Chondrites	Rb-Sr	4.59 ± 0.06
L Chondrites (relatively undisturbed)	Rb-Sr	4.44 ± 0.12
L Chondrites	Rb-Sr	4.38 ± 0.12
LL Chondrites (undisturbed)	Rb-Sr	4.49 ± 0.02
LL Chondrites	Rb-Sr	4.46 ± 0.06
E Chondrites (undisturbed)	Rb-Sr	4.51 ± 0.04
E Chondrites	Rb-Sr	4.44 ± 0.13
Eucrites (polymict)	Rb-Sr	4.53 ± 0.19
Eucrites(No. 11)	Rb-Sr	4.44 ± 0.30
Eucrites(No. 13)	Lu-Hf	4.57 ± 0.19
Diogenites	Rb-Sr	4.45 ± 0.18
Iron (plus iron from St. Severin)	Re-Os	4.57 ± 0.21

표 9-4 여러 운석들의 연대를 Rb-Sr 등 몇몇 등시선 연대측정법으로 측정한 결과[17]

이 표에서 볼 수 있는 바는 여러 운석들에 대해 다양한 연대측정법을 사용하더라도 이들 운석들의 연대는 대체로 44~46억 년 사이에 있다는 것이다. 로텐버가(Ethan Rotenberga) 등이 Rb-Sr 등시선 연대법으로 측정한 운석의 연대도 비슷한 연대를 나타낸다.

운석물질(운석타입)	측정법	측정연대 (10억 년)
Juvinas (achrondrite)	Mineral isochron	4.60 ± 0.07
Allende (carbonaceous chrondrite)	Mixed isochron	4.5~4.7
Colomera (silicate inclusion, iron meteorite)	Mineral isochron	4.61 ± 0.04
Enstatite chondrites	Whole-rock isochron	4.54 ± 0.13
Enstatite chondrites	Mineral isochron	4.56 ± 0.15
Carbonaceous chondrites	Whole-rock isochron	4.69 ± 0.14
Amphoterite chondrites	Whole-rock isochron	4.56 ± 0.15
Bronzite chondrites	Whole-rock isochron	4.69 ± 0.14
Hypersthene chondrites	Whole-rock isochron	4.48 ± 0.1
Krahenberg (amphoterite)	Mineral isochron	4.70 ± 0.01
Norton County (achondrite)	Mineral isochron	4.7 ± 0.1

표 9-5 여러 운석들의 연대를 Rb-Sr 등시선 연대측정법으로 측정한 결과. 위 연대는 ^{87}Rb의 반감기를 1.39×10^{-11} yr^{-1}로 두고 측정한 것이다.[18] ^{87}Rb의 반감기는 정확하게 측정하는 것이 매우 어려운데, 최근에 발표된 ^{87}Rb의 반감기는 로텐버가 등이 발표한 1.3968×10^{-11} yr^{-1}이다.[19]

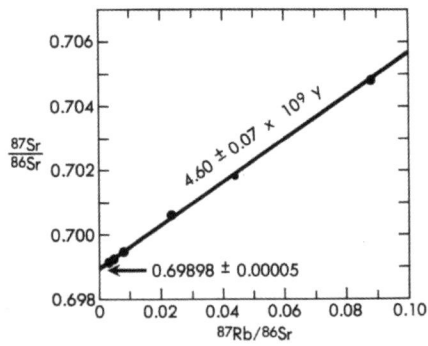

그림 9-3 쥬비나스 운석의 등시선 연대측정 그림. 소량의 규산염을 함유하고 있는 몇몇 철질 운석들을 Rb-Sr 등시선 연대법으로 측정하였다. 가장 적게 변형된 철질운석의 경우 가장 적게 변형된 석질운석과 같이 46억 년의 연대가 산출되었다.[20]

운석의 연대는 또한 Sm-Nd 등시선 연대법으로도 측정되었다. 제이콥슨(S.B. Jacobsen)과 와셀버그(G.J. Wasserburg)는 열 개의 구립(球粒, chondrite) 쥬비나스(Juvinas) 운석과 무구립(無球粒, achondrite Juvinas) 쥬비나스 운석의 연대를 등시선 연대법으로 측정하였는데, 모두 46.0억 년을 보여주었다.[21] 달림플 역시 다양한 방법으로 측정한 운석들의 연대측정 결과를 제시하였다.[22]

운석이름	측정시료	측정법	측정연대(10억 년)
Allende	전체 운석	Ar-Ar	4.52 ± 0.02
	전체 운석	Ar-Ar	4.53 ± 0.02
	전체 운석	Ar-Ar	4.48 ± 0.02
	전체 운석	Ar-Ar	4.55 ± 0.03
	전체 운석	Ar-Ar	4.55 ± 0.03
	전체 운석	Ar-Ar	4.57 ± 0.03
	전체 운석	Ar-Ar	4.50 ± 0.02
	전체 운석	Ar-Ar	4.56 ± 0.05
Guarena	전체 운석	Ar-Ar	4.44 ± 0.06
	13개 시료	Rb-Sr	4.46 ± 0.08
Shaw	전체 운석	Ar-Ar	4.43 ± 0.06
	전체 운석	Ar-Ar	4.40 ± 0.06
	전체 운석	Ar-Ar	4.29 ± 0.06
Olivenza	전체 운석	Ar-Ar	4.49 ± 0.06
	18개 시료	Rb-Sr	4.53 ± 0.16
Saint Severin	전체 운석	Ar-Ar	4.43 ± 0.04
	전체 운석	Ar-Ar	4.38 ± 0.04
	전체 운석	Ar-Ar	4.42 ± 0.04
	4개 시료	Sm-Nd	4.55 ± 0.33
	10개 시료	Rb-Sr	4.51 ± 0.15
Indarch	9개 시료	Rb-Sr	4.46 ± 0.03
	12개 시료	Rb-Sr	4.39 ± 0.05
Juvinas	5개 시료	Sm-Nd	4.56 ± 0.08
	5개 시료	Rb-Sr	4.50 ± 0.07
Moama	3개 시료	Sm-Nd	4.46 ± 0.03
	4개 시료	Sm-Nd	4.52 ± 0.05

Y-75011	9개 시료 7개 시료 5개 시료 4개 시료	Rb-Sr Sm-Nd Rb-Sr Sm-Nd	4.50 ± 0.05 4.52 ± 0.16 4.46 ± 0.06 4.52 ± 0.33
Angra dos Reis	7개 시료 3개 시료	Sm-Nd Sm-Nd	4.55 ± 0.04 4.56 ± 0.04
Mundrabrilla	silicates silicates olivine plagioclase	Ar-Ar Ar-Ar Ar-Ar Ar-Ar	4.50 ± 0.06 4.57 ± 0.06 4.54 ± 0.04 4.50 ± 0.04
Weekeroo Station	4개 시료 silicates	Rb-Sr Ar-Ar	4.39 ± 0.07 4.54 ± 0.03

표 9-6 여러 운석들의 연대를 Rb-Sr 등 몇몇 등시선 연대측정법으로 측정한 결과[23]

결론적으로 가장 오래된 운석들의 방사성 연대측정은 어떤 방법을 사용하든 동일하게 44~46억 년 전에 형성되었음을 보여준다. 혹 젊은지구론자들은 이런 연대들이 비슷한 오랜 연대를 나타내는 결과들만 고의적으로 선택했기 때문이라고 비난할지 모르지만, 달림플에 의하면 지금까지 100개 미만의 운석들의 방사성 연대가 측정되었는데, 이들 중 70개 이상이 작은 오차를 가지고 비슷한 연대를 나타낸다.[24] 이런 증거들을 기초로 우리는 행성과 운석들은 44~46억 년 전에 거의 동시에 생성되었다고 확실하게 말할 수 있다.

6. 월석 연대

그렇다면 달의 연대는 얼마나 되었을까? 1960년대부터 시작된 아폴로 계획은 많은 사람들을 흥분하게 했지만, 다른 천체로부터 직접 가져온 시료를 연구할 수 있는 가능성 때문에 특히 천문학자나 지질학자들을 흥분하게 했다. 달은 고지대(highland)와 저지대(mare)로 나누어져 있는데, 고지대는 산악지형으로서 달의 초기 역사에서 소행성이 충돌한 충돌구조를 아직까지 어느 정도 유지하고 있는 곳이며, 저지대는 연대가 젊고 소행성 크기의 물체가 충돌한 후 마그마가 흘러들어간 곳이다. 아폴로 우주선들은 고지대와 저지대 모두로부터 월석을 채취하여 지구로 갖고 왔다.

달은 초기에 많은 소행성들이 충돌했고, 그 결과 달 표면의 월석들이 가열되고 변성작용을 일으켜서 전통적인 K-Ar 연대측정법은 달에서의 암석형성을 연구하는 데 별 도움이 되지 않았다. 이는 K-Ar 측정에서 원래 암석의 연대를 측정하기보다 최근의 가열과 충돌 사건의 연대를 측정할 가능성이 크기 때문이다.

월석 나이를 측정하는 데는 주로 $^{40}Ar/^{39}Ar$ 연대-스펙트럼법(age-spectrum technique)과 Rb-Sr 등시선 연대법이 사용되었다. 달 표면의 고지대 암석들에 대한 연대-스펙트럼법으로 측정한 연대들은 40~45억 년 사이에 있다. 가장 오래된 연대는 아폴로 17호가 가져온 고지대 암석을 Rb-Sr 등시선 연대법으로 측정한 것인데, 세 광물 시료가 각각 45.5 ± 1.0억 년, 46.0 ± 1.0억 년, 44.3 ± 0.50억 년이었다. 또한 아폴로 16호가 가져온 두 개의 월석 시료를 $^{40}Ar/^{39}Ar$ 연대-스펙트럼법으로 측정한 연대는 44.7억 년과 44.2억 년이었다.[25] 아폴로 17호가 가져온 두 개의 월석 시료를 Sm-Nd 등시선 연대법으로 측정한 결과는 42.3 ± 0.50억 년, 43.4 ± 0.50억 년이었다.[26]

지금까지의 결과를 요약하면, 수백 개의 월석 시료에 대한 방사성 연대측정 결과는 분명히 달이 6천 년 전이 아니라 45~46억 년 전에 형성되었음을 일관되게 보여준다. 또한 달도 초기에는 용융된 마그마로부터 형성되었음을 보여준다.

7. 모델 납 연대(Model Lead Age)

모델 납 연대측정법은 1946년에 독일의 물리학자 후터만스(Friedrich Georg Houtermans, 1903~1966)와[27] 영국의 지질학자이자 방사성 연대측정의 선구자인 홈즈(Auther Holmes, 1890~1965)가[28] 독립적으로 개발했으며, 1953년에 아이오와 출신의 미국의 지구화학자 패터슨(Clair Cameron Patterson, 1922~1995)이 처음으로 운석의 연대측정에 사용하였다.[29] 패터슨은 태양계가 형성되던 초기의 태양계 성운(solar nebula)에서 납 동위원소의 조성이 균일하고, 그래서 그로부터 행성 물질이나 운석들이 형성될 때도 그 속에 포함된 납 동위원소의 조성이 균일할 것이라고 추론하였다. 그리고 이들이 서로 다른 양의 우라늄을 포함한다면, 이들 속에 포함되어 있는 납 동위원소의 조성은 가로축을 $^{206}Pb/^{204}Pb$로, 세로축을 $^{207}Pb/^{204}Pb$로 잡고 그래프를 그릴 때 등시선이 형성되어야 한다고 생각했다.

앞의 그림 9-2에서 보여주는 것처럼, 왼쪽 하단의 데이터 점은 우라늄을 포함하고 있지 않는 철질운석(단유철광 혹은 황화철 FeS) 상태에서 납 동위원소의 조성, 즉 태양계의 초기 납 동위원소의 조성을 나타낸다. 이 그림에서 운석에 대한 납 동위원소의 등시선은[30] 운석과 지구의 연대가 45.5억 년임을 보여준다. 즉 철질운석과 석질운석의 납 동위원소의 조성은 등시선 연대법으로 45.5억 년을 보여준다.

만일 달과 지구, 운석들이 같은 기원과 같은 연대를 갖지 않는다면 납 동위원소의 성분이 같은 등시선을 보이지 않을 것이다. 그러므로 이 모델 납 연대는 지구를 포함한 행성, 운석 등이 모두 45.5억 년 전에 형성되었다는 설득력 있는 증거가 된다. 사실 패터슨이 처음으로 모델 납 방법으로 운석의 연대를 측정한 이후 다른 사람들도 연대를 측정했지만 그 결과들은 거의 같았다. 한 예로 이집트 출신의 미국의 지구화학자 테라(Fouad Tera)는 같은 방법으로 지구의 연대가 45.4억 년이라고 했는데, 그가 모델 납 방법으로 측정한 다른 지구 연대들도 모두 44.3~45.9억 년 영역에 있었다. 지구나 태양계의 정확한 연대에 대해서는 아직도 다소의 논쟁이 있기는 하지만, 이 논쟁의 범위를 고려할 때 현재 알려진 태양계나 지구의 연대는 2% 이내에서 정확하다고 할 수 있다! 지구나 달, 태양계 등의 연대가 1만 년 이하라는 주장은 해당 분야에서 정상적인 학술활동을 하는 사람들에게 더 이상 논쟁거리가 아니다.

8. 요약과 결론

우리는 지금까지 다양한 운석들에 대해 다양한 연대측정법의 결과들을 살펴보았다. 그리고 그 운석들의 연대측정은 지금도 해당 분야 학자들의 진지한 연구가 이루어지고 있는 분야이다. 때로는 학자들마다 주장하는 연대가 다르기도 하고, 그래서 논쟁이 일어나기도 한다. 그럼에도 불구하고 우리는 다음과 같은 몇 가지의 결론을 분명하게 내릴 수 있다.

첫째, 현재 해당 학계에서 일어나고 있는 논쟁은 6천 년인지, 45억 년인지의 논쟁이 아니라는 점이다. 마치 학계에서 그런 논쟁이 일어나고 있는 듯이 주장하는 것은 지구의 연대를 연구하지 않는 젊은지구론자들 혹은 창조과학자들뿐이다. 해당 학계에서 일어나는 논쟁은 45억 년을 전후한 측정 결과에서 마지막 소수점 이하 연대들이 얼마인지, 혹은 그 연대의 오차의 한계가 얼마인지 따위의 논쟁이다. 그런 차원에서 운석들의 연대는 대부분 거의 정확하게 일치한다고 할 수 있다.

둘째, 태양계를 구성하는 천체들은 공통의 원물질에서 출발했다는 점이다. 활발한 변성, 침식, 지각판의 운동 등으로 인해 현재의 지구 표면에서는 지구가 처음 창조되었을 때의 암석을 찾기가 매우 어렵다. 현재까지 가장 오래된 지표면 암석들은 대부분 38~39억 년을 넘지 않는다. 이 문제를 극복하기 위한 방법은 창조 이래 거의 환경의 변화를 겪지 않은 운석이나 월석을 살펴보는 일이다. 하지만 운석이나 월석의 연대를 지구의 연대와 동일시하기 위해서는 지구를 포함하여 태양계를 구성하는 천체들을 형성한 원물질이 같았다고 가정해야만 한다. 우리는 본 강에서 운석이나 월석들의 등시선 연대를 통해 이 가정이 타당하다는 결론을 내릴 수 있었다. 즉 지구의 연대에 관한 대부분의 측정은, 태양계 내의 행성들과 비슷한 시기에 만들어졌지만 만들어진 후 지질학적으로 많은 변화를 겪지 않은 운석들의 연대측정에 의존하는데, 이는 타당하다고 할 수 있다.

셋째, '예외적인'(anomalous) 연대들에 대해서는 그 원인이 대부분 밝혀져 있다는 점이다. 모든 과학적 연구가 그러하듯이, 방사성 연대측정에도 다른 연대측정법의 결과들과 일치하지 않는, 소위 '예외적인' 연대들이 있다. 하지만 이러한 연대측정 결과는 대체로 전체의 2%내외이다. 그리고 대부분의 '예외적인' 연대들은 알려지지 않은 지질학적 요소들이나 의도하지 않은 기술의 잘못된 적용 등으로 인한 것이었다. 대부분의 복잡한 기술들이 그렇듯이 방사성 연대측정도 때로 잘못된 결과를 줄 수 있다. 그래서 과학자들은 끊임없이 배우고 보정이나 교정해 나가고 있다. 창조과학자들이 방사성 연대측정에 대해 제기하는 비판들은 데이터를 문맥에 맞지 않게 인용하였거나 잘못 해석했기 때문이다.

토의와 질문

1. 외계로부터 날아온 운석들, 달에서 가져온 월석들, 지구에서 발견된 가장 오래된 암석들의 방사성 연대가 비슷하다는 것은 무엇을 의미하는가? 이것이 방사성 연대의 정확성을 보증한다고 볼 수 있는가?

2. 지구상에는 어디에도 45억 년이 된 암석이 발견되지 않고 있다. 왜 그럴까? 그런데 왜 지구가 45억 년 되었다고 말하는가?

3. 지표면에서 가장 오래된 방사성 연대를 나타내는 암석들은 세계적으로 극히 일부 지역에서만 발견되며, 이들의 연대도 모두 동일하지 않다. 그 이유는 무엇이며, 이것이 의미하는 바는 무엇인가?

제10강

샬롬을 바라보며…

"오직 사랑 안에서 참된 것을 하여 범사에 그에게까지 자랄지라." - 에베소서 4장 15절

이제 지구와 우주의 연대에 대한 지난한, 그러면서도 이 주제와 관련된 전문학계에서는 거들떠보지도 않는 논쟁을 마무리해야 할 시점에 이르렀다. 19세기 후반까지만 해도 과학자들 중에는 지구나 우주의 연대가 얼마나 되었는지, 혹 젊은지구론자들이 말하는 것처럼 젊은 지구, 젊은 우주가 부분적으로나마 맞을 가능성이 있지 않을까 미련을 가졌던 사람들이 있었다. 하지만 20세기에 접어들어 방사성 연대측정이 등장하면서, 그리고 그 측정법이 점점 정교하게 다듬어지면서 더 이상 젊은지구론은 주류 과학계에서 발붙일 곳이 없어졌다.

그렇다고 창조연대 논쟁이 완전히 사라진 것은 아니다. 주류 과학계에서는 젊은지구론이 더 이상 발붙일 곳이 없지만, 여전히 보수 근본주의 교회에는 혹시나 하는 미련을 가진 아마추어 열정가들이 있기 때문이다. 그리고 이들로부터 설득된 많은 그리스도인들도 있다. 이들에게 때로 주류 과학계로부터 오는 '핍박'은 진리로 인해 억울하게 당하는, 나아가 언젠가 하나님이 신원하실 고난이라고 생각하기 때문에 더 큰 열정을 불러일으키기도 한다.

하지만 20세기 후반으로 접어들면서 새로운 양상이 나타났다. 그것은 보수적인 복음주의 진영에서조차 젊은지구론은 과학적으로 오류일 뿐 아니라 성경적으로 지지받을 수 없는 하나의 이데올로기요, 도그마에 불과하다는 비판이 일어나게 된 것이다. 주류 교단들에 이어 복음주의 교단들조차 젊은지구론으로부터 등을 돌리기 시작한 것이다. 그러면서 자기들만의 게토를 형성하기 시작한 젊은지구론자들을 보면서 의식 있는 그리스도인들은 도대체 바른 영성이 무엇인지에 관해 심각하게 고민하기 시작했다.

1. 과학과 영성

과학적 연구의 특성들 중에는 기독교적 영성 혹은 신앙과 직접적인 관련이 있는 것도 있지만, 대부분 그렇지 않다. 그렇다면 과학적 연구는 그리스도인의 영성과 어떤 관계가 있을까? 기독교 세계관을 가진다고 해서 과학적 연구의 방법이 달라질까? 우리가 먼저 생각해야 할 것은 기독교 세계관적 과학관은 과학적 연구의 방법론적 특성과는 직접적으로 관련이 크지 않다는 것이다. 대신 기독교 세계관은 과학적 연구의 의미와 목적, 과학의 한계와 위험, 과학을 대하는 태도 등에 직접적인 영향을 미친다. 예를 들어 몇 가지 대표적인 기독교적 과학관의 기초를 생각해 보면 다음과 같다.

첫째, 과학적 연구의 대상인 물리적 세계를 하나님의 피조물로 본다. 자연은 인간의 물질적 풍요를 지지하는 보물창고도, 인간이 신성시 하면서 섬길 경배의 대상도 아닌, 인간이 창조주로부터 관리책임을 위임 받은 창조주의 피조물이다.

둘째, 과학적 연구는 하나님의 피조세계에 대한 청지기적 소명의 한 부분이다. 이 청지기적 소명 때문에 과학을 연구하는 그리스도인들은 목회나 선교가 그러한 것처럼 과학 연구를 성직이라고 생각하고 최선을 다한다. 물론 그리스도인 과학자라고 해도, 어떤 사람은 하나님의 피조물임을 인식하고 그 피조물에 대한 청지기적 소명을 가지고 연구하는가 하면, 어떤 사람은 그런 의식이 없이 단지 자기의 명예와 금전적 보상만을 위해 연구한다. 그러나 기독교 세계관 운동을 하는 사람들은 그리스도인 학자들이라면 당연히 전자여야 한다고 믿는다.

셋째, 과학적 연구는 이웃 사랑의 표현이 되어야 한다. 예를 들면,

의학을 발전시키는 것, 사람들의 건강을 연구하는 것, 품종개량 연구를 통해 굶주림을 해결하는 것 등은 연구가 직접적으로 이웃을 사랑하는 방법이 될 수 있음을 보여준다. 이처럼 직접적, 가시적 방법이 아니더라도 과학 연구에는 간접적, 비가시적 방법으로 이웃 사랑을 표현하는 것들도 있다. 예를 들어, 중력파 연구나 그 외 순수 이론 연구들도 직접적으로 이웃 사랑과의 관련성을 찾기는 어렵지만, 간접적으로 혹은 당장 눈에 드러나지 않게 이웃을 사랑하는 연구일 수 있다.

넷째, 과학적 연구를 할 수 있는 것은 사람이 하나님의 형상대로 창조되었기 때문이다. 개인마다 과학 연구의 재능이 더 있는 사람이 있고 덜 있는 사람이 있지만, 기본적으로 과학을 연구할 수 있다는 것은 인간에게 심겨진 하나님의 형상 때문이다. 본능에 따라 자연에 순응하는 동물들과는 달리 인간은 하나님의 형상의 일부인 창의성을 발휘하여 피조세계를 연구, 관리할 수 있다.

그림 10-1 하나님의 형상대로 지음 받은 아담과¹ 타락으로 인한 인간의 실낙원

마지막으로, 인간은 하나님의 형상대로 창조되었지만 타락한 존재이기 때문에 언제나 과학과 기술을 우상화할 수 있는 소지가 있다. 오늘날 과학과 기술이 첨단화되면서 일반인들은 과학과 기술의 위력에 경외감을 느끼면서 과학과 기술이 인간의 모든 문제를 해결할 수 있는 것처럼 착각할 수 있다. 즉 과학과 기술이 가져다주는 물질적인 풍요와 안락함 때문에 이를 우상화할 가능성도 있다.

이런 기독교적 관점의 요소들은 과학을 연구하는 방법이나 대상과 관련되었다기보다는 과학을 연구하는 사람의 마음가짐 또는 세계관에 달려있다고 볼 수 있다. 다시 말해서 어떤 연구가 기독교적인지 아닌지는 외적으로 드러나는 것만으로는 쉽게 판단하기가 어렵다는 말이다. 이런 틈새를 비집고 들어오는 것이 흑백논리적이고 전투적인 근본주의자들의 과학관이다. 지난 한 세대 동안 원래의 의도와는 달리 우리 교회에 많은 부담과 해를 끼쳤던 창조과학 운동이 바로 근본주의적 과학관에 기초한 대표적인 과학관의 예였다고 할 수 있다.

2. 근본주의적 과학관의 문제

근본주의자들의 과학관에서는 우선 성경을 과학 교과서로 본다. 성경에 나타난 사실들은 구원의 진리일 뿐 아니라 현대 과학적인 관점에서도 정확무오하다는 사실을 강조한다. 구약에 나타난 많은 위생법들은 오늘날 위생관련 연구의 전범이 되어야 한다고 주장하는가 하면, 성경에 나타난 천체 관련 언급들은 천문학적으로도 정확하다고 주장한다. 성경에 나타난 생물에 관한 언급들은 생물학의 기초가 되어야 하는가 하면, 창세기에 나타난 노아의 홍수는 지질학의 기초가

그림 10-2 아직도 '성경은 진정한 과학 교과서다!' 혹은 성경이 지질학 교과서라고 주장하는 사람들이 있다.

되어야 한다고 주장한다.

그러면서 근본주의 과학관에서는 '기독교적' 혹은 '성경적'이라는 말을 남용한다. 한 예로 창조과학자들은 6천 년 우주연대는 '성경적 연대'(Biblical chronology)이고 138억 년 우주연대는 진화론 연대이며, 진화론은 무신론이라고 주장한다. 하지만 성경에는 어디에도 그런 말이 없다. 미국의 창조과학자들 중에는 성경에 있는 특정한 한두 개 단어에서 출발하여 펼쳐지는 우주론, 동심구적 우주구조 등 이상한 우주론을 주장하는 사람도 있다.² 그러면서 주류 천문학자나 물리학자들의 연구결과들을 무신론적이라는 말로 매도한다.³

한 때 창조과학자들은 팽창하는 우주 개념을 강력하게 비판하면서 먼 은하들에서 오는 빛의 적색편이(赤色偏移, red shift)와 같은 현상들은 다른 방법으로도 설명할 수 있다고 주장했다. 하지만 팽창하는 우주에 대한 과학적 증거들이 산더미처럼 쌓이자 슬그머니 꼬리를 내렸다. 흥미로운 것은 이들이 천문학자들의 연구 결과를 보고 입장을 바꾼 것이 아니라 성경을 보고 바꾸었다는 점이다. 이들은 성경에 '하나님이 하늘을 펴셨다(stretched out)'는 표현이 여러 차례 등장하기 때문에(사 42:5, 45:12, 51:13, 렘 10:12 등) 우주는 '조절된 팽창'을 하고 있다고 주장한다. 말할 필요도 없이 성경에서 '하나님이 하늘을 펴셨다'는 표현은 현대 우주론과는 아무런 관련이 없다.[4]

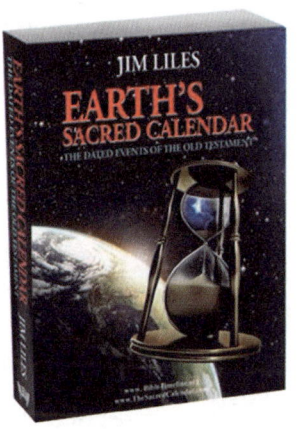 

그림 10-3 라일스(Jim Liles)가 저술한 전혀 '거룩하지 않은' 『지구의 거룩한 달력』과 홀(Marshall Hall)이 쓴 터무니없는 천동설 서적[5]

이처럼 성경을 오용하는 사람들 중에 천동설을 지지하는 홀(Marshall Hall, 1931~2013)이라는 사람도 있다. 그는 책과 웹사이트(www.fixedearth.com)를 통해 천동설을 전하는 데 인생을 바쳤다. 그는 성경에는 천동설을 증거하는 67개의 구절이 있다고 주장하면서 웹사이트를 통해 이 구절들을 장황하게 늘어놓고 있다.[6] 그의 성경 해석에 의하면 지구는 우주의 중심이며, 자전도, 공전도 하지 않는다. 그는 우주는 태양계보다 크지 않으며 허블우주망원경 등이 관측했다고 하는 것들은 모두 '가짜'(phony)라고 하면서 곳곳에서 성경 구절을 인용했다! 제발 성경이라도 인용하지 않았더라면 얼마나 좋았을까… 그는 2013년에 세상을 떠났지만 안타깝게도 그의 아내 보니 홀(Bonnie Hall)은 남편의 유지(遺旨)를 받들어 천동설 사이트를 계속 유지하겠다고 다짐했다.[7]

물론 홀은 극단적인 경우이기는 하지만 우리는 과학적 언급이나 사실에 '기독교적'이라거나 '성경적'이라는 말을 붙이는 것을 극히 조심해야 한다. 기독교의 영성을 온갖 다른 종교나 사상과 섞어서도 안 되겠지만, 아무 곳에나 '기독교적' 혹은 '성경적'이라는 말을 붙이는 것도 매우 조심해야 한다. 천지를 창조하신 창조주 하나님은 몇몇 종교적 용어나 성경에 있는 용어를 동원한다고 영광 받으시는 분이 아니다. 그분은 정직하고 성실한 연구를 통해 드러나는 바른 과학 활동을 통해 영광 받으시는 분임을 기억해야 한다.

과학자나 일반인들의 영성은 과학적 활동과 관련하여 억지로 하나님이나 성경의 용어를 동원한다고 보장되는 것이 아니다. 교회사를 살펴보면 문맥에 맞지 않게 성경 혹은 기독교라는 말을 많이 들먹이는 사람들일수록 교회에 큰 해를 끼친 예가 많았다. 십자군 전쟁이 그러했고, 이라크 전쟁을 선동했던 조지 부시가 그러했고, 서울시를 봉헌한다고 떠들었던 서울 시장이 그러했다. 아직도 우리 주변에는 성경적 물리학을 만든다고 하면서 아인슈타인의 상대성이론을 사기극이라고 주장하는 사람들도 있다. 언론의 자유, 사상의 자유가 있는 나라에서 다른 사람들에게 해가 되지 않는 한 틀린 얘기를 한들 큰 시비거리를 삼을 필요는 없을 것이다. 문제는 스스로 믿음이 좋다고 주장하는 사람들 중에 천동설보다도, 평면지구설보다도 못한 그런 주장을 성경적 이론이라고 떠들고 다니면서 성경과 기독교 신앙을 폄훼하는 사람들이 있다는 점이다.

우주의 기원을 설명하는 과학적 모델로서 대폭발이론은 어떤가? 믿음이 좋다고 하는 근본주의자들 중에는 대폭발이론을 무신론이나 생물진화론과 동일시하는 사람들이 많다. 물론 대폭발을 주장하는 사람들 중에는 무신론자도 있다. 하지만 유신론자나 경건한 그리스도인 학자들 중에도 대폭발 이론을 주장하는 사람들이 많다는 점을 기억해야 한다. 만일 대폭발 모델을 무신론이라고 한다면, 뉴턴의 운동법칙이나 케플러의 행성운동법칙은 왜 무신론 과학이라고 주장하지 않는가!

과학과 신앙의 관계를 다룸에 있어서 우리는 본질적인 신앙고백은 하나여야 한다고 믿는다. 하지만 신앙고백도 아닌 것을 신앙고백인 것처럼 끼워 넣어서 그것이 기독교의 본질인 것처럼, 신앙의 본질인 것처럼 남을 정죄하거나 편 가르기를 해서는 안 된다. 일단 학문활동에 관해 얘기할 때는 개방적이고 유연한 태도, 성경의 용어를 빌리자면, 겸손한 자세로 접근하지 않으면 안 된다. 자기의 주장은 절대로 틀릴 수 없다는 주장, 즉 자기만이 진리를 독점하고 있는 듯한 태도는 학문을 하는 사람의 기본적인 자세도 아니거니와 그 자체가 이미 예수 그리스도의 가르침과 정면으로 위배되는 것이다!

3. 앨런 구스에 대한 비판

일반적으로 이러한 태도는 창조과학과 같이 근본주의 과학관을 가진 사람들에게서 흔히 볼 수 있다. 한 예로 언젠가 한국창조과학회 홈페이지에 실린 글을 하나 살펴보고자 한다.[8] 이 글은 젊은지구론을 주장하는 미국의 Creation-Evolution Headlines(CEH)라는 단체의 웹사이트에 실린 글을 한국창조과학회에서 번역한 것이다.[9] 내용은 대폭발 이론의 문제점을 해결하기 위해 1980년에 우주급팽창이론 (Cosmic Inflation Theory)을 제시했던[10] MIT 이론물리학자 구스(Alan Harvey Guth, 1947~)를 비난하고 야유하는 글이었다. 번역도 조악하고 내용도 저질스러운 이런 글을 인용하는 것 자체가 부끄럽지만, 편향된 신학과 잘못된 성경해석, 과학에 대한 무지가 어떤 결과를 가져오는 지를 보이는 좋은 예가 될 것 같아서 좀 길지만 인용한다.

> 리포터인 댄 버가노(Dan Vergano)는 구스를 마치 유명한 록 스타처럼 떠받들고 있었다. 1초의 극히 일부분의 시간(1/1026 초) 만에 우주가 팽창을 했다는, 그의 터무니없는 추정은 그를 스타덤에 올려놓는 티켓이 되었다. …… 이제 그는 9월에 노벨상을 기다리고 있다. 구스는 MIT에서 편안하게 지내면서 자신의 복을 계수하고 있다. 그는 린데과 스타로빈스키(다른 급팽창 록 스타)와 함께 이미 (제2의 노벨상이라고 불리는) 카블리 상(Kavli Prize, 상금 $1,000,000)을 수상했다. 그에게는 편리하게도, 급팽창을 반박하는 증거들에 대한 정보를 가져올 수 있는 플랑크 프로젝트 데이터는 아마도 구스와 그의 공범들이 은행을 떠나 돈을 세며 한바탕 크게 웃고 있을 때에나 도착할 것이다. …… 급팽창은 궁극적으로 야바위 주사위 게임(shell game)이고, 우주의 창조적 설계 증거들을 회피하기 위해서 만들어낸 임시방편적 공상이다. …… (대통일장 이론의 장사꾼) 앨런 구스는 유물론을 조장하기 위해서 증거도 없는 그의 '장엄한 깨달음'을 사용하여 과학계에 아양을 떠는 기자들과 함께 공범이 되어 쏟아지는 찬사와 명예를 누리고 있는 허

풍선이 장사꾼이다. BICEP2가 급팽창을 확증했다는 거짓말에 속지 말라. 데이터에 대해 불충분한 결정밖에 하지 못하는 이론이기 때문에, 거기에는 BICEP2와 플랑크 장비가 나타내는 무엇이든지 설명할 수 있는 무한한 수의 이론들이 존재한다. 이 기사에 의하면, 구스가 그의 이야기를 창안해냈을 때, 증거들은 창조를 지지하고 있었으며, 지금도 그러하다. …… 1980년에 구스는 우주의 미세 조정과 나이에 대한 하나님의 말씀을 비웃으며, 자신의 마음속 상상력을 신뢰하기로 선택을 했다. …… 구스는 증거들을 회피하는 상상의 이야기를 창안해낼 것이 아니라, 증거들이 가리키는 것을 배울 필요가 있다. 1978년 밥 디크의 강연을 들은 후, 그는 "와우, 그 소리는 지적설계처럼 들리는데!"라고 말하면서 깨달을 수 있었다. 자신의 모델이 10,000년 정도 된 우주를 예측함을 발견한 후에, 그는 "와우, 그 소리는 창세기와 같이 들리는데!"라고 말하면서 하나님께 나올 기회가 있었다. 그러나 그는 창조주 하나님을 인정하는 대신에 그의 영혼을 악마에게 팔아넘겼다. (비이성적 사고는 악이다.) 두루 다니며 삼킬 자를 찾고 있던 악마는 파우스트와 했던 거래처럼, 그에게 록 스타의 명성과 부를 제공했다. 잠시 동안이지만 말이다. …… 그가 지금 세고 있는 복은 그에게 뇌를 주시고, 호흡하게 하시고, 아름다운 설계된 세계를 창조하신 창조주 하나님께 돌려야 하는 것이다. 대신에 그는 창조주께 대항하며, 한 세대의 수많은 영혼들을 방황의 나락으로 추락시켜 버렸다. 또한 그는 이성적이고 합리적인 사람들이 있는 학계에서 쫓겨나지 않고 있는 복을 생각해야만 한다. 만약 구스의 몸과 정신이 무작위적인 복제 오류에 의한 비이성적 힘의 우연한 산물이라면, 우리는 그가 말한 급팽창을 신뢰할 수 없다.

이 글은 문장을 하나하나 뜯어서 비판할 가치도 없는 저질 글이다. 하지만 이 글의 원문이 실린 단체의 웹사이트에 소개된 것을 보면 CEH는 2000년부터 이런 일을 해 왔다고 설명되어 있다. 일반적으로 일간 신문에 실리는 작은 기사에도 기사를 작성한 기자의 이름이 명시되는데, 이 글에는 작성자의 이름도 없다. 입에 담을 수 없는 저질스러운 욕설을 퍼부었으니 차마 이름을 쓸 수가 없었을 것이다.

필자 역시 구스의 급팽창 가설이 맞는지 잘 모른다. 하지만 현재로서는 우주를 설명하는 데 있어서 그의 가설보다 더 나은 가설이 없는 것은 분명하다. 하나님이 초자연적인 방법으로 우주를 창조하셨다는 주장은 급팽창 가설을 대신할 수 있는 과학적 이론이 아니다. 하나님이 우주를 창조하셨을 때 급팽창 가설에서 주장하는 것과 같은 과정을 사용하셨을 가능성도 있기 때문이다. 성경은 하나님이 천지만물을 창조하셨지만 어떻게 창조하셨는지에 대해서는 언급하지 않는다. 이는 기독교 신자이든, 비신자이든 해당 분야 전문가들이 하나님이 주신 지혜로 연구해서 밝혀가야 할 일이다.

구스는 유대인지만 그가 개인적으로 하나님을 믿는 사람인지는 확실하지 않다. 적어도 위키피디아에 실린 글에는 그의 종교적 신앙에 대한 언급이 없다. 하지만 그가 어떤 신앙을 가졌는지에 상관없이 세속 사회에서도 자기와 다른 생각을 가진 사람에게 위와 같은 저질스런 말로 비난하지는 않는다. 세속 학계에서조차 이처럼 무례한 말로 다른 사람을 비난하지는 않는다는 말이다. 필자는 위의 글을 불신자들이 읽을까봐 염려가 된다. 이런 무례한 언사를 하는 사람이 믿

종교라면 믿을 가치가 전혀 없다고 생각할 지도 모르기 때문이다.

4. 멜데니우스의 권면

끝으로 과학과 신앙의 관계에 있어서 우리는 17세기 독일의 루터교 신학자이자 교육가였던 멜데니우스(Rupertus Meldenius, 1582~1651)의 주장에 귀를 기울일 필요가 있다.[11] 루터(Martin Luther, 1483~1546)가 죽은 후 루터교 내부에서 일어난 종교적인 논쟁을 종식시키기 위해 1626년에 멜데니우스는 "아우구스부르크 신앙고백을 따르는 교회 내에서 평화를 위한 조언"이란 글을 발표했다.[12] 이 글에서 그는 다투는 그룹들 사이에서의 화목(peace)과 일치(unity), 그리고 사랑의 실천을 주장하면서 "본질적인 것에 있어서는 일치를, 의심스럽거나 비본질적인 것에 있어서는 자유를, 이 모든 것들에 있어서는 사랑을"이란 유명한 모토를 제시했다.[13, 14]

그림 10-4 루퍼투스 멜데니우스[15]

하지만 이러한 멜데니우스의 모토가 그가 살던 17세기 전반기의 사람들에게만 필요했던 것일까? 어쩌면 이것은 기독교 2000년의 역사 전체를 걸쳐 모든 그리스도인들에게 요구되는 덕목이 아닐까 생각된다. 실제로 미국의 주요 교단 중의 하나인 기독교교회(제자교단)(Christian Church(Disciples of Christ))에서는 지금도 이 말을 그대로 교단 모토로 삼고 있다(In essentials, Unity; In non-essentials, Liberty; and in all things, Charity.) 또한 필자가 속한 캐나다 복음주의 독립교회(Evangelical Free Church of Canada)에서는 이를 약간 바꾸어서 "Unity, Charity, Jesus Christ"라는 모토를 사용하고 있다.

비본질적인 면에 있어서 성경은 해석의 폭이 넓다. 특히 성경이 기록된 주요 목적, 즉 구원의 원리 혹은 구원의 도리에 관련된 것이 아닌, 세상과 물리적인 세계의 연구와 관련된 학문적 주장들이라면 더더욱 그러하다. 과학적인 데이터를 해석할 때 성경은 매우 열려 있으며 관대하다는 것을 기억해야 한다. 때로 성경이 자연이나 과학적인 현상을 언급하는 듯이 보이는 경우라도 그것은 과학적 지식이 그러하듯이 성경에 대한 해석도 시대에 따라 변할 수 있음을 기억해야 한다. 이것을 뒤집어 말한다면 과학은 성경보다 훨씬 더 해석의 폭이 좁다는 사실이다. 그러므로 성경의 단어나 표현을 좁은 과학의 영역에 끼워 맞추려고 하면 심각한 문제가 생길 수 있다. 적어도 멜데니우스의 권고에 의하면, 과학적 지식은 모든 그리스도인들이 하나가 되어야 할 본질적인 지식이 아니라 자유를 허해야 하는 비본질적인 지식이기 때문이다.

토의와 질문

1. 성경을 과학교과서로 사용해서는 안 된다고 하는 말이 무엇을 의미하는 지 논의해보자. 이것이 복음주의자들이 주장하는 성경무오의 교리와 어떻게 양립할 수 있는가?

2. 멜데니우스의 모토에서 본질적인 것과 비본질적인 것을 어떻게 구분할 것인가? 이를 구분하는 기준이 다른 경우에는 어떻게 이를 조정할 수 있을까?

부록

방사성 탄소연대와 미국 복음주의의 분열[1]

방사성 탄소연대(radiocarbon dating, ^{14}C 연대)는 기독교가 창세기의 앞부분을 해석하는 것과 관련하여 기독교 내에서 여러 가지 함의들을 갖는다. ^{14}C 연대는 20세기 중반에 출현한 이래 줄곧 창조-진화 논쟁의 중심에 있어 왔다. 1940년대 중반까지만 해도 대다수 복음주의자들은 방사성 연대에 심각한 관심을 갖지 않았다. 그러나 ^{14}C를 이용한 방법이 발견되고 이 분야에 복음주의 진영의 전문가들이 나타나면서, 미국의 복음주의자들은 두 그룹으로 나뉘어졌다.

그 중 한 그룹은 보수적인 복음주의자들(conservative evangelicals)로서 노아 홍수의 전 지구적인 영향과 젊은 지구 연대를 받아들이고 방사성 연대를 거부하였다. 그들은 과학적인 발견들을 성경의 문자적인 해석에 억지로 끼워 맞추려고 하였다. 간격 이론(Gap Theory)[2]과 날-시대 이론(Day-Age Theory)[3]에 동의하였던 보수주의 진영의 전임자들과는 반대로 그들은 문자적인 6일 창조를 받아들이고, 오래된 지구와 생명체를 나타내는 방사성 연대를 배격하는 근본주의적 태도를 취했다. 반면 또 다른 그룹은 '진보적인' 복음주의자들(liberal evangelicals)로서 몇몇 진화론적인 동일과정 가설과 방사성 연대를 수용하였다. 그들은 근대 과학의 관점에서 성경을 새롭게 해석하려고 했다.

여기서는 미국 내의 보수주의적(근본주의적) 복음주의자들과 진보주의적(자유주의적) 복음주의자들의 ^{14}C 연대에 대한 반응을 추적한다. 특히 ^{14}C 연대에 대해서 각별히 예민한 반응들을 보였던 제칠일 안식교(Seventh-day Adventist, SDA), 미국과학협회(American Scientific Affiliation, ASA), 창조과학협회(Creation Research Society, CRS), 그리고 창조과학연구소(Institute for Creation Research, ICR) 등의 반응에 초점을 맞출 것이다. 많은 비종교적인 학자들이 ^{14}C 연대의 기술적인 세세한 부분들을 비판한다 하더라도,[4] 몇몇 복음주의적 학자들이 ^{14}C 연대의 타당성에 심각하게 도전한다는 것은 흥미로운 일이다.

우선 '복음주의'(evangelicalism)와 '근본주의'(fundamentalism)라는 용어에

관해 살펴볼 필요가 있다. 『종교백과사전』(Encyclopedia of Religion)에 실린 마스덴(G.M. Marsden)의 글에 의하면, 복음주의는 일반적으로 다음의 사항을 강조하는 개신교 운동을 의미한다. ① 성경의 권위와 신뢰성 ② 중생에 의한 영원한 구원 ③ 몇몇 성경적인 덕목으로 표현되는 그리스도인의 삶 등이다. 근본주의는 복음주의의 일부로서 1920년에 미국에서 태동된 것으로, 근대의 이론들 및 세속화된 문화 트렌드와 타협하지 않고 맞설 그리스도인의 의무를 강조한다. 조직화된 투쟁성은 근본주의자들을 다른 복음주의자들과 구분하는 주요한 특징 중 하나이다. 양측은 때론 수많은 전통들에서 일치를 보이지만, 때로는 성경 해석과 근대과학에 관해 날카로운 대립을 보여주는 복잡한 관계였다. ^{14}C 연대에 대한 대조적인 태도는 근본주의가 복음주의와 일치하지 않음을 보여주는 고전적인 사례들 가운데 하나이다.[5]

안식교인들은 자신들을 복음주의자로 여기지만, 안식교 교주 화이트(Ellen G. White)의 저작에 대한 그들의 강한 헌신 때문에 일부에서는 제칠일 안식교를 복음주의 기독교에 포함시키는 것을 주저한다. 그러나 그들은 20세기 미국에서 소위 '창조과학'(creation science)이라고도 부르는 '과학적 창조론'(scientific creationism)이 형성되는 과정에서 젊은 지구라는 아이디어에 대한 복음주의적인 그리스도인의 반응에 큰 영향을 미쳤다. 그러므로 기독교와 ^{14}C 연대의 관계를 이해하기 위해서는 안식교를 포함하여 살펴볼 필요가 있다.

1. ^{14}C 연대측정법의 배경

지구의 나이와 다양한 지질학적 사건의 연대에 관한 조사는 지구의 역사를 탐구하는 연구에 필수적이다. 1896년에 프랑스의 물리학자인 베끄렐(Henri Becquerel)이 우라늄의 방사능을 처음으로 발견한 사건은 광범위한 영향을 미쳤다. 그 가운데 하나가 몇 십 년 후에 등장한 방사성 연대측정법의 개발이다. 러더포드(Ernest Rutherford)와 소디(Frederick Soddy)의 핵변환(nuclear transformation) 이론에 기초하여 1907년에 예일 대학교(Yale University)의 볼트우드(B.B. Boltwood)는 10개의 광물에 대한 최초의 방사성 연대측정을 진행하였다. 그러나 1920년이 지나서야 우라늄 함유량과 암석 내 관련 화학물질을 충분히 정밀하게 측정할 수 있는 방법이 고안되었다. 볼트우드의 뒤를 이어서는 스트럿(Robert J. Strutt), 홈즈(Arthur Holmes), 졸리(J. Joly)가 초기 방사성 연대측정법의 발전을 위해 중요한 기여를 하였다.[6]

방사성 연대측정법은 다른 측정방법들에 비해서 더욱 정량화된 데이터, 연대측정 과정에서 보다 높은 조절 가능성, 그리고 전지구적인 측정 샘플의 채취 가능성을 제공하였다. 몇몇 방사성 연대측정법 가운데서 ^{14}C 연대측정법은 ^{14}C의 반감기보다 크게 오래되지 않은 탄소질의 고고학적 발굴물들의 절대적인 연대 값을 말해주기 때문에 지질학뿐만 아니라 고고학, 고대 역사 분야에서 특별한 지위를 차지한다.[7] 캠브리지 대학교의 은퇴 고고학자인 다니엘(Glyn Daniel)은 ^{14}C 연대측정법을 두고 20세기 선사시대 연구 분야의 대혁명이라고 주장하였다.[8]

이러한 발전은 성경해석에 미치는 영향으로 인해 기독학자들의 특별한 관심을 끌었다. ^{14}C 연대는 성경 연대기와 관련하여 고대의 동식물, 그리고 사람과 같은 유기적 잔해의 연대를 측정할 수 있기 때문에 성경의 권위와 신뢰성을 강조하는 복음주의 기독교인들에게 특별한 관심이 되었다. ^{14}C 연대측정법은 지금으로부터 4만 년 안에 이루어진 사건들의 절대연대를 알려주는데, 이는 명백한 구약의 역사적인 시대에 해당하므로 구약의 연구에서 중요하다.[9] 성경의 완전영감을 믿는 근본주의자들에게 성경의 문자적인 연대를 신뢰한다는 것은 기독신앙의 변증과 관련하여 다음과 같은 두 가지를 뜻한다. 하나는 성경의 신적 권위를 확정하는 것이고, 다른 하나는 진화론과 진화론이 지닌 반기독교적인 함축이 틀렸음을 드러내는 것이다.[10]

^{14}C 연대 기술은 시카고 대학교의 리비(Willard Frank Libby)가 발명하였다. 1946년에 리비는 「피지컬 리뷰」(*Physical Review*)지를 통해 처음으로 ^{14}C 연대의 기본개념을 발표하였다.[11] 이 논문에서 리비는 만일 ^{14}C의 반감기가 1,000년보다 훨씬 더 길다면, ^{14}C의 생성 및 소멸 과정은 살아있는 유기체 안에서는 평형을 이룬다고 하였다. 그는 살아있는 생물과 생물 화석에 포함된 탄소들 간에는 ^{14}C를 측정할 수 있는 방사능 차이가 존재할 것이라고 예측하였다. 1947년에 리비와 그의 학생 앤더슨(Ernest C. Anderson)은 두 개의 샘플을 가지고 그들의 예측을 증명하기 위한 중요한 실험을 하였다. 그 중 하나는 볼티모어의 하수처리장에서 채취한 샘플인데 생물학적 메탄(생물에 포함된 탄소)을 포함하였고, 다른 하나는 썬오일사(Sun Oil Company)의 정유공장에서 채취한 석유 메탄(화석에 포함된 탄소)을 포함하는 샘플이었다.[12] 리비는 이 실험을 통해 샘플들 간에 두 개의 다른 방사능 레벨

이 존재함을 보여줌으로써 1,000~40,000년 사이의 연대 범위 영역에서 다양한 탄소함유물질의 연대를 결정하는 데 ^{14}C를 사용할 수 있다고 발표하였다.[13]

리비에 의하면, ^{14}C는 대기층 상부에서 고에너지의 우주선(cosmic ray)이 대기 중의 질소와 반응하여 형성된다. 이렇게 형성된 ^{14}C는 산소와 결합하여 방사성 이산화탄소($^{14}CO^2$)를 형성하고, 탄소순환 사이클을 통해 동식물 내로 들어온다. 이들의 죽음과 함께 ^{14}C는 더 이상 생체조직 내로 흡수되지 않고, 죽음 당시의 ^{14}C는 계속 지수함수적으로 비방사성 물질로 붕괴한다. 살아있는 조직 내에 있는 ^{14}C의 레벨을 알고 있고 ^{14}C의 반감기가 5,568년으로 알려져 있기 때문에,[14] 생물조직 샘플의 나이(T)는 생물 유해조직 내에 있는 ^{14}C 방사능의 강도(I)를 측정함으로써 결정된다.[15] 이것은 다음과 같이 수식으로 표현할 수 있다.

$$I = 15.3\exp(-0.693T/5568)$$

이 방법은 고대 인공물의 절대연대를 제공하기 때문에 지질학이나 고고학과 같은 분야에서 새로운 지평을 열었다. 1960년에 리비는 ^{14}C 연대측정에 관한 그의 업적으로 노벨 화학상을 수상하였다.

2. 1950년 이전의 복음주의 기독교인과 방사성 연대

^{14}C 연대측정의 원리는 다른 방사성 연대와 기술적으로 동일하기 때문에, ^{14}C 연대에 대한 기독교인들의 반응을 이해하려면 ^{14}C 연대에

앞서 다른 방사성 연대에 대한 기독교인들의 반응을 먼저 살펴보아야 한다. 1940년대 말에 ^{14}C 연대가 도래하기 이전에도 이미 몇몇 그리스도인들은 방사성 연대를 지구나이로 받아들이는 데 비판적이었다.

가장 이른 시기의 비판 중 하나는 근본주의 루터교 목사인 넬슨(Byron C. Nelson)이 '광범위한'(extensive) 지질 현장 경험을 통해 제기하였다. 그는 1917년에 위스콘신 대학교를 졸업하고 럿거스 대학교(Rutgers University)에서 유전학을 공부하였다. 1931년에 출판한 『돌에 새겨진 홍수이야기』(*The Deluge Story in Stone*)에서 넬슨은 어느 누구도 암석에 포함된 모든 납이 우라늄에서 기인한 것인지를 알 수 없고, 우라늄이 납으로 변환하는 속도 또한 항상 일정하다고 말할 수 없다고 주장하였다.[16]

이러한 비판은 1938년에 콘고디아 사범대학(Concordia Teachers College)에서 교사로 훈련받은 핸드리치(Theodore L. Handrich)에 의해서도 제기되었다. 그는 암석에서 납이 다른 방사성 물질과 함께 있다면 그것은 방사성 물질로부터 기인한 것이며, 붕괴율 또한 항상 동일하다는 방사성 연대측정자들의 주장을 반박하였다.[17] 그는 "방사성 물질에 관해서는 하나님이 후에 물질계를 직접 창조하시거나 간섭하셨다."라고 대안을 제시하였다.[18]

넬슨과 핸드리치는 모두 루터(Martin Luther)의 가르침을 따르는 보수적인 루터교인이었고, 성경의 창조가 오늘날의 6일 동안(144시간) 완벽하게 이루어졌음을 강하게 확신하였다.[19]

캘리포니아 주립대학교 버클리 분교(University of California at Berkeley)에서 농화학을 전공하고, 은사주의적인 공동체 교회의 회원이기도 한 위트니(Dudley J. Whitney)는 방사성원소의 붕괴율과 초기조건의 불확실성 외에도 지하 깊은 곳에서 일어난 화성암의 형성 연대의 불확실성, 방사성 연대와 이미 확립된 지질연대표 간의 불확실한 관계, 그리고 방사성 연대와 다른 연대측정 결과와의 모순을 지적하였다.[20] 그는 창세기의 문자적 해석을 주장하면서 과학은 젊은 지구를 보여준다고 믿었다.[21]

1946년에 젊은 토목공학자로서 후에 엄격한 창조론을 지지하며 가장 많은 글을 남겼던 모리스(Henry M. Morris)는 방사성 연대측정법이 지닌 진화론적 함축 때문에 이를 비판하였다. 그는 "지구 연대를 측정하기 위해 지질학자들이 사용하는 (방사성) 연대측정법은 그들의 측정을 신뢰하고 선뜻 받아들이기에는 주저될 만큼 매우 의심스럽다. …… 진화론자들에게 만족스러운 유일한 측정법은 방사성 연대측정법이다."[22]라고 말했다.

모리스는 성경의 문자적 해석을 굳게 믿는 근본주의 남침례교에서 성장했지만, 1940년대 중반까지는 그 자신도 6일 창조를 믿지 않았다. 하지만 '더 이상 간격이론이나 그 외의 지구의 오랜 연대를 허용하는 다른 방법들에 마음을 두지 않도록' 그를 설득한 것은 안식교도로서 프라이스(George McCready Price)의 제자이며 프라이스 버전의 홍수지질학자였던 버딕(Clifford L. Burdick)의 논문이었다. '오랜 지구의 가능성에 허용적'이었던 모리스의 첫 번째 책 『당신이 믿어야 할 것』(*That You Might Believe*)은 이미 그 때 인쇄 중이었기에 바꿀 수 없었다. 그러나 그 이후의 저작들은 그런 '비성경적인 가능성'(un-Biblical possibility)[23]을 조금도 포함하지 않았다.

근대 홍수지질학의 창시자인 안식교의 프라이스는 방사성 연대에 맹렬한 공격을 퍼부었다. 그는 '오류 덩어리, 엉성한 측정법, 완전한 사기'(full of fallacies, of slipshod methods, and of sheer charlatanry)[24] 라고 주장하면서 분명하게 방사성 연대측정법을 거부하였다. 프라이스는 자신의 짧은 자서전에서 자신은 어릴 적부터 노아의 홍수를 세계사의 '매우 이른 시기에 일어난 실제 역사적 사건'(actual historical event in the early history of the world)으로 항상 믿어 왔으며, '무척 재미있고 놀라운 책(very interesting and remarkable book)인 화이트(Ellen G. White)의 1890년도의 저작, 『족장과 예언자』(Patriarchs and Prophets)'라는 책에도 이미 익숙했노라고 고백했다. 프라이스는 화이트의 책이 주요 지질학적 변화의 원인은 대홍수임을 말해준다고 확신하였다.[25] 그러나 흥미롭게도 프라이스는 문자적인 6일 창조와 타락, 저주 이후의 화석형성을 믿으면서도 때때로 지구 핵과 우주의 오랜 연대를 받아들였다.

다른 안식교 학자들도 방사성 연대측정법에 대해 비판적이었다. 버딕은 측정 샘플의 오염 가능성을 지적하며 "오염되지 않은 방사성 광맥은 지금껏 발견된 적이 없다. 그러므로 방사성 연대계산은 정확할 수 없다. 방사성 연대체계의 가장 심각한 장애물은 모든 방사성 광물이 지닌 뚜렷한 화학적 불안정성이다."[26]라고 하였다.

안식교 대학인 라시에라 대학(La Sierra College)의 생물학 교수인 다운스(Lloyd E. Downs) 역시 우라늄-납 연대측정법은 '증명되지도 않았고'(unproved) 또한 '증명될 수도 없는'(unprovable) 가정에 근거한다고 주장하였다.[27] 제프리스(Harold Jeffreys)를 인용하면서[28] 그는 "암석이 형성되는 과정 중에 이미 납을 포함하고 있었다면, 연대는 짧아질 것이다. …… (방사성) 연대측정법을 적용하는 데 있어서 직면하는 확실한 불일치와 어려움이 존재한다."라고 하였다.

버딕과 다운스도 '그들의 주요한 선생이자 교주인 화이트가 문자적 창조론을 가르쳤기 때문에' 젊은 지구를 고수하였던 정통 안식교도들이었다. 위튼 대학교를 졸업한 복음주의 지구화학자 컬프(J. Laurence Kulp)에 의하면, "홍수지질학의 주요 지지자들은 안식교의 신념을 지지하며, 그들의 신학적 교리로부터 모든 생물들은 6천~1만 년에 이르는 기간 동안 출현했다고 가정했다."[29]

대부분의 안식교도들은 방사성 연대를 거부했을지라도 몇몇 사람들은 조심스럽게, 그러면서도 우호적인 태도를 보였다. 1937년에 몇몇 안식교 과학교사들은 모임을 갖고서 오랜 지구에 대한 아이디어를 수용하기로 결정했다.[30] 그러나 이것은 널리 알려지지 않았다. 아마도 의사이면서 소위 창조-홍수 협회(Creation-Deluge Society)의 후속 단체격인 자연과학연구협회(Society for the Study of Natural Science)의 사무총장이기도 했던 쿠퍼러스(Molleurus Couperus)가 방사성 연대에 공개적인 지지를 보냈던 최초의 안식교 학자였을 것이다. 방사성 연대가 절대적으로 신뢰할만한 지구의 나이를 제공하지 못함에도 불구하고, 그는 지금까지 축적된 결과는 '지구가 꽤 오래되었으며, 아마도 20억년 이상은 되었을 것'이라고 믿었다.[31]

방사성 연대에 깔려있는 가정이 타당하다고 조심스럽게 제안한 이들은 몇몇의 ASA(American Scientific Affiliation) 회원들이었다. ASA 회원이면서 고든 대학(Gordon College)의 지질학 교수였던 게드니(Edwin K. Gedney)는 방사성 연대결과가 "아직 절대적으로 정확한 것은 아니지만, 대략적으로 바른 값(right order of magnitude)이며, 다양한 지층 연대에 대한 수용할 만한 결과들을 제공할 수 있다."라고 인정했다.[32]

그러나 ASA 회원들 사이에서 방사성 연대 이면에 있는 가정의 타당성을 두고 격렬한 논쟁이 유발된 것은 1948년의 심포지엄에서였다. 캘리포니아 주립대학교(U.C. Berkeley)의 유전학 박사이며 후에 창조과학협회(Creation Research Society, CRS) 창립의 주요 인물이었던 램머츠(Walter E. Lammerts)는 방사성 연대를 비판하면서 "개별 (방사성) 구성원자의 붕괴시간은 예측 불가능하다."라고 주장했다. 그러나 이 심포지엄에서 익키(Roland N. Icke)와 에버레스트(F. Alton Everest)는 램머츠에 반대하면서 방사성 붕괴 시간은 일정하다고 주장했다.[33]

지구연대학자이자 학회지 편집장인 컬프(J.L. Kulp)는 방사성 연대에 반대하는 목소리를 침묵하게 만들고, ASA가 방사성 연대를 받아들이도록 격려하는 가장 중요한 역할을 했다. 컬프는 방사성 분석이 일관성이 없다는 램머츠의 주장에 대해 "연대결정은 이제 '성장통'(growing pains)의 단계를 지났으며, 좀 더 최근의 결과들은 훨씬 더 일관성이 있다."[34]라고 반박하였다. 창세기 해석에 있어서 간격이론이나 날-시대 이론이 가능한 이상 컬프는 방사성 연대를 반대할 어떠한 이유도 찾을 수 없었다.

또한 파사데나 시립대학(Pasadena City College)의 수학교수이며 ASA의 창시자 중 한 명인 스토너(Peter W. Stoner) 역시 방사성 연대를 '지구 역사상의 수많은 지층 연대를 제공하는'[35] 일관성 있고 신뢰할만한 기술로 인정하였다. 그는 근대 과학의 발견이 성경을 확증한다고 믿으면서, 오랜 지구의 증거가 어떻게 날-시대 이론과 부합되는지를 설명하였다.[36]

그 당시 ASA의 논쟁적인 분위기는 1949년에 「ASA 저널」에 기재된 몬스마(Edwin Y. Monsma) 논문의 대화 세션에 생생하게 묘사되어 있다.[37] 칼빈 대학 생물학 교수인 몬스마는 오래된 지구를 받아들이는 것을 주저하였다. 그러나 토론에서 컬프는 방사성 연대의 타당함을 증명하기 위해 긴 감동적인 발표를 하였다. 그는 지구가 거의 20억 년에 가까운 나이를 가졌다고 믿었다. 이에 반해 의사인 맥스웰(Joseph S. Maxwell)은 우라늄 붕괴와 관련된 가정의 타당성을 의심하였다.

그러나 컬프는 자신 있게 '우리가 물리학자로서 운동량 보존 법칙과 같은 많은 법칙들과 동일한 타당성을 가지고' 지구의 나이를 증명할 수 있다고 주장하였다. 노아 홍수와 같은 대격변으로 인한 화석화의 가능성을 제안한 벤더(Paul Bender)에게 컬프는 진행 중인 화석 형성을 보여주는 실례를 인용하면서 답변하였다. 지구연대 전문가로서의 컬프의 권위는 마침내 페이스 신학교(Faith Theological Seminary) 성경 고고학자 맥래(Allen A. MacRae)로 하여금 다음과 같이 제안하도록 이끌었다.

> 컬프 박사가 바로 그 사람이며, 나는 그가 매우 똑똑한 사람이라고 생각하며, 그는 지금 이 분야에서 아직까지는 비교적 짧은 기간 동안 연구를 하였다. 그래서 우리 모두는 자연스럽게 그가 발견한 것에 비상한 관심을 보이고 있지만, 그러나 나는 심지어 아주 명백히 드러난 것에 관해서도 그가 좀 더 연구하고, 또한 더 많은 사람들이 이에 관해 연구하기까지는 판단을 보류해야 된다고 생각한다. …… 현재로서는 분명히 실제적이고 답을 해야만 하는 사항들이 있다. 나는 우리들 중 누구도 그의 의견을 그대로 받아들여야 한다고는 생각하지 않는다. 우리는 좀 더 이 분야를 연구

할 필요가 있으며, 그도 역시 더 연구해야 한다. 만일 우리가 이 부분에서 제시된 증거들이 거의 확실함을 발견한다면, 나는 이러한 문제들을 해결될 수 있는 성경적 증거의 해석법 또한 있다고 생각한다.[38]

3. ^{14}C 연대에 대한 기독교의 반응

안식교 신자 프라이스(G.M. Price)는 1923년에 출판한 그의 책, 『새로운 지질학』(The New Geology)을 비롯한 다른 출판물들을 통해 안식교 학자들을 포함하여 근본주의 복음주의자들에게 지대한 영향을 끼쳤던 이른바 '홍수지질학'(flood geology)이라 불리는 학문의 분야를 만들었다. 1930년대 말까지 안식교와 복음주의 진영에 속한 프라이스의 제자들은 엄격한 창조론에 헌신하는 기관을 설립하고자 활발한 활동을 전개하였다. 그들은 신실하게 프라이스의 가르침을 따랐지만, 그들 중 몇몇은 지구의 나이와 지구상의 생명체에 대한 프라이스의 주장을 수정하기도 하였다.

프라이스의 홍수지질학을 지지한 모리스(Henry M. Morris)와 윗콤(John C. Whitcomb)은 1961년에 출판한 『창세기 대홍수』(The Genesis Flood)라는 책을 통해 홍수지질학이 다시금 활기를 찾는 데 큰 영향을 미쳤으며, 복음주의 기독교 내에서 젊은 지구와 생명체에 관한 생각들을 불러 일으켰다.[39] 대홍수 연대와 지구 및 생명체의 나이는 ^{14}C 연대와 더불어 근본주의 성향의 복음주의자들과 자유주의 성향을 지닌 복음주의자들 사이에 격렬한 토론을 불러일으켰다. 여기서 나는 먼저 안식교의 ^{14}C 연대에 대한 반응을 살펴보고, 다음에 미국 복음주의 그룹의 반응 또한 살펴보고자 한다.

제칠일 안식교도들

^{14}C 연대와 지구의 나이에 관한 안식교도들의 의견은 시간이 지남에 따라 다양화되었다. 대부분의 정통적인 안식교도들은 프라이스의 홍수지질학을 받아들이고 ^{14}C 연대를 비판하였다. 처음으로 ^{14}C 연대를 비판한 사람들 가운데는 ^{14}C의 방사능을 측정하는 기술공정이 아니라 그 결과를 해석하는 데 필요한 가정들을 비판한 물리학자 우즈(Robert W. Woods)가 있었다. 그는 ^{14}C 연대가 노아홍수가 있었다고 생각한 4,500년 전까지는 정확하다고 수긍하였지만, 이보다 오랜 과거로의 확장은 이 방법의 정확성 범위를 넘어서는 추론이라고 하였다. 그래서 그는 이 방법이 역사적인 연대의 실질적인 한계로 보이는 홍수 직후까지만 거슬러서 적용될 수 있다고 하였다.

우즈에게 ^{14}C 연대측정법은 그 가정이 받아들여진다 하더라도 과거 20,000여년 정도까지 사용 가능한 방법이었다. 그러나 이것은 어디까지나 명확히 조건이 맞는다고 할 때에 한해서이다. 먼저 ^{14}C의 생성율과 붕괴율은 항상 동일해야 한다. 우즈는 물리학자였기 때문에 그 어떤 것도 원자의 방사성 붕괴를 가속시키거나 지연시키지 못한다는 사실을 인정했다. 즉 핵반응은 온도, 압력, 화학반응 또는 그 어떤 자연적인 환경의 영향도 받지 않는다는 것이다. 따라서 붕괴속도의 일정함은 아마도 정확한 사실이었을 것이다. 하지만 우즈에게 그 오랜 시간 동안 ^{14}C의 생성율이 항상 동일했을 것이라는 가정은 확실하지 않았다. 즉 그 가정은 다음 사항들을 전제로 한다. 첫째, 질소(^{14}N)를 ^{14}C

로 변환시키는 우주선(cosmic ray)의 활동은 현재 관측되는 것처럼 항상 동일했다는 것, 둘째, 우주선의 유입에 영향을 미치는 지자기장은 현재 관측되는 것처럼 항상 동일했다는 것, 셋째, 질소(^{14}N)가 ^{14}C로 변환되는 대기층 상부의 조건은 현재와 항상 동일했다는 것이다.

우즈는 우주선 활동의 상당 부분이 성간, 그리고 외부은하의 기원을 갖고 있다고 믿었다.[40] 그는 우주선의 기원이 우주선 활동의 변화 가능성을 저해하지는 못하지만, 우리가 관측하는 우주선 현상의 균일함은 매우 흥미로워서 평형과 연속성을 벗어난 다른 가정을 하기에는 주저된다고 생각하였다. 그러나 그는 우주선의 대기권 유입에 직접적인 영향을 미치는 지자기장이 오랜 기간 동안에는 물론이고 하루 동안에도 변화한다는 점을 지적하였다. 우즈에게는 지자기장이 오늘날과는 상이한 값을 가질 가능성이 남아 있었다. 세 번째 가정을 고찰하기 위해서는 잠깐 멈추어 서서 홍수지질학자들의 주요 논점을 먼저 살펴보아야 한다.[41]

성경을 문자적으로 해석하는 홍수지질학자들은 궁창(expanse) 아래뿐만 아니라 궁창 위에도 물이 있다고 생각했다. 이들은 궁창 위의 수증기 층은 상당량의 우주선를 흡수하고 그 세기를 경감시키는 방패 역할을 했을 것이라고 했다. 이러한 방패 효과는 실질적으로 ^{14}C의 생성 비율을 줄일 수 있었을 것이다. 더 나아가 생성된 ^{14}C의 상당량은 이산화탄소로서 수증기 층 안에 머무를 수 있었을 것이다. 이처럼 수증기 속에 용해된 ^{14}C는 홍수와 함께 지표면에 쏟아졌고, 바람과 해류는 이들을 이동시켜 지표면에 균일하게 분산시키기에 이르렀을 것이다. 연대측정이 가지는 불확실성과 더불어 이러한 가능성은 홍수 지지자들로 하여금 ^{14}C 연대측정법을 받아들이지 못하도록 하였다.

^{14}C 연대에 영향을 미친 또 다른 인물은 안식교의 생물학자인 해리스(Lester E. Harris)였다. 그는 창조론 분야의 중심인물은 아니었지만, ^{14}C 연대 샘플의 오염 가능성을 지적하였다.[42] 우즈에 의해 제기된 비판에 더하여, 그는 대기 중 우주선 복사에너지의 유입과 ^{14}C의 상태와 관련하여 ^{14}C 샘플이 외부의 탄소함유 물질로부터 자유로운 지의 여부를 판별하는 것은 실제적으로 불가능하다고 반박하였다.

가장 재미있고 많은 논란을 가져 온 젊은 지구 지지자들의 반박 가운데 하나는 다색후광(pleochroic halo)과 그 의미에 관해 권위 있는 학술지에 몇 편의 논문을 게재한 콜롬비아 유니언 대학(Columbia Union College)의 지구물리학 교수이자 안식교도였던 젠트리(Robert V. Gentry)가 제기한 것이었다.[43] 제6강에서 살펴보았던 다색후광은 운모와 같은 광물 속에서 광물에 포함된 방사성 핵자로부터 나온 알파 입자의 충격을 통해 만들어졌다. 젠트리는 이러한 방사능 후광의 연구를 통해 선캄브리아기 암석 중 몇몇은 최근에 갑자기 생성되었다고 주장하였다. 그는 방사능 후광의 증거를 젊은 지구, 노아 홍수, ^{14}C 연대의 불확실성을 증명하는 것과 관련시켰다.[44] 그의 다색후광 주장은 복음주의 진영의 홍수지질학자들에게 널리 인용되었다. 하지만 아이러니컬하게도 많은 안식교 학자들은 젠트리의 발견과 해석을 별로 신뢰하지 않았으며, 심지어 이들 중 몇몇은 반대하기도 하였다.[45]

1960년대 말에 이르러 정통 안식교도들은 ^{14}C 연대측정법에 대한 그들의 태도를 누그러뜨렸다. 심지어 주요 비평가였던 프라이스마저도 홍수 시대까지는 ^{14}C 연대측정법이 꽤 정확할 수 있다는 가정 하에 홍수 이후의 연대에 대한 ^{14}C 연대의 타당성을 받아들였다.[46] 그러나 그는 계속해서 홍수 이전 시대의 환경은 오늘날과 완전히 달랐다고 확신하면서 외부로부터 유입되는 오늘날의 우주선 복사는 홍수 이전에는 많지 않았다고 주장하였다. 때때로 그는 간격이론(gap theory)에 동의하면서 오랜 지구를 받아들이지만,[47] 그의 생애를 통틀어서 전반적으로는 그의 스승이자 안식교 교주인 화이트(Ellen G. White)의 견해를 결코 반대하지 않았다.

대다수의 정통 안식교도들은 심지어 1980년대까지도 여전히 우즈의 ^{14}C 연대에 대한 비평을 받아들였지만,[48] 몇몇 학자들은 그들의 전임자들보다 더욱 대담하게 ^{14}C 연대를 수용하기도 하였다. 여하튼 안식교 학자들에게는 다양한 방법으로 측정한, 때로는 독립적인 연대측정 방법으로 얻어진, 오랜 연대를 보여주는 측정값들의 명백한 일관성은 큰 골칫거리였다. 흥미롭게도 고민하는 이들 중 대부분은 전문 지질학자 혹은 지질화학자로 훈련 받은 사람들이라는 점이 눈에 띈다.

1950년대 말부터 시작해서 미시간에 있는 안식교 대학교인 앤드류 대학교(Andrews University)와 LA 인근에 있는 로마린다 대학교(Loma Linda University)와 연계된 지구과학연구소(Geoscience Research Institute, GRI)의 몇몇 학자들은 경직된 젊은 지구 해석을 배격하고 ^{14}C 연대를 받아들였다. GRI는 1958년에 안식교 교회의 현실적 필요를 채우기 위해 설립되었다. 즉 자연과학과 관련하여 그들의 교리를 수호하고, 안식교 과학교사들이 교회 내에서 검증된 지구과학자로서 인정받는 데 필요한 자격요건을 충족시켜 주기 위해서 설립되었다.

연구소는 설립된 지 1년 이내에 프라이스의 제자이자 네브라스카 대학교(University of Nebraska)에서 생물학 박사 학위를 받은 마쉬

(Frank Lewis Marsh)와 화학자 헤어(P. Edgar Hare)를 뽑았으며, 1961년에는 비교해부학자 리트랜드(Richard M. Ritland)를 충원하였다. 나이 차이에도 불구하고 처음에는 이들 셋이 상당히 조화롭게 함께 일하는 듯 했다. 그러나 마쉬가 젊은 지구와 전지구적 홍수를 믿는 데 반해 헤어와 리트랜드가 오랜 지구와 노아 홍수의 국지적 효과를 주장함으로써 이 조화는 다음 해에 무너지고 말았다. 마쉬는 자신의 두 동료가 '창조주간을 수 억 년 전으로 대체함으로써' 성경과 교주 화이트를 직접적으로 반대하는 방사성 연대측정법을 어떤 이유로 지지하는 지 이해할 수가 없었다.[49]

1962년에 미출판논문 "지구 역사의 문제점들과 방법들"(Problems and Methods in Earth History)에서 리트랜드는 단지 노아의 홍수만이 아니라 다양한 천재지변들을 통해 지표면이 형성되었음을 지적하였다.[50] 헤어도 자신의 연구 결과를 발표하였다. 그는 단백질의 변화에 기반을 둔 바다조개의 아미노산 연대측정 연구로부터 수천 년보다 오랜 동안 지구상에 생명체가 있었다고 주장하였다. 헤어는 원래 ^{14}C 연대의 신빙성을 약화시키기 위해 아미노산 연대측정법을 개발하였지만, 놀랍게도 그가 얻은 결과들은 오랜 생명의 연대를 보여주는 ^{14}C 연대와 일치하였다.[51] 그는 교회 지도자들에게 다음과 같이 솔직하게 고백하였다.

> 나는 이 문제와 관련한 우리의 모든 접근법이 오류가 아닌지 의심이 생기기 시작한다. 우리는 여러 해 동안 거의 모든 지질학적 기록들은 (노아의) 홍수의 결과라고 배웠다. (하지만) 나는 이 분야에서 많은 지질학적 기록들은 홍수의 직접적인 결과가 아님을 충

분히 깨달았다. 마쉬와 버딕과 같은 사람들은 지구의 극히 오랜 역사를 지지하는 증거들은 매우 취약하며 전혀 신뢰할 가치가 없음을 받아들이라고 안내했다. (하지만) 나는 지난 여러 해 동안 아주 조심스럽게 이 증거들을 연구하는 데 힘을 쏟았으며, 그리고 나는 이 증거들이 결코 모호하지 않으며, 오히려 지구가 둥글다는 증거와 같이 명확함을 느낀다.[52]

그러나 GRI를 '자유주의화'(liberalizing)하려던 헤어와 리트랜드의 투쟁은 그들이 협회를 떠남과 함께 끝나고 말았다.

1970년대 이후의 ^{14}C 연대에 관한 GRI의 관점은 그들의 새로운 소장이자 물리학자인 브라운(Robert H. Brown)에 의해 대표되었다. 그는 지구상의 생명체는 10,000년을 넘지 못하고 "엿새 간의 연이은 지구 자전 기간 중에 창조되었으며" 지구는 "창세기 6~8장에 묘사된 것처럼 완전한 파괴를 보여주고 있다."라고 굳게 믿었다. 지구 생명체의 나이에 관한 ^{14}C 연대는 '모세와 엘렌 G. 화이트의 증거'와 모순되기 때문에 그는 ^{14}C 연대를 부정확한 것으로 보고 부인하였다. 그러나 흥미롭게도 그는 오랜 지구를 보여주는 다른 방사성 연대측정법들은 수용하였다.[53]

하지만 시간이 지나면서 ^{14}C 연대에 관한 브라운의 견해는 좀 더 유연해졌다. 1970년대 말부터 그는 ^{14}C 연대를 전적으로 거부하기보다 새롭게 해석할 것을 제안하였다. 그는 근래 논문을 통해 ^{14}C 연대는 매우 오래된 세계의 환경요인들, 즉 우주선 세기 변화, 지자기장 강도, 수증기층의 농도, 생물권 내 탄소에 의한 ^{14}C의 희석들 중 일부가 고려된다면 역사적 연대와 일치할 수 있다고 하였다. 그는 ^{14}C 연대의 가정과 측정방법이 건전하다면, 대략 BC 2,000년까지 ^{14}C 연대를 수용가능하다고 인정하였다. 동시에 그는 홍수 이전에는 대기 중에 더 많은 이산화탄소가 존재하였다고 생각하였는데, 이는 생물권 내에 있는 비^{14}C가 8배이며, ^{14}C는 현재의 1/100에서 1/1,000 수준이었다고 주장하였다.[54]

흥미롭게도 그 이후 지구연대에 관한 브라운의 견해는 다시 한 번 바뀌었다. 그는 생명체의 젊은 나이를 고수하면서 공개적으로 오래된 지구의 나이는 수용하였다. 그리고 브라운은 성경의 연대를 확장하고 ^{14}C 연대를 정정하는 노력을 통해서 성경연대와 ^{14}C 연대 간의 타협과 절충을 위해 온 힘을 기울였다.[55]

1960년대 초에도 펄(Henry F. Pearl)에 의한 유사한 시도가 있었다. 그는 성경연대와 맞추기 위해 브리슬콘 소나무(Bristlecone pine)의 나이와 ^{14}C 연대를 줄여보고자 노력하였다. 펄과 브라운은 포괄적인 논의를 하였음에도 이 둘은 자신의 주장을 뒷받침하는 과학적인 증거를 제시하지 못했으며, 다른 연대측정법으로 얻어진 연대에 대해서도 이렇다 할 설명을 할 수 없었다.[56]

브라운의 방사성 연대에 관한 종합적인 접근은 그가 창간하고 로스(Ariel Roth)가 편집장을 맡았던 GRI의 저널 「오리진스」(*Origins*)에 실린 몇몇 이슈들을 통해 찾아볼 수 있다.[57] 그는 지구의 오랜 연대를 수용함으로써 프라이스가 그러했던 것처럼, 화이트가 침묵을 지켰던 사안에 대해 명확히 말하였다. 그럼에도 불구하고 그는 여전히 정통 안식교의 체제 속에 남아 있었다. 브라운의 입장과 역할에 관해서는 쿠페러스(M. Couperus)가 매우 잘 설명하였다.[58]

브라운과 그의 후계자 로스의 영향 아래 GRI는 홍수지질학을 견고히 하고, ^{14}C 연대를 비판하는 일에 매진하였다. 대홍수를 인정하지 않는 이들은 GRI에서 발판을 가질 수 없어 떠날 수밖에 없었다. 몇몇 예외가 있을지언정 오늘날도 안식교는 홍수지질학과 문자적인 창세기의 하루에 대한 해석을 굳게 붙들고 있다.[59]

^{14}C 연대측정법을 옹호한 강력하고 전문적인 변호는 캘리포니아 주립대학교 리버사이드 분교(University of California at Riverside)에서 ^{14}C 연대 연구소의 책임자로 있던 안식교 학자 테일러(R. Ervin Taylor)에 의해 행해졌다.[60] 그는 다양한 연대 실험을 살펴본 후에 ^{14}C 연대가 믿을만하다고 제안하였다. 그는 ^{14}C 연대가 흑요석의 수화작용(水和作用)(obsidian hydration), 열발광(thermoluminescience), 고지자기학 데이터, 포타슘-아르곤 연대측정(K-Ar dating), 핵분열 트랙 연대측정(fission track dating), 나이테 연대(年輪年代, dendrochronology), 연층(年層) 연대(varve dating), 불소확산(fluorine diffusion dating), 고고학상의 연속 사건들과 같은 다른 많은 측정방법에 의해 검증되어 지지받고 있음을 강조하였다.[61]

^{14}C 연대에 기초하여 테일러는 성경 연대를 재해석하고자 노력하였다.[62] 게다가 반즈(Roth Barnes)조차도 창세기의 문자적인 해석은 과학적인 연대와 양립할 수 없음을 인정하였다.[63] 쿠페러스는 말하기를, 기독교 신앙은 "지구의 나이가 젊든지 오래되었든지 간에 이러한 연대에 대한 해석의 영향을 받아서는 안 된다."라고 하였다.[64] 제라티는 테일러 및 쿠페러스와 동일한 입장을 견지하였다.[65] 그러나 ^{14}C 연대를 수용하고 오랜 지구를 수용한 이들 대부분은 여전히 성경의 문자적 해석을 옹호하는 안식교 진영을 대표하지는 못했다.

미국과학협회(American Scientific Affiliation)

ASA는 1941년에 '과학적 사실과 성경 간의 관계에 관한 연구를 장려'하려는 복음주의 기독교계의 주요한 포럼으로 설립되었다.[66] ASA는 위튼 대학(Wheaton College)[67], 국제기독학생회(Inter-Varsity Christian Fellowship, IVCF)[68], 복음주의신학협회(Evangelical Theological Society, ETS)[69], 무디성경학교(Moody Bible Institute)와 연계된 무디과학연구소(Moody Institute of Science)와 같은 다른 복음주의 단체들에 영향을 주었다.[70]

1949년에 설립된 ETS는 "신학자들은 과학자의 안내가 필요하고, 동일하게 복음주의 신앙을 가진 과학자들은 신학자의 도움을 필요로 하였기" 때문에 ASA와 상호 간에 많은 관심사를 공유하면서 교류하였다.[71] ASA와 ETS는 최소한 여섯 차례의 컨퍼런스를 공동으로 개최하였다. 국제기독학생회도 1965년에 ASA와 연합집회를 열고서 서로 간에 회원을 공유하였다.

무디성경학교는 ASA의 설립에 기여하였던 문(Irwin A. Moon)과 후에 무디성경학교 부학장이 개최한 '정통' 과학자 모임으로부터 형성되었다. 초대 ASA 회장이었던 에버레스트는 1947년에 문과 함께 무디과학연구소를 설립하고 협회의 협력 책임자가 되었다. 그는 1970년까지 무디과학연구소와 제휴관계를 유지하였다. 위에 기술한 기관들 외에도 ASA는 다른 분야의 기독연구기관의 설립과 발전에 큰 기여를 하였다.[72]

1947년에 시카고 대학교의 리비에 의해 최초의 ^{14}C 연대측정이 발표된 이후에 ^{14}C 연대측정법은 ASA에서 많은 논란을 불러일으켰다. ASA는 방사성 분석 지지자가 두드러지던 1950년대 초까지 방사성 연대에 대해서 다양한 반응들을 가지고 있었다. 앞서 언급한 몬스마의 논문을 통해서 볼 수 있듯이, 1949년까지 지질연대와 대홍수에 관한 주요 회원들의 반응들은 각기 달랐다. 몬스마 자신은 대홍수를 받아들였으며, 기독교인들이 지질시대를 수용하는 것을 개탄하는 것 같았다. 몬스마는 "잠시 나는 창세기 1장의 하루가 최소한 시간상 매우 짧은 기간이었을 수 있다고 생각한다."고 말하였다. 고센 대학(Goshen College)의 물리학 교수 벤더는 몬스마와 동일한 의견을 가졌다.

그러나 ASA의 모든 주요 멤버들이 그들과 같은 의견을 가진 것은 아니었다. 파사데나 시립대학(Pasadena City College)의 날-시대 이론 지지자였던 수학과 교수 에버레스트와 천문학과 교수 스토너, 위튼 대학의 동물학 교수 믹스터(Russell L. Mixter), 아머 앤드 컴퍼니(Armour and Company)의 화학연구원 에겐버거(Delbert Eggenberger), 위튼 대학의 지질학 교수 어드만(Cordelia Erdman), 그리고 특별히 위튼 대학 출신의 탄소연대 전문가 컬프는 지금으로부터 시간상 오래되지 않은 천지창조와 대격변을 일으킨 홍수에 대해서 강력히 반대하였다.[73]

그러나 이러한 혼란의 기간은 그리 오래 가지 않았다. 리비가 ^{14}C 연대측정법을 발표하자마자 프린스턴 대학교(Princeton University)에서 화학박사 학위를 받은 콜롬비아 대학교(Columbia University)의 조교수 컬프는 ^{14}C 연대를 복음주의 기독교계에 받아들일 방법을 준비하였다. 시카고 대학교(University of Chicago)에 있는 리비의 연대측정실험실에서 연구를 진행하면서, 그는 ^{14}C 연대측정기술을 완전히 익혔다. 그는 자기 자신의 ^{14}C 연대측정실험실을 설립하기 위해 콜롬비아 대학교로 돌아가서 ^{14}C 연대측정법의 다양한 지질학적 응용방법을 개척하였다. 그는 결국 ^{14}C 연대 분야에서 미국에서 제일가는 권위자 중 한 명이 되었다.[74]

컬프는 ASA 회원들이 ^{14}C 연대로 전향하도록 하는 데 매우 중요한 역할을 하였다. 컬프 자신은 ASA 내에서 자신의 역할과 관련하여 많은 글을 남기지 않았지만, 그 당시의 문헌들은 의심할 여지없이 그의 영향력을 잘 보여준다.[75] 첫 번째 글은 이미 앞에서 언급한 『지구의 나이』(The Age of the Earth) 심포지엄 논문집에 실린, 그 자신이 편집한 글에서 나타났다.[76] 이 논문집에서 컬프는 발표된 모든 논문에 대해 간략한 수정 코멘트를 달았으며, 마지막으로 방사성 연대의 가정들이 가지는 한계 및 타당성을 보여주는 자신의 논문에 대해서도 그리하였다. 그는 논문 말미에서 기본적인 요구조건들, 유효범위, 그리고 몇몇의 ^{14}C 연대의 응용들에 관해 논의하였다. 방사성 연대측정법에 대해 보수적인 기독교인들의 비판을 염두에 두고서 그는 다음과 같은 사항들을 지적하였다. "(a) 반감기는 제한요인이 될 수 없다. (b) ^{14}C의 농축은 성공적으로 이루어졌다. (c) 물질이 추가되거나 빠져나가는 문제는 특별한 경우로서 각각에 대해 고려되어야 한다."

방사성 연대와 홍수지질학에 관한 ASA 회원의 태도를 바꾸어 놓은 또 다른 컬프의 논문은 1950년의 「ASA 저널」에 실린 그의 논문 "대홍수지질학"(Deluge Geology)이었다. 이 논문은 젊은 지구와 홍수지질학, 그리고 그 지지자들에 대한 공개적인 공격으로서 ASA가 홍수지질학을 거부하고 방사성 연대를 받아들이도록 하는 데 중요한 역할을 감당하였다. 컬프는 이 논문에서 홍수지질학자들의 기본적인 오류들을 논의하면서 그들이 최근 ^{14}C 연대와 관련한 발견들을 무시하고 있다고 지적하였다.[77] 모리스는 그의 다양한 논점들에 대한 답변을

시도하면서 이에 반론을 폈지만, 「ASA 저널」 편집진들은 게재를 거부하였다.[78]

그렇다면 컬프가 ASA에서 그렇게 중요 인물이 된 요인은 무엇일까? 그것은 지질학, 특히 지질화학분야에서 그가 가지고 있던 전문지식 때문이었다. 1949년의 「ASA 저널」에 실린 몬스마의 논문에서는, 컬프가 지적한 것처럼, "50년이 넘는 기간 동안 지질학 분야에는 실질적으로 기독교인이 없었다." "주께서는 내가 지질학 분야로 가기를 원하신다."라고 느끼기 이전까지 컬프는 화학자로서 훈련을 받았다. 그는 "우리들 대부분은 지질학 데이터를 힘들게 발굴해 내는 지질학자들의 방법들을 이해할 만큼 지질학을 충분히 이해하지 못하고 있다."고 말했다.[79] 홍수지질학을 반박한 글에서 컬프는 홍수지질학을 지지하는 자들은 지질학 분야의 공식 교육이 결여되었음을 지적하였다.[80] 몬스마의 논문을 논의하면서 컬프는 다른 ASA 회원들을 설득하여 ^{14}C 연대를 수용하도록 하는 데 그의 지질학 지식을 사용하였다.

자신감 있는 컬프와는 대조적으로 그를 반박한 이들은 전문적인 지질학자들이 아니었기 때문에 지질학적 문제에 자신들의 의견을 제시하는 데 매우 조심스러워했다. 예를 들면, 어드만(Cordelius Erdmann)이 제기한 질문에 몬스마는 "나는 지질학자가 아니기 때문에 그 질문에 감히 답을 할 수가 없다."라고 말했다. 벤도르 또한 "나는 지질학자가 아니지만, 지질학에 대해서 얼마간 관심을 가져왔다."라고 말했다.[81]

컬프의 논문인 "대홍수지질학"(Deluge Geology)은 그가 홍수지질학과 이에 연결된 젊은 지구 주장을 반박하는 시작에 불과했다. 컬프는 LA에서 개최된 ASA 회의에 발표한 그의 논문에서 "예비실험작

업은 네안데르탈인(Neanderthal Man) 유해(선사시대의 화석 인류 가운데 층서학적으로 가장 젊은)가 적어도 25,000년 이상 되었음을 보여준다."고 주장하였다. ^{14}C 연대에 기초한 오래된 인류에 관한 그의 주장은 이전에 인간의 창조가 최근에 이루어졌다고 믿었던 많은 ASA 회원들을 설득하였다.

컬프의 역할은 1951년에 셸톤 대학(Shelton College)에서 열린 제6회 연례학회(the Sixth Annual Convention)에서도 두드러졌다. 금속공학자 앨런(Roy M. Allen)은 학회에 제출한 논문을 통해 방사성 연대의 정확성을 분석하기 어렵도록 만드는 조건들을 요약한 후 방사성 연대의 부정확함을 비판하였다. 그러나 토론에서 앨런의 논문은 컬프의 공격을 받았다. 컬프는 논문 저자가 지질학적 훈련 경험이 부족하다고 지적한 뒤에, 조목조목 앨런의 비평을 반박했다. 현대 지질학에 대한 그의 전적인 헌신에 더하여 젊은 컬프가 지닌 당파심과 설득력은 ASA로 하여금 ^{14}C 연대와 오랜 지구 및 인류를 지지하는 학설로 기울어지도록 하는 데 결정적으로 기여하였다.[82]

ASA의 견해를 바꾸고자 했던 컬프의 미션에 도움이 된 또 다른 요인들은 어떠한 것이 있었을까? 처음 10년 동안 ASA에는 많은 현직 과학자들이 지질학, 고고학 그리고 인류학과 같은 방사성 연대 관련 분야에서 실제 연구하고 있었다는 사실에 기인한다.[83] 컬프 외에도 몇몇의 다른 전문 지질학자들(Gedney, Eggenberger and Erdman), 고고학자들(MacRae), 인류학자들(Buswell), 생물학자들(Mixter and Tinkle)이 협회에서 이미 활동 중이었다. 그들은 모두 현대과학의 전통 아래에서 훈련을 받았다. 램(Bernard Ramm)은 현대 과학 사상을 잘 수용했던 1950년대 초 ASA의 지적 분위기를 잘 요약하였다. 램은 컬프의 홍수지질학 비판을 지지하면서, "만일 동일과정설이 기독교인 학자들에게 과학적 사실을 제시한다면, 기독교인 학자는 그것을 신뢰할 충분한 권리를 가지고 있다. 그가 한 사람으로서 겁쟁이가 아닌 이상 적진 깊숙이 들어가게 될 위협에도 불구하고 그것을 믿고 수용할 것이다."[84]라고 말했다. ASA는 성경의 문자적 해석 대신에 과학적 증거를 따를 준비가 되어 있었다.

컬프는 ASA 내에서 그의 지지자들을 만든 후 '미국과학협회의 출판물이 홍수지질학을 지지하지 않음'을 확실히 드러내기 위해 배후에서 활발한 역할을 감당하였다.[85] 1948년에 컬프는 지금으로부터 시간상 오래되지 않은 천지창조와 대격변을 일으킨 홍수를 믿었던 몬스마를 이어서 ASA의 실행위원회 임원으로 한 임기를 지냈다. 마침내 그는 "미국과학협회가 너무 자유주의적이라기보다 그에게 있어서는 너무 보수적이어서" ASA를 떠나기는 했지만, 그는 ASA가 방사성 연대와 지구 및 지구상의 생명체의 오랜 연대를 받아들이도록 광범위한 영향을 끼쳤다. 컬프의 등장으로 젊은 지구와 홍수지질학 지지자들은 점차로 ASA에서 고립되었다.[86]

『창세기 대홍수』(The Genesis Flood)

1950년대에 컬프와 그의 지지자들의 영향으로 ASA 회원들은 내부적으로 진보적인 복음주의자와 근본적인 복음주의자라는 두 그룹으로 나뉘었다. 1960년대에 복음주의 기독교계 내에서는 이들 간에 개인적인 혹은 조직적인 내분이 있었다는 증거들을 찾아볼 수 있다. 1960년대 초에는 오랜 지구연대와 동일과정설을 수용한 ASA의 '자유주의화'에 반대하여 홍수지질학의 부흥운동이 일었다.

이러한 부흥운동 중 가장 주목할 만한 표지는 윗콤과 모리스가 1961년에 출판한 『창세기 대홍수』(The Genesis Flood)였다. 1957년에 윗콤의 구약학 박사학위 논문으로 시작된 『창세기 대홍수』는 모리스가 과학적인 몇 장을 추가함으로 완성되었다. 인디애나 주의 근본주의 신학교인 그레이스 신학교(Grace Theological Seminary)의 구약학 교수로서 윗콤은 1954년에 출판된 램(Bernard Ramm)의 『과학과 성경에 관한 기독교적 관점』(The Christian View of Science and Scripture)으로 인해 깊은 고민 가운데 있었다. 그 책에는 윗콤이 보기에 국부적인 홍수라는 램의 비성경적인 생각이 들어있었다. 램의 책은 윗콤이 모리스를 신뢰하여 그 심경을 토로한 바와 같이, 그가 『창세기 대홍수』에 관한 450쪽에 이르는 방대한 박사학위 논문을 쓰는 직접적인 동기를 제공했다. "나로서는 창조와 홍수에 관한 박사논문을 쓰고 싶다는 그 어떤 동기도 없었으나, 램 박사의 책은 그 자체로 충분한 동기가 되었다."[87]

『창세기 대홍수』에서 저자들은 ^{14}C 연대측정법의 기본 가정들을 다음과 같이 요약하였다. ① 이산화탄소 순환계에서 ^{14}C의 농도가 일정하였다. ② 수 세기의 스케일에서는 우주선의 유입이 일정하였다. ③ ^{14}C의 붕괴율은 일정하였다. ④ 탄소함유량에 관한 한 죽은 생물체 유해에서 생물학적 활동이나 기타 요인으로 인해 죽은 유기 물질은 변함이 없었다. ⑤ 해양과 대기 중 이산화탄소 함유량이 일정하였다. ⑥ 대양의 탄소원의 크기는 일정하였다. ⑦ ^{14}C 원자의 생성 및 붕괴 비율 간의 평형이 이루어져 있었다.[88]

윗콤과 모리스는 이러한 모든 가정들이 '창조와 대홍수의 사건 하에서는' 매우 의심스럽다고 하였다. 그들은 ^{14}C 연대와 알려진 역사

연대 간의 상관관계는 "홍수와 인류의 흩어짐 이후 얼마 동안의 기간에 한해서 제한적으로 적용된다."라고 하였다. 그러면서 그들은 리비가 한 말을 인용하기를, "아놀드 박사와 내가 우선 놀란 점은 우리의 고문들이 우리에게 역사시대는 단지 5,000년 이전까지만 거슬러 올라갈 수 있다고 알려준 점이다. 사실상 그것은 대략 최종적으로 확실한 역사적 날짜가 확증이 된 이집트의 첫 번째 왕조 시대이다."[89]라고 하였다. ^{14}C 연대의 가정을 반박하기 위해 윗콤과 모리스는 이 측정법을 만들고 다듬는 데 중요한 기여를 했던 ^{14}C 연대 전문가의 학술적인 글들을 인용하였다.[90]

윗콤과 모리스에 의하면, 지구의 역사는 홍수 이전과 이후, 두 기간으로 나누어진다. 그들은 홍수 이전의 시대는 다음과 같았다고 주장한다.

> 주로 전지구적인 아열대 기후와 거대한 식생 분포로 인해 방사성 탄소 대비 대기 중의 일반탄소 비율은 현재보다 훨씬 높았다. 이러한 효과는 지금에 비해 상대적으로 적은 양의 해양 속 탄소 함량으로 인해 증가하였다. …… 이는 또한 대기권 상층부에서 방사성탄소 생성을 억제하는 고온의 수증기층 덮개가 가져온 방패 효과를 통해서도 증대되었다. 이 모든 요인들이 일반탄소 대비 방사성탄소의 비율을 현재에 비해 현저히 낮추었다.

그러므로 윗콤과 모리스는 "홍수 이전의 생물체들이 대홍수로 인해 심지어는 단지 몇 천 년 전에 묻혔다 하더라도 화석으로 보존되었다면, 아마도 훨씬 적은 혹은 거의 없는 방사능 상태를 보일 것"이라고 제안하였다. 동일하게 홍수 이후에는 ^{14}C의 방사능이 시간이 흐름에 따라 증가하여, 그 생성율과 붕괴율이 현재와 같은 평형에 이르게 되었다고 주장하였다. 그리고 이것이 ^{14}C 연대가 최근 4천 년 이내의 범위에서 역사적 연대와 맞아 떨어지는 이유라고 하였다. 그래서 그들은 "대홍수 및 이와 관련된 사건들은 ^{14}C 연구 데이터를 정확히 설명하고 있다."라는 결론에 이르렀다.[91]

『창세기 대홍수』에 대한 기독교계의 반응은 엄청난 찬사에서부터 신랄한 비판에 이르기까지 천차만별이었다. ASA 회원들을 포함한 과학자들은 현대 과학에 대한 정면 도전이라며 그 책을 비평하였지만, 몇몇 기독교 계통의 잡지들은 창세기에 대한 옹호 측면에서 『창세기 대홍수』를 극찬하였다. 간격이론과 날-시대 이론을 수용하는 대부분의 기독교인들은 홍수지질학의 전반적인 주요 주장들이 자신들의 이론과 양립할 수 없다는 것을 알고서 홍수지질학과 젊은 지구에 대한 생각을 진지하게 받아들이지 않았다. 윗콤은 모리스에게 쓴 편지에서 "홍수에 대한 우리의 입장에 그들이 기뻐하는 것 같음에도 불구하고" 그가 아는 모든 사람들이 실질적으로는 간격이론 혹은 날-시대 이론을 수용한다는 사실에 당황스러움을 느낀다고 적고 있다.[92]

그러나 진보적인 복음주의자들의 비평적인 반응과는 달리 많은 근본주의자들 및 근본주의적 기관들은 『창세기 대홍수』를 진지하게 받아들였다. 그 책이 출간되자마자 저자들은 엄청난 집회초청을 받았다. 특별히 훌륭한 과학적 배경을 가진 모리스는 전국적인 집회 일정을 맞추기 위하여 제트기를 타고 다니는 생활방식(jetset lifestyle)을 수용하지 않을 수 없었다. 보수적인 장로교, 루터파, 칼빈주의 개혁신앙 교회, 감독교회, 감리교회, 메노나이트, 심지어는 오순절 기관에서도 그의 홍수지질학과 젊은 지구에 대한 주장을 듣기 위해서 그를 초청하였다. 이들에 더하여 특히 침례교인들이 그를 많이 초청하였다. 이들 뿐 아니라 테네시 템플 대학(Tennessee Temple College), 바이올라 대학(Biola College), 르터노 대학(LeTourneau College), 밥 존스 대학(Bob Jones University), 그리고 로스앤젤레스 침례교 대학 및 신학교(Los Angeles Baptist College and Seminary)에서는 아예 그를 교수 요원으로 초대하였다.[93] 『창세기 대홍수』에 대한 근본주의자들의 폭발적인 환영은 홍수지질학 부활의 명백한 표지였다.[94] 실제로 이 책은 성경과학협회(Bible-Science Association), 창조과학연구센터(Creation Science Research Center), CRS, 그리고 창조과학연구소(Institute for Creation Research, ICR)와 같은 기관들이 창설되는 데 추동력이 되었다. 이들 가운데 CRS와 ICR은 소위 창조과학을 특징짓는 주요 개념인 홍수지질학과 젊은 지구를 전파하는 데 중심적인 역할을 하였다.

창조과학협회(Creation Research Society, CRS)

개신교 진영에서 ^{14}C 연대에 가장 비판적인 기관은 CRS였다. 이 기관은 1963년에 ASA의 변화에 실망한 일단의 엄격한 창조론자들에 의해 시작되었다. 초기에는 유전학자이자 독실한 미주리주 루터파인 램머츠가 이 기관의 대표였는데, 이듬해부터는 「창조연구협회지」(*Creation Research Society Quarterly*, *CRSQ*)를 출판하기 시작했다.[95] 마콰트(Philip B. Marquart)가 말한 것처럼, "만약 ASA가 설립초기의 원칙과 원리에 끝까지 충실했다면, CRS가 필요치 않았을 것이다."[96] CRS는 "성경에 기록된 창조기사와 짧은 역사를 온전히 믿음으로 결과적으로는 (진화론에 반대되는) 역동적이고 특별한 창조, 즉 우주 및 온갖 생명체로 가득한 지구의 창조라는 믿음에 헌신"하였다.[97] 1964년에 창간된 이래 「창조연구협회지」는 ^{14}C 연대에 대한 비평논문을 24편 이상 게재하였다. 대표적인 창조과학자들의 단체로서 CRS는 진보적인 ASA에 실망한 회원들을 영입하였고, 창조과학의 견해를 널리 보급하였다. 「창조연구협회지」는 1973년에 이르러 안식교 창조과학 학술지인 「오리진스」(*Origins*)가 창간되기까지 창조과학에 헌신된 유일한 학술저널이었다.[98]

^{14}C 연대를 반대하는 CRS 회원의 주장은 초기 안식교도들의 주장과 크게 다르지 않았다.[99] 1966년에 모르몬교회 신자이자 유타 대학교(University of Utah)의 야금학 교수였던 쿡(Melvin A. Cook)은 생물권 내 ^{14}C의 평형에 관한 가정을 비판하였다. 그 가정은 지난 몇 만 년 동안 지구 내 여러 탄소원(carbon reservoir)이 동적인 평형을 이루고 있었다는 것이었다. 만일 과거에 탄소원이 평형을 이루고 있었다는 가정이 사실이 아니라면, ^{14}C 연대는 정확하지 않기 때문에 쿡은 이러한 평형의 존재를 부정하였다. "^{14}C의 붕괴율은 ^{14}C가 대기 중에서 안정된 상태에 있지 않음을 보여준다."[100]

쿡에 더하여 1970년에 버지니아공대(Virginia Polytechnic Institute)의 기계공학 교수였던 화이트로(Robert L. Whitelaw)도 지표면의 주요 탄소원들 간에 평형이 이루어지지 않았다는 좀 더 정량적인 주장을 발표하였다.[101] 탄소교환원(carbon exchange reservoir) 내의 탄소밀도 7.8g/cm^{2}를 사용하여(이 수치는 ^{14}C의 생성율인 27atoms/g-min을 웃도는 수치임) 화이트로는 지구 창조연대가 7,000년 전이라고 계산하였다. 쿡 또한 동일한 계산 결과를 얻었다.[102] 후에 ICR의 소장이었던 모리스도 탄소원 평형모델을 따라 계산한다면, 동적 평형 이전의 기간에는 ^{14}C 연대가 실제 나이보다 더 많은 나이를 나타낸다고 지적하였다.[103]

하지만 ^{14}C 연대측정법을 처음 발명한 리비가 이미 비평형상태의 경우, 즉 ^{14}C의 생성율(18.8)과 붕괴율(16.1±0.5) 간의 차이가 실험상 오류로 간주됨을 이미 숙지하고 있었다는 사실을 주목해야 한다. "그 일치는 충분히 관련된 실험 상 오류 범위 내에 있는 것으로 보인다. 그래서 우리는 앞으로 진행해 가기 위한 이론적 체계에 대한 확신을 가질 충분한 근거를 확보하였다."[104]

다음으로 제기되는 비평은 ^{14}C 샘플의 오염 가능성이었다. 이것은 전적으로 「캐나다인류학저널」(Anthropological Journal of Canada)의 부편집장인 리(Robert E. Lee)가 「창조연구협회지」에 제출한 논문을 통해서 제기되었다. 리는 샘플의 수집과 최종 실험실에서의 측정 단계에 이르기까지 전 과정을 통하여 오염 가능성이 있음을 지적하였다.[105] 그는 외부 유기물이 오래된 물질에 침투하는 것이 가능하다고 생각했다. ^{14}C 연대의 샘플로 흔하게 선택되는 목탄과 토탄은 외부 물질을 흡수할 수 있음이 잘 알려져 있었다. 사실상 존스 홉킨스 대학교(Johns Hopkins University)의 동물학 박사이자 웨스트몬트 대학(Westmont College)과 바이올라 대학(Biola College)의 생물학 교수인 데이빗헤이저(Bolton Davidheiser)도 ^{14}C 연대는 시료가 팔레스타인 혹은 이집트와 같은 건조한 기후 지역에서 채취되었을 때 좀 더 신뢰할만한 것 같다고 지적하였다.[106]

세 번째 비판은 지자기장 강도의 변화와 관련되어 있다. 물리학자 우즈(Robert W. Woods)의 간략한 연구 다음으로, 지구의 역사를 통틀어 지자기장의 변화를 조직적으로 조사한 첫 번째 사람은 물리학자이자 CRS 내부의 핵심 운영위원회 위원이기도 한 반즈(Thomas G. Barnes)였다.[107] 그의 연구에 따르면, 지자기장은 지수함수적으로 감소한다. 1835년부터 1965년까지의 수치를 통해 그가 계산한 지자기장의 반감기는 1,400년이었다. 지자기장이 강하면 강할수록 우주선 유입은 약해졌다. 만약 과거의 지자기장이 오늘날보다 훨씬 강했다면 대기 중으로 유입되는 우주선은 지금보다 훨씬 적었을 것이고, 결과적으로 훨씬 적은 ^{14}C가 생성되었을 것이다.[108] 그러므로 특정 시기의 샘플에서 얻은 ^{14}C 연대는 실제 그 시대의 연대보다 더 오래된 연대를 나타내는 것처럼 보일 수 있다는 것이다.[109] 몇몇 복음주의 학자들이 반즈의 견해를 비판했지만, 반즈의 주장은 보수적인 기독교계에 널리 영향을 미쳤다.[110]

우즈가 ^{14}C의 일정한 붕괴율을 수용하였음에도 불구하고 CRS의 주요 인물이었던 모리스(Henry Morris)는 ^{14}C 붕괴율의 가변성을 주장하였다.[111] 그레이스 브레드런(Grace Brethren) 교파의 물리학자 드영(Donald B. DeYoung) 또한 다양한 물리적, 화학적 자극, 혹은 인공적, 자연적 영향 아래에서 몇몇 방사성 원소들의 반감기는 변화한다고 보고하였다.[112] 드영은 인공적 요인으로서 산업화를 지적하였다. 산업혁명 이래 석탄, 석유 및 가스는 엄청나게 연소되었고, 이 과정 중에 생성된 이산화탄소는 공기 중으로 흩어졌다. 산업혁명이 200여 년 전에 일어났더라도 모리스는 ^{14}C 연대에서 이러한 이산화탄소의 영향이 반드시 고려되어야 한다고 지적하였다.[113] 또 다른 인공적 요인은 원자력 발전소와 핵무기 실험으로 인한 중성자 방출이다. 이렇게 방출된 중성자는 대기 중의 ^{14}C의 양을 증가시킨다.[114]

데이빗헤이저는 자연적 요인으로 보통 엄청난 양의 이산화탄소를 대기 중으로 방출하는 화산활동을 예로 들었다. 그는 지난 50,000년 동안 화산활동으로 인해 엄청난 양의 비방사성탄소를 포함한 이산화탄소가 대기 중으로 방출되었다고 주장하였다.[115]

홍수지질학자들은 지상의 식생 상태에 변화를 가져온 또 다른 자연적 요인을 제시하였다. 그들에 의하면, 과거에는 지금에 비해 훨씬 광범위한 지역에서 왕성하게 자라는 식물들이 분포하고 있었다. 그러므로 대기 중에는 지금보다 훨씬 많은 이산화탄소가 존재하였을 것이다.[116] 홍수지질학자들은 대홍수가 4,000~5,000년 전에 일어났으며, 홍수 이전 시대의 완전히 다른 자연환경은 ^{14}C 연대의 오류를 설명할 수 있을 것이라고 말한다. 그러므로 그들은 5,000년보다 오래된 ^{14}C 연대는 매우 의심스럽다고 주장한다.[117]

이러한 주장은 지구 상층 대기에 있는 수증기층 덮개(water vapor canopy)와 큰 관련이 있다. 홍수지질학에 의하면, 이 수증기층 덮개는 온실효과를 가져와서 전 지구적으로 아열대 기후를 형성하였다. 그리고 육지의 면적은 바다 면적에 비해서 현재보다 훨씬 넓었다. 결과적으로 거대한 식생이 분포하고 있었는데, 이는 거대한 석탄 매장량이 말해 주고 있다. 그러므로 그 당시 생물조직은 매우 작은 ^{14}C/^{12}C 비율을 가지고 있었을 것이고, 그들의 유해는 ^{14}C가 전혀 없었을 것이며, 따라서 그들의 실제 나이보다 매우 오래된 것처럼 보일 것이다.[118]

홍수지질학자들에 의하면, 수증기층 덮개의 또 다른 효과는 우주선 복사가 다른 공기 분자와 반응하는 것을 억제하여 결과적으로 중성자의 생성을 감소시키는 것이다. 중성자가 감소된다는 것은 중성자가 질소원자와 반응하여 ^{14}C를 생성하는 속도가 줄어든다는 것을 의미한다. 그것은 $^{14}C/^{12}C$의 비율을 현재보다 훨씬 낮추며, 결과적으로 오랜 연대로 연결된다는 것이다. 생물체 내의 고유 방사능은 ^{14}C 함유물이 오늘날의 수준으로 근접하면 증가할 것이다. 그러므로 홍수지질학은 예전에 살았던, 혹은 홍수 직후 살았던 생물체는 오늘날의 생명체보다 훨씬 적은 양의 ^{14}C를 함유하고 있었을 것이며, 따라서 그들은 실제 나이보다 훨씬 오래된 것처럼 보일 것이라는 결론을 제시한다.[119]

창조과학연구소(Institute for Creation Research)

ICR은 1972년에 모리스(Henry Morris)에 의해 설립되었다. 엄청난 출판과 인기 있는 강연과 강의, 공개토론 등을 통하여 ICR은 20세기 후반 복음주의 진영에 지대한 영향을 끼쳤다. 설립자의 배경에서부터 기대할 수 있듯이 설립 초기부터 ICR은 홍수지질학과 젊은 창조연대를 엄격하게 고수하였고, 그래서 ^{14}C 연대를 혹독하게 비판하였다.[120] ICR의 출판물 중에서 『방사성 연대측정 비판』(*Critique of Radiometric Dating*, 1973)과 『창조과학』(*Scientific Creationism*, 1974)은 ICR이 ^{14}C 연대를 비판하는 전형이 되었다. ICR의 비판은 본질적으로 CRS와 홍수지질학에서 주장하는 바와 크게 다르지 않았다.

흥미로운 것은 여러 해 전에 ICR이 캘리포니아주 샌티(Santee)에 ^{14}C 연대측정 실험실을 설립하였다는 사실이다. 대부분의 실험실은 그 실험실에서 연구하는 주제를 더 깊이 연구함이 목적이지만, 이 실험실은 ^{14}C 연대의 가정들을 검토하고 ^{14}C 연대가 틀린 것임을 입증하기 위해 설립되었다. 그들은 ^{14}C 연대를 비판하는 사람들이 모두 해당 분야의 연구와는 상관이 없다는 ^{14}C 연대 전문가들의 비판을 의식해서 이 실험실을 만들었다. ^{14}C 연대 비평가들은 그들 자신만의 데이터를 얻기 위하여 복음주의 기독교 기관에서 운영하는 ^{14}C 연대측정 기관을 세운 것이다.

ICR은 ^{14}C 연대측정 실험실을 설립하고 ^{14}C 연대측정 프로젝트를 수행하기 위해 토론토 대학교(University of Toronto)의 핵물리학 박사인 아스마(Gerald E. Aardsma)를 초빙하였다. 아스마는 1991년에 "방사성탄소와 창세기 대홍수"(Radiocarbon and the Genesis Flood)라는 논문을 발표하였다.[121] 그는 ^{14}C 측정 분야에서 전문성을 갖고 있었을 뿐 아니라 "문자적인 6일 창조와 전지구적인 격변을 일으킨 대홍수를 포함한 성경의 무오성 교리에도 헌신"하였다. 그는 "ICR의 견해에 전적으로 동의하고 진정한 과학은 성경계시와 부합해야 한다고 확신"하였기 때문에 ICR의 첫 번째 ^{14}C 연대측정 책임자로 스카우트된 것이었다.

아스마는 '방사성탄소 연대의 일반적인 정상상태 가정(steady-state assumption)이 타당하지 않음을 보여주는' 공시된 데이터를 면밀히 분석하였다. 그는 자신의 연구가 진행되면 이전의 모든 ^{14}C 연대는 '성경연대에 근접하게' 줄어들 것이라고 주장하였다. 하지만 아쉽게도 그의 기대대로 되지 않았다.

그는 연구를 진행하면서 ^{14}C의 증가를 나타내는 몇몇 수식으로부터 대홍수의 연대를 결정하는 연구를 하였다. 그런데 어떤 ^{14}C 증가 모델을 사용해도 종래 젊은지구론자들이 주장하는 BC 2,400년을 전후한 노아홍수 연대를 이끌어낼 수가 없었다. 아스마가 이 고민을 하고 있을 때 필자는 위튼 대학교 대학원 신학과 졸업을 위한 졸업 프로젝트를 ICR에서 진행하고 있었고(1991년 여름), 그로부터 이 고민에 대한 얘기를 직접 들을 수가 있었다.

아스마는 결국 노아홍수는 BC 12,000년경이라는 결론을 내렸다! 이 테크니컬 모노그래프를 통해 발표된 그의 데이터는 "그 자신 혹은 다른 이들에 의해 나이테연대학(年輪年代學, dendrochronology)에 사용된 가정들과 상호관계가 좀 더 비평적으로 분석되기까지는 받아들여지지 않아야 함"에도 놀랍게도 ICR 소장인 모리스는 "그의 연구가 진정 가치가 있으며 널리 읽혀져야 한다."라며 추천하였다. 마치 당시 ICR 수장이었던 모리스가 아스마의 연구결과를 수용하는 듯 했다. 아스마와 ICR의 ^{14}C 연대 측정실험실의 역할을 정확히 예측하는 것은 쉽지 않지만, 의심할 것 없이 아스마의 연구는 근본주의적인 복음주의자들의 지적 지평을 넓히는 데 기여할 것으로 보였다.[122]

하지만 아스마는 그 연구결과를 발표한 후 오래지 않은 1994년에 자의인지 타의인지는 잘 모르겠지만, ICR을 떠났다. 그가 ICR을 떠난 내부적인 이유는 정확하게 알 수가 없지만, ICR의 중심적인 신앙고백과 같은 젊은지구론에 맞지 않은 연구결과를 냈으니 그 자리에 그냥 머물러 있을 수는 없었을 것이다. 아스마는 1995년 이래 자신의 독자적인 아스마 연구출판사(Aardsma Research & Publishing, Loda, Illinois)를 설립하여 프리랜서 연구자로 활동하고 있다.

'근본주의적인' 복음주의자들에 대한 '진보적인' 복음주의자들의 반응

이러한 근본주의자들의 젊은지구론에 대해 복음주의자들은 침묵하고 있었을까? 이에 대해 가장 분명하게 반대 입장을 개진한 사람은 지질학자 영(Davis A. Young)이었다. 1970년대 말 이래로 창조과학 운동에서 매우 중대한 이슈 가운데 하나는 영의 두 책인 『창조와 홍수』(*Creation and the Flood*, 1978), 그리고 『기독교와 지구 연대』

(*Christianity and the Age of the Earth*, 1982)로부터 유발된 '진보적인' 복음주의자들과 '근본주의적인' 복음주의자들 간의 논쟁이다.[123] 웨스트민스터 신학교(Westminster Theological Seminary)의 구약학 교수였던 에드워드 영(Edward J. Young)의 아들인 영은 칼빈 대학의 지질학 교수이자 ASA의 지질학 분야를 주도하는 회원이었다.

영은 단호하게 젊은 지구와 홍수지질학의 주장을 반대하였다. 근본주의자들의 오래된 지구에 대한 비평을 반박하면서 영은 방사성 원소의 일정한 붕괴율과 지질학 시대를 통틀어 이들 원소의 가감이 없었다는 사실, 그리고 방사능 붕괴로 생성된 자원소의 원래 양은 타당한 정확도를 가지고 결정된다는 사실을 지적하였다.[124]

영은 또한 ^{14}C 연대측정법에 대한 홍수지질학자들의 비평을 반박하였다. 비록 ^{14}C 연대에 대한 그의 비판은 이 책의 주요 저술 목적이었던 지구 연대의 계산에서만큼 철저하지는 못했지만, ^{14}C 연대 비판자들에 대한 효과적인 반박이었다.[125] 영은 성경을 믿는 복음주의자로서 날-시대 이론에서 성공적으로 안식할 수 있었다. 그는 그의 신앙과 그의 지질학적 지식을 날-시대 이론을 통해 조화시켰다. "창세기 1장의 날들이 날-시대 이론의 가정과 일치하듯이, 쉽게 가늠할 수 없는 긴 기간임을 암시하는 성경적 근거가 있다."[126] 그는 1970년대 이래로 복음주의 내에서 방사성 연대와 오랜 지구를 옹호하는 중요한 역할을 했다. 하지만 창조과학자들 중에는 근래 그가 날-시대 이론조차도 지질학적 연구결과와 정확하게 맞지 않는다고 보고 날-시대 이론을 포기했다고 주장한다.[127]

4. 결론

엄격한 창조론자들에 의해 제기된 수많은 ^{14}C 연대에 대한 비평들은 세속 과학자와 심지어는 ASA 멤버들 같은 복음주의자들로부터도 심각하게 받아들여지지 않았다. 왜 그랬을까?

주요 원인은 이미 창세기 1장에 대한 해석이 간격이론 혹은 날-시대 이론으로 가능했기 때문이다. 사실상 대부분의 복음주의자들, 심지어는 홍수지질학과 젊은 지구에 대한 견해를 거부하는 안식교도들조차도 복음주의적인 교리를 심각하게 타협하지 않고서 이들 해석 중 하나를 수용할 수 있었기 때문이다. 예를 들면, 게드니(Edwin K. Gedney), 스토너(Peter W. Stoner), 그리고 영(Davis A. Young)은 날-시대 이론의 관점을 받아들였다.

두 번째 이유는 ^{14}C 연대를 받아들이고 현재 활동 중에 있는 엄청난 수의 과학자들 때문이다. CRS의 아스마(G.E. Ardsma)를 제외한 대부분의 엄격한 창조론자들은 ^{14}C 연대측정법에 대한 전문가가 아니며, 지질연대학, 지구화학, 혹은 방사선 분석에 관한 대학원 학위를 가지고 있지 않다. 「창조연구협회지」에 ^{14}C 연대 비평 논문을 발표한 이들과 방사성 연대를 지지하는 이들(Kulp, Gedney, Taylor, Hare, Young 등등)의 학문적 배경을 비교해 본다면 이 차이는 극명하다. 1950년에 컬프는 이미 홍수지질학자들의 지질학적 훈련의 부족을 지적한 바 있다.

^{14}C 연대에 대해 비판적 견해를 가지고 「홍수지질학 회보」(*The Bulletin of Flood Geology*)에 논문을 게재한 저자들 중에는 두 명의 의학박사와 한 명의 화학박사가 있고, 나머지는 이렇다 할 학위가 없다.

또 다른 홍수지질학의 주요 저자인 클라크(H.W. Clark)는 생물학 석사 학위가 있을 뿐이다. 이들 중 어느 누구도 지질도 제작(geological mapping), 고생물학 혹은 생물의 구조적 서열(structural sequences)과 같은 전문적인 지질학 관련 업무를 수행해 본 적이 없다.[128] 반면에 오랜 지구를 믿으면서 '심각하게' ^{14}C 연대의 기본 가정[129]이나 특정 데이터[130]를 의심하는 복음주의 과학자나 비기독교 과학자는 없다고 할 수 있다.

셋째, 몇몇 특별한 예외를 제외하고는,[131] ^{14}C 연대측정법에 관한 '심각한' 비평은 종교 분야의 학술지에만 게재되었다. ^{14}C 연대를 비평하는 주요 종교저널에는 「창조연구협회지」(*CRSQ*, 1964년 창간), 「오리진스」(*Origins*, 안식교인들이 1974년에 창간), 뉴스레터 형태의 「임팩트 시리즈」(*Impact Series*, ICR이 1972년에 시작)가 있다. 이들 모두는 극우 보수 혹은 근본주의 단체나 교판의 출판물들이다. 이들 중 「창조연구협회지」가 가장 두드러지게 ^{14}C 연대측정법을 비평한 학술지인데, 그간 25편 이상의 비평논문을 게재하였다. 학술지뿐만 아니라 ^{14}C 연대를 비평하는 대다수의 서적은 대부분 근본주의자들[132]에 의해 저술되었고, 근본주의적인 출판사에서 출판되었고, 책의 보급 또한 근본주의 기독교인들에 한정되었다.

넷째는 근본주의자들이 이미 확립된 과학에 대해 잘못된 관점을 갖고 있기 때문이다. ^{14}C 연대가 1950년대에 널리 소개된 이래로 이 방법은 이전의 낡은 연대측정법을 재빠르게 대체하였다. 일단 ^{14}C 연대를 받아들이게 되자 "방사성탄소 연대 간에 내부적인 순서를 맞추기 위한 조정이 이루어졌다! 일단 안정된 연대측정이 완성되자 측정을 한 리더들과 추종자들에게 안도감이 찾아왔다."[133] 플린트와 루빈이 말한 것처럼, "고려하고 있는 일군의 데이터들 사이에 일관성이 있게 되면 모든 것이 정확하다는 가정이 정당화되는 것이다."[134] 쿤(Thomas Kuhn)의 용어를 빌리면,[135] ^{14}C 연대는 진화론적 패러다임 하에서 정상과학(normal science)의 지위를 차지하고 있다. 정상과학 내에서는 단지 소소한 수정 혹은 이론적인 개선작업, 또는 수수께끼를 푸는 활동만이 수행될 뿐이다. "일단 믿음의 체계가 내면화된 이후에는 설령 실험적인 증거가 이 체계를 지지 혹은 반대하는 지에 무관하게 강력하게 변화를 거부한다."[136]

위의 모든 언급 이외에 또 다른 가능성들도 가능하다. 예를 들면, 진화론 개념의 넓은 수용, ^{14}C 연대측정법 발명자가 노벨상을 받았다는 것에 대한 권위, ^{14}C 연대와 필적하는 다른 대안적인 방법이 부재하다는 것 등이다.

지금까지 필자는 ^{14}C 연대에 대한 다양한 반응들을 논하였다. 이 방법에 얽힌 논쟁은 아직 끝나지 않았다. 1940년대 말까지 ^{14}C 연대는 복음주의자들에게 심각하게 취급되지 않았다. 비록 내부적인 긴장의 흔적들이 있었지만, 기독교인들 사이에 그리 큰 불화와 반목은 없었다. 그러나 ASA의 실행위원회 임원으로 컬프의 등장은 중대한 분기점이 되었다. 이로 인해 복음주의 기독교계는 양분되었다. 한 그룹은 방사성 연대와 지구 및 지구의 생명체가 오래되었음을 수용한 진보적인 복음주의자들이고, 또 한 그룹은 전지구적 홍수와 젊은 지구를 믿는 근본주의적인 복음주의자들이었다. 근본주의적인 복음주의자들은 과학적 발견을 성경의 문자적인 해석에 맞추려고 노력하는 반면에, 진보적인 복음주의자들은 과학적 발견들로부터 성경을 해석하려고 노력하였다.

컬프의 영향으로 말미암아 홍수지질학과 젊은 지구를 지지하는 이들은 ASA 내에서 자신들이 점점 고립되어 간다는 사실을 알게 되었다. 결국 ASA의 노선변경은 근본주의적 복음주의자들 내에서 『창세기 대홍수』의 출판, 동일한 노선의 방대한 도서 출판, CRS 및 ICR과 같은 창조과학기관의 설립으로 이어졌다. 이 모두는 1960년대 이래로 이루어진 창조과학 부흥의 증거들이다.

안식교에는 1950년대 말까지 컬프와 같은 인물이 없었다. 헤어가 비슷한 역할을 했지만, 그는 주요 안식교 학자들을 설득하는 데 실패하였다. 많은 정통 안식교도들은 지금도 여전히 ^{14}C 연대에 비판적이다. 그들은 CRS에 가입하여 활동하였고, 심지어 자신들의 저널인 「오리진스」가 창간된 이후에도 「창조연구협회지」에 기고를 계속하였다. 1950년대 말에 이미 안식교 신자인 리트랜드와 헤어는 근본적인 창조과학자들의 견해에 포화를 열었다. 그들은 간접적으로 안식교의 설립자인 화이트(Ellen G. White)의 저작물의 권위에 이의를 제기한 것이다. 그러나 ASA와는 달리 정통 안식교 과학자 공동체는 교회가 가진 강한 교리적 연대로 인하여 나누어지지 않았다.

이 글을 마무리하기에 앞서 필자는 ^{14}C 연대와 관련한 논의에서 두 가지 중요한 점을 지적하고 싶다. 첫 번째는 대홍수와 관련된 것이다. ASA 회원들과 같은 몇몇 창조론자들이 전지구적인 홍수를 받아들이지 않더라도 엄격한 창조론자들은 대홍수와 수증기층 덮개(water vapor canopy)를 ^{14}C 연대를 비평하는 기본 틀로 ^{14}C의 비평형, 우주선 유입의 가변성, 변화하는 ^{14}C의 양(changing level of ^{14}C), 심지어는 방사성 원소의 붕괴율 변화와 같은 것들을 수용한다. 그러나 아무도 대홍수와 수증기 덮개 층을 증명하거나 부정하기 위한 직접적인 증거를 제시할 수 없다. 과거에 대한 직접적인 증거의 부족으로 지금으로서는 홍수 이전의 세계로 거슬러 올라갈 수 없다. 거대한 식생, 석탄과 석유의 생성 등과 같은 몇몇 간접적인 증거는 홍수에 대한 증거로 제시될 수 있지만, 그들 대부분은 또한 동일과정설의 또 다른 해석을 통해서도 설명이 가능하다. 그러므로 대홍수에 대한 전제는 ^{14}C 연대 논쟁에서 '블랙홀' 혹은 '특이점'(singular point)으로서 작동한다.

또 다른 하나는 논쟁의 비과학적인 측면과 관계가 있다. ^{14}C 연대 측정을 반대하는 근본적인 쟁점은 대부분 신학적인 것이다. ^{14}C 연대의 결함과 생명과 지구의 젊은 연대를 주장하는 대부분의 비판자들은 성경과 관련하여 근본적이거나 보수적인 엄격한 창조론자들이다. 그들과 달리 ^{14}C 연대의 지지자들은 성경해석과 관련하여 좀 더 자유로우며 그들 중 몇몇은 진화론적 개념을 확신하기도 한다.[137] 몇몇은 "방사성연대가 층서학과 지층구조(stratigraphy and structure)를 기반으로 지질학자들이 이미 제시한 순서와 일치해 왔으며",[138] 동일과정설의 초기 개념과 지구 연대의 확장은 진화론과는 별개였다고 주장한다. 그러나 19세기에 명확한 진화론의 개념이 제안되면서 이러한 개념들이 진화론 진영에 재빨리 흡수되었을 뿐이다. ^{14}C 연대의 경우는 순전히 과학자 진영에서 개발되고 수용되었다. 그러나 머지않아 모든 ^{14}C 연대측정 결과들은 이미 확립된 진화론 체계를 지지하는 용도로 사용되게 되었다. 이것이 왜 엄격한 창조론자들이 ^{14}C 연대 지지자들을 진화론자와 동일하게 바라보는 지를 설명해 준다.[139]

주

시리즈 서문

1) 엄밀한 의미에서 우주론(Cosmology)은 우주의 구조에 대한 연구를 말하고, 우주의 역사에 대한 연구는 우주생성론(Cosmogony)이라고 부른다. 이 두 연구 분야는 상당 부분 중첩되기는 하지만, 엄밀한 의미에서는 구분된다. 하지만 본서에서는 특별히 구별해야 할 필요가 있는 경우를 제외하고는 이 두 용어를 구분하지 않고 대부분 우주론이라는 말로 통일해서 사용한다.

서문

1) L. Vardiman, A.A. Snelling and E.F. Chaffin, editors, *Radioisotopes and the Age of the Earth*, Volume II: Results of a Young-Earth Creationist Research Initiative, (El Cajon, CA: Institute for Creation Research, and Chino Valley, AZ: The Creation Research Society, 2005), 4~5.
2) F. Awbrey, and W. Thwaites, editors, *Evolutionists Confront Creationists*란 제목의 Proceedings of the 63rd Annual Meeting of the Pacific Division, AAAS 1, Part 3, California, AAAS. 66~131 (1984)에 실린 논문이다. 본 논문의 전문은 http://www.talkorigins.org/faqs/dalrymple/how_old_earth.html 에 게재되어 있다.
3) G. Brent Dalrymple, *The Age of the Earth* (California, Stanford University Press, 1991), 474.
4) Robert H. Brown, "An Age-Old Question -- Review of The Age of the Earth by Brent Dalrymple," *Origins* 19(2) (1992), 87~90. cf. http://www.grisda.org/origins/19087.htm.

제1강

1) Author Holmes, *The Age of the Earth : An Introduction to Geological Ideas* (London : Ernest Benn, 1927) (Ernest Benn's Library, No. 102), 5.
2) Thomas Cole, "Ovid, Varro, and Castor of Rhodes: The Chronological Architecture of the 'Metamorphoses'," *Harvard Studies in Classical Philology* Vol. 102 (2004): 355~422.
3) Astrid Möller, "Epoch-making Eratosthenes," *Greek, Roman, and Byzantine Studies* 45 (2005), 245~260.
4) James Barr, "Why the World Was Created in 4004 BC: Archbishop Ussher and Biblical Chronology", *Bulletin of the John Rylands University Library of Manchester* 67 (1984/85), 604.
5) 맛소라 사본(The Masoretic text)에서는 노아홍수를 천지창조 후(*Anno Mundi*) 1,656년 후라고 보았고, 1700년경 스캘리거(Joseph Scaliger)는 천지창조를 BC 3950년으로, 페타비우스(Petavius)는 BC 3982년으로 보았다. 이 연대들은 어셔 연대기(Ussher's Chronology)와 크게 다르지 않다. cf. Barr, *Bulletin of the John Rylands University Library of Manchester*, 604; Davis A. Young and Ralph F. Stearley, *The Bible, Rocks, and Time: Geological Evidence for the Age of the Earth*, 45.
6) Möller, *Greek, Roman, and Byzantine Studies*, 245~260.
7) 그리스 신화에서 이나쿠스(Inachus, "Ιναχος)는 아르고스(Argos)의 첫 번째 왕이었다.
8) H. Peter, *Die Epochen in Varros Werk De Gente Populi Romani*, RhM 57 (1902) 231~251. 어셔는 Inachus 의 연대를 BC 1,825년으로 보았다.
9) Augustine's *City of God* xviii. 3. See Peter, *Die Epochen in Varros Werk De Gente Populi Romani*, 231~251.

10) "Moller". Retrieved 2012-11-30.
11) Claudius Ptolemy, *Almagest* (Great Syntaxis), i. 3. 연대를 표시할 때 c.는 circa의 준말로서 '~년경'이라는 의미이다.
12) "Life of sulla," quoted in *Natural Genesis* Vol. ii, 318.
13) A. Grafton, "Tradition and Technique in Historical Chronology," in M. H. Crawford and C. R. Ligota, editors, *Ancient History and the Antiquarian: Essays in Memory of Arnaldo Momigliano* (London 1995).
14) hieratic: 성용 문자(고대 이집트의 상형 문자를 흘려 쓴 초서체 문자).
15) 튜린열왕표는 Turin Royal Canon이라고도 불리며, 현재 이탈리아 북부 튜린에 있는 이집트 박물관(Museo Egizio)에 소장되어 있다.
16) "Turin King List" in Wikipedia.
17) Gerald Verbrugghe, *Berossos and Manetho*, Introduced and Translated, 2001, 126, 130, 176.
18) Michael Hoffman, *Egypt before the Pharaohs* (Michael O'Mara Books, 1991), 12~13, 24~36.
19) Diogenes Laertius, Prologue to *Lives of Eminent Philosophers* (Loeb Classical Library No. 184).
20) Robert M. Grant, *Notes on the Text of Theophilus, Ad Autolycum III* Vol. 12, No. 7 (Vigiliae Christianae, 1958), 136~144.
21) "Sumerian King List" in Wikipedia.
22) "Sumerian King List" and "Alulim" in Wikipedia
23) Thorkild Jacobsen, *The Sumerian King List*, 1939, 71, 77.
24) "Eridu" in Wikipedia.
25) Harriet Crawford, *Sumer and the Sumerians* (Cambridge University Press, 2004).
26) Robert C. Neville, *The tao and the daimon: segments of a religious inquiry* (SUNY Press, 1982), 257.
27) "Hindu Theory of World Cycles" in Baharna.com.
28) "Hinduism: Age of the earth according to Vedic chronology" from http://www.bhakti-yoga-meditation.com/hinduism-age-of-the-earth.html.
29) Dick Teresi, "Lost Discoveries: The Ancient Roots of Modern Science--from the Baby", 7~8.
30) F.C. Haber, *The Age of the Earth : Moses to Darwin* (Baltimore : Johns Hopkins Press, 1959), 13.
31) Author Holmes, "The Age of the Earth," Endeavor Vol. 6(1947b), 99~108; G. Brent Dalrymple, *The Age of the Earth* (Stanford University Press, 1991), 12~14에서 재인용.
32) James Hastings, *Encyclopedia of Religion and Ethics* Part 1 (Kessinger Publishing, 2003), 200~208; Peter Clark, *Zoroastrianism: an introduction to an ancient faith* (Sussex Academic Press, 1998), 52.
33) Haber, *The Age of the Earth*; D.R. Dean, "The Age of the Earth Controversy: Beginnings to Hutton," *Annals of Science* Vol. 38(1981) 435~456; Davis A. Young, *Christianity & the Age of the Earth* (Thousand Oaks, CA: Artisan Sales, 1988); Dalrymple, *The Age of the Earth*, 13.
34) 삼황오제(三皇伍帝)에 관한 설은 전국 시기에 이르러서야 나타나기 시작했다. 먼저 삼황에 관해서는 일반적으로 7종의 설이 있으며, 십팔사략(十八史略)에 의하면 삼황은 태호(太昊, 큰 하늘) 복희(伏羲), 염제(炎帝, 불꽃 임금) 신농(神農), 황제 헌원(軒轅)을, 오제는 황제의 뒤를 이은 소호 금천(少昊 金天), 전욱 고양(顓頊 高陽), 제곡 고신(帝嚳 高辛), 제요(帝堯), 제순(帝舜)을 말한다. cf. http://ko.wikipedia.org/wiki/삼황오제.
35) Rupert Matthews, Todd Van Pelt, *Ancient Chinese Civilization* (The Rosen Publishing Group, 2009), 6; Lihui Yang, *Handbook of Chinese Mythology* (ABC-CLIO, 2005), 176.
36) Shirley See Yan Ma, *Footbinding: a Jungian engagement with Chinese culture and psychology* (Taylor & Francis, 2010), xvii.
37) 그레고리력은 신력(新曆)이라고도 하며, 1582년 교황 그레고리우스 13세가 율리우스력을 고쳐 시행을 선포한 것이다. 율리우스력으로 계산하면 1태양년은 365.25일이 되는데, 이 달력에서는 4

주 417

년마다 하루씩 '윤일'(閏日)을 넣어 달력과 계절이 일치하도록 했다. 측정할 때 생기는 약간의 오차로 인해(더 정확한 1태양년은 365일 5시간 48분 46초임) 100년마다 하루씩 늦어진다. 이렇게 늦어지는 날짜가 교황 그레고리우스 시대에 이르러 14일이나 되었으나, 교황은 그 당시에 3월 11일이었던 춘분을 AD 325년 니케아 공의회 시대의 춘분날짜인 3월 21일로 개정했다. 이 개정으로 1582년 10월 4일을 기점으로 달력의 날짜가 열흘씩 앞당겨져 10월 4일 다음날은 10월 15일이 되었다. 그레고리력이 율리우스력과 다른 점은 100으로 나누어지는 해(年) 중에서도 400으로 나누어지는 해가 아니면 윤년이 아니라는 것이다. 예로 1,600년, 2,000년은 윤년이다. 또한 4,000으로 나누어지는 해는 윤년이 아니고 평년이 되도록 만들어져 있어 2만 년 만에 하루 정도 오차가 생길 만큼 정확하다.

38) David Freidel, Linda Schele, and Joy Parker, *Maya Cosmos: Three thousand years on the shaman's path* (New York: William Morrow, 1993), 59~75.
39) Matthew G. Looper, *Lightning Warrior: Maya Art and Kingship at Quirigua* (Austin, TX: University of Texas Press, 2003), 125~126.
40) ANF, Theophilius to Autolycus, Book 3, Chapter 28; Logos Bible Software
41) Dalrymple, *The Age of the Earth*, 19.
42) *Young's Analytical Concordance of the Holy Bible*, 1879, 8th Edition, 1939—entry under 'Creation' quoting Dr. William Hales, *New Analysis of Chronology and Geography, History and Prophecy* Vol. 1(1830), 210.
43) Max I. Dimont, *Amazing Adventures of the Jewish People* (Behrman House Publishing, 1996), IX; Wayne D. Dosick, *Living Judaism: the complete guide to Jewish beliefs, tradition, and practice* (San Francisco: HarperSan Francisco, 1995), 119; David Bridger and Samuel Wolk, *The New Jewish Encyclopedia* (New York: Behrman House, 1976), 91; "Definition of Jewish Calendar" from dictionary.net; "The Jewish Calendar and Biblical Authority" from Askelm.com.
44) Article "Era" in *New Schaff-Herzog Encyclopedia of Religious Knowledge* vol. 4, 163.
45) "Byzantine Creation Era" in OrthodoxWiki.
46) "Creation" in *Young's Analytical Concordance of the Holy Bible*, 8th Edition(1879), 1939.
47) William Hales, *New Analysis of Chronology and Geography, History and Prophecy* vol. 1(1830), 210~215.
48) W.R. Brice, "Bishop Ussher, John Lightfoot and the Age of Creation," *Journal of Geological Education* Vol. 30 (1982), 18~24; Dalrymple, *The Age of the Earth*, 14. Brice와 Dalrymple은 모두 5,994년으로 제시하고 있는데, 이는 1990년을 기준으로 계산하였기 때문이다. Ussher는 1,650년을 기준으로 창조연대를 5,654년으로 표기하였다.
49) "Young Earth creationism" in Wikipedia. Dalrymple도 *The Age of the Earth*, 14에서 교회사의 여러 인물들의 창조연대를 제시하고 있으나, Wikipedia의 연대와 맞지 않는 경우도 있다.
50) Ussher가 제시한 성경의 주요연대는 다음과 같다. 창조 BC 4004 → 노아의 홍수 BC 2349~2348 → 하나님께서 아브라함을 부르심 BC 1921 → 출애굽 BC 1491 → 예루살렘 성전 건축 BC 1012 → 바벨론에 의한 예루살렘 파괴와 바벨론 포로기 시작 BC 588 → 예수 그리스도의 탄생 BC 4.
51) Ussher 저작의 전체 제목은 *Annales Veteris Testamenti, a prima mundi origine deducti, una cum rerum Asiaticarum et Aegyptiacarum chronico, a temporis historici principio usque ad Maccabaicorum initia producto* ("Annals of the Old Testament, deduced from the first origins of the world, the chronicle of Asiatic and Egyptian matters together produced from the beginning of historical time up to the beginnings of Maccabees")-"세상과 아시아, 이집트 역사의 시작으로부터, 그리고 마카비 왕조의 시작에 이르기까지의 역사적 시간으로부터 유추한 구약 연대기"
52) 하루를 저녁 해질 때부터 시작으로 보는 히브리인들의 관습을 고려한다면, 오늘날 달력으로 천지창조는 BC 4004년 10월 22일 저녁에 시작되었다고 볼 수 있다.
53) "Ussher chronology" in Wikipedia (Oct. 26, 2012).

54) R.L. Reese, S.M. Everett, and E.D. Craun, "The Chronology of Archbishop James Ussher," *Sky and Telescope* Vol. 62 (1981), 404~405.
55) William Hales, *New Analysis of Chronology and Geography, History and Prophecy*, 1 (1830), 210~215.
56) 양승훈, "기원논쟁에서 초기상태 불확실성 가정-창조연대에 대한 일고," 「통합연구」(기독교대학설립동역회) 3(1) (1990), 30~32. 본 가설은 기본적으로 Philip Gosse가 *Omphalos: An Attempt to Untie the Geological Knot* (1857)에서 제안한 배꼽 가설(Omphalos hypothesis)과 비슷하다.
57) 보외법(補外法)이라고도 불리는 외삽은 해석학에서 어떤 그래프 등의 자료에서 나와 있지 않은 부분을 그 부분에 가까운 부분에서 이어나가서 추정하는 방법이다. 보간법(補間法)이라고도 불리는 내삽은 해석학에서 어떤 그래프 등의 자료에서 나와 있는 부분의 사이에 있는 값을 평균하여 추정하는 방법이다.

제2강

1) "… we find no vestige of a beginning – no prospect of an end," James Hutton, *Theory of the Earth full text* (1788 version).
2) Charles D. Walcott, "Geologic Time, as Indicated by the Sedimentary Rocks of North America," *Journal of Geology* 1 (1893), 639~676. 월콧은 스미스소니언 국립자연사박물관(National Museum of Natural History)의 고생물학 책임자로서 캄브리아기 대폭발(Cambrian Explosion)의 현장으로 알려지고 있는 캐나다 록키산맥의 요호국립공원(Yoho National Park) 내의 버제스 혈암(Burgess Shale) 화석 발굴지를 발견한 사람으로 유명하다. 그래서 지금은 그 화석 발굴지를 월콧 채석장(Walcott Quarry)이라고 부른다.
3) Dalrymple, *The Age of the Earth*, 15~17.
4) Isaac Newton, *Philosophiæ Naturalis Principia Mathematica* (Mathematical Principles of Natural Philosophy) (first published 5 July 1687); G. Brent Dalrymple, *The Age of the Earth* (Stanford, CA: Stanford University Press, 1991), 28에서 재인용.
5) "Isaac Newton" in Wikipedia.
6) G. Buffon, *The Natural History of Animals, Vegetables, and Minerals, with the Theory of the Earth in General* (London, 1976), 358~373.
7) G. Buffon, *Les Epoques de la Nature* (Paris: Editions du Museum, 1962), XC~XCI, 70~71.
8) "Georges-Louis Leclerc, Comte de Buffon" in Wikipedia.
9) W. Thomson, "On the secular cooling of the earth," *Royal Society of Edinburgh Transactions*, 23 (1862), 157~159 (Reprinted in Thomson and Tait, Treatise on natural philosophy, Part II. Cambridge Univ. Press, 1890, 468~485). 젊은지구론자 반즈(Thomas G. Barnes, 1911~2001)는 이를 인용했다. T.G. Barnes, "Physics: A challenge to 'geologic time.'" *ICR Impact* Series no. 16, 4 (1974). 위 표를 참고하라.
10) H.M. Morris and G. E. Parker, *What is creation science?* (San Diego: Creation-Life Publishers, 1982), 306.
11) C. King, "The Age of the Earth," *American Journal of Science* Series no. 3, 45 (1893), 1~20.
12) Lord Kelvin (William Thomson), "The age of the earth as an abode fitted for life," *Science* (new ser.) 9 (1899), 665~674, 704~711.
13) "William Thomson" in Wikipedia (2015.10.9.).
14) William Thomson, "On the Age of the Sun's Heat," *Macmillan's Magazine* (March 1862): 388~393; Thomson, *Royal Society of Edinburgh Transactions*, 157~159.
15) Lord Kelvin, "The Age of the Earth as an Abode Fitted for Life," *Science* 9 (1899), 665~674, 704~711. 켈빈이나 그 시대 사람들이 지구의 나이를 결정하려는 노력들을 잘 요약한 해설논문으

로서는 J. D. Burchfield, *Lord Kelvin and the Age of the Earth* (New York: Science History Publications, 1975)를 보라.
16) 방사능은 프랑스 물리학자 베크렐(Antoine Henri Becquerel, 1852~1908)이 1896년에 발견하였지만, 그는 방사성 원소의 붕괴가 지구의 열원일 수 있다는 생각에까지는 미치지 못했던 것으로 보인다.
17) Lord Kelvin, 1862.
18) T.C. Chamberlin, "Lord Kelvin's address on the age of the earth as an abode fitted for life," Part I, *Science* (new ser.) 9 (1899), 889~901; Part II, 10, 11~18.
19) E. Rutherford and F. Soddy, "Radioactive Change," *Philosphical Magazine* Series 6, 5 (1903), 576~591.
20) Rutherford and Soddy, *Philosophical Magazine* Series 6, 591.
21) 흥미롭게도 켈빈은 지구의 나이를 수백만 년이라고 생각했는데, 반즈와 그의 창조과학 동료들은 이에 반대되는 견해를 제시했다. T.G. Barnes, "Physics: A challenge to 'geologic time,'" *ICR Impact* Series no. 16 (1974), 4.
22) Barnes, *ICR Impact* Series no. 16, iii.
23) J. D. Burchfield, *Lord Kelvin and the Age of the Earth* (New York: Science History Publishers, 1975), 260.
24) C.C. Albritton, Jr. *The Abyss of Time* (San Francisco, CA: Freeman, Cooper & Co., 1980), 251; H. Paul, "A History of Geologic Time," *Amer. Sci.* 66 (1978), 159~165.
25) J.D. Burchfield, *Lord Kelvin and the Age of the Earth* (New York: Science History Publishers, 1975), 260.
26) H.S. Slusher and T.P. Gamwell, *The Age of the Earth* (ICR Technical Monograph 7, 1978), 77.
27) Slusher and Gamwell, *The Age of the Earth*, 75.
28) http://www.talkorigins.org/faqs/dalrymple/creationist_age_earth.html.
29) E.A. Lubimova and O. Parphenuk, "Terrestrial heat flow history and temperature profiles," in R. J. O'Connell and W. S. Fyfe, eds., *Evolution of the Earth* (Washington, DC: Amer. Geophys. Union, 1981) Geodynamics Series vol. 5, 217~228; F.D. Stacey, "Cooling of the Earth - A Constraint on Paleotectonic Hypotheses," in R. J. O'Connell and W. S. Fyfe, eds., *Evolution of the Earth* (Washington, DC: Amer. Geophys. Union, 1981), Geodynamics Ser. vol. 5, 272~276.
30) 유재호, *Creation Studies Field Trip Report* (VIEW, 2016).
31) F.D. Stacey, *Physics of the Earth* (New York: John Wiley & Sons, 1977), 414.
32) Stacey, *Physics of the Earth*, 414.
33) Dalrymple, http://www.talkorigins.org/faqs/dalrymple/creationist_age_earth.html.
34) http://en.wikipedia.org/wiki/Mantle_convection.
35) Stacey, *Evolution of the Earth*, 272~276.
36) Lubimova and Parphenuk, *Evolution of the Earth*, 217~228; N.H. Sleep and R.T. Langan, "Thermal Evolution of the Earth: Some Recent Developments," *Advances in Geophysics* (New York: Academic Press), vol. 23 (1981), 1~23.
37) F. D. Stacey, "A Thermal Model of the Earth," *Phys. Earth Planet. Inter.* 15 (1977), 341~348.
38) Sleep and Langan, *Advances in Geophysics*, 1~23; T. Spohn and G. Schubert, "Modes of Mantle Convection and the Removal of Heat from the Earth's Interior," *Geophysical Research Journal*, 87 (1982), 4682~4696; Stacey, Evolution of the Earth, 272~276.
39) H. S. Slusher and T.P. Gamwell, *The Age of the Earth*, ICR Technical Monograph (1978), 7, 77.
40) Slusher and Gamwell, *The Age of the Earth*, 77.
41) 출처: Gringer, Washiucho - Earth-crust-cutaway-japanese.svg, CC0, https://commons.

wikimedia.org/w/index.php?curid=18574862. cf. http://en.wikipedia.org/wiki/Mantle_convection.
42) W. Thomson, "On the Age of the Sun's Heat," *Macmillan's Magazine* (1862.3.), 388~393. It was reprinted in Thomson and Tait, *Treatise on Natural Philosophy* Part II (Cambridge Univ. Press, 1890), 485~494.
43) By R. J. Hall - Illustration by contributor (After Modelling Supernovae with PHOENIX.), CC BY 2.5, https://commons.wikimedia.org/w/index.php?curid=1473159.
44) Dalrymple, *The Age of the Earth*, 14~15.
45) "Six Reasons Young Christians Leave Church," (2011.9.27.) http://www.barna.com/research/six-reasons-young-christians-leave-church/#.V8H27CgrJhE.
46) Dalrymple, *The Age of the Earth*, 14.
47) "Johannes Kepler" and "Benoît de Maillet" in Wikipedia.
48) Benoît de Maillet, *Telliamed: or, discourses Between an Indian philosopher and a French missionary, on the diminution of the sea, the formation of the Earth, the origin of men and animals, and other curious subjects, relating to natural history and philosophy*. Osborne, London, 1750 - 영어판: Benoît de Maillet, *Teliamed, or conversations between an Indian philosopher and a French missionary on the diminution of the sea*. Translated and edited by Albert V. Carozzi (University of Illinois Press, Urbana, Chicago & London, 1968).
49) Dalrymple, *The Age of the Earth*, 14.
50) Dalrymple, *The Age of the Earth*, 14.
51) Helfand, *The Physics of History*, 57.

제3강

1) Dalrymple, *The Age of the Earth*, 1에서 재인용.
2) Funkhouser, Barnes and Haughton, "The Problems of Dating Volcanic Rocks by the Potassium-Argon Method," *Bulletin Volcanologique* 29 (1966), 709.
3) S.P. Clementson, "A Critical Examination of Radioactive Dating of Rocks," *Creation Research Society Quarterly* 7 (1970), 137~141.
4) G. A. Kerkut, *Implications of Evolution* (New York : Pergamon, 1960), 139~140.
5) Kerkut, *Implications of Evolution*, 139~140.
6) "Proceedings of the Second, Third and Fourth Lunar Conferences; Earth and Planetary Science Letters," Volumes 14 & 17; *Science* Volume 167; "Apollo 12 Preliminary Science Report"; "Chart of Findings and Complete References," *Bible-Science Newsletters* 13 (1975), 5.
7) 본 절의 내용은 Richard Harter, "Changing Views of the History of the Earth"의 글을 기초로 정리한 것이다. cf. http://www.talkorigins.org/faqs/geohist.html#Radiometric.
8) Bertram Boltwood, "The Ultimate Disintegration Products of the Radio-active Elements. Part II. The disintegration products of uranium," *American Journal of Science* series 4, volume 23 (1907), 77~88 .
9) Arthur Holmes, "The Association of Lead with Uranium in Rock-Minerals, and Its Application to the Measurement of Geological Time," *Proceedings of the Royal Society A: Mathematical, Physical and Engineering Sciences* 85 (578) (1911), 248.
10) J.J. Thomson, "Rays of positive electricity," *Proceedings of the Royal Society* A89 (1913), 1~20.
11) Charles Schuchert, "Joseph Barrell (1869~1919)," *American Journal of Science* 48(286) (1919), 251~280; Bailey Willis, "Joseph Barrell and his work," *Journal of Geology* 27 (1919), 664~672.
12) Francis William Aston, *Isotopes* (London: E. Arnold, 1922), 152.

13) 러셀(Henry Norris Russell, 1877~1957)은 1910년 헤르츠슈프룽(Ejnar Hertzsprung)과 함께 별의 밝기(절대등급)와 온도의 관계를 밝히는 Hertzsprung - Russell diagram(혹은 H-R 다이어그램)을 발견했고, 사운더스(Frederick Saunders)와 함께 스핀각 운동량과 궤도각 운동량의 상호작용을 설명하는 LS coupling 혹은 Russell - Saunders coupling 현상을 발견했다. 전자는 관측천문학에서, 후자는 물리학의 양자역학에서 매우 중요한 업적이다.
14) H.N. Russell, "A superior limit to the age of the Earth's crust," in *Proceedings of the Royal Society of London* series A, vol. 99 (1921), 84~86.
15) Larry Vardiman, *Rocks of Ages or Rock of Creation* (Answer in Genesis / Institute for Creation, 2003) DVD series.
16) Irving Kaplan, *Nuclear Physics* 2nd edition (Reading, MA : Addison-Wesley, 1963), 222에 있는 Fig. 9~11을 보라.
17) John Woodmorappe, "Billion-fold Acceleration of Radioactivity Demonstrated in Laboratory," *Technical Journal* 15(2) (August 2001), 4~6; http://www.answersingenesis.org/docs2001/0321acc_beta_decay.asp. 이 기사는 한국창조과학회 웹사이트에 번역되어 있다: http://www.kacr.or.kr/library/itemview.asp?no=2882.
18) M. Jung, et al., "First observation of bound-state b–decay," *Physical Review Letters* 69(15) (1992), 2164~2167.
19) F. Bosch, et al., "Observation of bound-state b– decay of fully ionized 187Re," *Physical Review Letters* 77(26) (1996), 5190~5193.
20) Woodmorappe, *Technical Journal*, 4~6.
21) Woodmorappe, *Technical Journal*, 4~6.
22) 시버트라는 단위는 방사능 노출 측정 및 생물학적 영향을 연구한 스웨덴의 유명한 의학 및 물리학자인 시버트(Rolf Maximilian Sievert, 1896~1966)의 이름을 딴 것이다. 일반적으로 사용되는 방사선 피폭량(흡수량)의 단위는 밀리시버트(1mSv = 10^{-3}Sv)와 마이크로 시버트(1μSv = 10^{-6}Sv)와 나노시버트(1nSv = 10^{-9}Sv) 등이다.
23) G.T. Emery, "Perturbation of nuclear decay rates," *Annual Review of Nuclear Science* 22 (1972), 165~202.
24) 모원소의 반감기가 자원소의 반감기보다 '비교적' 길 때는 과도형평(transient equilibrium) 혹은 일시평형이라는 현상이 나타난다.
25) '영속평형'에 관해서는 http://www.med.harvard.edu/jpnm/physics/nmltd/radprin/sect2/2_2/2_2.3.html을 보라.
26) G.T. Emery, *Annual Review of Nuclear Science*, 165~202; P.K. Hopke, "Extranuclear effects on nuclear decay rates," *Journal of Chemical Education* 51 (1974), 517~519.
27) G. Brent Dalrymple, "How Old is the Earth-A Response to 'Scientific' Creationism," in http://www.talkorigins.org/faqs/dalrymple/radiometric_dating.html.
28) Dalrymple, "How Old is the Earth," in http://www.talkorigins.org/faqs/dalrymple/radiometric_dating.html.
29) "there is excellent laboratory evidence that external influences can change the decay rates," H.S. Slusher in H.M. Morris and D.T. Gish, editors, *The battle for creation* (San Diego, CA: Creation-Life Publishers, 1976), 278~285.
30) H.S. Slusher, *Critique of Radiometric Dating* (El Cajon, CA: Institute for Creation Research), ICR Technical Monograph 2 (2nd ed. 1981), 46 (1st ed., 1973).
31) D.B. DeYoung, "The Precision of Nuclear Decay Rates," *Creation Research Society Quarterly* 13 (1976), 38~41.
32) http://creationwiki.org/Don_DeYoung.

33) H.M. Morris, *Scientific Creationism* (Public School Edition) (San Diego, CA: Creation-Life Publishers, 1974), 217.
34) Dalrymple, "How Old is the Earth," in http://www.talkorigins.org/faqs/dalrymple/radiometric_dating.html.
35) Morris, *Scientific Creationism*, 217.
36) Frederic B. Jueneman, "Will the Real Monster Please Stand up," *Industrial Research* volume 4: 15 (September, 1972).
37) 쥬네만(Frederic Bonner Jueneman, 1929~2014): 미국 시카고 태생의 과학 칼럼니스트이자 잡지 편집인. San Francisco State University에서 음악이론, 작곡을 전공했고, 화학을 부전공했다. 그는 비록 화학을 부전공했지만, 1955년에 FMC Corp.에 화학자로 취직하였으며, 그 후 35년 동안 그 회사에 근무하면서 황당무계한 과학자(resident mad scientists, "RMS")로 유명해졌다. 그는 두 편의 심포니곡과 여러 개의 앙상블곡과 피아노곡을 작곡했으며, 1971년 4월에 *Industrial Research*에 첫 칼럼을 게재한 이후 30년 동안 정기적으로 과학 칼럼을 썼는데, 이 잡지는 후에 *R&D Magazine*로 개명하였다.
38) 쥬네만의 이력에 대해서는 http://www.velikovsky.info/Fred_Jueneman을 참고하라.
39) http://www.velikovsky.info/File:Fred-jueneman.jpg.
40) Slusher, *Critique of Radiometric Dating* ICR Technical Monograph 2 (2nd ed. 1981), 46 (1st ed., 1973); T.W. Rybka, "Consequences of Time Dependent Nuclear Decay Indices on Half-lives," *ICR Impact*, Series no. 106 (1982), i~iv.
41) H. C. Dudley, *The Morality of Nuclear Planning?* (Glassboro, NJ: Kronos Press, 1976).
42) 예를 들면 S.G. Brush, "Finding the Age of the Earth: By Physics or by Faith?" *Journal of Geological Education* 30 (1982), 34~58등을 보라.
43) H. S. Slusher, "Some Recent Developments Having to Do with Time," in H.M. Morris & D.T. Gish, editors, *The Battle for Creation* (San Diego, CA: Creation-Life Publishers, 1976), 278~285; Slusher, *Critique of Radiometric Dating* ICR Technical Monograph 2 (2nd ed. 1981), 46 (1st ed., 1973).
44) R. V. Gentry, "Radioactive Halos," *American Review of Nuclear Science* 23 (1973), 347~362.
45) Slusher, *The Battle for Creation*, 283.
46) Rybka, *ICR Impact* Series no. 106, ii.
47) Dalrymple, "How Old is the Earth," in http://www.talkorigins.org/faqs/dalrymple/radiometric_dating.html.
48) C. M. Lederer, & V.S. Shirley, *Table of Isotopes* 7th edition (New York: John Wiley & Sons, 1978), 1523 (also 6th ed., 1965); H.W. Kirby, K.C. Jordan, J.Z. Braun, M.L. Curtis, & M.L. Salutsky, "Half-life of Radium-223," *Journal of Inorganic Nuclear Chemistry* 27 (1965), 1881~1887.
49) Wiens, "Radiometric Dating: A Christian Perspective," from http://www.asa3.org/ASA/resources/Wiens.html.
50) 이 표의 반감기는 다음 두 문헌을 결합하여 작성한 것이다. Roger C. Wiens, "Radiometric Dating: A Christian Perspective," from http://www.asa3.org/ASA/resources/Wiens.html; Dalrymple, "How Old is the Earth," in http://www.talkorigins.org/faqs/dalrymple/radiometric_dating.html.
51) M. A. Cook, *Prehistory and Earth Models* (London: Max Parrish, 1966), 353; M.A. Cook, "Do radiological 'clocks' Need Repair?" *Creation Research Society Quarterly* 5 (1968), 69~77; H.M. Morris, *Scientific Creationism* (Public School Edition) (San Diego, CA: Creation-Life Publishers, 1974), 217; H.S. Slusher, *Critique of Radiometric Dating* ICR Technical Monograph 2 (2nd ed., 1981). 46 (1st ed., 1973.).
52) Morris, *Scientific creationism*, 145.

53) Slusher, *Critique of Radiometric Dating*, 40.
54) L.T. Aldrich and G.W. Wetherill, "Geochronology by Radioactive Decay," *Ann. Rev. Nuclear Sci.* 8 (1958), 257~298.
55) G.T. Emery, "Perturbation of nuclear decay rates," *Annual Reviews of Nuclear Science* 22 (1972), 165~202. 창조과학운동이 본격적으로 일어나던 1970년대 후반까지 방사성 연대측정법에 관한 학술적인 자료를 보려는 분들은 스타이거(R.H. Steiger)와 재거(E. Jager)가 쓴 글과 그들이 그 글에서 인용한 문헌들을 참고하기 바란다. - R.H. Steiger and E. Jager, "Subcommission on Geochronology: Convention on the Use of Decay Constants in Geo- and Cosmochronology," *Earth Planet. Sci. Lett.* 36 (1977), 359~362.
56) G. B. Dalrymple, *The Age of the Earth* (Stanford, CA: Stanford University Press, 1991), 91.
57) A.W. Laughlin, J. Poths, H.A. Healey, S. Reneau and G. WoldeGabriel, "Dating of Quaternary Basalts Using the Cosmogenic 3He and 14C Methods with Implications for Excess 40Ar," *Geology* 22 (1994), 135~138; D.B. Patterson, M. Honda and I. McDougall, "Noble Gases in Mafic Phenocrysts and Xenoliths from New Zealand," *Geochimica et Cosmochimica Acta*, 58 (1994), 4411~4427; J. Poths, H. Healey and A.W. Laughlin, "Ubiquitous Excess Argon in Very Young Basalts," *Geological Society of America Abstracts With Programs* 25 (1993), A~462.
58) P.E. Damon, A.W. Laughlin and J.K. Precious, "Problem of Excess Argon-40 in Volcanic Rocks," in *Radioactive Dating Methods and Low-Level Counting* (Vienna, International Atomic Energy Agency, 1967), 463~481.
59) C.L. Broadhurst, M.J. Drake, B.E. Hagee and T.J. Benatowicz, "Solubility and Partitioning of Ar in Anorthite, Diopside, Forsterite, Spinel, and Synthetic Basaltic Liquids," *Geochimica et Cosmochimica Acta* 54 (1990), 299~309; C.L. Broadhurst, M.J. Drake, B.E. Hagee and T.J. Benatowicz, "Solubility and Partitioning of Ne, Ar, Kr and Xe in Minerals and Synthetic Basaltic Melts," *Geochimica et Cosmochimica Acta* 56 (1992), 709~723.
60) 한국창조과학회 홈페이지에 소개된 Andrew A. Snelling, "과도한 아르곤 용암에 대한 K-Ar, Ar-Ar 연대측정에 있어서 아킬레스 건" 논문 참고. cf. http://www.kacr.or.kr/library/itemview.asp?no=422&param=category=L00.
61) Roger Wiens, "Radiometric Dating : A Christian Perspective," from http://www.asa3.org/ASA/resources/Wiens.html.
62) Wiens, "Radiometric Dating : A Christian Perspective," from http://www.asa3.org/ASA/resources/Wiens.html.
63) Slusher, *Critique of Radiometric Dating*, 39.
64) Y. Hamano and M. Ozima, "Earth-atmosphere Evolution Model Based on Ar Isotopic Data," in E.C. Alexander, Jr. and M. Ozima, *Terrestrial Rare Gases* (Japan Sci. Soc. Press, Tokyo: 1978), 155~171.
65) Harold S. Slusher, *Critique of radiometric dating*, 54.
66) Morris, *Scientific Creationism*, 217; Cook, *Prehistory and Earth Models*, 353.
67) 자이르 공화국(프랑스어: République du Zaïre), 약칭 자이르(프랑스어: Zaïre)는 1971년 10월 27일부터 1997년 5월 16일까지 사용되었던 콩고민주공화국의 옛 이름이다. 1965년부터 집권한 모부투 세세 세코가 국호를 자이르로 바꾸었으나, 1997년 5월 17일에 로랑데지레 카빌라가 이끄는 반군이 수도 킨샤사를 손에 넣었고, 5월 18일 반군이 자이르의 국정을 장악함에 따라 자이르는 짧은 역사를 마치고 국호가 콩고민주공화국으로 되돌려졌다. - 위키피디아에서 "자이르" (2015.1.3.).
68) H. Faul, *Nuclear Geology* (New York: John Wiley & Sons, 1954), 414; A.O. Nier, "The Isotopic Constitution of Radiogenic Leads and the Measurement of Geological Time. II," *Phys. Rev.* 55 (1939), 153~163.

69) A.O. Nier, "The Isotopic Constitution of Radiogenic Leads and the Measurement of Geological Time II," *Physical Review* 55 (1939), 153~163.
70) H. Faul, *Nuclear Geology* (New York: John Wiley & Sons, 1954), 414.
71) M.A. Cook, *Prehistory and Earth Models* (London: Max Parrish, 1966), 353.
72) 핵반응에서 충돌단면적이란 소립자의 충돌 시험에서 입자가 타겟 동위원소를 뚫고 들어가서 핵반응을 일으킬 확률의 척도이다.
73) Nier, *Physical Review*, 153~163.
74) Dalrymple, "How Old is the Earth," in http://www.talkorigins.org/faqs/dalrymple/radiometric_dating.html.
75) M.A. Cook, *Prehistory and Earth Models* (London: Max Parrish, 1966), 353.
76) 반(barn, 줄여서 b로 표시)이란 원래 핵물리학에서 핵반응의 충돌단면적을 나타내는 넓이단위로 사용되었지만, 오늘날에는 모든 고에너지 물리학 영역에서 산란단면적을 표시하기 위해, 그리고 작은 입자들 간의 상호작용 확률을 나타내는 척도로 사용된다. 1반은 $10^{-24}cm^2$ 혹은 $10^{-28}m^2$ ($100fm^2$)로서 대략 우라늄 핵의 단면적과 비슷한 크기이다. - Barn from Wikipedia.
77) H.S. Slusher, *Critique of Radiometric Dating* (2nd ed.). 46 (1st ed., 1973.).
78) Cook, *Prehistory and Earth Models*, 54.

제4강

1) Richard Harter, "Changing Views of the History of the Earth"의 글을 기초로 정리한 것이다. cf. http://www.talkorigins.org/faqs/geohist.html#Radiometric.
2) http://www.talkorigins.org/faqs/isochron-dating.html#gil96.
3) 물론 동위원소들 사이에도 특성이 약간씩 틀릴 때도 있다. 흔히 이것은 isotope fractionation이라고 알려져 있다. non-isochron age에서 0.002half-life의 오차가 생기기도 한다. 그러나 이 정도의 오차는 오랜 연대를 설명하는 데 큰 문제가 되지 않는다. http://www.talkorigins.org/faqs/isochron-dating.html#isochron을 보라.
4) 아이소크론법에 대해서는 http://www.talkorigins.org/faqs/isochron-dating.html#isochron을 보라.
5) Davis A. Young, *Creation and the Flood : An Alternative to Flood Geology and Theistic Evolution* (Grand Rapids, MI : Baker Book House, 1977), 185.
6) G. Faure, *Principles of isotope geology* (New York: John Wiley & Sons, 1977), 464. 데이터는 C.J. Allegre, J.L. Birek, S. Fourcade and M.P. Semet, "Rubidium-87/strontium-87 age of Juvinas basaltic achondrite and early igneous activity in the solar system," *Science* 187 (1975), 436~438에서 인용하였다. Dalrymple, "How Old is the Earth," in http://www.talkorigins.org/faqs/dalrymple/radiometric_dating.html에서 재인용하였다. 이를 애니메이션으로 보기 위해서는 http://www.talkorigins.org/faqs/isochron-dating/AnimatedIsochron.html을 참고하라. Don L. Eicher and A. Lee McAlester, *History of the Earth* (Eaglewood Cliffs, NJ: Prentice-Hall, 1980), 60에도 매우 좋은 측정 결과가 소개되어 있다.
7) Harold S. Slusher, *Critique of Radiometric Dating* ICR Tech. Monograph 2 (2nd edition, 1981), 46 (1st edition, 1973.).
8) Slusher, *Critique of Radiometric Dating*, 40.
9) C.J. Allegre, J.L. Birek, S. Fourcade and M.P. Semet, "Rubidium-87/strontium-87 age of Juvinas basaltic achondrite and early igneous activity in the solar system," *Science* 187 (1975), 436~438.
10) Three of these criticisms are worth examining because they illustrate how little these creation "scientists" understand about the fundamentals of geochemistry in general and about isochrons

in particular.
11) Slusher, *Critique of Radiometric Dating*, 42.
12) G. Faure, *Principles of isotope geology* (New York: John Wiley & Sons, 1977), 464.
13) Slusher, *Critique of Radiometric Dating*, 42.
14) Dalrymple, "How Old is the Earth," in http://www.talkorigins.org/faqs/dalrymple/radiometric_dating.html.
15) Dalrymple, "How Old is the Earth," in http://www.talkorigins.org/faqs/dalrymple/radiometric_dating.html.
16) "dating" in Encyclopædia Britannica. Retrieved May 17, 2007, from Encyclopædia Britannica Online: http://www.britannica.com/eb/article-69768.
17) cf. 양승영, 『지질학 사전』, 734.
18) From T.E. Krogh, *Geochimica et Cosmochimica Acta*, vol. 46 (© 1982 Pergamon Press).
19) www.britannica.com/EBchecked/topic-art/152243/1705/Concordia-diagram.
20) 달림플(G. Brent Dalrymple, 1937~): 캘리포니아 출신의 미국 지질학자이자 미국과학한림원 (National Academy of Sciences) 회원이며, 2003년에는 National Medal of Science을 수상.
21) 우드모랩(John Woodmorappe): 미국 창조과학자이자 과학교육자.
22) J. Woodmorappe, "Radiometric geochronology reappraised," *Creation Research Society Quarterly* 16 (1979), 102~129, 147.
23) Dalrymple, "How Old is the Earth," in http://www.talkorigins.org/faqs/dalrymple/radiometric_dating.html 참고.
24) J. Woodmorappe, "Radiometric Geochronology Reappraised," *Creation Research Society Quarterly* 16 (1979), 102~129, 147.
25) J.F. Evernden, G.H. Curtis, J. Obradovich and R. Kistler, "On the Evaluation of Glauconite and Illite for Dating Sedimentary Rocks by the Potassium-Argon Method," *Geochimica et Cosmochimica Acts* 23 (1961), 78~99.
26) Dalrymple, "How Old is the Earth," in http://www.talkorigins.org/faqs/dalrymple/radiometric_dating.html.
27) M.A. Lanphere, E.M. MacKevett, Jr. & T.W. Stern, "Potassium-Argon and Lead-Alpha Ages of Plutonic Rocks, Bokan Mountain Area, Alaska," *Science* 145 (1964), 705~707.
28) Dalrymple, "How Old is the Earth," in http://www.talkorigins.org/faqs/dalrymple/radiometric_dating.html.
29) G.B. Dalrymple, C.S. Gromme and R.W. White, "Potassium-Argon Age and Paleomagnetism of Diabase Dikes in Liberia: Initiation of Central Atlantic Rifting," *Geological Society of America Bulletin* 86 (1975), 399~411.
30) Dalrymple, "How Old is the Earth," in http://www.talkorigins.org/faqs/dalrymple/radiometric_dating.html.
31) 이 결과는 G.J. Wasserburg, A.L. Albee, & M.A. Lanphere, "Migration of Radiogenic Strontium during Metamorphism," *Geophysical Research Journal* 69 (1964), 4395~4401에 발표된 것인데, G. Faure & J.L. Powell, *Strontium Isotope Geology* (Berlin, Heidelberg, New York: Springer-Verlag, 1972), 188에 인용되었다.
32) Wasserburg, et. al., *Geophysical Research Journal* 69 (1964), 4395~4401.
33) Dalrymple, "How Old is the Earth," in http://www.talkorigins.org/faqs/dalrymple/radiometric_dating.html 참고.
34) http://www.talkorigins.org/faqs/isochron-dating.html.
35) 혼합 그래프 테스트에 대해서는 다음 웹사이트를 참고하라. http://www.talkorigins.org/faqs/

isochron-dating.html.
36) G. Brent Dalrymple, "Some Comments and Observations on Steven Austin's 'Grand Canyon Dating Project,' Unpublished (1992). http://www.talkorigins.org/faqs/isochron-dating.html#dalrymple1992에서 재인용.

제5강

1) ^{14}C 연대측정법의 역사에 대해서는 본서 부록에서 좀 더 자세히 다룬다.
2) Libby는 탄소 연대측정법의 기본원리를 이미 1946년에 발표하였다. W.F. Libby, "Atmospheric Helium Three and Radiocarbon from Cosmic Radiation," *Physical Review* 69 (11~12) (1946), 671~672.
3) W.F. Libby, *Radiocarbon Dating* (Chicago : University of Chicago Press, 1952).
4) https://en.wikipedia.org/wiki/Willard_Libby#/media/File:Willard_Libby.jpg; https://aisforarchaeology.files.wordpress.com/2010/03/libby_willard1.jpg.
5) ^{14}C 연대측정에 관해서는 Seung-Hun Yang, "Radiocarbon Dating and American Evangelical Christians", *Perspectives on Science & Christian Faith* (Journal of American Scientific Affiliation) 45(4), 229~240에 발표되었다.
6) http://www.nucleonica.com/wiki/articles/Article02/fig01.htm; 창조과학자의 문헌으로는 Randy L. Wysong, *The Creation-Evolution Controversy* (Midland, MI : Inquiry Press, 1976), 149를 보라.
7) J.R. Arnold and W.F. Libby, "Age Determinations by Radiocarbon Content: Checks with Samples of Known Age". Science 110 (2869) (1949), 678~680; http://www.physics.arizona.edu/ams/education/calib.htm.
8) Wysong, *The Creation-Evolution Controversy*, 150~151.
9) W.F. Libby, "On the Accuracy of Radiocarbon Dates," *Geochronicles*, 2, 196; Hans E. Suess, *Journal of Geophysical Research* 70 (1965), 5937, 5952. 오스트리아 태생의 미국 지구화학자 수에스는 캘리포니아 대학교(San Diego)에서 탄소연대실험실을 창설하고 한평생 탄소연대의 정확성을 연구하는 데 많은 공헌을 한 사람인데, 와이송은 그의 연구결과를 왜곡, 과장되게 인용했다. cf. "Hans Suess" in Wikipedia.
10) http://www.shareguide.com/Wysong.html; https://www.nap.edu/read/11522/chapter/20; http://www.geo.arizona.edu/Antevs/antevs.html.
11) 연층 니토(年層泥土, varved clay): 내륙빙하 끝자락에 위치한 호수에서 볼 수 있는 퇴적층으로서 여름의 거친 모래(sandy) 지층과 겨울의 가는 점토(clayey) 지층이 번갈아 나타나는 지층을 말한다. 거친 지층과 가는 지층 한 쌍의 두께는 1mm로부터 수 cm에 이른다.
12) Ernst Antevs, "Geological Tests of the Verve and Radiocarbon Chronologies," *Journal of Geology* 65 (1957), 129.
13) Fred B. Jueneman, *Industrial Research* 14 (1972), 15.
14) Wysong, *The Creation-Evolution Controversy*, 151.
15) M. Kieth and G. Anderson, "Radiocarbon Dating: Fictitious Results with Mollusk Shells," *Science* 141 (1963), 634.
16) B. Huber, "Recording Gaseous Exchange under Field Conditions," *The Physiology of Forest Trees*, edited K.V. Thimann (New York: Ronald, 1958).
17) E.A. von Fange, "Time Upside Down," *Creation Research Society Quarterly* 11 (1974), 18.
18) W. Dort, "Mummified Seals of Southern Victoria Land," *Antarctic Journal of the U. S.* 6 (1971), 210.
19) 와이송은 탄소연대에 대한 연구는 전혀 하지 않았지만, 애완동물 사료와 관련해서는 *The Truth About Pet Foods, Rationale for Animal Nutrition* 등의 책을 출간하기도 했다.

20) "Jarmo", 『두산세계대백과 EnCyber』. 홈페이지는 http://100.naver.com/search. naver?where=100&command=show & mode=m&id=131386&sec=1.
21) C.A. Reed, "Animal Domestication in the Prehistoric near East," *Science* 130 (1959), 1630.
22) https://en.wikipedia.org/wiki/Jarmo.
23) R.J. Braidwood, "Jarmo: A village of early farmers in Iraq," *Antiquity* 24 (1950), 189~195.
24) Linda S. Braidwood, Robert J. Braidwood, Bruce Howe, Charles A. Reed and Patty Jo Watson, eds., *Prehistoric Archeology along the Zagros Flanks* (Chicago, IL: The Oriental Institute of the University of Chicago, 1983). 이 논문집의 전문이 웹사이트에 공개되어 있다. http://oi.uchicago.edu/sites/oi.uchicago.edu/files/uploads/shared/docs/oip105.pdf.
25) R.A. Muller, "Radioisotope Dating with a Cyclotron," *Science* 196 (4289) (1977), 489~494.
26) Wysong, *The Creation-Evolution Controversy*, 145~158.
27) 1992년 여름에 위튼 대학에서 "Independent Study" 과목의 Project의 일부로 창조론 문헌목록(annotated bibliography)을 만들기 위해 ICR에 머무르고 있는 동안 7월 3일 저녁에 필자는 El Cajon에 있는 ICR 이사 중 한 사람의 집에서 열린 파티에서 Aardsma 박사와 이 문제에 관하여 장시간 토의한 적이 있다. 필자는 홍수 시기가 오래된 것으로 나오는 것은 ^{14}C 연대측정법과 관련된 몇 가지 잘못된 가정 때문에 그런 것이 아니냐며 몇 가지 가능한 가정들을 지적했는데, Aardsma는 그 모든 것들을 고려해서 계산을 해 봤는데도 오랜 홍수연대를 피할 수 없다고 했다.
28) Gerald E. Aardsma, *Radiocarbon and the Genesis Flood* (San Diego: ICR, Monograph 16, 1991).
29) Gerald E. Aardsma, *Radiocarbon and the Genesis Flood* (El Cajon, CA: ICR, 1991).
30) Randy L. Wysong, *The Creation-Evolution Controversy* (Midland, MI: Inquiry Press, 1976), 151~152.
31) M. Kieth and G. Anderson, "Radiocarbon Dating: Fictitious Results with Mollusk Shells," *Science* 141 (1963), 634.
32) Christopher Gregory Weber, "Answers to Creationist Attacks on Carbon-14 Dating," *Creation/Evolution* VIII (Spring 1982), 23~29.

제6강

1) John Morris, "RATE Premier Conference: Thousands … Not Billions" (San Diego, CA: ICR, 2006). 이 Conference는 2005년 11월 5일 San Diego에 있는 Shadow Mountain Community Church에서 개최되었으며, 2006년에 DVD로 제작, 보급되고 있다. ICR 소장인 John Morris는 Conference 기조연설에서 "Radioisotope dating is that kind of stronghold for satan."이라고 주장했다.
2) G. Brent Dalrymple, *The Age of the Earth* (Stanford University Press, 1991).
3) "Brent Dalrymple" in Wikipedia (2014.12.1.).
4) 바움가드너의 주장은 다음 두 문헌에 소개되어 있다. J. Baumgardner, "^{14}C Evidence for a Recent Global Flood and a Young Earth," *Radioisotopes and the Age of the Earth* vol. II, Ch. 8, by L. Vardiman et al (ICR, 2005); J. Baumgardner, D.R. Humphreys, A.A. Snelling and S.A. Austin, "Measurable 14C in Fossilized Organic Materials: Confirming the Young-Earth Creation-Flood Model," *Proceedings of the Fifth International Conference on Creationism*, ed. R.L. Ivey, Jr. (Pittsburgh, PA: Creation Science Fellowship, 2003), 127~142.
5) 〈Thousands … Not Billions〉, DVD of RATE Premier Conference (San Diego, CA : ICR, 2006) - "The presence of so many more plants and animals together on earth before the Flood means there was much, much more C-12 in the biosphere in the pre-Flood world. This additional C-12 diluted the available C-14 by at least a factor of 100 compared with today. Taking this into account, the level[s] of C-14 we now detect in the fossils implies an actual date for the Flood of about 5,000 years ago."

6) Figure 2 in http://www.globalflood.org/papers/2003ICCc14.html.
7) http://www.talkorigins.org/faqs/rate-critique.html.
8) http://www.talkorigins.org/faqs/rate-critique.html.
9) J. Baumgardner, "^{14}C Evidence for a Recent Global Flood and a Young Earth," *Radioisotopes and the Age of the Earth* vol. II, ch. 8 by L. Vardiman et al (ICR, 2005).
10) P. Zermeno, D.K. Kurdyla, B.A. Buchholz, S.J. Heller, M. Kashgarian and B.R. Frantz, "Prevention and Removal of Elevated Radiocarbon Contamination in the LLNL/CAMS Natural Radiocarbon Sample Preparation Laboratory," *Nuclear Instruments and Methods in Physics Research* B223-224 (2004), 293~297.
11) P.M. Grootes, "Carbon-14 Time Scale Extended: Comparison of Chronologies," *Science* 200 (1978), 11~15.
12) http://www.talkorigins.org/faqs/rate-critique.html.
13) Andrew Snelling, "또 다시 확인되어진 다이아몬드 내의 방사성탄소: RATE 프로젝트의 ^{14}C 연구 결과를 확증하다.(Radiocarbon in Diamonds Confirmed)" from http://www.kacr.or.kr/library/itemview.asp?no=4074.
14) 〈Thousands … Not Billions〉, DVD of RATE Premier Conference (San Diego, CA : ICR, 2006) - "In other words Carbon-14 in coal and diamonds, combined with the results of the other RATE research, honors the Biblical account of earth history and implies that the earth itself is THOUSANDS … NOT BILLIONS of years old!"
15) 〈Thousands … Not Billions〉, DVD of RATE Premier Conference (San Diego, CA : ICR, 2006) - "What is the source of the C-14 we find in diamonds? One possibility is that the C-14 is primordial, surviving from the original creation of the earth. This, of course, would imply directly that the physical earth itself is only thousands, not billions, of years old. Another possibility is that accelerated nuclear decay during the Flood generated high levels of neutrons in crustal rocks and these neutrons in turn converted some N-14 within the diamonds into C-14. But this also could have occurred only within the last few thousand years."
16) Ralf Tappert, Thomas Stachel, Jeff W. Harris, Karlis Muehlenbachs, Thomas Ludwig, and Gerhard P. Brey, "Subducting Oceanic Crust : The Source of Deep Diamonds," *Geology* 33 (July 2005), 565~568.
17) 야헤르스폰테인은 남아프리카공화국 중부, 프리스테이트(Free State) 주 남서부 다이아몬드 광산 도시이다. 영어 발음으로는 야거스폰틴이라고 부르며, 1870년에 다이아몬드 광산이 발견되었다. 지명은 다이아몬드 발견 당시 이 지방 그리콰족의 유력자 '야헤르'(Griqua Jacobus Jagers)에서 연유하였다. 야헤르스폰테인 광산은 사람의 손으로 판 동굴로는 세계에서 가장 깊은 동굴로 알려져 있다.
18) 연약권(軟弱圈, asthenosphere)은 암권 아래 100~400km에 위치하며, 다소 소성(塑性)을 가진 층으로서 1914년에 J. Barrell이 명명하였다. 전이대(轉移帶, transition zone)는 지하 410~1000km에 위치한 층으로서 변이대라고도 한다.
19) "Subduction" by Mikenorton - Own work. Licensed under CC BY-SA 3.0 via Wikimedia Commons. - https://commons.wikimedia.org/wiki/File:Subduction.png#/media/File:Subduction.png.
20) Avasthi, "Deep Earth Diamonds Saw the Light - Precious Stones Get Their Carbon from Life at the Surface," *ScienceNOW* 24 (June 2005), 2; See also http://sciencenow.sciencemag.org/cgi/content/full/2005/624/2.
21) "Diamond" in http://www.talkorigins.org/faqs/rate-critique.html#1.
22) J. Baumgardner, "Are the RATE Results Caused by Contamination?" *Answers in Genesis*. 30

November 2007. cf. http://www.answersingenesis.org/articles/2007/11/30/feedback-rate-contamination.
23) http://www.talkorigins.org/faqs/rate-critique.html#6.
24) R.E. Taylor and J.R. Southon, "Use of Natural Diamonds to Monitor ^{14}C AMS Instrument Backgrounds," Nuclear Instruments and Methods in Physics Research B259 (2007), 282~287.
25) http://www.talkorigins.org/faqs/rate-critique.html#4.
26) Ontario Activation Laboratory는 생명과학, 지구화학, 석유화학, 보건의료, 농업, 광물학, 환경공학, 약학, 범죄학, 재료공학 등의 분야에서 분석실험과 개발 서비스(analytical testing and development services)를 전문적으로 대행해 주는 캐나다 회사이다. 온타리오에 본부를 둔 Actlabs에 속해 있는데, 이 회사는 1987년에 경제지구화학자(economic geochemist) Eric Hoffman 박사가 설립하였으며, 현재 전 세계적으로 24개 분석실험실을 운영하고 있는데, 그 중 12개는 캐나다에 소재하고 있다. 웹사이트는 http://www.actlabs.com이다.
27) Kevin R. Henke, "Dr. Humphreys' Young-Earth Helium Diffusion 'Dates': Numerous Fallacies Based on Bad Assumptions and Questionable Data," from http://www.talkorigins.org/faqs/helium/zircons.html (2005~2010).
28) http://www.asa3.org/ASA/education/origins/rate-ri.htm#helium; http://www.asa3.org/ASA/education/origins/rate-pscf.htm#helium; http://www.asa3.org/ASA/education/origins/helium-ri.htm.
29) http://www.reasons.org/files/HeliumDiffusionZirconTechnicalpPaper.pdf.
30) Gary H. Loechelt, "Fenton Hill Revisited: The Retention of Helium in Zircons and the Case for Accelerated Nuclear Decay," in http://www.reasons.org/files/HeliumDiffusionZirconTechnicalpPaper.pdf.
31) R.V. Gentry, G.L. Glish and E.H. McBay, "Differential helium retention in zircons: implications for nuclear waste containment," *Geophysical Research Letters* 9 (10) (1982), 1129~1130.
32) 시료 2002: D.R. Humphreys, S.A. Austin, J.R. Baumgardner and A.A. Snelling, 2003b. "Helium diffusion rates support accelerated nuclear decay," *Proceedings of the Fifth International Conference on Creationism*, ed. R.L. Ivey, Jr. (Pittsburgh, PA: Creation Science Fellowship, 2003), 175~195; 시료 2004: D.R. Humphreys, S.A. Austin, J.R. Baumgardner and A.A. Snelling, "Helium diffusion age of 6,000 years supports accelerated nuclear decay," *Creation Research Society Quarterly* 41 (2004), 1~16.
33) Robert Gentry, *Geophysical Research Letters* (Oct. 1982).
34) D. Russell Humphreys, Steven A. Austin, John R. Baumgardner and Andrew A. Snelling, "Helium Diffusion Age of 6,000 Years Supports Accelerated Nuclear Decay," *Creation Research Society* 41(1) (June 2004). cf. http://www.creationresearch.org/crsq/articles/41/41_1/Helium.htm.
35) K.A. Farley, "(U-Th)/He dating: techniques, calibrations, and applications," *Reviews in Mineralogy and Geochemistry*, ed. D. Porcelli, C.J. Ballentine and R. Wieler (Washington, DC: The Mineralogical Society of America), 47 (2002), 819~843.
36) D.R. Humphreys, *Accelerated nuclear decay: a viable hypothesis?*, eds. Vardiman et al., Ch. 7 (2000), 333~379.
37) https://answersingenesis.org/geology/radiometric-dating/helium-diffusion-rates-support-accelerated-nuclear-decay/
38) Ronald Percy "Ronnie" Bell, "A problem of heat conduction with spherical symmetry," *Proceedings of the Physical Society* (London, 1945), 57, 45~48.
39) Loechelt, "Fenton Hill Revisited: The Retention of Helium in Zircons and the Case for Accelerated Nuclear Decay," in http://www.reasons.org/files/HeliumDiffusionZirconTechnicalp

Paper.pdf Fig. 2를 보라.
40) P.W. Reiners and K.A. Farley, "Helium diffusion and (UTh)/He thermochronometry of titanite," *Geochimica et Cosmochimica Acta* 63(22) (1999), 3850~3853; P.W. Reiners, T.L. Spell, S. Nicolescu and K.A. Zanetti, "Zircon (U-Th)/He thermochronometry: He diffusion and comparisons with 40Ar/39Ar dating," *Geochimica et Cosmochimica Acta* 68 (8) (2004), 1872~1874; D.L. Shuster, K.A. Farley, J.M. Sisterson and D.S. Burnett, "Quantifying the diffusion kinetics and spatial distributions of radiogenic 4He in minerals containing proton-induced 3He," *Earth and Planetary Science Letters* 217 (2003), 28~29; D.L. Shuster, P.M. Vasconcelos, J.A. Heim and K.A. Farley, "Weathering geochronology by (U-Th)/He dating of goethite," *Geochimica et Cosmochimica Acta* 69(3) (2005), 669~670.
41) Seung-Hun Yang, *Electron Conduction Mechanism and Sample Heterogeneity in Hydrogenated Amorphous Silicon* (Seoul: KAIST, 1983.8) 139 (Ph.D. dissertation).
42) 결함이란 결정이 만들어질 때 입자(원자나 분자) 하나가 빠지거나 틈새 한 군데에 다른 입자(원자나 분자)가 들어가는 등 결정 구조에 생긴 흠을 말한다.
43) Reiners et al, *Geochimica et Cosmochimica Acta* (2004), 1857~1887; P.W. Reiners, "Zircon (U-Th)/He thermochronometry," *Reviews in Mineralogy and Geochemistry*, eds. P.W. Reiners and T.A. Ehlers, (Chantilly, VA: The Mineralogical Society of America), 58 (2005), 151~179.
44) http://www.reasons.org/files/HeliumDiffusionZirconTechnicalpPaper.pdf.
45) 전자포획(電子捕獲, electron capture): 역베타 붕괴라고도 불리는 원소의 붕괴방식의 하나로, 원자핵 내부에 많은 양성자가 존재하지만 양전자를 방출하기에 에너지가 충분하지 못할 경우에 전자포획이라는 다른 붕괴방식을 통해 양전자 방출이 가능한 다른 방사성원소로 붕괴하는 것을 말한다.
46) 내부전환(內部轉換, internal conversion): 원자핵에서 방출된 감마선이 궤도 전자 중 하나에 흡수되어 전자가 원자로부터 방출되는 것을 말하며, 방출된 전자의 빈 공간은 다른 궤도의 전자에 의해 채워지며, 그 과정에서 발생하는 에너지 차이는 X선 혹은 다른 전자(Auger electron)로 방출된다. 내부전환은 원자핵 에너지 준위간의 차이가 작을 때 일어나는 방식이다.
47) B. Wang et al., "Change of the 7Be electron capture half-life in metallic environments," *European Physical Journal* A 28(3) (June 2006), 375~377.
48) 단열팽창이란 열역학 등에서 외부와의 열을 차단한 채 갑자기 기체를 팽창시키면 기체의 온도가 내려가는 현상을 말한다.
49) 젠트리의 연구 배경에 대해서는 다음의 문헌에 비교적 자세히 소개되어 있다. Thomas A. Baillieul, "'Polonium Haloes' Refuted: A Review of 'Radioactive Halos in a Radio-Chronological and Cosmological Perspective' by Robert V. Gentry," from http://www.talkorigins.org/faqs/po-halos/gentry.html (2001~2005, Last updated: April 22, 2005).
50) Robert V. Gentry, *Creation's Tiny Evidence* (Earth Science Association, 2003) 4th edition.
51) Robert V. Gentry, *Creation's Tiny Mystery*, 3rd edition (Knowville, TN: Earth Science Associates, 1992). http://www.talkorigins.org/faqs/po-halos/gentry.html.
52) 창조과학자들 중에서는 Gentry가 유명 학술지에 가장 많은 논문을 게재한 것으로 생각된다. Robert V. Gentry, "Fossil Alpha Recoil Analysis of Variant Radioactive Halos," *Science* 160 (1968), 1228~1230; "Radiohalos: Some Unique Pb Isotope Ratios and Unknown Alpha Radio Activity," *Science* 173 (1971), 727~731; "Radioactive Halos," *Ann. Rev. Nuc. Sci.* 23 (1973), 347~362; "Radiohalos in a Radiochronological and Cosmological Perspective," *Science* 184 (1974), 64~66; Robert V. Gentry, et al., "Ion Microprobe Confirmation of Pb Isotope Ratios and Search for Isomer Precursors in Polonium Radiohaloes," *Nature* 244 (1973), 282~283.
53) Robert V. Gentry, *Creation's Tiny Mystery* (Earth Science Associates, published 1992, 2004).

54) R.V. Gentry, "Radioactive Halos," *Annual Review of Nuclear Science* 23 (1973), 347~362; R.V. Gentry, "Radiohalos in a Radiochronological and Cosmological Perspective," *Science* 184 (1974), 62~66.
55) 2002년 12월 26일에 동아사이언스 과학 강연회에서 '창조냐, 진화냐' 주제를 다루었다. 창조론 측 연사로 나온 연세대 의대 김정훈 교수의 입장을 보도한 기사(국민일보 2002년 12월 27일 등록, 〈창조냐 진화냐-과학 강연회 지상 중계〉 '창조론' 연세대 의대 김정훈 교수)를 읽고 창조과학의 주장이 어떤 것인지, 사례로 그 중에 폴로늄 후광 부분을 정리했다. '창조냐 진화냐' 논쟁에서 연세대 김정훈 교수의 폴로늄 후광에 관한 논의를 위해서는 다음의 웹사이트를 참고하라. http://www.kopsa.or.kr/gnu4/bbs/board.php?bo_table=CreationismSci&wr_id=10&page=2]-080701 (2015.10.8.).
56) 소송과 관련된 좀 더 자세한 내용은 http://www.halos.com/faq-replies/arxiv-lawsuit.htm을 보라.
57) http://www.talkorigins.org/faqs/po-halos/gentry.html.
58) J.R. Wakefield, "The geology of 'Gentry's Tiny Mystery'," *Journal of Geological Education* 36 (1988), 161~175.
59) J. Joly, "The genesis of pleochroic halos," *Philosophical Transactions of the Royal Society of London* Series A, 217 (1917), 51; G.H. Henderson, "A quantitative study of pleochroic halos, V. the genesis of halos," *Royal Society of London Proceedings* Series A, 173 (1939), 250~264. cf. G.H. Henderson and S. Bateson, "A Quantitative Study of Pleochroic Haloes, I," *Proceedings of the Royal Society of London* Series A, Containing Papers of a *Mathematical and Physical Character* 145 (855) (1939), 563~581.
60) http://www.talkorigins.org/faqs/po-halos/gentry.html#Wakefield1988에서 재인용.
61) 이에 대해서는 Talk한국의사과학연구소(Korea PseudoScience Awareness) 홈페이지에 실린 "'창조냐 진화냐' 연세대 김정훈 교수의 폴로늄 후광"이란 글을 참고하기 바란다. 이 글은 미국 창조와 진화 논쟁 웹사이트들 중 가장 탁월한 〈The TalkOrigins〉에 실린 Jim Meritt, Tom Bailleul의 글을 기초로 한 것이지만, 한글 자료로 번역될 가치가 있다고 할 수 있다. http://www.kopsa.or.kr/gnu4/bbs/board.php?bo_table=CreationismSci&wr_id=10&page=2]-080701.
62) A. Leroy Odom and William J. Rink, "Giant radiation-induced color halos in quartz: solution to a riddle," *Science* 246(4926) (1989.10), 107~109.
63) 『스켑티컬 인콰이어러』(*Skeptical Inquirer*) (Summer 1990), 347
64) p형 반도체란 전하를 옮기는(전류를 흐르게 하는) 캐리어가 양의 전하를 갖는 정공(hole)이 다수 사용되는 반도체이다. 양의 전하를 가지는 정공이 캐리어로서 이동해서 전류가 생긴다. 한 예로 실리콘과 동일한 4가 원소의 진성 반도체에 미량의 3가 원소(붕소, 알루미늄 등)를 불순물로 첨가하면 p형 반도체가 만들어진다.
65) L.A. Odom and W.J. Rink, "Giant Radiation-Induced Color Halos in Quartz: Solution to a Riddle," *Science* 246 (1989), 107~109.
66) J.R. Wakefield, "The geology of 'Gentry's Tiny Mystery'", *Journal of Geological Education* 36 (1988), 161~175; J.R. Wakefield, "Gentry's Tiny Mystery - unsupported by geology," *Creation/Evolution* 22 (1987 - 1988), 13~33.
67) Gentry에게 보내는 Snelling의 편지에 CC로 이름을 함께 올린 사람들은 RATE 프로젝트에 참여했던 Larry Vardiman, Steve Austin, John Baumgardner, Eugene Chaffin, Don DeYoung, D. Russell Humphreys 등이다.
68) "Bob, as your friends and your Christian brothers, we have to say, unfortunately very bluntly, that it is wrong for you to go on denying and rejecting the many impeccable observational evidences, that are not tainted with uniformitarianism, but unequivocally show that many granites were formed from magmas derived by the melting of sediments at temperatures and pressures that destroyed contained fossils." from Andrew Snelling's letter to Gentry (Nov. 17,

2002). 이 편지는 Gentry의 web-site인 www.halos.co/faq-replies/snell-to-gentry-11-17-2002. htm에 있다.
69) Andrew Snelling, "Rapid Granite Formation?" *Technical Journal* 10(2) (Aug. 1995), 175~177. 이 논문은 www.kacr.or.kr/library/itemview.asp?no=760에 번역, 소개되었다.
70) Davis A. Young, *Creation and the Flood: An Alternative to Flood Geology and Theistic Evolution* (Grand Rapids, MI: Baker Book House, 1977), 184.
71) A. Hayward, *Creation and Evolution: The Facts and the Fallacies* (London: Triangle SPCK, 1985), 93.
72) W.S. Pitcher, *The Nature and Origin of Granite* (Blackie Academic and Professional) (London, 1993), 187.
73) Snelling, *Technical Journal* 10(2)(Aug. 1995): 175~177.
74) "As far as I am concerned, Gentry's challenge is silly. … He has proposed an absurd and inconclusive experiment to test a perfectly ridiculous and unscientific hypothesis that ignores virtually the entire body of geological knowledge." from Ronald Numbers, *The Creationists: From Scientific Creationism to Intelligent Design*, Expanded Edition (Harvard University Press, 2006), 280~282.
75) Numbers, *The Creationists*, 280~282.
76) "his scientific snubs resulted more from his own abrasive style than from his peculiar ideas" from Numbers, *The Creationists*, .280~282.
77) A.A. Snelling, J.R. Baumgardner and L. Vardiman, "Abundant Po radiohalos in Phanerozoic granites and timescale implications for their formation," EOS, *Transactions of the American Geophysical Union*, 84(46), Fall 2003 Meeting Supplement, abstract V32C-1046; A.A. Snelling and M.H. Armitage, "Radiohalos – a tale of three granitic plutons," *Proceedings of the Fifth International Conference on Creationism*, ed. R.L. Ivey, Jr., (Pittsburgh, PA: Creation Science Fellowship, 2003), 243-267; A.A. Snelling, "Radiohalos in granites: evidence for accelerated nuclear decay," in eds. L. Vardiman, A.A. Snelling and E.F. Chaffin, *Radioisotopes and the Age of the Earth, Volume II: Results of a Young-Earth Creationist Research Initiative* (El Cajon, CA: ICR, 2005) and (Chino Valley, AZ: the Creation Research Society, 2005), Chapter 3, 101~207.
78) http://www.ichthus.info/Creation-Evidence/Polonium-Halos/intro.html.
79) Loechelt, "Fenton Hill Revisited: The Retention of Helium in Zircons and the Case for Accelerated Nuclear Decay," in http://www.reasons.org/files/HeliumDiffusionZirconTechnicalpPaper.pdf 8면을 보라.
80) Steven Austin, "Radioisotopes & the Age of the Earth," (Florence, KY: Answers in Genesis, 2003) DVD Lecture.
81) Austin, "Radioisotopes & the Age of the Earth," DVD Lecture.

제7강

1) Davis Young, "How Old Is It? How Do We Know? A Review of Dating Methods-Part One: …" *Perspectives on Science and Christian Faith* 58(4) (December 2006), 259~266.
2) Martin J.S. Rudwick, *Bursting the Limits of Time: The Reconstruction of Geohistory in the Age of Revolution* (Chicago: University of Chicago Press, 2005); *The Meaning of Fossils* 2nd Edition (New York: Science History Publications, 1976).
3) "과학 혁명의 이정표 3부 지구 46억 년의 기록," EBS 다큐 프라임 (2011.8.31. 방영).
4) Photo by Dave Souza at http://en.wikipedia.org/wiki/File:Siccar_Point_red_capstone_closeup.jpg (2008.4.2.).

5) 지층의 상대적 연대측정에 대한 문헌은 대부분의 층서학 교과서에서 다루고 있다. 한 예로서 Edward C. Harris, *Principles of Archaeological Stratigraphy*, 2nd Edition (London: Academic Press, 1989)를 보라.
6) 스테노(Nicolas Steno, 1638~1686): 덴마크의 가톨릭 주교이자 과학자. 해부학과 지질학의 선구자. 스테노는 원래 루터교 가정에서 태어났으나 후에 가톨릭으로 개종했다.
7) 지사학 5대 원리의 초기 설명을 위해서는 다중격변을 다룬 제1권(『다중격변창조론』(SFC, 2011)을 참고하기 바란다. 현재까지 사용되고 있는 지사학의 원리들 중 적어도 세 가지(수평퇴적의 법칙, 지층누중의 법칙, 관입의 법칙 등)는 스테노의 업적으로 받아들여지고 있다. cf. Michael E. Brookfield, *Principles of stratigraphy* (Malden, MA: Blackwell, 2004).
8) 그랜드 캐니언의 지질학에 대해서는 필자의 『그랜드 캐니언: 정말 노아홍수 때 생겼을까?』 (CUP, 2017)를 참고하기 바란다.
9) 허튼(James Hutton, 1726~1797): 스코클랜드 에딘버러 출신의 지질학자.
10) 스코틀랜드나 아일랜드에서는 협곡을 글렌(glen)이라고 부른다.
11) James Hutton, *Theory of the Earth; with proofs and illustrations* 2 vols. (Edinburgh: Creech, 1795).
12) John D. Morris, *The Young Earth* (Colorado Springs, CO : Creation-Life Publishers, 1994), 107.
13) Randy L. Wysong, *The Creation-Evolution Controversy* (Midland, MI : Inquiry Press, 1976), Ch.10.
14) 항성일은 춘분점을 기준으로 한 지구의 자전 주기를 말하고, 태양일은 평균 태양의 중심이 자오선을 지나 다시 그 자오선에 이르기까지의 시간을 말한다. 우리가 일상생활에서 사용하는 하루를 말한다.
15) A. Fisher, "The Riddle of the Leap Second," *Popular Science* 202 (1973), 110; "Towards a Longer Day," *Time* 87 (Feb. 25, 1966), 102; Thomas G. Barnes, "Physics: A Challenge to 'Geologic Time'," *Acts and Facts* 3(July-August, 1974) - Wysong, *The Creation-Evolution Controversy*으로부터 재인용.
16) Dennis D. McCarthy and Kenneth P. Seidelmann, *Time: From Earth Rotation to Atomic Physics* (John Wiley & Sons, 2009), 232.
17) William Thwaites and Frank Awbrey, "As the World Turns: Can Creationists Keep Time?" *Creation/Evolution*, Issue IX (Summer 1982) (Berkeley, CA: National Center for Science Education), 18~22.
18) 장동(章動, nutation)은 달이나 태양의 인력 때문에 지구의 자전축에 생기는 주기적인 작은 진동을 말한다. 장동의 章(장)이라는 한자는 고대 중국의 달력에서 19년을 의미하는 한자이다.
19) "Earth's rotation" in Wikipedia (2015.10.17.).
20) "Sumatran earthquake sped up Earth's rotation," *Nature* (2004.12.30).
21) P. Wu and W.R. Peltier, "Pleistocene deglaciation and the earth's rotation: a new analysis," *Geophysical Journal of the Royal Astronomical Society* 76 (3) (1984), 753~792.
22) 예를 들면 Kent Hovind, "Universe is not 'billions of years' old"를 보라. http://www.drdino.com/QandA/index.jsp?varFolder=CreationEvolution&varPage=UniverseIsNotBillionsofYearsOld.jsp.
23) Cook, *Prehistory and Earth Models*, 341; P. Dickey and Others, "Abnormal Pressure in Deep Wells of Southwestern Louisiana," *Science* 160 (1968), 609.
24) *Science* 116 (1952), 439, 667.
25) Wysong, *The Creation-Evolution Controversy*, 159.
26) Dave E. Matson, "How good are those young-earth arguments? A close look at Dr. Hovind's list of young-earth arguments and other claims"(1994). http://www.talkorigins.org/faqs/hovind/howgood-yea2.html#proof18.
27) P.C. Wszolek and A.L. Burlingame, "Petroleum--origin and evolution," *Fairbridge and Bourgeois*

(1978), 565~574.
28) Arthur N. Strahler, *Science and Earth History* (Amherst, New York: Prometheus Books, 1987), 237~238.
29) Stephen Meyers and Robert Doolan, "Rapid stalactites?" *Creation Magazine* 9(4) (Sep.-Nov., 1987), 6~8. See also http://answersingenesis.org/home/area/magazines/docs/cen_v9n4_stalactites.asp.
30) Wysong, *The Creation-Evolution Controversy*, 172.
31) C.E. Hendrix, *The Cave Book* (Massachusetts: Earth Science, 1950), 26; M. Sutherland, "Calsbad Caverns in Color," *National Geographic* 104 (Oct. 1953), 442.
32) Sutherland, *National Geographic* (Oct. 1953), 442.
33) http://www.talkorigins.org/indexcc/CD/CD250.html.
34) http://www.talkorigins.org/indexcc/CD/CD250.html.
35) Derek C. Ford and Carol A. Hill, "Dating of speleothems in Kartchner Caverns, Arizona," *Journal of Cave and Karst Studies* 61(2) (1999), 84~88. http://www.caves.org/pub/journal/PDF/V61/v61n2-Ford.pdf.
36) V.J. Polyak, W.C. McIntosh, N. Güven and P. Provencio, "Age and origin of Carlsbad Cavern and related caves from 40Ar/39Ar of alunite," *Science* 279 (1998), 1919~1922. See also I.D. Sasowsky, "Determining the age of what is not there," *Science* 279 (1998), 1874.
37) J.A. Dorale, R.L. Edwards, E. Ito and Luis A. González, "Climate and vegetation history of the midcontinent from 75 to 25 ka: A speleothem record from Crevice Cave, Missouri, USA," *Science* 282 (1998), 1871~1874; Y.J. Wang, et al., "A high-resolution absolute-dated Late Pleistocene monsoon record from Hulu Cave, China," *Science* 294 (2001), 2345~2348; M. Zhang, D. Yuan, Y Lin, H. Cheng, J. Qin and H. Zhang, "The record of paleoclimatic change from stalagmites and the determination of termination II in the south of Guizhou Province, China," *Science in China Series* D 47(1) (2004), 1~12. http://www.karst.edu.cn/publication/Zhang%20Ml200401.pdf. cf. 석순을 이용한 고기후 연구는 국내에서도 활발하게 이루어지고 있다. 지효선 등, "제주도 용천동굴 석순(YC-2)의 조직적 특성을 이용한 지난 약 300년 동안의 고기후 연구," 「지질학회지」 47(2) (2011.4.), 139~153.
38) Thomas G. Barnes, "Electromagnetics of the Earth's field and evaluation of electric conductivity, current, and joule heating in the Earth's core," *Creation Research Society Quarterly*, 9(4) (1973), 222~230.
39) John David Morris, *The Geology Book* (Wonders of Creation) (Master Books, 2001).
40) 자기 쌍극자 모멘트(magnetic dipole moment)는 전하로 구성된 계의 자기분극(magnetic polarity)의 크기를 나타내는 척도이다.
41) Thomas G. Barnes, "Depletion of the Earth's Magnetic Field," *ICR Impact* Series no. 100.
42) 실제로는 조수와 지표면의 마찰, 가속 운동인 지구의 회전 운동 따위로 인하여 지구의 자전속도는 점점 느려지고 있다. 그러므로 과거에는 지금보다 자전속도가 빨랐다.
43) Thomas G. Barnes, *Origin and Destiny of the Earth's Magnetic Field* (San Diego, CA: ICR, 1973).
44) "Applying the reasonable premise that this planet never had a magnetic field as great as that of a magnetic star, one can note from Table 2 that the origin of the earth's magnetic field had to be more recent than 8000 B.C. That is to say, the origin of the earth's magnetic field was less than 10,000 years ago. Just how much more recent than 10,000 years cannot be determined from present scientific knowledge. If one assumes that the initial value of the earth's magnetic field were about an order-of-magnitude less than that of a magnetic star the origin would have been about six or seven thousand years ago." from T.G. Barnes, *Origin and destiny of the*

earth's magnetic field (ICR Technical Monograph, 1973), 25; T.G. Barnes, "Physics: A challenge to 'geologic time,'" *ICR Impact* Series no. 16 (1974).

45) Barnes, T. G., "*Origin and destiny of the earth's magnetic field*," Inst. Creation Res., Tech. Monogr. (1973), 64; Barnes, T. G., "Physics: A challenge to 'geologic time',", *ICR Impact* Series no. 16 (1974), 4.

46) H.M. Morris, *Scientific Creationism*, Public School Edition (San Diego, CA: Creation-Life Publishers, 1974a), 217; H.S. Slusher, *Critique of Radiometric Dating* (ICR, Technical Monograph 2 (2nd ed., 1981), 46 (1st ed., 1973); R.E. Kofahl and K.L. Segraves, *The Creation Explanation* (Wheaton, IL: Harold Shaw Publishers, 1975), 255.

47) 자기성은 중성자성과 비슷하게 극히 강력한 자장을 가진 별로서 강력한 자기장이 붕괴하면서 X-선이나 감마선과 같은 고에너지 전자기파를 방출한다. 자기성의 자장은 대략 1억~1,000억 테슬라 정도인데, 이는 인간이 네오디뮴 기반의 희토류(neodymium-based, rare-earth) 금속으로 만든 가장 강력한 자석이 1.25테슬라임을 고려한다면 엄청난 크기의 자장임을 알 수 있다. 자기성은 중성자성과 같이 직경 20km 내외의 크기지만, 태양보다 더 큰 질량을 갖는다. 자기성은 중성자성 보다는 더 강한 자장을 가지며, 더 느리게 자전한다(중성자성은 자전속도가 1초 미만인데 비해 자기성은 1~10초 정도). 1979년 3월 5일에 첫 자기성이 관측된 이래 은하계에만도 총 3,000만개 이상의 자기성이 있다고 추정된다. cf. http://en.wikipedia.org/wiki/Magnetar#cite_ref-journal_2-0 (2015.5.12.).

48) 자기 쌍극자란 하나의 N극과 하나의 S극을 가진 자석을 말한다. 지구나 막대자석은 일종의 자기 쌍극자라고 할 수 있다.

49) 와상전류(渦狀電流, eddy current)란 패러데이의 전자기유도법칙에 의해 변하는 자장에 의해 도체 내부에서 유도되는 원형의 전류를 말한다. 일명 푸코전류(Foucault current)라고도 불린다.

50) A. Cox, G.B. Dalrymple and R.R. Doell, "Reversals of the Earth's Magnetic Field," *Scientific American* 216 (2) (1967), 44~54.

51) K.L. McDonald and R.N. Gunst, "Recent trends in the earth's magnetic field," *Geophysical Research Journal* 73 (1968), 2057~2067.

52) K.L. Verosub and A. Cox, "Changes in the total magnetic energy external to the earth's core," *Geomag. Geoelec*. J. 23 (1971), 235~242.

53) Arthur N. Strahler, *Science and Earth History: The Creation/Evolution Controversy* (New York: Prometheus, 1987), 143~144; G. Brent Dalrymple, "How Old Is the Earth? A Reply to 'Scientific Creationism'"? *Proceedings of the 63rd Annual Meeting of the Pacific Division*, AAAS 1, Part 3 (California, 1984), 66~131.

54) Champion, D. E., "Holocene geomagnetic secular variation in the western United States: Implications for the global geomagnetic field" (Ph.D. thesis, California Institute of Technology, 1980), 314.

55) T. G. Barnes, *Origin and Destiny of the Earth's Magnetic Field* (ICR Technical Monograph, 1973), 64.

56) D. Russell Humphreys, "Has the Earth's magnetic field ever flipped?" *Creation Research Society Quarterly* 25(3) (1988), 130~137.

57) 『학원세계대백과사전』 2권 (학원출판공사, 1983), 320.

58) 지자기의 붕괴속도가 선형적이지 않고 사인함수적이라는 주장에 관해서는 Ross, *Creation and Time*, Ch. 10을 참고하라.

59) 예를 들면, Jason Lisle, "Creation Astronomy: Viewing the Universe through Biblical Glasses," (Answer in Genesis, 2004) Creation Library DVD를 보라.

60) www.answersingenesis.org/Images/cengrap1.gif.

61) 로렌츠(Hendrik Antoon Lorentz): 네덜란드 아른헴 출신의 물리학자이자 노벨상 수상자. 라이덴

대학교에서 물리학을 공부했고, 1875년에 제출한 학위논문 "빛의 반사와 굴절이론에 관하여"의 우수함이 인정되어 1878년에 라이덴 대학교에 신설된 이론물리학 교수가 되었고, 1912년에 하를렘의 테일러연구소 소장이 되었다.

62) 로렌츠힘은 운동하는 전하에 대해서는 힘을 미치나, 힘의 방향은 자속과 속도 방향과 수직이므로 정자기장(靜磁氣場)은 운동하는 하전입자에 대해서는 일을 하지 않고, 다만 그 운동방향만 바꿀 뿐이다. 로렌츠는 이 힘을 도입함으로써 물질의 밀도, 분자량, 굴절률 등 물질의 전자기적 및 광학적 성질을 설명하는 데 성공하였다.

63) 창조과학에서 홍수모델로 긴 탄소연대를 줄여보려는 노력의 대표적인 예로는 ICR 탄소연대 실험실 책임자였던 Aardsma의 문헌과 필자의 논문 끝에 있는 참고문헌들을 참조하라. Gerald E. Aardsma, *Radiocarbon and the Genesis Flood* (El Cajon, CA : ICR, 1991); Seung-Hun Yang, "Radiocarbon Dating and American Evangelical Christians," *Journal of the American Scientific Affiliation* 45(4) (Dec. 1993), 229~240.

64) H.M. Morris and G. E. Parker, *What is creation science?* (San Diego, CA: Creation-Life Publishers, 1982).

65) H.M. Morris, *Scientific creationism*, Public School Edition (San Diego, CA: Creation-Life Publishers, 1974).

66) Morris, *Scientific creationism*, 157.

67) Steven Austin, "Radioisotopes & the Age of the Earth," (Florence, KY: Answers in Genesis, 2003) DVD Lecture.

68) 필자가 세스나 항공기(조종 조경래 권사)를 타고 세인트 헬렌즈 화산 분화구 속으로 들어가 선회하면서 찍은 사진.

69) Henry M. Morris, *Scientific Creationism*, Public School Edition (San Diego, CA: Creation-Life Publishers, 1974), 147.

70) J.F. Evernden, D.E. Savage, G.H. Curtis and G.T. James, "Potassium-Argon Dates and the Cenozoic Mammalian Chronology of North America," *American Journal of Science* 262 (1964), 145~198.

71) Morris, *Scientific creationism*, 217.

72) I. McDougall, "Potassium-Argon Ages from Lavas of the Hawaiian Islands," *Geological Society of America Bulletin* 75 (1964), 107~128; I. McDougall, "Age of Shield-building Volcanism of Kauai and Linear Migration of Volcanism in the Hawaiian Island Chain," *Earth Planetary Science Letters* 46 (1979), 31~42.

73) Dalrymple, "How Old is the Earth," in http://www.talkorigins.org/faqs/dalrymple/radiometric_dating.html에서 재인용.

74) Harold S. Slusher, *Critique of Radiometric Dating* ICR Technical Monograph 2, 2nd edition (ICR, 1981), 39; Morris, *Scientific creationism*, 217.

75) G.B. Dalrymple and J.G. Moore, "Argon-40: Excess in Submarine Pillow Basalts from Kilauea Volcano, Hawaii," *Science* 161 (1968), 1132~1135; C.S. Noble and J.J. Naughton, "Deep-ocean Basalts: Inert Gas Contents and Uncertainties in Age Dating," *Science* 162 (1968), 265~267.

76) Dalrymple, "How Old is the Earth," in http://www.talkorigins.org/faqs/dalrymple/radiometric_dating.html에서 재인용.

77) Kofahl and Segraves, *The Creation Explanation*, 200.

78) Morris, *Scientific Creationism*, 147.

79) Kofahl and Segraves, *The Creation Explanation*, 255.

80) Morris, *Scientific Creationism*, 217.

81) J.G. Funkhouser and J.J. Naughton, "Radiogenic Helium and Argon in Ultramafic Inclusions

from Hawaii," *Geophysical Research Journal*, 73 (1968), 4601~4607.
82) Funkhouser and Naughton, *Geophysical Research Journal*, 4601~4607.
83) G.B. Dalrymple, "$^{40}Ar/^{36}Ar$ Analyses of Historic Lava Flows," *Earth Planetary Science Letters* 6 (1969), 47~55; D. Krummenacher, "Isotopic Composition of Argon in Modern Volcanic Rocks, *Earth Planetary Science Letters* 8 (1970), 109~117.
84) E.F. Blick, "Second Law of Thermodynamics and Living Organism," in paper presented to the American Society of Engineering Education (June 18, 1974); J.C. Taylor, "Lawns," *Ontario Department of Agriculture Publication* No. 448, 5; A. Micky, "Man and Soil," *International Harvester* (1945), 17.
85) 포토가 300~1,000년마다 1인치씩 쌓인다는 데이터는 원래 "The age of the earth"라는 제목으로 http://www.pathlights.com/ce_encyclopedia/05agee3.htm에 실렸으나 지금은 사라졌다. cf. http://www.talkorigins.org/indexcc/CD/CD620.html.
86) http://www.talkorigins.org/indexcc/CD/CD620.html.
87) Robert Meyer, *Paleoalterites and Paleosols: Imprints of Terrestrial Processes in Sedimentary Rocks* (Rotterdam: A.A. Balkema, 1997), 120.
88) 충적평야는 범람원(汎濫源), 홍수평야, 퇴적평야 등으로 불리기도 한다.
89) John Whitcomb and Henry M. Morris, *The Genesis Flood* (Philadelphia: Presbyterian and Reformed Publishing, 1961), 387~391.
90) Frederick K. Lutgens, Edward J. Tarbuck and Dennis G. Tasa, *Foundations of Earth Science*, 7th edition (Prentice Hall, 2013) - 한국어판: 김경렬, 김동희, 박창범, 전종갑, 조문섭 역, 『지구시스템의 이해』 5판 (박학사, 2009).
91) G. Ehrensvard, Life: *Origin and Development* (Chicago: University of Chicago, 1962), 135.
92) Heinrich D. Holland, "The oxygenation of the atmosphere and oceans," *Philosophical Transactions of the Royal Society* B361 (29 June 2006), 903~915.
93) "Oxygenation-atm" by Heinrich D. Holland - File:Oxygenation-atm.png. Licensed under CC BY-SA 3.0 via Commons - https://commons.wikimedia.org/wiki/File:Oxygenation-atm.svg#/media/File:Oxygenation-atm.svg.
94) Wysong, *The Creation-Evolution Controversy*, 163.
95) https://ko.wikipedia.org/wiki/%ED%8C%90_%EA%B5%AC%EC%A1%B0%EB%A1%A0#.EB.B3.B4.EC.A1.B4.EA.B2.BD.EA.B3.84.
96) 이 문제에 대해서는 필자가 기독교세계관학술동역회 월간지에 쓴 다음 글을 참고하기 바란다. 양승훈, "창조론 연구의 다면성," 「Worldview」 185 (2015.11.), 20~24.

제8강

1) 대기 중 헬륨 농도를 근거로 젊은 지구를 주장한 사람들의 예는 다음과 같다. Sylvia Baker, *Evolution: Bone of Contention* (New Jersey, Evangelical Press, 1976), 25~26; Walter T. Brown, Jr., *In The Beginning*… (Arizona, Center for Scientific Creation, 1989), 16, 52; Sidney J. Jansma, Jr., *Six Days* (1985), 61; Whitcomb, John C., and Henry M. Morris, *The Genesis Flood* (New Jersey, Presbyterian and Reformed Publishing Company, 1961), 384~385; Randy L. Wysong, *The Creation-Evolution Controversy* (Michigan, Inquiry Press, 1976), 161~163.
2) http://www.talkorigins.org/faqs/faq-age-of-earth.html.
3) 1ppm은 part per million, 즉 백만분의 일을 의미한다.
4) Morris, *Scientific creationism*, 151.
5) B. Mason, *Principles of Geochemistry* (New York: Hohn Wiley, 1952), 186; M.A. Cook, *Prehistory and*

Earth Models (London: Max Parish, 1960), 340; M.A. Cook, "Where is the earth's Radiogenic Helium," *Nature* 179 (1957), 213; H. Faul, *Nuclear Geology* (New York : John Wiley, 1954). - Wysong, *The Creation-Evolution Controversy*로부터 재인용.

6) G. Kockarts, "Helium in the terrestrial atmosphere," *Space Sci. Rev.* 14 (1973), 723~757.
7) Morris, *Scientific Creationism*, 151.
8) "외기권" in http://ko.wikipedia.org/wiki/%EC%99%B8%EA%B8%B0%EA%B6%8C.
9) 대기권의 구조에 관해서는 "Atmosphere layers-ko" by NOAA & User:Mysid - ectorized by Mysid on a NOAA picture (http://www.srh.noaa.gov/srh/jetstream/atmos/layers.htm) with the Kármán line added by Latitude0116. Image renamed from Image: Atmosphere layers.svg. Licensed under 퍼블릭 도메인 via 위키미디어 공용 - http://commons.wikimedia.org/wiki/File:Atmosphere_layers-ko.svg#mediaviewer/File:Atmosphere_layers-ko.svg을 참조하고, 플라즈마샘에 관해서는 "Plasma fountain" by Original uploader was Iantresman at en.wikipedia - Transferred from en.wikipedia; transfer was stated to be made by User:Nasib Bitar.. Licensed under Public Domain via Wikimedia Commons - http://commons.wikimedia.org/wiki/File:Plasma_fountain.gif#mediaviewer/File:Plasma_fountain.gif를 참조하라.
10) Melvin A. Cook, "Where is the earth's radiogenic helium?" *Nature* 179 (1957), 213; Morris, Scientific creationism, 157.
11) "polar wind" in http://en.wikipedia.org/wiki/Polar_wind. "polar wind" 혹은 "plasma fountain"이란 말은 뱅크스와 홀쩌가 만든 말이다. P.M. Banks and T. E. Holzer, "The Polar Wind," *Journal of Geophysical Research* 73 (21) (1968), 6846~6854.
12) P.M. Banks and T.E. Holzer, "High-latitude plasma transport: the polar wind," *Geophys. Res. J.* 74 (1969), 6317~6332.
13) W.R. Sheldon and J.W. Kern, "Atmospheric helium and geomagnetic field reversals," *Geophys. Res. J.* 77 (1972), 6194~6201.
14) Isaac Asimov, "14 Million Tons of Dust per Year," *Science Digest* 45 (1959), 34-35; H. Pattersson, "Cosmic Spherules and Meteoric Dust," *Scientific American* 202(2) (1960), 123~132.
15) Hans Patterson, "Rate of Accretion of Cosmic Dust on the Earth," *Nature* "Letters to Nature" 181 (01 February 1958), 330.
16) Henry Madison Morris, editor, *Scientific Creationism* (San Diego: Creation-Life Publishers, 1974), 151~152.
17) 이것은 Morris, *Scientific Creationism*, 151~152에서 사용한 값이다. 이 책에서는 140pound/ft^3 단위를 사용하고 있는데, 이 값을 미터 단위로 고치면 2.35g/cm^{3}이다.
18) Henry M. Morris and Gary E. Parker, *What Is Creation Science?* (San Diego, CA: Creation-Life Publishers, 1982), 306; Henry M. Morris, *Scientific Creationism*, Public School Edition (San Diego, CA: Creation-Life Publishers, 1974), 217; Harold S. Slusher, *Age of the Cosmos* (ICR, 1980), Technical Monograph, no. 9, 76.
19) Morris, *Scientific Creationism* (San Diego, CA: Creation-Life Publishers, 1974), 217.
20) Andrew A. Snelling and David E. Rush, "Mood Dust and the Age of the Solar System," *Technical Journal* 7(1) (1993.4.), 2~42.
21) H. Petterson, "Cosmic spherules and meteoritic dust," *Scientific American* 202 (1960), 123~132.
22) Morris, *Scientific Creationism*, 217.
23) J. S. Dohnanyi, "Interplanetary objects in review: Statistics of their masses and dynamics," *Icarus* 17 (1972), 1~48.
24) D.W. Hughes, "Cosmic dust influx to Earth," *Space Research* RV (1975), 531~539.
25) J.L. Barker, Jr. & E. Anders, "Accretion rate of cosmic matter from iridium and osmium

contents of deep-sea sediments," *Geochim. Cosmochim. Acta* 32 (1968), 627~645; Parkin, D. W., R. A. Sullivan, & J. N. Andrews, "Further studies on cosmic sphenites from deep-sea sediments," *Phil. Trans. R. Soc. London*, Ser. A. 297 (1980), 495~518.

26) Slusher, H. S., "Age of the cosmos," Inst. Creation Res., *Tech. Monogr.* no. 9 (1980), 76.
27) Slusher, *Age of the cosmos*, 42.
28) S.I. Dutch, "A critique of creationist cosmology," *Geol. Educ. J.* 30 (1982), 27~33.
29) Andrew A. Snelling and David E. Rush, "Moon Dust and the Age of the Solar System," *Creation Ex Nihilo Technical Journal* 7(1) (1993), 2~42. cf. http://www.answersingenesis.org/tj/v7/i1/moondust.asp.
30) 호주 창조과학회인 AiG(Answers in Genesis)는 웹사이트(http://www.answersingenesis.org/home/area/faq/dont_use.asp)에서 "우리 창조과학자들이 사용하지 말아야 할 주장들"(Arguments we think creationists should NOT use)이란 제목의 글에서 '절대 사용하지 말아야 할 주장들'(Arguments that should never be used)의 하나로 "달에 쌓인 먼지의 두께는 '젊은 달'을 증명한다."라는 주장을 첫 번째로 들고 있다. 전체 내용은 http://blog.daum.net/ekasacce/1183에 번역되어 있다(2016.11.2.). 명백하게 틀렸음이 증명되면 슬그머니 꼬리를 내리는 미국 창조과학자들과는 대조가 된다.
31) H.M. Morris, "The Young Earth," *ICR Impact* Series no. 17 (1974), i~iv; H.M. Morris, *The Scientific Case for Creation* (San Diego: Creation-Life Publishers, 1977), 87.
32) R.S. Boeckl, "Search for carbon 14 in tektites," *Geophysical Research Journal* 77 (1972), 367~377.
33) http://en.wikipedia.org/wiki/Tektite#/media/File:Two_tektites.JPG.
34) H.M. Morris, "The Young Earth," *ICR Impact* Series no. 17 (1974), i~iv; H.M. Morris, *The scientific case for creation* (San Diego: Creation-Life Publishers, 1977), 87.
35) H. M. Morris and G. E. Parker, *What Is Creation Science?* (San Diego: Creation-Life Publishers, 1982), 306.
36) G. Turner, "Argon-40/Argon-39 Dating of Lunar Rock Samples," *Science* 167 (1970), 466~468.
37) R.E. Kofahl and K.L. Segraves, *The Creation Explanation* (Wheaton, Il: Harold Shaw Publishers, 1975), 255.
38) 가장 최신판 *Chemical Oceanography*은 2013년 6월에 CRC Press가 출간한 제4판이다.
39) Cook, *Prehistory and Earth Models*, 340~341; *Chemical Oceanography*, edited by J. Riley and G. Skirrow, vol.1 (New York : Academic Press, 1965), 164~165; B. Bolin, *The Atmosphere and the Sea in Motion* (New York : Rockefeller Institute, 1959), 155; L. Sillen, "The Ocean as a Chemical System," *Science* 156 (1967), 1189.
40) J. Riley가 제공한 것을 Wysong, *The Creation-Evolution Controversy*, 162에서 재인용.
41) http://www.talkorigins.org/faqs/faq-age-of-earth.html#sne01.
42) John Joly, "An Estimate of the Geological Age of the Earth," *Scientific Transactions of the Royal Dublin Society* 7 (1899), 23~66; John Joly, "Geological Age of the Earth," *Geological Magazine* New Series, Decade 4, 7 (1900), 220~225.
43) Dalrymple, *The Age of the Earth*, 15; Frank Wigglesworth Clarke, "Chapter IV. The Ocean - Elements in the Ocean," *The Data of Geochemistry* 4th ed. (U.S. Department of the Interior and United States Geological Survey, 1920). 특히 이 책의 146~151쪽에 구체적인 연대 추정의 내용을 소개하고 있다. 이 책은 2915년 6월 13일 현재 https://books.google.ca/books?id=n7_QAAAAMAAJ&pg=PA147&lpg=PA147&dq=Mackie+1902+sodium&source=bl&ots=pMVALIIQ4P&sig=ZumHXfxkrm1xWpFpzB4QBWO9EzY&hl=ko&sa=X&ved=0CBwQ6AEwAGoVChMIhpCbm9SNxgIVzpSICh1vVQBP#v=onepage&q=Mackie%201902%20sodium&f=false에서 영인본으로 읽을 수 있다.

44) "연니," "석회질 연니," "규질 연니,"『두산세계대백과 EnCyber』참조. 인터넷 홈페이지는 http://100.naver.com/ search.naver?query=Sea+Ooze&where=100&srchmode=0를 보라.
45) Randy L. Wysong, *The Creation-Evolution Controversy* (Midland, Michigan: Inquiry Press, 1976), 164.
46) H.M. Morris and G.E. Parker, *What is creation science?* (San Diego, CA: Creation-Life Publishers, 1982), 306. 위의 표를 참고하라.
47) M. Ewing, J.I. Ewing and M. Talwani, "Sediment distribution in the oceans: The mid Atlantic Ridge," *Geological Society of America Bulletin* 75 (1964), 17~36. Morris와 Parker는 Bulletin of the Geophysical Society of America라고 인용했으나, 그런 단체는 존재하지 않으며, Geological Society of America를 잘못 표기한 것이었다.
48) R.M. Garrels and F.T. Mackenzie, *Evolution of the Sedimentary Rocks* (New York: W.W. Norton, 1971), 102~111; H. Sverdrup and Others, *The Oceans* (New York: Prentice-Hall, 1942).
49) "미시시피강"(Mississippi River)은『두산세계대백과 EnCyber』참조하고, 인터넷 홈페이지는 http://100.naver.com/ search.naver?where=100&command=show&mode=m&id=67094&sec=1를 보라.
50) Wysong, *The Creation-Evolution Controversy*, 163.
51) 혈암은 입자지름 1/16mm 이하의 실트 및 점토로 이루어지며, 실트암 또는 점토암의 일종이다. 보통은 암색을 띠며 세밀한 엽리(葉理)를 볼 수 있다.
52) 케스타(cuesta)란 한쪽이 급경사, 반대쪽이 완만한 경사를 이루는 비대칭적인 횡단평면을 나타내는 구릉을 말한다. 구조평야에 발달하는 지형으로, 호층(互層)이 완만하게 경사를 이루는 곳에서 무른 암석은 빨리 침식되어 저지(低地)가 되고, 단단한 암석 부분은 침식에 저항하여 구릉(丘陵)으로 남게 된다. 이 구릉이 비대칭적인 산등성이를 이루어 한쪽은 지층의 경사를 따라 완만한 경사를 이루고, 다른 쪽은 가파른 절벽이 된다.『두산세계대백과 EnCyber』참고하고, 인터넷 홈페이지는 http://100.naver.com/search.naver?where=100&command=show&mode=m&id=151321&sec=1를 참고하라.
53) 현재 미국 정부에서는 폭포의 낙차를 이용하여 수력 발전을 하고 폭포의 수명을 길게 하기 위해 나이아가라 폭포에 거대한 발전소를 건설하였다(한밤중에는 폭포에 물이 떨어지지 않도록 물을 인근 저수지로 유도하여 발전에 활용).
54) Wysong, *The Creation-Evolution Controversy*, 175; 우리나라의『학원세계백과대사전』에서도 폭포단의 마모 속도를 1.2~1.5m/년으로 추정하여 나이아가라 폭포의 나이를 10,000년 정도로 추산하고 있다. 『학원세계백과대사전』4권 (학원출판공사, 1983), 387.
55) https://commons.wikimedia.org/wiki/File:Frederic_Edwin_Church_-_Niagara_Falls_-_WGA04867.jpg.
56) H.M. Morris, *Scientific Creationism*, Public School Edition (San Diego: Creation-Life Publishers, 1974a), 217.
57) Morris, *Scientific Creationism*, 217.
58) Morris, *Scientific Creationism*, 217.
59) Morris, *Scientific Creationism*, 217.
60) Morris, *Scientific Creationism*, 217.
61) H.M. Morris, "Evolution and the Population Problem," *ICR Impact* Series no. 21 (1974), i~iv.
62) T.G. Barnes, *Origin and destiny of the earth's magnetic field* (ICR Technical Monograph, 1973), 64.
63) T.G. Barnes, "Physics: A challenge to "geologic time," *ICR Impact* Series no. 16 (1974), 4.
64) Barnes, *ICR Impact* Series no. 16 (1974), 4.
65) H.S. Slusher, "Some astronomical evidences for a youthful solar system," *Creation Research Society Quarterly* 8 (1971), 55~57.
66) H.S. Slusher, *Age of the Cosmos* no. 9 (ICR Technical Monograph, 1980), 76.

67) Slusher, *Age of the Cosmos* no. 9, 76.
68) Slusher, *Age of the Cosmos* no. 9, 76.
69) Slusher, *Age of the Cosmos* no. 9, 76.
70) Slusher, *Age of the Cosmos* no. 9, 76.
71) Slusher, *Age of the Cosmos* no. 9, 76.
72) Slusher, *Age of the Cosmos* no. 9, 76.
73) Slusher, *Age of the Cosmos* no. 9, 76.
74) M.A. Cook, "Do radiological 'clocks' need repair?" *Creation Research Society Quarterly* 5 (1968), 69~77.
75) M.A. Cook, Where is the earth's radiogenic helium? *Nature* 179: 213 (1957).
76) M.A. Cook, *Prehistory and Earth Models* (London: Max Parrish, 1966), 353.
77) Cook, *Prehistory and Earth Models*, 353.
78) Cook, *Prehistory and Earth Models*, 353.
79) Cook, *Prehistory and Earth Models*, 353.
80) Cook, *Prehistory and Earth Models*, 353.
81) Anonymous, "Natural Plutonium," *Chemical Engineering News* 49(39) (1971), 29.
82) D.J. Whitney, *The Face of the Deep* (New York: Vantage Press, 1955), 102.
83) Whitney, *The Face of the Deep*, 102.
84) Whitney, *The Face of the Deep*, 102.
85) Whitney, *The Face of the Deep*, 102.
86) Whitney, *The Face of the Deep*, 102.
87) Whitney, *The Face of the Deep*, 102.
88) Whitney, *The Face of the Deep*, 102.
89) H. Arp, "Observational paradoxes in extragalactic astronomy," *Science* 174 (1971), 1189~1200.
90) V.A. Hughes and D. Routledge, "An expanding ring of interstellar gas with center close to the sun," *Astronomical Journal* 77 (1972) 210~214.
91) M. Ewing, J.I. Ewing and M. Talwani, "Sediment distribution in the oceans: The mid Atlantic Ridge," *Geol. Soc. Amer. Bull.* 75 (1964), 17~36.
92) S. Bloch, "Some factors controlling the concentration of uranium in the world ocean," *Geochim. Cosmochim. Acta* 44 (1980), 373~377.
93) S.E. Nevins, "Evolution: The ocean says no!" *ICR Impact* Series no. 8 (1975), i~iv.
94) B.F. Allen, "The geologic age of the Mississippi River," *Creation Research Society Quarterly* 9 (1972), 96~114.
95) D.J. Whitney, *The face of the deep* (New York: Vantage Press, 1955), 102.
96) H. Camping, "Let the oceans speak," *Creation Research Society Quarterly* 11 (1974), 39~45; J.P. Riley and G. Skirrow, eds., *Chemical Oceanography* vol. 1 (New York: Academic Press, 1965), 712.
97) H.M. Morris and G.E. Parker, *What Is Creation Science?* (San Diego, CA: Creation-Life Publishers, 1982), 254~259; H.M. Morris, "The young earth," *ICR Impact* Series no.17 (1974), i-iv; H.M. Morris, *The Scientific Case for Creation* (San Diego: Creation-Life Publishers, 1977), 87.
98) "The most obvious characteristic of the values listed in the table is their extreme variability — all the way from 100 years to 500,000,000 years. This variability, of course, simply reflects the errors in the fundamental uniformitarian assumptions." from H.M. Morris and G.E. Parker, *What Is Creation Science?* (San Diego, CA: Creation-Life Publishers, 1982), 251~252.
99) "Nevertheless, all things considered, it seems that those ages on the low end of the spectrum are likely to be more accurate than those on the high end. This conclusion follows from the

obvious fact that: (1) they are less likely to have been affected by initial concentrations or positions other than "zero"; (2) the assumption that the system was a "closed system" is more likely to be valid for a short time than for a long time; (3) the assumption that the process rate was constant is also more likely to be valid for a short time than for a long time." from Morris and Parker, *What Is Creation Science?*, 251~252.
100) G. Brent Dalrymple, "The problem with these 68 'ages' of the Earth is that they are all either based on false initial assumptions or have too many unknown variables for a reliable solution, or both. Nearly all these methods have been aired in the scientific literature and found to be so worthless that scientists do not use them for determining the age of the Earth." from http://www.talkorigins.org/faqs/dalrymple/creationist_age_earth.html.
101) "all 49 of these ages are invalid and that most are probably best described as silly" from http://www.talkorigins.org/faqs/dalrymple/creationist_age_earth.html.
102) Harold Camping, *Let the Oceans Speak* (Oakland, CA: Family Radio, 1982). 이 책은 〈Family Radio〉 웹사이트에 전문이 올라와 있다. http://www.familyradio.org/wp-content/uploads/2014/03/oceans_speak.pdf (2015.1.16. 접속).
103) Kofahi and Segraves, *The Creation Exploration* (1975), 190.
104) 창조과학의 이데올로기적, 유사과학적 뿌리에 대해서는 필자의 글을 참고하기 바란다. 양승훈, "창조과학의 유사과학적 뿌리," 『기독교와 창조론』 (서울: 일응할양식, 2004), 405~434.

제9강

1) "Age of the Earth". *U.S. Geological Survey* (1997). Archived from the original on 23 December 2005. Retrieved 2006-01-10; G. Brent Dalrymple, "The age of the Earth in the twentieth century: a problem (mostly) solved," Special Publications, *Geological Society of London* 190(1) (2001), 205~221; Gérard Manhesa, Claude J. Allègre, Bernard Dupréa and Bruno Hamelin, "Lead isotope study of basic-ultrabasic layered complexes: Speculations about the age of the earth and primitive mantle characteristics," *Earth and Planetary Science Letters* 47 (3) (1980), 370~382.
2) http://www.talkorigins.org/faqs/dalrymple/scientific_age_earth.html.
3) http://www.talkorigins.org/faqs/faq-age-of-earth.html.
4) USGS 소속의 첫 지구연대연구소는 캘리포니아 Menlo Park에 설립되었으며, 그 후 몇몇 지구연대 연구소가 추가로 설립되었다.
5) http://www.talkorigins.org/faqs/dalrymple/scientific_age_earth.html.
6) 모델 납 연대에 관해서는 L. Cahen, P. Eberhardt, J. Geiss, F.G. Houtermans, J. Jedwab, P. Signer, "On a correlation between the common lead model age and the trace-element content of galenas," *Geochimica et Cosmochimica Acta* 14(1/2) (August 1958), 134~149을 참고하라.
7) http://www.talkorigins.org/faqs/faq-age-of-earth.html (2015. 5. 16).
8) 양승영, "콩코디아(concordia)," 『지질학 사전』 2판 (교학사, 2001), 734.
9) S.S. Goldich, C.E. Hedge and T.W. Stern, "Age of the Morton and Montevideo Gneisses and Related Rocks, southwestern Minnesota," *Geological Society of America Bulletin*, 81 (1970), 3671~3696; 좀 더 최근 결과를 보려면 S.S. Goldich and J.L. Wooden, "Origin of the Morton Gneiss, southwestern Minnesota: Part 3. Geochronology," 77~94 in B. Morey and G.N. Hanson, editors, *Selected Studies of Archean Gneisses and Lower Proterozoic Rocks, southern Canadian Shield* (The Geological Society of America Special Paper No. 182, 1980); 1980년의 논문은 G. Brent Dalrymple, *The Age of the Earth* (Stanford, CA: Stanford University Press, 1991), 160에서 재인용.
10) https://en.wikipedia.org/wiki/Lead-lead_dating.

11) H. Baadsgard, "U-Th-Pb dates on zircons from the early Precambrian Amitsoq gneisses, Godthaab District, West Greenland," *Earth Planet. Sci. Lett.* 19 (1973), 22~28; S. Moorbath, R.K. O'Nions and R.J. Pankhurst, "The evolution of early Precambrian crustal rocks at Isua, West Greenland-geochemical and isotopic evidence," *Earth Planet. Sci. Lett.* 7 (1975), 229~239; H.S. Pettingill and P.J. Patchett, "Lu-Hf total-rock age for the Amitsoq gneisses, west Greenland," *Earth Planet. Sci. Lett.* 55 (1981), 150~156.

12) J.M. Barton, Jr., B. Ryan and R.E.P. Fripp, "The relationship between Rb-Sr and U-Th-Pb whole-rock and zircon systems in the 3790 m.y. old Sand River gneisses, Limpopo mobile belt, Southern Africa," in R.E. Zartman, ed. Short papers of the fourth international conference, geochronology, cosmochronology, isotope geology, *U.S. Geol. Survey Open-File Report 78~701* (1978), 476.

13) A.R. Basu, S.L. Ray, A.K. Saha and S.N. Sarkar, "3.8 b.y.-old tonalites from eastern India: Evidence for early differentiation (abs.)," *EOS* 62 (1981), 420.

14) cf. 양승훈, 『생명의 기원과 외계생명체』 (SFC, 2011), 96~200.

15) D. Bogard, D. Burnett, P. Eberhardt and G.J. Wasserburg, "^{40}Ar-^{40}K ages of silicate inclusions in iron meteorites," *Earth Planet. Sci. Lett.* 3 (1968), 275~283.

16) V. R. Murthy, and C. C. Patterson, "Primary isochron of zero age for meteorites and the Earth," *Journal of Geophysical Research* 67 (1962), 1161; D. York and R. M. Farquhar, *The Earth's Age and Geochronology* (Oxford: Pergamon Press, 1972), 178; G. Brent Dalrymple, "Radiometric Dating, Geologic Time, And The Age Of The Earth: A Reply To 'Scientific' Creationism," *U.S. Geological Survey Open-File Report* 86-110 (1986), 76.

17) G. Brent Dalrymple, *The Age of the Earth* (California, Stanford University Press, 1991), 291.

18) G. Faure, *Principles of Isotope Geology* (New York: John Wiley & Sons, 1977), 464.

19) Ethan Rotenberga, Donald W. Davisa, Yuri Amelinb, Sanghamitra Ghosha, Bridget A. Bergquista, "Determination of the decay-constant of ^{87}Rb by laboratory accumulation of ^{87}Sr," *Geochimica et Cosmochimica Acta* 85 (15 May 2012), 41~57.

20) Faure, *Principles of Isotope Geology*, 464; 원래의 데이터는 C.J. Allegre, J.L. Birek, S. Fourcade and M.P. Semet, "Rubidium-87/Strontium-87 age of Juvinas basaltic achondrite and early igneous activity in the solar system," *Science* 187 (1975), 436~438.

21) S.B. Jacobsen and G.J. Wasserburg, "Sm-Nd isotopic evolution of chondrites," *Earth & Planetary Science Letters* 50 (1980), 139~155.

22) Dalrymple, *The Age of the Earth*, 286.

23) Dalrymple, *The Age of the Earth*, 286.

24) Dalrymple, *The Age of the Earth*, 286.

25) T. Kirsten, "Lunar highland chronology," 91~98 in L.H. Ahrens, ed., *Origin and distribution of the elements* (Oxford and New York: Pergamon Press, 1979)에 요약되어 있다.

26) R.W. Carlson and G.W. Lugmair, "Time and duration of lunar high-lands crust formation," *Earth Planet. Sci. Lett.* 52 (1981), 227~238.

27) F.G. Houtermanns, "Die Isotopenhaufigkeiten in naturlichen Blei: and das Alter des Urans," *Naturwissenschaften* 33 (1946), 185~186.

28) A. Holmes, "An estimate of the age of the earth," *Nature* 157 (1946), 680~684.

29) C.C. Patterson, "Age of meteorites and the earth," *Geochim. Cosmochim. Acta* 10 (1956), 230~237.

30) V.R. Murthy and C.C. Patterson, "Primary isochron of zero age for meteorites and the earth," *Geophys. Res. J.* 67 (1962), 1161; D. York and R.M. Farquhar, *The earth's age and geochronology* (Oxford: Pergamon Press, 1972), 178.

31) F. Tera, Reassessment of the "age of the earth," *Annual Report of Director* (Department of Terrestrial Magnetism, Carnegie Institution of Washington, 1979~1980), 524-531.

제10강

1) "The Creation of Adam" in Wikipedia.
2) 양승훈, 『대폭발과 우주의 창조』 (SFC, 2016) 제8강 참조.
3) 미국 창조과학자 Jason Lisle이 쓴 http://www.kacr.or.kr/library/itemview.asp?no=4255를 보라. 이 외에도 한국창조과학회 홈페이지에는 주류 물리학자, 천문학자들의 연구를 비판하는 해외 단체들의 글을 많이 번역에서 제시하고 있다.
4) 예를 들면, http://www.kacr.or.kr/library/itemview.asp?no=4291.
5) http://www.bibletimeline.org/
6) http://www.fixedearth.com/sixty-seven%20references.htm.
7) http://fixedearth.com/
8) 한국창조과학회 홈페이지에는 "앨런 구스의 급팽창 이론은 젊고 완벽한 우주를 회피하기 위해서 지어낸 이론이었다." 란 제목으로 한동안 번역, 게재되었다. http://www.creation.or.kr/library/itemview.asp?no=5967 (지금은 삭제).
9) http://crev.info/2014/07/inflation-concocted-to-avoid-creation/
10) Alan H. Guth, "Inflationary universe: A possible solution to the horizon and flatness problems," *Physical Review* D 23(2) (1981), 347~356.
11) 멜데니우스(Rupertus Meldenius, 1582~1651)는 Peter Meiderlin 혹은 Peter Meuderlinus라고도 불린다.
12) "Paraenesis votiva per Pace Ecclesia ad Theologos Augustana Confessionis auctore Ruperto Meldenio Theologo" (A Reminder for Peace at the Church of the Augsburg Confession of Theologians).
13) "In necessariis unitas, in dubiis libertas, in omnibus caritas" (In essentials unity, in doubtful things/non-essentials liberty, in all things charity).
14) Phillip Schaff, *History of the Christian Church* Vol. 7 (Grand Rapids, MI: W.M. Eerdmans, 1910), 650~653.
15) "Rupertus Meldenius" in Wikipedia.

부록

1) 본 논문은 필자가 1991년에 위스콘신 대학교(University of Wisconsin-Madison) 과학사학과에 제출한 석사학위 논문이며(지도교수: Ronald L. Numbers), 그 일부는 Seung-Hun Yang, "Radiocarbon Dating and American Evangelical Christians," *Journal of American Scientific Affiliation* 45(4) (December 1993), 229~240에 발표하였다. 오래 전에 발표한 논문이라 한국어로 번역하면서 일부 내용과 각주를 수정했다. 본 논문은 JASA에 발표된 논문을 번역한 것이며, 경북대 물리학과 대학원에서 입자물리학을 전공한 황재훈 형제가 한국어로 번역하고, 후에 필자가 교정했다.
2) 간격이론에 관한 역사적인 고찰과 성경주해로서의 답변과 관련해서는 Arthur Custance, *Without Form and Void* (Brockville, Ontario: Dorway Press, 1970)을 보라. 간격이론은 지질시대는 창세기 1장의 첫 두 절 사이에 존재했다고 주장한다. 이 이론은 고대의 한 저술가에 의해 제안되었지만, M.A. Pember's *Earth's Earliest Ages* (1885)와 Plymouth Brethren 저술가들에 의해 유난히 잘 알려진 지질시대에 대한 개념을 설명하기 위해서 1814년에 스코틀랜드의 신학자 Thomas Chalmers가 다시 소개하였다. Edward Hitchcock을 제외한 대부분의 주요 지질학자들은 이 이론이 지질시대를 종결하

는 전지구적인 격변 또한 수용할 것을 요구하고 있기 때문에 간격이론을 받아들이지 않았다.
3) 날-시대 이론은 6일 창조의 창조 행위와 지질시대 생물체의 연속적인 생성 간에 합일점을 찾고자 노력한다. 이 이론은 많은 기독교 지질학자들을 포함하여 소위 진보적인 창조론자들(progressive creationists)이라 불리는 이들에 의해 지지를 받았다. H.M. Morris, *A History of Modern Creationism* (San Diego, CA: Master Book Publishers, 1984), 41를 보라.
4) 예를 들면, Randy L. Wysong, (Midland, MI: Inquiry Press, 1976)의 제10장과 Henry M. Michael과 Elizabeth K. Ralph (Cambridge, MA: MIT Press, 1971)가 편집한 *Dating Techniques for the Archaeologists*의 Elizabeth K. Ralph, "Carbon 14 Dating"에서 인용된 참조문서를 보라. 보다 최근의 포괄적인 정보를 참조하려면, M.J. Aitkens, *Science Based Dating in Archaeology* (Longman House, 1990)와 그 안의 참조문서를 보라.
5) George M. Marsden, "Evangelical and Fundamental Christianity," in *The Encyclopedia of Religion*, Mircea Eliade, editor, Volume 5 (New York: MacMillan Publishing Company, 1987), 190~197.
6) ^{14}C 연대 기술의 기원과 초기 발전에 대한 훌륭한 리뷰를 위해 다음을 참조하라. Lawrence Badash, "Rutherford, Boltwood, and the Age of the Earth: The Origin of Radioactive Dating Techniques," in *Proceedings of the American Philosophical Society* 112(3) (June 1968), 157~169. 방사성 연대에 관한 간략한 역사를 살펴보려면 다음을 참조하라. Claude C. Albritton, Jr., "The Radiometric Dating," *The Abyss of Time* (Jeremy P. Tarcher, 1980), Ch. 16; Gunter Faure, *Principles of Isotope Geology* (John Wiley and Sons, 1986), 2~5.
7) Libby의 논문 원본을 비롯하여 ^{14}C 연대의 역사를 살펴보려면 다음을 참조하라. R.E. Taylor, *Radiocarbon Dating An Archaeological Perspective*, Ch. 6; "Genesis and Prehistory: Conflicting Chronologies," *Spectrum* 3/4 (1974), 32~35.
8) Glyn Daniel, Editorial, *Antiquity 33, 79-80*; *The Origins and Growth of Archaeology* (New York: Crowell, 1967), 266.
9) John C. Whitcomb and Henry M. Morris, *The Genesis Flood* (Phillipsburg, NJ: Presbyterian and Reformed Publishing Co., 1961), 370.
10) Henry M. Morris, *That You Might Believe* (Chicago 6, IL: Good Books Inc., 1946), 80~82.
11) Willard F. Libby, "Atmospheric Helium Three and Radio Carbon from Cosmic Radiation," *Physical Review* 69 (1946), 671~672.
12) Ernest C. Anderson, Willard F. Libby, S. Weinhouse, A.F. Reid, A.D. Kirshenbaum and A.V. Grosse, "Natural Radiocarbon from Cosmic Radiation," *Physical Review* 72 (1947), 931~936.
13) 1930년 이후의 ^{14}C 연대측정기술의 발전에 대해서는 다음을 참조하라. Royal Ervin Taylor, "Radiocarbon Dating in Historical Perspective," *Radiocarbon Dating: An Archaeological Perspective* (Orlando, FL: Academic Press, 1987), Ch. 6.
14) 이 값은 어림잡은 ^{14}C의 반감기이다. 좀 더 정확한 값은 5,730년과 5,760년 사이에 분포해 있지만, 5,568년은 평균값으로서 자주 사용된다.
15) ^{14}C 연대의 측정과정은 W.F. Libby, *Radiocarbon Dating* (Chicago: University of Chicago Press, 1965), Ch. I~V에 기술되어 있다.
16) Byron C. Nelson, *The Deluge Story in Stone* (Minneapolis, MN: Bethany Fellowship, 1968) (1st printing 1931), 151~152. Nelson의 간략한 약력은 그의 책 *After Its Kind*의 뒷 표지에서 찾아볼 수 있다.
17) Theodore L. Handrich, *Every Day Science for the Christian* (Concordia, 1938), 65~69. 그는 또한 이후에 출판한 *The Creation: Facts, Theories and Faith* (Chicago: Moody Press, 1953) Ch. 6에서 젊은 지구연대를 더 자세히 논한다.
18) Handrich, *Every Day Science for the Christian*, 255.
19) Morris, *A History of Modern Creationism*, 84.

20) Dudley J. Whitney, "The Age of the Earth," in *The Bulletin of Deluge Geology and Realted Science* 1(5) (December 1941), 129.
21) 이에 관한 그의 입장을 보려면 다음을 참조하라. Dudley J. Whitney, *Genesis versus Evolution: The Problem of Creation and Atheistic Science* (New York: Exposition Press, 1961).
22) Morris, *That You Might Believe*, 80~82.
23) Morris, *A History of Modern Creationism*, 83.
24) George McCready Price, *Genesis Vindicate* (Takoma Park, Washington, D.C.: Review and Herald Publishing Association, 1942), 312.
25) G.M. Price, "Some Early Experiences with Evolutionary Geology," *The Bulletin of Deluge Geology and Related Science* vol. 1(4) (November 1941), 80.
26) Clifford L. Burdick, "The Radioactive Time Theory and Recent Trends in Methods of Reckoning Geologic Time," *The Forum* vol. I (1946/47), 57~58.
27) Lloyd E. Downs, *Evolution or Creation* (Published by the author, 1945), 59~60.
28) Harold Jeffreys, "The Origin of the Solar System," *International Constitution of the Earth* (New York: McGraw Hill Book Company, 1939), 14~15.
29) J. Laurence Kulp, "Deluge Geology," *Journal of American Scientific Affiliation* 2(1) (January 1950), 2.
30) Morris, *A History of Modern Creationism*, 124.
31) Molleurus Couperus, "Some Remarks Regarding the Radioactive Time Estimation of the Age of the Earth," *The Forum* vol. II (1947/48), 118~119.
32) Edwin K. Gedney, "Geology and the Bible," in *Modern Science and Christian Faith - A Symposium on the Relationship of the Bible to Modern Science* (Wheaton, IL: Van Kampen Press,1948, 1950), 27; 동일한 의견이 William A. Smalley and Marie Fetzer, "A Christian View of Anthropology," ibid, 172~174에도 실려 있다.
33) W.E. Lammerts, "Critique of Radioactivity Estimates of Age of the Earth," in *A Symposium on the Age of the Earth*, edited by J.L. Kulp (1948), Ch. VI; Roland N. Icke, "Helium and Lead Methods of Dating," ibid, Ch. III; F. Alton Everest, "Pleochroic Halos," ibid, Ch. IV.
34) W.E. Lammerts, in *A Symposium on the Age of the Earth*, Ch. VI; J.L. Kulp, "Present Status of Age Determination in Geology," ibid, Ch. VIII.
35) P.W. Stoner, "General Discussion on Latest Results in Geological Dating," ibid, Ch.II.
36) Peter W. Stoner, *From Science to Souls* (Chicago: Moody Press, 1944). 이 책은 *Science Speaks: Scientific Proof of the Accuracy of Prophecy and the Bible*이라는 제목으로 1952년에 후속 판이 출판되었다. 이 책에서 그는 날-시대 이론을 옹호하였다. 1976년의 네 번째 개정판에서는 코넬대학에서 천문학 박사 학위를 받고, Faith Theological Seminary에서 M.Div.를 받은 Robert C. Newman이 공동저자 목록에 등재되었다.
37) E.Y. Monsma, "Some Presuppositions in Evolutionary Thinking," *Journal American Scientific Affiliation* 1(3) (June 1949), 15~30.
38) 다음 논문에 관한 토론이다. E.Y. Monsma, *Journal of American Scientific Affiliation* 1(3), 20~29.
39) 한국어판: 이기섭 역, 『창세기 대홍수』(성광문화사, 1992)
40) 우주선이 처음 발견된 이후 우주선의 여러 기원에 관한 연구는 Wiki에 실린 "Cosmic ray" 항목의 각주와 참고문헌을 참고하라.
41) 홍수지질학의 예비 개념은 G.M. Price의 팜플렛 「Illogical Geology」 (1906)에서 제안되었다. 하지만 그것은 그의 생각을 조사하고 평가해 보기 위해 그저 사적으로 나누어 줄 의도로 작성된 것이었다. 수많은 반응에 고무되어 Price는 보다 포괄적인 다음의 책을 기록하였다. *The Fundamentals of Geology* (Mountain View, CA: Pacific Press Publishing Association, 1913), 270. 그러나 홍수지질학에 관하여 가장 포괄적으로 기술된 책은 1923년에 출판한 다음의 책이다. *The New Geology*

(Mountain View, CA: Pacific Press, 1923), 726.
42) Lester Harris, *In the Beginning* (Nashiville, TN: Southern Publishing Association, 1964), 6~7.
43) Robert V. Gentry, "The Antiquity of Life and Carbon 14," *The Youth Instructor 114* (October 22, 1968), 9 11, 20; "Extinct Radioactivity and the Discovery of the New Pleochroic Halo," *Nature* 213 (1967), 83~85; "Radiohalos in a Radiochronological and Cosmological Perspective," *Science* 184 (1974), 62~66.
44) Robert V. Gentry, "The Antiquity of Life and Carbon 14," *The Youth Instructor*, 9~11, 20; Harold W. Clark, *The Battle over Genesis* (Washington, D.C.: Review and Herald Publishing Association, 1977), 130~140.
45) Robert H. Brown, "A Critique. Criticism of Points Raised in … Five Minutes with the Bible and Science," *Supplement of the Bible Science Newsletter* (October 1975, Mimeographed). M. Couperus가 이를 다음에서 인용하였다. "Tension Between Religion and Science," *Spectrum* 10(4) (1980), 82.
46) G.M. Price, *The Time of the End* (Nashville, TN: Southern Publishing Associations, 1967), 114.
47) G.M. Price, "In The Beginning," *The Forum* vol I (1946), 9~10.
48) 예를 들면, 다음을 보라. Ross O. Barnes, "Time and Earth's History," *Spectrum* 3(1) (1971), 43.
49) Numbers, *The Creationists*, Ch. XIV.
50) R.M. Ritland, "Problems and Methods in Earth History." 본 미출판 원고는 다음 글에 인용되었다. Numbers, *The Creationists*, Ch. XIV.
51) P.E. Hare, "Amino Acid Dating A History and Evaluation," *Masca Newsletter* (University of Pennsylvania), 10(1) (1974), 4~7.
52) Numbers, *The Creationists*, Ch. XIV.
53) 1960년대 말까지 Brown의 관점에 관한 간단한 요약을 위해서는 다음 두 장을 보라. "Radioactive Time Clocks" 그리고 "Radiocarbon Dating" in Harold G. Coffin, *Creation: Accident or Design?* (Washington, D.C.: Review and Herald Publishing Association, 1969), 273~316. 또한 다음을 보라. Numbers, *The Creationists*, Ch. XIV. 1970년대 중반까지 Brown은 여전히 ^{14}C 연대에 대하여 비판적이었다. 다음을 보라. R.H. Brown, "C 14 Age Profiles for Ancient Sediments and Peat Bogs," *Origins* 2(1) (1975), 6~18.
54) Robert H. Brown, "Radiocarbon Dating," in Coffin, *Creation: Accident or Design?*, 299~316.
55) R.H. Brown, "C 14 Age Profiles for Ancient Sediments and Peat Bogs," *Origins* 2(1) (1975), 6~18; *Origins* 6(1) (1979), 30~44; *Origins* 10(2) (1983), 93, 95; Brown's sympathetic review of R.E. Taylor's *Radiocarbon Dating: An Archaeological Perspective* in R.H. Brown, *Origins* 14(1) (1987), 29~30. 최근 글에서 Brown은 ^{14}C 연대와 성경적인 시간 척도를 상호 관련시키고자 노력하였다. 다음을 보라. R.H. Brown, *Origins* 17(2) (1990), 56~65.
56) Pearl의 입장에 관해서는 다음을 보라. Henry F. Pearl, "Letter To Hackett," (March 11, 1976). 원래 Pearl은 이 관점을 1963(?)년에 쓴 그의 석사논문에서 제시하였다. Brown의 주장을 평가하기 위해서는 다음을 보라. Ross O. Barnes, "Time and Earth's History," *Spectrum* 3(1) (1971), 29~47.
57) Brown의 ^{14}C 연대에 대한 변화된 태도를 살펴보려면 다음을 보라. R.H. Brown, "The Interpretation of C-14 Dates," *Origins* 6(1) (1979), 30~44; "Implications of C-14 Ages vs Depth Profile Characteristics," *Origins* 15(1) (1988), 19~29; "Correlation of C-14 Age with the Biblical Time Scale," *Origins* 17(2) (1990), 56~65.
58) M. Couperus, *Spectrum* 10(4), 82~83.
59) 안식교회와 지구과학연구협회 간의 내부적인 정치적 역학을 살펴보려면 다음을 보라. Numbers, *The Creationists*, Ch. XIV.
60) R. Ervin Taylor, "Genesis and Prehistory: The Conflicting Chrononologies," *Spectrum* 7(3/4)

(1974), 33~34.
61) R.E. Taylor, "Concordances Between Radiocarbon and Racemization based Dating of Bone," Carnegie Institution of Washington Conference: Advances in the Biochemistry of Amino Acids, Warren, Virginia, October 29 November 1, 1978. 이 글은 Molleurus Couperus가 다음 글에서 인용하였다. "Tensions Between Religion and Science," *Spectrum* 10(4) (1980), 84. Taylor는 최근에 ^{14}C 연대에 대한 포괄적인 견해를 최근에 출판하였다. 다음을 보라. R.E. Taylor, *Radiocarbon Dating: Archaeological Perspective* (Orlando, FL: Academic Press, 1987), 212.
62) R.E. Taylor, "Genesis and Prehistory," *Spectrum* 3/4 (1974), 29~36.
63) Ross O. Barnes, "Time and Earth's History," *Spectrum* 3 (Winter 1971), 43~44.
64) Molleurus Couperus, "Earth's History," *Spectrum* 3 (Winter 1971), 5; "Tensions Between Religion and Science," *Spectrum* 10(4) (1980), 81~84.
65) Lawrence T. Geraty, "The Genesis Genealogies as an Index of Time," *Spectrum* 6(1/2) (1974), 5~18. 1980년의 *Spectrum*에 실린 Couperus의 글 83쪽을 보라.
66) 미국과학협회의 초기 정관을 보라(1942년 5월). 이것은 다음의 글에 인용되었다. F. Alton Everest, *The American Scientific Affiliation: Its Growth and Early Development* (1986), 118.
67) Wheaton College는 ASA가 설립되면서부터 이를 가장 든든히 후원한 기관이었다. *The American Scientific Affiliation Membership List* (August, 1946)에서 보여 주듯이, 생물학자 Russell L. Mixter, 지질학자 Cordelia Erdmann, 화학자 Marion David Barnes와 Roger J. Voskuyl, 고고학자 George R. Horner와 같은 대학의 몇몇 임원들이 ASA에 참가하였다.
68) 미국과학협회(ASA)와 국제기독학생회(IVCF)의 관계에 관해서는 다음을 보라. C. Stacey Woods, "Inter Varsity Christian Fellowship and the Role of the American Scientific Affiliation," *Journal of American Scientific Affiliation* 8(4) (December 1956), 11~14. ASA의 설립 이래 국제기독학생회는 과학과 기독교에 관하여 ASA와 동일한 견해를 가져 왔다. ASA가 현대지질학을 수용하는 데 결정적인 역할을 했던 J.L. Kulp (b.1921)는 한 때 대학교 학생들에게 과학과 기독교에 대하여 강의도 할 만큼 국제기독학생회에서 활발한 활동을 했었다. 국제기독학생회 활동가 Cordelia Erdman (b.1924)는 ASA 회원으로서 Kulp가 ASA에서 했던 것과 동일하게 휘튼대학에서 ^{14}C 연대를 지지하는 활동을 하였다. 현재 Charles Hummel은 ASA와 국제기독학생회 양쪽 모두에서 활발히 활동하고 있다. 국제기독학생회와 제휴관계에 있는 Research Scientists Christian Fellowship(RSCF)은 회원과 기원론에 관한 신학적 관점을 ASA와 공유하고 있다.
69) Burton L. Goddard, "The E.T.S., History and Purpose," *Journal of American Scientific Affiliation* 7(3) (September 1955), 5, 8; "Biennial A.S.A. E.T.S. Convention of 1957," *Journal of American Scientific Affiliation* 9(4) (December 1957), 3.
70) 미국과학협회(ASA)와 무디과학연구소(Moody Institute of Science) 간의 관계에 대해서는 다음을 보라. H.M. Morris, *A History of Modern Creationism*, 142~143. 이들 간의 구체적인 상호작용에 관한 실례로서 무디과학 영화들(Moody Science films)은 개봉 이전에 ASA에 의해 '승인'이 되고, ASA는 무디과학연구소를 통해 '창조론자(창조과학) 영상'이 개봉되지 않도록 하는 데 기여했다. 또한 ASA는 무디 출판사(Moody Press)가 『창세기 대홍수』(*The Genesis Flood*)를 출판하지 않도록 압력을 행사했다.
71) F. Alton Everest, *The American Scientific Affiliation: Its Growth and Early Development* (1986), 148.
72) 예를 들면, 심리학연구기독인연합(Christian Association for Psychological Studies), 기독법률협회 (Christian Legal Society), 기독의사회(Christian Medical Society), 고급기독연구협회(Institute for Advanced Christian Studies), 기독연구협회(Institute for Christian Studies) 등이다. 다음을 보라. F. Alton Everest, *The American Scientific Affiliation: Its Growth and Early Development* (1986), 148.
73) E.Y. Monsma의 다음 논문에 관한 토론이다. *Journal of American Scientific Affiliation* 1(3), 20~26. 시간상 오래되지 않은 천지창조와 대격변을 일으킨 홍수에 대한 반감에 대해서는 다음을 보라. H.M.

Morris, *A History of Modern Creationism*, 134.

74) J.L. Kulp의 약력과 ASA에서의 그의 역할에 관해서는 다음을 보라. Numbers, *The Creationists*, Ch. IX.

75) 예를 들면, E.Y. Monsma, "Some Presuppositions in Evolutionary Thinking," *Journal of American Scientific Affiliation* 1 (June 1949), 15~30의 토론 세션을 보라. 또한, J.L. Kulp, "Deluge Geology," *Journal of American Scientific Affiliation* 2(1) (1950), 1~15을 보라.

76) Members of the American Scientific Affiliation, *A Symposium of "The Age of the Earth"*, edited by J.L. Kulp, 1948.

77) J.L. Kulp, ibid, 1~15.

78) Morris, *A History of Modern Creationism*, 137.

79) Monsma, ibid, 20~21.

80) J.L. Kulp, ibid, 1~2. B. Ramm 또한 홍수지질학자들의 지질학적 훈련 부족을 지적하였다. B. Ramm, *The Christian View of Science and Scripture* (Grand Rapids, MI: Wm B. Eerdmans Pub., 1954), 126.

81) Monsma, ibid, 24.

82) Allen의 비평과는 반대로, Eggenberger, Holland, Erdman는 이미 방사성 연대를 수용하였다. *Journal of American Scientific Affiliation in the early 1950s*에 나오는 다음의 논문들을 보라. Delbert Eggenberger, "Methods of Dating the Earth and the Universe," *Journal of American Scientific Affiliation* 3 (March 1951), 1~3; H.D. Holland, "Recent Concepts of the Origin and Evolution of the Earth," *Journal of American Scientific Affiliation* 4 (December 1952), 23~28; Cordelia Erdman, "Stratigraphy and Paleontology," *Journal of American Scientific Affiliation* 5(1) (March 1953), 3~6; Roy Allen, "The Evaluation of Radioactive Evidence on the Age of the Earth," *Journal of American Scientific Affiliation* 4 (December 1952), 11~20.

83) 다음을 보라. "The American Scientific Affiliation Membership List August, 1946," *The Yearbook of the ASA* (1946); "The American Scientific Affiliation Membership List August, 1948," *The Yearbook of the ASA* (1948); "The American Scientific Affiliation Membership List November 1950," *Journal of American Scientific Affiliation* 2(4) (December 1950) Appendix; "Directory of the American Scientific Affiliation," *Journal of American Scientific Affiliation* 5(4) (December 1953), 19~29.

84) B. Ramm, *The Christian View of Science and Scripture* (Grand Rapids, MI: Wm B. Eerdmans Pub., 1954), 171.

85) Numbers, *The Creationists*, Ch. IX.

86) Morris, *A History of Modern Creationism*, 137.

87) J.C. Whitcomb, "A Questionaire on Creation and the Flood," (1955); J.C. Whitcomb to H. M. Morris, October 8, 1955. 이 두 논문은 다음 논문에 인용되었다. Numbers, *The Creationists*, Ch. X.

88) Whitcomb and Morris, *The Genesis Flood*, 371~372. 이러한 가정들 가운데 ①번과 ②번은 이미 J.L. Kulp의 다음 논문에서 지적되었다. "The Carbon 14 Method of Age Determination," *Scientific Monthly* 75 (November 1952), 261; ②번과 ③번 또한 다음 논문에서 지적되었다. R. W. Woods, "How Old Is the Earth?" *Signs of the Times* (April 7, 1953), 8~9, 15.

89) W. F. Libby, "Radiocarbon Dating," *American Scientist* 44 (January 1956), 107.

90) *The Genesis Flood*, 370~377에 실린 각주를 보라.

91) Whitcomb and Morris, *The Genesis Flood*, 374~378. 동일한 주장이 다음 논문에서 제기되었다. R. W. Woods, "How old is the Earth?" *Signs of the Times* (April 7, 1953), 8~9, 15.

92) J.C. Whitcomb to H.M. Morris, June 19, 1961, Whitcomb Papers. 이 논문은 다음의 논문에 인용되었다. Numbers, *The Creationists*, Ch.X. *The Genesis Flood*의 리뷰를 보기 위해서는 다음을 보라. S. Hugh Paine, *Review of The Genesis Flood*, Wesleyan Methodist 119 (June 7, 1961). Paine 자신의 관

점을 보기 위해서는 다음 논문을 보라. S. Hugh Paine, "In the Beginning, God Created," *Houghton Milieu* 54 (March 1979), 2~7.
93) Numbers, *The Creationists*, Ch. X.
94) *The Genesis Flood*의 수용은 판매부수를 통해서 드러난다. 1991년 5월 현재 35쇄 중에 있다!
95) 창조과학협회(CRS)의 초대 내부 핵심 운영위원회 위원에는 다음의 사람들이 포함되어 있었다. T.G. Barnes, C.L. Burdick, D.T. Gish, J.J. Grebe, R.L. Harris, J.W. Klotz, W.E. Lammerts, K.W. Lisenmann, F.L. Marsh, E.Y. Monsma, J.N. Moore, H.M. Morris, W.H. Rusch, H. Slusher, W.J. Tinkle, D.A. Warriner, W.L. Webb, P.A. Zimmerman. 이들 가운데 Harris, Klotz, Lammerts, Marsh, Monsma, Morris, Tinkle는 ASA 회원이었다.
96) Philip B. Marquart, "편집자에게 드리는 편지(Letter to the Editor)," *Journal of Scientific Affiliation* 15(3) (September 1963), 100.
97) *Creation Research Society Annual* (1965)의 앞표지 안 쪽.
98) 1940년대에 안식교 학자들은 *The Bulletin of Creation, the Deluge and Related Science*라는 홍수지질학 저널을 출판하였다. 그리고 그 후속으로 과학과 성경의 상관관계를 위하여 *The Forum*을 출판했다. 그러나 이들은 1940년대 말에는 지속되지 못했다.
99) 실제로 *The Creation Research Society Quarterly*의 많은 기고자는 안식교인들이었다.
100) Melvin A. Cook, *Prehistory and Earth Models* (London: Max Parrish and Co., Ltd., 1966), 1.
101) Robert L. Whitelaw, "Radiocarbon Confirms Biblical Creation (And So Does Potassium Argon)," in *Why Not Creation?*, ed. by Walter E. Lammerts (Philadelphia, PA: The Presbyterian and Reformed Publishing Company, 1970), 90~96.
102) Melvin A. Cook, "Do Radiological Clocks Need Repair?" *Creation Research Society Quarterly* 5 (October 1968), 70.
103) Henry M. Morris, editor, *Scientific Creationism* (El Cajon, CA: Master Books, 1974), 166.
104) Libby, *Radiocarbon Dating*, 7.
105) Robert E. Lee, "Radiocarbon: Ages in Error," *Creation Research Society Quarterly* 19 (September 1982), 117~127.
106) Bolton Davidheiser, *Evolution and Christian Faith* (Philadelphia, PA: The Presbyterian and Reformed Publishing Company, 1969), 296.
107) Robert E. Lee, "radiocarbon: Ages in error," *Creation Research Society Quarterly* 19 (September 1982), 117~127.
108) 지구자기장의 감퇴속도를 근거로 지구연대를 계산한 반즈의 주장에 대해서는 본서 제7장 6절을 참고하기 바란다.
109) 방사성 연대에 있어서 자기장의 변화가 함축하고 있는 의미는 다음의 논문들에서 논의되었다. Randy L. Wysong, *The Creation Evolution Controversy* (Midland, MI: Inquiry Press, 1976), 161; Weston W. Fields, *Unformed and Unfilled* (Nutley, NJ: The Presbyterian and Reformed Publishing Company, 1976), Ch. 11.
110) ICR(Institute for Creation Research)의 몇몇 논문들이 Barnes의 데이터를 인용하였다. 그리고 *The Creation-Evolution Controversy*에서 R.L. Wysong은 Barnes의 주장을 젊은 지구 개념을 지지하는 과학적 증거로 인용하였다.
111) Morris, *Scientific Creationism*, 162; Wysong, *The Creation-Evolution Controversy*, 150.
112) Don B. DeYoung, "The Precision of Nuclear Decay Rates," *Creation Research Society Quarterly* 13 (June 1976), 38~41; "Creationist Predictions Involving C 14 Dating," *Creation Research Society Quarterly* 15 (June 1978), 14~16.
113) Morris, *Scientific Creationism*, 295.
114) R.H. Brown, "Radioactivity Dating Indicates a Young Earth," in *Why Not Creation?*, ed. by Walter E.

Lemmerts (Philadelphia, PA: The Presbyterian and Reformed Publishing Company, 1970), 83.
115) Davidheiser, *Evolution and Christian Faith*, 295.
116) *Brown in Why Not Creation?*, 87.
117) 대홍수와 ^{14}C연대의 관계에 관한 많은 논문들이 있다. 예를 들면, 다음과 같다. Morris and Whitcomb, *The Genesis Flood*, 374~378; Davidheiser, *Evolution and Christian Faith*, 295; Brown in *Why Not Creation?*, 87~88; Harold W. Clark, *The Battle Over Genesis* (Washington, D.C.: Review and Herald Publishing Association, 1977), 132~137; Morris, *Scientific Creationism*, 163; A.J. 'Monti' White, "Radio Carbon Dating," *Creation Research Society Quarterly* (December 1972), 157.
118) Morris, *Scientific Creationism*, 163; Morris and Whitcomb, *The Genesis Flood*, 375.
119) Morris and Whitcomb, *The Genesis Flood*, 377.
120) 창조과학연구협회 출판물에서 ^{14}C 연대에 관한 첫 번째 참조문헌은 H.M. Morris의 다음 논문이다. H.M. Morris, "The Young Earth," *ICR Impact* 3(8) (September 1974). 또한 방사성 붕괴의 일정함과 관련한 Rybka의 최근의 비평을 위해서는 다음을 보라. Theodore W. Rybka, "Consequences of Time Dependent Nuclear Decay Indices of Half Lives," *Impact* (April 1982).
121) Gerald E. Aardsma, *Radiocarbon and the Genesis Flood* (El Cajon,CA: Institute for Creation Research, 1991), 82.
122) "Foreward" by Henry M. Morris in Gerald E. Aardsma, *Radiocarbon and the Genesis Flood* (El Cajon, CA: Institute for Creation Research, 1991).
123) Davis A. Young, *Creation and the Flood* (Grand Rapids, MI: Baker Book House, 1977); *Christianity and the Age of the Earth* (Grand Rapids, MI: Zondervan Pub. House, 1982). Young의 두 번째 책에 대한 본격적인 비평은 Henry M. Morris에 의해 제기되었다. 다음을 참고하라. Henry M. Morris, *Science, Scripture and the Young Earth* (ICR, 1983), 15~34. 또한 Stephen F. Barnett, "Literature Review," Origins 10(1) (1983), 37~40을 보라.
124) Young, *Christianity and the Age of the Earth*, Ch. 7.
125) Young, *Christianity and the Age of the Earth*, Ch. 10.
126) Young, *Christianity and the Age of the Earth*, Ch. 11.
127) Creation Ministries International 웹사이트: "Davis Young: why he abandoned the day-age theory" from http://creation.com/davis-young-why-he-abandoned-the-day-age-theory (2016.11.1. 검색).
128) J.L. Kulp, "Deluge Geology," *Journal of American Scientific Affiliation* 2(1) (January 1950), 2.
129) J.J. Anderson, "Non Poisson Distributions Observed During Counting of Certain Carbon 14 Labeled Organic (Sub) Monolayers," *Journal of Physical Chemistry* 76 (1972), 3604; J. Anderson and G. Spangler, "Radiometric Dating: Is the 'Decay Constant' Constant?" *Pensee* 4 (Fall, 1974), 34; C. Renfrew, *Before Civilization*, 109.
130) M. Kieth and G. Anderson, "Radiocarbon Dating: Fictitious Results with Mollusk Shells," *Science* 141 (1963), 634; B. Huber, "Recording Gaseous Exchange under Field Conditions," in *The Physiology of Forest Trees*, ed. by K.V. Thimann (New York: Ronald, 1958); E.A. von Fange, "Time Upside Down," *Creation Research Society Quarterly* 11 (1974), 18; W. Dort, "Mummified Seals of Southern Victoria Land," *Antarctic Journal of the U. S.* 6 (1971), 210.
131) 예를 든다면, Robert E. Lee, "Radiocarbon: Ages in Error," *Anthropological Journal of Canada* 19(3) (1981), 9~29. 이 글은 다음 회보에 다시금 실렸다. *Creation Research Society Quarterly* 19 (September 1982): 117. Harold S. Gladwin, "Dendrochronology, Radiocarbon, and Bristlecones," *Anthropological Journal of Canada* 14(4) (1976), 2~7. 이 글 또한 다음 회보에 다시금 실렸다. *Creation Research Society Quarterly* 15 (June 1978), 24~26.
132) 예를 든다면, M. A. Cook은 몰몬교도이고, R. H. Brown은 안식교인이며, R. L. Wysong은 여호

와의 증인 배경을 가지고 있다.
133) Robert E. Lee, "Radiocarbon: Ages in Error," *Creation Research Society Quarterly*, 124.
134) R.F. Flint and M. Rubin, "Radiocarbon Dates of Pre Mankato Events in Eastern and Central North America," *Science* 121 (1955), 649~658.
135) Thomas S. Kuhn, *The Structure of Scientific Revolution* (Chicago: The University of Chicago Press, 1962).
136) Jerry Bergman, "Reality: Real or Conventional?" *Creation Research Society Quarterly* 19 (June 1982), 62.
137) 방사성 연대와 진화론적 개념을 수용하는 대표적인 기독교 단체는 ASA이다. 이 단체는 거의 2,200명의 국내 및 해외 회원들을 가지고 있으며, *Journal of the American Scientific Affiliation*을 출판한다. ASA의 입장에 대해서는 다음을 보라. F. Alton Everest, "What is the 'Position' of the ASA?" *The American Scientific Affiliation: Its Growth and Early Development* (1986) Ch.6.
138) J.L. Kulp, *Journal of the American Scientific Affiliation* 2 (1950), 12.
139) 엄격한 창조론에 전적으로 헌신하는 내용을 담고 있는, Christian Heritage College(지금은 San Diego Christian College로 개명)의 교리 진술을 보라(El Cajon, CA). 창조과학연구소(ICR) 소장 H.M. Morris는 이 대학의 설립자 중에 한 사람이며, ICR은 이 대학과 제휴관계를 맺고 있었다. 지금은 ICR은 텍사스로 이전하였다.

내용 색인

<A~Z>

AIG(Answers in Genesis) 440
arXiv 432
ASA 저널 381, 394, 395
Creation-Evolution Headlines 363
Creation Ministries International 452
GT-2(Geothermal-2) 197
How old is the Earth 26, 31, 184, 334, 422, 423, 425, 426, 436, 437, 450
Physical Review 375, 422, 425, 427, 445, 446, 375
RATE(Radioisotopes and the Age of The Earth) 181
Reasons to Believe 208
The Age of the Earth 26, 31, 334, 394, 416~421, 424, 428, 438, 440, 443, 444, 447
The TalkOrigins Archive 26

<ㄱ>

가속기질량분석기(Accelerator Mass Spectrometer) 170, 185, 187
가속적 방사능 붕괴 103, 215
가이아(Gaia) 37
간격 이론(Gap Theory) 372
갈래비(branching ratio) 120
감람석(橄欖石, olivine) 123, 280, 342
감마 붕괴(γ-decay) 93, 101, 104, 105, 110
강화 방사능 폭탄(enhanced radiation bomb) 114
거룩한 역사 연대기(Chronologie de l'histoire sainte) 49
거주시간(residency times) 311~314
걸프해안(Gulf Coast) 151
검증(Verification) 97, 157, 171, 172, 175, 176, 279, 314, 336, 387, 391
겉보기 연대(apparent age) 53, 56, 281, 338
격변적 판구조론(catastrophic tectonics) 232
경동(傾動, tilting) 247
경북대학교 21, 30
고든 대학(Gordon College) 380
고생대(古生代, Paleozoic era) 130, 187, 205, 249, 250, 336
고센 대학(Goshen College) 393
고지대(highland) 348, 349
고지자기학(古地磁氣學, palaeomagnetism) 267~269, 272, 391
공극률(空隙率) 316
공룡주립공원 22
공유결합(covalent bond) 192
과도형평(transient equilibrium), 일시평형 422
과학과 성경에 관한 기독교적 관점(The Christian View of Science and Scripture) 398
과학적 창조론(scientific creationism) 373
과학적 추측(scientific speculation) 114
관입(貫入, intrusion) 88, 152, 166, 248, 249, 273, 339
관입암(intrusive rocks) 248, 273
관입의 법칙(Law of intrusion) 88, 248, 434
광이온화(photoionization) 300
국제기독학생회(Inter-Varsity Christian Fellowship) 392, 449
국제이론물리학센터 469
규질 연니(硅質軟泥, siliceous ooze) 317, 318, 441
그랜드 캐니언 22, 217, 237, 248~250
그레이스 대학(Grace College in Winona Lake) 112
그레이스 신학교(Grace Theological Seminary) 398
극풍(polar wind) 300
근본주의(fundamentalism) 55, 112, 330, 359, 360, 356, 363, 372, 373, 377, 378, 383, 398, 400, 401, 408, 409, 411~413
글렌 틸트(Glen Tilt) 249
기기배경(instrumental background) 196, 239
기독교교회(제자교단)(Christian Church(Disciples of Christ)) 368
기독교세계관학술동역회 21, 438, 469
기독교와 지구 연대(Christianity and the Age of the Earth) 408
기독학술교육동역회(DEW) 21

<ㄴ>

나무화석국립공원 22
나이아가라 케스타(Niagara cuesta) 323

나이아가라 폭포 322~324, 332, 441
나이테연대(年輪年代, dendrochronology) 408
날-시대 이론(Day-Age Theory) 13, 16, 19, 372, 381, 393, 400, 409, 410, 446, 447
내부성장형 돔(endogenous dome) 275
내부전환(內部轉換, internal conversion) 110~112, 210, 431
내삽(內揷, interpolation) 51, 138, 140, 419
내팔리 지층(Napali Formation) 277
네브라스카 대학교(University of Nebraska) 387
네안데르탈인(Neanderthal Man) 396
네이처(Nature) 222, 297
노아의 방주 17, 108
노아의 홍수 16, 42, 45, 172, 187, 188, 190, 199, 200, 208~212, 214, 245, 327, 359, 379, 388, 418, 471

<ㄷ>

다색도기(polychrome pottery) 42
다색후광(多色後光, pleochroic halo) 117, 386
다중격변모델(Multiple Catastrophism), 다중격변 16, 23, 194, 293, 423, 470
다중영역확산모델(multi-domain diffusion model) 199, 200, 206, 207, 209
다지층(多地層) 나무화석(polystratic tree fossil) 254
단열냉각(adiabatic cooling) 213
단열팽창(adiabatic expansion) 213, 431
단일격변설 16
단일영역확산모델(single-domain diffusion model) 199, 206, 209
당신이 믿어야 할 것(That You Might Believe) 378
대류(對流, convection) 66, 72, 74~77, 195, 283, 337
대부정합(The Great Unconformity) 249, 250
대서양 중앙해령(Mid-Atlantic Ridge) 290, 318, 319
대수대(帶水帶, aquifer zone), 대수층(帶水層, aquifer) 285
대홍수지질학(Deluge Geology) 394, 395
데본기 고적사암층(Devonian Old Red Sandstone layers) 246

돌에 새겨진 홍수이야기(The Deluge Story in Stone) 377
동위원소 분별(isotopic fractionation) 147
동위원소 연대(isotope age) 56, 96, 180, 197, 240, 276
동위원소농축법(isotopic enrichment technique) 189
동일과정설(同一過程說, uniformitarianism) 51, 176, 198, 216, 232, 234, 251~253, 255, 273, 291, 397, 414, 470
등시선 그래프(isochron plot) 135
등시선(isochron) 156
등시선 연대측정법(等時線年代測定法, isochron dating method) 130, 135~138, 140, 142, 143, 145, 147, 150, 153, 155, 158, 237, 340, 341, 343, 345, 346, 348
디스프로슘(dysprosium) 104

<ㄹ>

라라미드 조산운동(Laramide Orogeny) 205
라시에라 대학(La Sierra College) 379
라포스타(La Posta) 화강암 217
럿거스 대학교(Rutgers University) 377
레늄(Rhenium) 104, 105, 119
레인저(Ranger) 계획 309
로렌스 리버모어 국립연구소(Lawrence Livermore National Laboratory) 185
로렌스 버클리 국립연구소(Lawrence Berkeley Laboratory) 170
로렌츠힘(Lorentz force) 271, 271, 437
로마린다 대학교(Loma Linda University) 387
로스알라모스 국립연구소(Los Alamos National Laboratory) 223
로스앤젤레스 침례교 대학 및 신학교(Los Angeles Baptist College and Seminary) 401
록키산맥 22, 205, 419
루나(Lunar) 계획 309
루비(Ruby) 화강암 217
루테튬(Lutetium) 119
르투르노 대학(LeTourneau College) 401
리그베다(Rigveda) 42
림포포 계곡(Limpopo Valley) 341

<ㅁ>

마야 달력(Mayan Long Count calendar) 44
마우나 로아 천문대(Mauna Loa Observatory) 301
마우이섬 할레아칼라산(Mt. Haleakala on Maui) 301
마젤란 성운 54
마틴 레이크(Martin Lake) 광산 126
매우-긴-기선 간섭계(Very-long-baseline interferometry) 257
맨틀의 대류 72, 75, 76, 77, 194, 195, 283, 337
메네스(Menes) 39
메네토(Manetho) 39
메디슨한인장로교회 14
멕시코 프리테일 박쥐(Mexican free tail bat) 262, 264
모델 납 연대(Model Lead Age) 337, 350, 443
모르몬교회 121, 126, 146, 402
모원소(parent element) 97, 98, 109, 110, 119, 121, 122, 130, 134~136, 138, 139, 142, 149, 150, 153, 422
몰톤 편마암(Morton Gneiss) 339
무디과학연구소(Moody Institute of Science) 392, 449
무디성경학교(Moody Bible Institute) 392
무압 석회암(Muav limestone) 248
묻지마 실험(blind test) 198
물 순환(물 循環, hydrological cycle) 285, 286
미국과학한림원(National Academy of Sciences) 184, 426
미국과학협회(American Scientific Affiliation) 25, 199, 372, 392, 397, 449
미국국립과학재단(National Science Foundation) 223
미국에너지성(US Department of Energy) 223
미국에너지위원회(U.S. Atomic Energy Commission) 301
미국지질조사국(United States Geological Survey) 25, 184, 337
미르메카이트(myrmekite) 224
미시시피강 하류의 삼각주 320, 321
민물 홍합(紅蛤, mussel) 173

<ㅂ>

바나그룹(Barna Group) 84
바이올라 대학(Biola College) 401, 403
반감기(half-life) 97~100, 102~104, 109~111, 113, 116~120, 124, 130, 136, 148, 161, 162, 171, 187, 190, 191, 194, 215, 216, 219, 221, 222, 226~228, 235, 244, 343, 346, 374~376, 394, 404, 422, 423, 446
반고(Pangu, 盤古) 44
반증(Falsification) 21, 176
발산 경계 290
방사능 낙진(radioactive fall-out) 301
방사능 후광(radiohalo 혹은 pleochroic halo) 116~118, 197, 215~223, 226, 228~230, 234~236, 239, 329, 386
방사능(radioactivity) 30, 68, 71, 73, 74, 78, 79, 93, 99~101, 103, 104, 109, 110, 113~117, 124~126, 136, 140, 141, 147, 175, 208~212, 214, 215, 222, 225, 235, 239, 297, 325, 338, 339, 375, 399, 409, 422
방사능에 의해 유도된 칼라 후광(radiation-induced color halos) 226
방사성 이산화탄소 376
방사성연대측정법(radioactive dating method) 9~11, 24, 79, 87, 90, 92~95, 97, 98, 111~113, 118, 130, 132, 142, 147, 150, 173, 176, 181, 184, 236, 238, 239, 244, 274, 281, 330, 331, 336, 339, 374, 378, 379, 388, 389, 394, 424
방사성 원소의 반감기 98, 109, 11, 116
방사성 탄소연대(radiocarbon dating) 175, 372
방사성탄소와 창세기 대홍수(Radiocarbon and the Genesis Flood) 407
방연석(方鉛石, galena) 94
방해석 263
배링거 운석공 22
백악기(白堊期, Cretaceous) 187, 205
밴쿠버기독교세계관대학원(VIEW), 기독교세계관대학원 21, 469
버지니아공대(Virginia Polytechnic Institute) 402
베개용암 233, 278, 279
베릴륨(Beryllium) 111, 119, 210
베타 붕괴(β-decay) 93, 101, 103~106, 109, 110, 113, 116

변색되는 부위(discolored zone) 225
변환단층 290
보수적인 복음주의자들(conservative evangelicals) 372
보존 경계 290
복사(輻射, radiation) 66, 74, 387, 405
복음주의 독립교회(Evangelical Free Church) 368
복음주의(evangelicalism) 9, 20, 21, 25, 30, 232, 291, 331, 356, 372, 373, 375, 376, 380, 383, 384, 386, 392, 393, 397, 400, 404, 406~413
복음주의신학협회(Evangelical Theological Society) 392
볼츠만 법칙(Boltzmann principle) 102
부유성 고형물(particulate matter) 305
부정합(不整合, unconformity) 249
부정합의 법칙(Law of unconformity) 244, 249
북아나톨리아 단층 290
분화작용(分化作用, differentiation) 342
불가타 성경(Vulgata) 49
불소확산(fluorine diffusion dating) 391
불일치 그래프(discordia graph) 148
브라마(Brama) 43
브라이트 엔젤 층(Bright Angel Formation) 248
브리슬콘 소나무(Bristlecone pine) 390
비쌍극자 자기장(nondipole magnetic field) 267, 268, 272
빙하기 후기 반등(Post-glacial rebound 혹은 Continental rebound) 259

＜ㅅ＞

사구(砂丘, dune) 247
사마리아 오경(Samaritan Pentateuch) 49
산소 대재앙(oxygen catastrophe) 288
산안드레아스 단층 운동 290
산업연구(Industrial Research) 114
삼오역기(三伍歷紀) 44
삼중수소(3H) 214
삼황오제 시대 44
상대연대측정 88, 244
새로운 지질학(The New Geology) 383
샌드 리버 편마암(Sand River Gneisses) 341
생략에 의한 속임수(Deception by Omission) 238
생명의 기원과 외계생명체 16, 444
생물계(biosphere) 161, 325
생물군 천이의 법칙(Law of faunal succession) 250, 254
생물의 구조적 서열(structural sequences) 411
샵(Shap) 화강암 218
섀도우 마운틴 커뮤니티 교회(Shadow Mountain Community Church) 186
서베이어(Surveyer) 계획 309
석류석(majoritic garnet) 193
석순(石洵, stalagmite) 261~264, 435
석질운석 342, 346, 350
석철질운석 342
석회질 연니(石灰質軟泥, calcareous ooze) 317, 318, 325, 441
선캄브리아 순상지(楯狀地, Precambrian shield) 338
선캄브리아기 기반암(Precambrian crystalline basement rocks) 152
선캄브리아기(Precambrian) 95, 96, 188, 201, 205, 216, 222, 224, 225, 249, 250, 325, 336, 341, 386
성경과학협회(Bible-Science Association) 401
성경의 영감성 20
성경적 연대(Biblical chronology) 360
성간물질(interstellar matter) 80, 306
성년창조설 54
성류굴(聖留窟) 261
성용(聖用) 파피루스(hieratic papyrus) 38
세계의 연표(Annals of the World) 48
세인트 헬렌즈 화산(Mount St. Helens) 253, 274, 275, 437
셸톤 대학(Shelton College) 396
소석회(calcium hydroxide) 263
속박상태 베타붕괴(bound state beta decay) 104~106, 109
수렵 경계 290
수메르열왕표(Sumerian King List) 40~42
수심측량(bathymetry) 75
수증기층 덮개(water vapor canopy) 399, 405, 413
수영장 효과(swimming pool effect) 214
수평퇴적의 법칙(Law of original horizontality) 247, 434

순환적 우주(cyclic universe) 43
성클로붸(Shinkolobwe) 광산 126, 127
슈루팍(Shuruppak) 41, 42
스톤 마운틴(Stone Mountain) 화강암 218
스트로마톨라이트(stromatolite) 287
시버트(Sv) 107
시신세(始新世, Eocene) 187, 336
시카고 대학교(University of Chicago) 160, 165, 375, 392, 393, 468, 469
시카고 대학교 오리엔탈 연구소(The Oriental Institute of the University of Chicago) 169
시카 포인트(Siccar Point) 245, 246
신생대(新生代, Cenozoic era) 96, 130, 183, 187, 205, 206, 270, 336
신화기(mythikón) 36, 37
실루리아기 회색 현무토(玄武土, Silurian greywacke) 246
썬오일사(Sun Oil Company) 375

<ㅇ>

아델론기(ádelon) 36, 37
아머 앤드 컴퍼니(Armour and Company) 393
아밋속 편마암(Amitsoq Gneiss) 340
아스마 연구출판사(Aardsma Research & Publishing) 408
아우구스부르크 신앙고백 367
안식교(Seventh-day Adventist) 26, 117, 197, 199, 209, 215, 222, 233, 329, 372, 373, 378~380, 383, 384, 386, 387, 390, 391, 402, 410, 411, 413, 448, 451, 452
알려진 연대의 시료들(Samples of Known Age) 162
알룰림(Alulim) 41
알칼리 금속 145
알칼리토류(alkaline-earth) 원소 145
알파 붕괴(α-decay) 93, 101, 104, 109, 110, 197, 200, 201, 215, 297
알파인 단층 290
암권(lithosphere) 76, 289, 429
암석의 순환 284, 285
앤드류 대학교(Andrews University) 387
야헤르스폰테인 다이아몬드 광산(Jagersfontein Diamond Mine) 192
에리두(Eridu) 41

에베레스트 290
에스카프멘트(Niagara Escarpment) 323
엔멘두르아나(En-men-dur-ana) 42
역사기(historikón) 36, 37
역산(逆算) 그레고리력(proleptic Gregorian calendar) 44
역암층(礫岩層, conglomerate layer) 246
연니(軟泥, ooze) 317, 318, 320, 321, 325, 441
연대-스펙트럼법(age-spectrum technique) 349
연대기(Chronicle) 38, 39, 43, 49, 96, 375, 416, 418
연대측정실험실 393
연약권(asthenosphere) 193, 289, 429
연정(連晶, intergrowth) 224
연층 니토(年層泥土, varved clay) 166, 427
연층(年層) 연대(varve dating) 391
열발광(thermoluminescence) 391
열적 역사(thermal history) 76, 202, 205
열전달(heat transport) 66, 74
영속평형(secular equilibrium) 109, 110, 422
예일 대학교(Yale University) 96, 374
옐로우스톤(Yellowstone) 22
오랜지구론, 오랜지구론자 9~12, 16, 17, 19, 21, 23~25, 176, 209, 231, 287, 288, 290, 314
오레곤 주립대학교(Oregon State University) 184
오리진스(Origins) 26, 390, 402, 411, 413
오스뮴(Osmium) 104, 106
오일 핀치(oil pinch) 260
오지제스 홍수(The Flood of Ogyges) 36, 37
오크리지국립연구소(Oak Ridge National Laboratory) 215
옥스퍼드성(Oxford Castle) 167
온도기울기(temperature gradient) 66
온타리오 활성 실험실(Ontario Activation Laboratory) 197
올림피아드 36, 37
와상전류(渦狀電流, eddy current) 267, 436
외기권(外氣圈, exosphere) 298, 299, 439
외삽(外揷, extrapolation) 51~53, 64, 149, 324, 419
요세미티(Yosemite) 22, 215, 218, 233
용암돔(lava dome) 29, 30, 274~276
우주급팽창이론(Cosmic Inflation Theory) 364

우주배경복사 52
우주선 효과(cosmic ray effect) 342
우주선(宇宙線, cosmic ray) 54, 107, 113, 162, 163, 171, 271, 272, 306~308, 398, 404, 405, 413, 447
운모(雲母, mica) 197, 215, 225, 239, 386
운석, 운석먼지(meteoritic dust) 26, 73, 94, 141, 143, 155, 301~305, 307, 310, 325, 329, 332, 337, 338, 341~348, 350~352, 354
울산대학교 19
원물질 343~345, 352
원시 기반암(primordial basement rock) 224
원시 창세기 암석(primordial Genesis rocks) 216, 224
원지점(遠地點, apogee) 85
월석 94, 155, 309, 311, 337, 343, 348, 349, 352, 354
웨스턴 신학교(Western Seminary) 185
웨스트몬트 대학(Westmont College) 403
웨스트민스터 신학교(Westminster Theological Seminary) 409
위성 레이저 거리측정 장치(Satellite laser ranging) 257
위스콘신 대학교(University of Wisconsin at Madison) 20, 377, 445, 468, 469
위튼 대학(Wheaton College) 20, 21, 380, 392, 393, 407, 428, 468, 469
유타 대학교(University of Utah) 146, 402
윤초(leaf second) 258
이나쿠스(Inachus) 37, 416
이라크고고학회(Iraqi Directorate of Antiquities) 169
이온원 메모리(ion source memory) 196
인카운터 베이(Encounter Bay) 화강암 218
일치곡선(concordia) 340
일치-불일치 방법(U-Pb concordia-discordia method) 339, 340
일치연대법(concordia age method) 147
임팩트 시리즈(Impact Series) 411

< ㅈ >

자그로스 산맥(Zagros Mountains) 168
자기성(magnetic star 혹은 magnetar) 266, 436
자기쌍극자 모멘트(magnetic dipole moment) 265
자연과학연구협회(Society for the Study of Natural Science) 380
자연잔류자기(自然殘留磁氣, natural remnant magnetism) 269
자연철학의 수학적 원리 63
자원소(daughter element) 97, 98, 109, 110, 119, 121~123, 130, 136, 138, 139, 142, 148, 150, 153, 278, 281, 338, 341, 409, 422
자유중성자(自由中性子, free neutron) 113, 114, 129
작업가설 17
잔류자기학(殘留磁氣學) 269
잔류헬륨비율(helium retention ratio) 200, 203, 205, 206
잠열(潛熱, latent heat) 69
장동주기(章動週期, nutation period) 257
쟈모(Jarmo)족 168
저지대(mare) 348, 349
저판암(basolite) 232
적벽 석회암(Redwall limestone) 248
적색편이(赤色偏移, red shift) 52, 360
전도(傳導, conduction) 66
전이대(transition zone) 193, 429
전자포획(電子捕獲, electron capture) 110~112, 210, 431
절단의 법칙(Law of cross-cutting relationships) 248
절대연대측정 10, 24, 53, 88, 89, 92, 160, 175, 176, 244
젊은지구론 65, 69~87, 94, 98, 99, 107, 110, 113, 116~118, 121, 123, 129~131, 150, 155, 158, 170~180, 183~186, 190~192, 209~216, 230~238, 256~297, 301~314, 318~324, 328~330, 351, 356, 408
점신세(Oligocene) 336
정상과학(normal science) 412
정상상태 가정(steady-state assumption) 407
제3기(Tertiary) 187, 270
제4기(Quaternary) 166, 205, 206
젬뎃 나스르기(Jemdet Nasr period) 지층 401
조로아스터의 수호신(Zoroaster's Fravashi) 43
조로아스터(Zoroaster) 43, 44
조산대(造山帶, orogen) 232, 290
족장과 예언자(Patriarchs and Prophets) 379

존 데이 화석 집산지(John Day Fossil Bed) 22
존스 홉킨스 대학교(Johns Hopkins University) 403
종유석(鐘乳石, stalactite) 261~264
줄열(Joule heat) 265, 266, 271
중력붕괴(gravitational collapse) 80~82
중력수축(gravitational contraction) 80, 81
중력에너지 69, 73, 80, 213
중성미자(中性微子, neutrino) 113~116, 167, 210
중성자탄(中性子彈, newtron bomb) 114
중수소(2H) 214
중신세(Miocene) 336
중탄산칼슘(calcium bicarbonate) 263
쥬비나스(Juvinas) 운석 141, 143, 346, 347
지각의 풍화 288
지구과학연구소(Geoscience Research Institute) 387
지구연대연구소(Geochronology Laboratories) 184, 337, 443
지구위치시스템(Global Positioning System) 257
지구의 거룩한 달력 361
지구의 나이(the Age of the Earth) 심포지엄 394
지구의 세차운동 257
지구의 이론(Theory of the Earth) 245, 252
지르콘(zircon, ZrSiO4) 145, 197~200, 202~207, 209, 218~221, 234, 235
지열 열속(geothermal heat flux) 75
지자기 감퇴 264, 329
지자기의 역전(geomagnetic-field reversal) 300
지자기장(geomagnetic field) 267, 269, 270, 271, 300, 385, 403, 404
지질도 제작(geological mapping) 411
지층누중의 법칙(Law of superposition) 61, 247, 434
진보적인 복음주의자("liberal" evangelical) 397, 400, 412
진행적 창조론자 19
진화는 과학적 사실인가? 13
질량분석기(mass spectrometer) 96, 170, 184, 199

<ㅊ>
창세기 대홍수(The Genesis Flood) 108, 321, 383, 397, 398, 400, 401, 407, 413, 447, 449
창세기 암석 216, 224
창조과학(Scientific Creationism) 10, 16, 17, 19, 26, 108, 221, 230, 359, 402, 408, 413, 420
창조과학연구센터(Creation Science Research Center) 401
창조과학연구소(Institute for Creation Research) 25, 180, 191, 217, 240, 241, 264, 372, 401, 406, 453
창조과학협회(Creation Research Society) 69, 372, 381, 401, 451
창조론 대강좌 14~17, 21, 32
창조론 서설 14
창조연구협회지(Creation Research Society Quarterly), CRSQ 108, 401~403, 410, 411, 413
창조나이 53, 56, 60
창조연대 15~17, 21~24, 60, 84, 177, 180, 343, 402, 406, 418, 419
창조연대 논쟁 11, 24~27, 49, 50, 55, 60, 177, 180, 356
창조와 격변 15
창조와 진화 12, 16, 177, 432
창조와 홍수(Creation and the Flood) 398, 408
창조의 작은 신비(Creation's Tiny Mystery) 216, 234
창조지(Journal of Creation) 108
창조-홍수 협회(Creation-Deluge Society) 380
창조회 29
철-망간 규산염 광물(iron-magnesium silicate mineral) 280
철질운석 135, 342, 346, 350
청지기적 소명 240, 357
초기상태 불확실성 명제(Initial State Uncertainty Thesis) 49~51, 55, 57
충적평야(沖積平野, alluvial plain, flood plain), 홍수평야 283, 438
층서학 335, 336, 396, 414, 434
치밀하지 못한 지층(leaky trapping rock) 260
칠십인역(Greek Septuagint) 49

<**ㅋ**>

카데나스(Cardenas)의 현무암 용암 237
카오스(Chaos) 37
카탕가(Katanga) 광산 126~129
칼빈 대학(Calvin College) 232, 382, 409
칼스바드 동굴 국립공원(Carlsbad Caverns National Park) 262
캄브리아기 암석 94
캄브리아기(Cambrian) 94, 96, 187, 253, 273, 315, 419
캐나다인류학저널(Anthropological Journal of Canada) 403
캐니언벽(Canyon wall) 253
캐리부 광산(Caribou Mine) 94
캘리포니아 대학교(University of California system) 160, 165, 183, 185, 427
캘리포니아 주립대학교 리버사이드 분교(University of California at Riverside) 391
캘리포니아 주립대학교 버클리 분교(University of California at Berkeley) 377
컬럼비아 계곡 22
케이밥 석회암(Kaibab limestone) 248
코넬 대학교(Cornell University) 223
쿠마(Cooma) 화강암 218
크립토돔(cryptodome) 275
키쉬(Kish) 41
킬라우에아 화산(Kilauea volcano) 276, 278

<**ㅌ**>

탄산칼슘(calcium carbonate) 263, 317
탄소교환원(carbon exchange reservoir) 402
탄소동화작용 161, 162, 188
탄소원(carbon reservoir) 192, 398, 402, 403
태양계 성운(solar nebula) 350
태초의 열(primordial heat) 72~74
태피츠 사암층(Tapeats sandstone) 248
테네시 템플 대학(Tennessee Temple College) 401
텍사스 주립대학교 엘파소 분교(University of Texas at El Paso) 69, 264
텍타이트(tektite) 310
토론토 대학교(University of Toronto) 172, 407
투수율(透水率, permeability) 259, 260
튜린열왕표(Turin King List) 38, 39, 417

트로이 전쟁(Trojan War) 37
트리니티 신학교(TEDS) 20

<**ㅍ**>

파나민트 계곡(Panamint Valley) 153
파럼프 층군(Pahrump Group) 153, 154
파리쿠틴 화산(Paricutin Volcano) 273
파사데나 시립대학(Pasadena City College) 381, 393
판구조론(板構造論, plate tectonics) 232, 289, 290, 318
팔머(Palmer) 화강암 217
패러다임(Paradigm) 51, 412
퍼블릭 프리프린트 서버(public preprint server) 223
페이스 신학교(Faith Theological Seminary) 382
펜실베니아기(Pennsylvanian) 187, 254
펜톤힐(Fenton Hill) 199, 201~208
편마암(gneiss) 249, 339, 340, 341
편암(schist) 249
포타슘-아르곤 연대측정(K-Ar dating) 24, 121, 391
포획암(捕獲岩, xenolithic inclusion) 280, 281
표면경계조건(surface boundary conditions) 201, 203
표준시 257
표준화석(標準化石, index fossil) 255
표토(表土, topsoil, regolith) 282, 283, 291, 307, 308
퓨라닉 텍스트(Puranic texts) 42
퓨라닉 힌두교(Puranic Hinduism) 43
프라이드를 탄 돈키호테 16
프로탁티니움(Protactinium) 117, 118
프린스턴 대학교(Princeton University) 393
프타(Ptah) 39
플라즈마샘(plasma fountain) 299, 300, 439

<**ㅎ**>

하딘-시몬스 대학교(Hardin-Simmons University) 69
하와이 군도의 이동 290
하와이 대학교(University of Hawaii) 301
하와이 용암 276, 279

하프돔(Half Dome) 화강암 218
한국창조과학회 10, 13, 164, 363, 364, 422, 424, 445, 468
해령(mid-oceanic rise, mid-oceanic ridge) 76, 319
해록석(海綠石, glauconite) 151
핵변환(nuclear transformation) 114, 116, 211, 374
핵분열 트랙 연대측정(fission track dating) 391
핵자의 결합에너지 100
헬륨 누출(helium leak) 197~199, 208, 209, 218, 238
현대 연대측정법 신화(The Mythology of Modern Dating Methods) 108
현생누대(顯生累代, Phanerozoic Eon) 336
현생대(Phanerozoic) 지질연대표 96
혈암(shale) 323, 419, 441
호상철광층(縞狀鐵鑛層, Banded Iron Formation) 287
혼합 그래프 테스트(mixing plot test) 156, 426
홀록 편마암(Whole-rock Gneisses) 341
홀뮴(holmium) 104
홍수지질학 연구(Studies in Flood geology) 108
홍수지질학 회보(The Bulletin of Flood Geology) 410
홍수지질학(flood geology), 홍수지질학자 108, 378, 380, 383~386, 390, 391, 394, 395, 397, 400, 401, 405, 406, 409~411, 413, 447, 450, 451
화강편마암(花崗片痲巖, granite gneiss) 94
화산돔(volcanic dome) 275, 276
화산류암(lava flows) 273
화산수(volcanic water) 284~286, 291
화산암(volcanic rock) 284, 286
화학적 연대(chemical age) 96
화학해양학(Chemical Oceanography) 311
확산도(diffusivity) 204, 206, 207
환상암맥(環狀岩脈, dike) 152
회반죽(mortar) 167, 263
후알라라이 화산(Hualalai Volcano) 279, 280
휘록암(diabase) 153, 154, 237
휘석(輝石, pyroxene) 342
흑요석의 수화작용(水和作用)(obsidian hydration) 391

흑운모(黑雲母, biotite) 203~205, 216, 218~220, 225, 234, 235
히브리어 성경(Hebrew text) 49
힌두교 연대기(Hindu chronology) 43

인명 색인

<ㄱ>

개를스(Robert M. Garrels) 320
갬웰(T.P. Gamwell) 71, 77 ,78
게드니(Edwin K. Gedney) 380, 410
구스(Alan Harvey Guth) 363~366, 445
그루테스(P.M. Grootes) 189
글라드스톤(Samuel Gladstone) 117, 118
김정훈 222, 432

<ㄴ>

넘버스(Ronald L. Numbers) 233
넬슨(Byron C. Nelson) 377
노톤(J.J. Naughton) 280, 281
뉴턴(Isaac Newton) 61, 63, 77, 363

<ㄷ>

다니엘(Glyn Daniel) 374
다운스(Lloyd E. Downs) 379, 380
달림플(G. Brent Dalrymple) 25, 26, 30, 72, 77, 118, 122, 126~128, 142, 143, 147, 150, 152, 156, 157, 183, 184, 233, 328~330, 345, 347, 348, 334
대천덕(Reuben Archer Torrey III) 468
더들리(H.C. Dudley) 116
데오빌로(Theophilus of Antioch) 39
데이빗헤이저(Bolton Davidheiser) 403, 405
도나니(J. S. Dohnanyi) 306
도레일(J.A. Dorale) 263
드마이예(Beno t de Maillet) 85, 86
드비뇰레(Alphonse de Vignolles) 49
드영(Donald B. DeYoung) 112, 113, 121, 186, 404

<ㄹ>

라암세스 2세(Pharaoh Ramesses II) 38
라에르티우스(Diogenes Laertius) 39
라이너스(P.W. Reiners) 207
라일스(Jim Liles) 361
랜피어(M.A. Lanphere) 151
램(Bernard Ramm) 396, 398
램머츠(Walter E. Lammerts) 381, 401
러더포드(Ernest Rutherford) 68~70, 95, 374
러셀(Henry Norris Russell) 97, 422
러쉬(David E. Rush) 308, 309
레켈트(Gary H. Loechelt) 199~201, 205~209, 234
로데스(Castor of Rhodes) 36
로렌츠(Hendrik A. Lorentz) 271, 436, 437
로스(Ariel Roth) 390
로텐버가(Ethan Rotenberga) 346
루터(Martin Luther) 367, 377
리(Robert E. Lee) 403
리드(Charles A. Reed) 168
리비(Willard Frank Libby) 160, 162, 164, 165, 375, 376, 392, 393, 399, 403
리빙스톤(Daniel Livingstone) 315
리트랜드(Richard M. Ritland) 388, 389, 413
립카(T.W. Rybka) 116~118, 121
링크(William J. Rink) 226, 227

<ㅁ>

마쉬(Frank Lewis Marsh) 387~389
마스덴(G.M. Marsden) 373
마이어(R. Meyer) 282
마콰트(Philip B. Marquart) 401
맥래(Allen A. MacRae) 382
맥스웰(Joseph S. Maxwell) 382
맥켄지(Fred T. Mackenzie) 320
멜데니우스(Rupertus Meldenius) 367~369, 445
모리스(Henry Madison Morris) 19, 65, 108, 113~115, 120, 121, 126, 128, 129, 267, 272, 273, 277, 278, 280, 297, 298, 300, 303, 305~311, 318, 326~328, 378, 383, 394, 398~400, 403, 404, 406, 408
모리스(John Morris) 185, 186, 240, 241, 180
몬스마(Edwin Y. Monsma) 382, 393, 395, 397
문(Irwin A. Moon) 392
뮬러(Richard A. Muller) 170, 185
믹스터(Russell L. Mixter) 393

<ㅂ>

바디만(Larry Vardiman) 185, 186, 241
바실(St. Basil) 48
바움가드너(John Baumgardner) 184, 186~189,

191, 196, 428
반즈(Roth Barnes) 391
반즈(Thomas G. Barnes) 65, 69, 70~72, 265~270, 403, 404, 419, 420, 451
배럴(J. Barrell) 95, 96
배로우(Varro) 36
뱅크스(P.M. Banks) 300, 439
버딕(Clifford L. Burdick) 378~380, 389
버체(Kirk Bertsche) 183, 185, 188~190
베끄렐(Henri Becquerel) 70, 92, 374
베로섭(K.L. Verosub) 268
베루스(Emperor Aurelius Verus) 46
베이유(Thomas A. Baillieul) 224
벤더(Paul Bender) 382, 393
벨(Ronald Percy Bell) 203
볼트우드(B.B. Boltwood) 95, 374
뵉클(R.S. Boeckl) 310
뷔퐁(Georges-Louis Leclerc, Comte de Buffon) 61, 63, 64, 77
브라운(Robert H. Brown) 26, 389, 390
브레이드우드(Robert Braidwood) 169
브롱니아르(Alexandre Brongniart) 250, 251

<ㅅ>

사우돈(J.R. Southon) 195, 196
서정(徐整, Xu Zheng) 44
세그레이브스(K.L. Segraves) 267, 280, 311
센소리너스(Censorinus) 36
소디(Frederick Soddy) 68, 69, 71, 95, 374
수에스(Hans Eduard Suess) 165, 427
슈스터(D.L. Shuster) 207
스넬링(Andrew A. Snelling) 185, 186, 231, 232, 236, 308, 309
스미스(William Smith) 250, 251
스타센(Chris Stassen) 334
스테노(Nicolas Steno) 246~248, 434
스토너(Peter W. Stoner) 381, 393, 410
스트럿(Robert J. Strutt) 374
슬러셔(Harold S. Slusher) 71, 77, 78, 111, 112, 116, 117, 120, 121, 125~129, 141~147, 267, 278, 303, 307, 308
신셀러스(George Syncellus) 39

<ㅇ>

아놀드(J.R. Arnold) 162, 164, 399
아르뒤노(Giovanni Arduino) 250
아스마(Gerald E. Aardsma) 172, 407, 408, 410
아시모프(Isaac Asimov) 301
아이작(Randall D. Isaac) 199
아폴로니우스(Apollonius) 39
아폴로도러스(Apollodorus of Athens) 37
알렉산더 대제(Alexander the Great) 39
알바레즈(L.W. Alvarez) 170
애스톤(F.W. Aston) 95, 96
앤더슨(Ernest C. Anderson) 375
앤더슨(G.M. Anderson) 173
앨런(Roy M. Allen) 396
어거스틴(St. Augustine) 37, 48
어드만(Cordelia Erdman) 393, 395
어셔(James Ussher) 36, 42, 45, 48, 57, 60, 416
에겐버거(Delbert Eggenberger) 393
에라토스테네스(Eratosthenes) 37
에렌스바드(Gösta Ehrensvärd) 286
에머리(G.T. Emery) 121
에버레스트(F. Alton Everest) 381, 392, 393
에번든(J.F. Evernden) 151, 277, 278
영(Davis A. Young) 232, 408. 410
영(Edward J. Young) 409
오돔(A. Leroy Odom) 226, 227
오브리(Frank Awbrey) 257
오스틴(Steve Austin) 185, 186, 236, 274, 276
와설버그(G.J. Wasserburg) 153, 154
와이송(Randy L. Wysong) 164~167, 172, 173, 262
왈콧(Charles D. Walcott) 61, 419
우드모랩(John Woodmorappe) 103~109, 150~155, 330
우즈(Robert W. Woods) 384~387, 403, 404
원이삼(Wesley Wentworth) 468
웨德릴(G.W. Wetherill) 340
웨이크필드(J. Richard Wakefield) 224, 227
웨터릴(George W. Wetherill) 147
위트니(Dudley J. Whitney) 377
윌커슨(Gregg Wilkerson) 234
윗콤(John C. Whitcomb) 108, 383, 398~400
유세비우스(Eusebius of Caesarea) 39
유잉(M. Ewing) 318, 319

유재호 73, 420
익키(Roland N. Icke) 381

<ㅈ>

제이콥슨(S.B. Jacobsen) 347
제프리스(Harold Jeffreys) 379
젠트리(Robert V. Gentry) 117, 197~202, 209, 215, 216, 219, 221~234, 386, 431
졸리(John Joly) 225, 315, 374
쥬네만(Frederic Bonner Jueneman) 114, 115, 166, 167, 423
쥬영흠 13, 19

<ㅊ>

채핀(E.F. Chaffin) 186
처치(Frederic Edwin Church) 324
최일식 469

<ㅋ>

카플란(Irving Kaplan) 118
컬프(J. Laurence Kulp) 380~382, 393~397, 410, 412, 413
케플러(Johannes Kepler) 84, 85, 363
켈빈(Lord Kelvin) 64~72, 74, 79~83, 419, 420
코르녹(Robert Cornog) 170
코팔(R.E. Kofahl) 267, 280, 311
콕스(A. Cox) 268
쿠퍼러스(Molleurus Couperus) 380
쿡(Melvin Alonzo Cook) 121, 126~129, 146, 147, 297, 298, 300
쿤(Thomas Kuhn) 412
퀴리 부부(Marie and Pierre Curie) 92
퀴비에(Georges Cuvier) 250, 251, 470
클라크(H.W. Clark) 411
키쓰(M. Kieth) 173

<ㅌ>

태퍼트(Ralf Tappert) 192, 194
테라(Fouad Tera) 351
테일러(R. Ervin Taylor) 195, 196, 391
텔리아메드(Telliamed) 86
텔아부샤라인(Tell Abu Shahrain) 41
톨레미(Claudius Ptolemy) 37

톰슨(J.J. Thompson) 95, 96
트웨이츠(William Thwaites) 257

<ㅍ>

파울리(Wolfgang Ernst Pauli) 116
팔리(Kenneth A. Farley) 198, 199, 207
패터슨(Clair Cameron Patterson) 350
패터슨(Hans Pattersson) 301, 305, 306
펄(Henry F. Pearl) 390
펑크하우저(J.G. Funkhouser) 280, 281
포(G. Faure) 153
포드(Derek C. Ford) 263
포웰(J.L. Powell) 153, 154
폴약(V.J. Polyak) 263
프라이스(George McCready Price) 378, 379, 383, 384, 386, 387, 390
플루타르크(Lucius Mestrius Plutarchus) 37
피처(Wallace S. Pitcher) 232
픽젤(Georg C. Füchsel) 250

<ㅎ>

해리스(Lester E. Harris) 386
핸드리치(Theodore L. Handrich) 377
핼리(Edmond Halley) 314, 315
허튼(James Hutton) 66, 245~247, 249, 252, 434
험프리스(D. Russell Humphreys) 106, 185, 186, 197~202, 207, 213, 214, 269
헤네팽(Louis Hennepin) 323
헤어(P. Edgar Hare) 388, 389, 413
헤이워드(Alan Hayward) 232
헤카테우스(Hecataeus of Miletus) 38
헨더슨(G.H. Henderson) 225
홀(Bonnie Hall) 362
홀(Marshall Hall) 361
홀쩌(T.E. Holzer) 300, 439
홈즈(Arthur Holmes) 35, 92, 93, 95, 96, 350, 374
화이트(Ellen G. White) 373, 379, 380, 387~390, 413
화이트로(Robert L. Whitelaw) 402
후터만스(Friedrich Georg "Fritz" Houtermans) 135, 350
힐(Carol A. Hill) 263

후원 감사

본 연구의 일부는 창조회의 이름으로 모인 다음의 교회 및 기관들(괄호 속은 본 연구를 후원하던 당시의 담임 목회자)의 후원으로 이루어진 것이다.

대전 영음교회(권재천 목사)
여주 월송교회(김경배 목사)
안양 반석감리교회(김상종 목사)
천안 반석장로교회(민경진 목사)
대천 제일감리교회(박인호 목사)
춘천 남부제일감리교회(백낙영 목사)
대전 대신고등학교(서정식 목사)
서초 감리교회(송상면 목사)
유성 감리교회(유광조 목사)-회장
대전 갑동교회(윤승호 목사)-총무
안산 부곡중앙교회(이명근 목사)
홍성 홍주제일교회(임종만 목사)
부천 중동제일감리교회(조영성 목사)
대전 예수로침례교회(조영진 목사)
김해 장로교회(조의환 목사)
용인 한마음감리교회(최호권 목사)
수원 에바다선교교회(한규석 목사)
이천 양정감리교회(황동수 목사)
함안 중앙감리교회(황병원 목사)

저자 소개

양승훈(梁承勳, Paul S. Yang)

저자 양승훈은 육이오 전쟁 직후, 낙동강의 커다란 지류인 영강이 마을 뒤를 휘감고 흐르며 강 건너 소백산맥의 일부인 오정산이 휴전선처럼 버티고 서 있는 경상북도 문경의 창리 윗마을에서 태어났다. 일찍부터 미국 선교사들을 통해 예수를 믿은 양명철 장로와 임의정 권사의 5남 2녀 중 여섯째 자녀로 태어났기 때문에 본인은 세례가 뭔지도 모르던 나이에 유아세례를 받았다.

어릴 때는 몸이 약해서 인근 문경 시멘트 공장의 발파 소리에 놀라 경기(驚氣)를 하는 등 부모님의 마음을 조마조마하게 했고, 그래서 왕복 10km에 이르는 호서남초등학교 대신 누님이 교편을 잡고 계셨던 점촌북초등학교에 입학했다. 하지만 초등학교 4학년 때부터는 호서남초등학교로 전학하여 10여 년간 왕복 10km가 넘는 학교를 도보로, 자전거로 통학하면서 많이 건강해졌다. 그리고 당시 대부분의 시골 아이들이 그랬듯이 양승훈도 '지게 대학'을 갈 수밖에 없었지만, 하나님의 은혜로 고등학교를 졸업한 후에 계속 대학교 공부를 할 수 있게 되었다.

성장하면서 주변에 사표(師表)가 될 만한 몇 분이 계셨지만, 대학원을 다니던 1978년, 63세에 암으로 별세하신 아버지는 완전한 분은 아니었지만 양승훈의 신앙과 삶에 지울 수 없는 모델이었다. 아버지는 때로는 과도할 정도로 '영적'이었고, 때로는 과도할 정도로 '현실적'인 분이었다. 지금 돌아보니 아버지는 경건과 경영에 균형을 맞춘 분이었다는 생각이 든다. 그리고 1990년, 50세를 일기로 역시 암으로 세상을 떠나신 큰 누님 양희숙 권사는 상당한 나이 차이가 있음에도 불구하고 마음의 가장 깊은 것들까지 털어놓을 수 있는 믿음의 선배였다.

시골에서 붉은 저녁놀을 바라보면서 황금빛 들녘을 가로질러 학교를 오갈 땐 온갖 황당무계 하고 철딱서니 없는 생각들을 하기도 했지만, 대학교를 가서부터는 생각이 좀 더 깊어지게 되었고, 특히 몇몇 분들은 양승훈의 삶에 큰 영향을 끼쳤다.

아버지를 제외하고 양승훈의 삶에 가장 큰 영향을 끼친 분으로는 우선 미국인 자비량 선교사 원이삼(Wesley Wentworth) 박사님을 들 수 있다. 1980년에 한국창조과학회 창립을 위한 모임에서 처음 만난 원 선교사님은 좋은 책과 사람들을 만나게 해줌으로써 양승훈에게 기독교 세계관과 기독교적 지성의 중요성을 일깨워주었다. 양승훈이 근래에 들어 창조과학의 여러 문제점들을 깨닫게 된 데도 원 선교사님의 공로가 컸다. 양승훈의 기독교적 지성의 자양분의 대부분은 원 선교사님과 직, 간접적 교제를 통해 얻었다고 할 수 있을 정도로 그의 영향은 지대하였다.

또한 예수원 설립자이자 성공회 사제였던 대천덕(Reuben Archer Torrey III) 신부님도 양승훈에게 큰 영향을 끼쳤다. 1979년에 "기독교와 과학"이라는 강연을 위해 한국과학기술원(KAIST)을 방문했던 대천덕 신부님으로부터 양승훈은 진정한 신앙, 진정한 경건이 무엇인지를 배웠다. 아직도 그렇게 살지는 못하지만 대 신부님은 양승훈에게 진정한 경건에 더하여 진정한 보수와 진보가 무엇인지, 신앙과 학문의 관계가 어떠해야 하는지를 몸으로 보여주었다.

양승훈은 어릴 때는 멋도 모르고 자동차 정비공이 되려는 마음을 먹기도 하고, 음악가가 되었으면 하는 황당한 꿈을 가진 적도 있었다. 그러다가 1973년에 경북 대학교 사범대학 물리교육과에 진학하면서 그후 24년 간 물리학도로서의 훈련을 받았다. 경북 대학교를 졸업한 후에는 KAIST에 진학하여 반도체 물성 연구로 이학석사(M.S.) 및 박사(Ph.D.) 학위를 받았고, KAIST 학생 시절에는 이탈리아 국제이론물리학센터(1982)에서 한 학기동안 공부할 수 있는 기회가 있어서 약간이지만 유럽의 정취를 맛 볼 수도 있었다. 졸업 후에는 곧바로 모교에서 근무하게 되었는데, 대학에 근무하는 동안 한국과학재단 포스터닥으로 미국 시카고 대학교(1986)에서, 후에는 대학원 학생으로 미국 위스콘신 대학교에서 과학사(M.A.)를, 위튼 대학에서 신학(M.A.)을 공부할 수 있는 축복을 누렸다.

이 중 위튼에서 신학을 공부한 것은 양승훈의 후반기 삶의 방향을 결정하는데 가장 중요한 계기가 되었다. 사실 신학 공부는 양승훈이 원해서 했다기보다 시카고 대학교에서 연구하는 동안 출석하던 시카고 한인서부교회 최일식 목사님(현 KIMNET 대표)의 권유 때문이었다. 양승훈이 두 번째 미국에 가서 위스콘신 대학교에서 과학사를 공부하고 있을 때 최 목사님은 (전화로) 다짜고짜 '쓸데없는 공부' 하지 말고 신학공부를 하라고 강력하게 권했다. 그러면서 최 목사님은 위튼 대학에서 가장 금액이 많은 빌리그래함센터 장학금을 받을 수 있도록 주선해주었다. 물론 양승훈은 처음에는 신학을 '성도의 교양' 정도로 생각하고 시작했다. 그런데 결국 이로 인해 양승훈은 경북 대학교와 물리학을 떠나 캐나다로 와서 현재의 세계관 및 창조론 사역을 하게(혹은 할 수 있게) 되었으니 사람의 미래는 하나님 밖에 모른다.

미국에서 신학을 공부하고 돌아온 후에 양승훈은 주 전공이었던 반도체 물리학에 더하여 창조론, 기독교 세계관, 기독교와 과학 등에 점점 더 많은 관심을 갖게 되었다. 하지만 수년이 지난 후 양승훈은 이 모든 것들을 공부하기에는 인생이 너무 짧고 자신의 능력이 부족하다고 생각하여 결국 1997년 10월 31일에 14년 간 정들었던 경북 대학교 정교수직을 사임했다. 그 후 기독학자들의 모임인 기독교세계관학술동역회의 파송을 받아 밴쿠버에 밴쿠버기독교세계관대학원(VIEW)을 설립, 운영하면서 지금은 창조론과 세계관 분야의 강의와 글을 쓰는 데 주력하고 있다.

현재 VIEW는 밴쿠버 인근 트리니티 웨스턴 대학교(TWU)에 속한 캐나다 연합신학대학원(ACTS)을 통해 기독교세계관 대학원 과정(기독교 세계관 문학석사 과정 및 디플로마 과정)을 개설하고 있다. 또한 2005년부터는 TWU 인근에 VIEW 국제센터를 설립해서(그 안에 양승훈의 집도 있지만) 틈나는 대로 청소년 캠프나 교사 연수 같은 단기 세계관 훈련 및 창조론 탐사여행도 인도하고 있다.

그 동안 양승훈은 반도체 물리학, 기독교 세계관, 과학교육 등에 관한 어설픈 논문들과 책들을 여러 권 썼지만, 본인이 생각하기에 수작(秀作)이라고 할 말한 것은 별로 없다. 구태여 몇 가지를 든다면 비정질 반도체의 구조와 전기적 특성의 관계를 밝힌 것과 비정질 반도체에 급냉에 의해 만들어지는 새로운 준안정 전자상태가 있다는 것을 발견한 것은 반도체 물리학 발전에 작은 기여를 한 것이 아닌가 생각한다. 또한 중등학교에서 물리 개념을 가르치는데 과학사적 혹은 전기적 학습이 효과적임을 밝힌 것도 나름대로 과학교육의 발전과 과학을 '인간화'(humanize) 하는데 작은 기여를 한 것이 아닌가 생각한다.

물리학이나 과학교육과는 달리 창조론 연구는 큰 심리적 부담을 수반하지만, 양승훈이 지속적인 보람을 느끼는 분야이다. 창조론 연구와 관련하여 양승훈이 가장 큰 보람을 느끼는 것이라면 2004년에 제안한 "다중격변모델"(Multiple Catastrophism)이다. 이 이론은 비록 300여 년 전에 프랑스 파리 과학학원의 창조론자 퀴비에(G. Cuvier)가 처음 제창한 아이디어이기는 하지만, 지난 수년 동안 양승훈이 최근 지질학적, 천문학적 증거들을 사용하여 다듬었다. 이것은 지구역사에는 여러 차례의 전 지구적 격변이 있었고, 그것의 마지막 격변이 노아의 홍수였다고 하는 이론이다.

양승훈이 다중격변모델을 제안하게 된 배경에는 근래 지구 곳곳에 흩어져 있는 운석공들에 대한 연구가 있다. 1994년에 20여 개 이상으로 부서진 채 목성 표면에 부딪힌 슈메이커-레비 9 혜성으로 인해 학자들은 혜성 혹은 소행성이 지구와 충돌할 가능성에 대한 본격적인 연구를 시작했다. 그리고 이로 인해 현재 전 지구적으로 180여 개의 운석공들이 확인되고 있다. 이 중 28개는 한 대륙의 멸종을 가져올 수 있는 직경 30km 이상 되는 운석공들이며, 그 중 5개는 중생대 말기나 고생대 페름기 말기에 일어난 전 지구적 멸종을 일으킬 수 있는 직경 100km 이상 되는 운석공들이다. 물론 바다에 떨어진 운석공들까지 포함한다면 이보다 3배가량 더 많은 숫자의 운석들이 지구와 충돌했으리라고 본다. 거대한 운석들이 음속의 100여 배에 이르는 무시무시한 속도로 지구와 충돌할 때 어떤 격변이 일어나는지에 대한 여러 모의실험을 결과를 근거로 양승훈은 다중격변모델을 제안하게 되었다.

처음 이 모델을 구상하게 되었을 때 양승훈은 드디어 이 모델로 창조과학의 6,000년/노아홍수설과 진화론자들의 동일과정설로 설명할 수 없는 많은 것들을 창조론적 관점에서 설명할 수 있게 되었다고 기뻐했다. 특히 양승훈은 이 이론이 전문가들 앞에서 단칼에 나가떨어지는 창조과학을 구해낼 것으로 기대하면서 제안했지만 아쉽게도 지금은 창조과학자들로부터 비난을 받고 있고, 2008년 8월에는 결국 이 이론 때문에 창립준비부터 30여 년 간 몸담았던 창조과학회를 떠났다. 창조과학회에서 탈퇴하지 않으면 제명하겠다고 해서 탈퇴한 것이니 쫓겨났다고 표현하는 것이 정확하다.

양승훈의 학문적 여정의 또 하나 중요한 영역은 에세이를 쓰는 것이다. 양승훈은 1980년 이후로는 기독교 세계관적 삶을 나누는 에세이들을 부정기적으로 쓰고 있다. 처음에는 따로 일기를 쓰지 않기 때문에 그때그때 지나가는 생각의 편린들을 앨범에 모아둔다는 마음으로 글을 쓰기 시작했다. 에세이들은 주로 기독교적으로 산다는 것과 사고하는 것, 그리고 기독교 세계관적으로 학문을 한다는 것이 무엇인지 반성하는 내용이다. 다행히 사람들이 꾸준히 읽어주는 통에 이 글들을 모아 몇 권의 책을 낼 수 있었고, 지금도 틈틈이 글을 쓰고 있다. 근래에 들어 양승훈은 어쩌면 다른 '심오하고 난해한' 학문적인 글보다 이 평이한 에세이가 보통 사람들에게 더 많은 도움이 되는 것은 아닐까 생각하기도 한다.

목 맨 송아지 같았던 10대가 엊그제 같은데, 공부하느라 바빴던 20~30대, 글 쓰고 일 한다고 분주했던 40~50대도 지나고 어느 새 양승훈도 예순을 지났다. 이제는 새치라고 둘러댈 수 없을 만큼 흰머리도 생기고, 몸 구석구석에서 노화의 조짐들이 나타나는 것을 보니 나이를 이길 장사는 없음을 다시 한 번 확인한다. 나이가 들어가고 아이들이 자라는 것을 보면서, 그리고 가까운 분들이 하나씩 세상을 떠나는 것을 보면서 양승훈은 늘 '인생이 무엇이며, 하나님 앞에서 산다는 것이 무엇인가?'라는 원초적인 질문을 던지면서 살아가고 있다. 암으로 일찍 세상을 떠난 아버지나 누님을 생각하면서 이제는 자신도 언제든지 대한민국 남자들의 평균 수명을 채우지 못한 채 죽을지 모른다는 생각을 하기도 한다.

하지만 하나님의 이른 부름이 없다면 양승훈은 지금처럼 VIEW에서 세계관과 창조론에 관한 글을 쓰면서, 후배들을 가르치면서, 그리고 늦게 캐나다 대학교 내 건물을 빌려서 시작한 쥬빌리 채플에서 설교도 하며 남은 인생을 살 것이다. 근래에는 더 많은 일을 하려고 애쓰기보다 하나님 앞에 서게 될 자신을 돌아보는 것이 점점 더 중요하게 생각되는 것을 보니 이제 조금씩 철이 드는 모양이다.